Zum Geleit

Unseren Kunden und Freunden haben wir 1991/92 aus Anlass des 40sten Geburtstags des Südweststaates die Geschichte Badens und Württembergs vom Mittelalter bis zum 20. Jahrhundert in zwei Bänden näher gebracht. Im letzten Jahr haben wir dann die Geschichte von Baden und Württemberg 1900 - 1952 folgen lassen. Als Festgabe zum 50. Geburtstag unseres Heimatlandes möchten wir nun zum Jahreswechsel den Bildband »Geschichte von Baden-Württemberg 1952 - 2002« vorstellen, den wiederum Dr. Thomas Schnabel verfasst hat und der ebenfalls vom Haus der Geschichte Baden-Württemberg herausgegeben wird. Als Bank, die den Namen des Landes führt, war uns dies eine besondere Verpflichtung.

Am 9. Dezember 2001 jährt sich zum fünfzigsten Mal der Tag, an dem eine Mehrheit der Badener und Württemberger für den Zusammenschluss der drei nach dem Krieg von den Alliierten im Südwesten geschaffenen Länder stimmte. Am 25. April 1952 wurde offiziell die Gründung des neuen Bundeslandes verkündet, das den Namen Baden-Württemberg erhielt.

In diesem Bildband werden die ersten 50 Jahre der baden-württembergischen Geschichte aus der Perspektive des kritischen und historisch-analytisch geschulten Beobachters beleuchtet.

Dabei wird gezeigt, dass es sich bei Landespolitik keineswegs um eine regionale Veranstaltung handelt, sondern dass Landesgeschichte sehr eng in die bundesdeutsche und in die Weltgeschichte eingebunden ist. Baden-Württemberg rückte zwar mit der Auflösung des Ostblocks und mit der Wiedervereinigung an den südwestlichen Rand von Deutschland, liegt aber mit der fortschreitenden europäischen Integration in der Mitte Europas. Die prägenden Gestalten der Landesgeschichte sind zweifellos die Ministerpräsidenten, von denen jeder seinen unverwechselbaren Politikstil entwickelte. Das Buch gliedert sich daher in die Amtszeiten der bisher sechs baden-württembergischen Ministerpräsidenten.

Aufgelockert ist dieser historische Überblick mit meist sehr lebhaften Zitaten aus wichtigen Zeitungen und aus den Erinnerungen zahlreicher Politiker. Und optisch aufbereitet ist das Buch durch zahlreiche Fotos, die entweder den Text illustrierend begleiten oder ganz eigenständig ergänzende Inhalte und neue Einblicke bieten.

Diesen facettenreichen Bildband über Baden-Württembergs Geschichte, Wirtschaft, Kultur und Politik widmen wir allen Freunden unseres Hauses mit den besten Wünschen zum Neuen Jahr.

Im Dezember 2001

BADEN-WÜRTTEMBERGISCHE BANK AG

Geschichte von Baden-Württemberg
1952 – 2002

Thomas Schnabel

Geschichte von Baden-Württemberg
1952 – 2002

Herausgegeben vom Haus der Geschichte Baden-Württemberg

Verlag W. Kohlhammer

Die Deutsche Bibliothek · CIP-Einheitsaufnahme

Schnabel, Thomas:
Geschichte von Baden-Württtemberg 1952 · 2002 /
Thomas Schnabel. Hrsg. vom Haus der Geschichte
Baden-Württemberg. · Stuttgart ; Berlin ; Köln :
Kohlhammer, 2001
ISBN 3-17-015925-9

Graphische Gestaltung: Rudolf Schrenk
Gesamtherstellung:
W. Kohlhammer Druckerei GmbH + Co. Stuttgart
Printed in Germany

Vorwort

m 9. Dezember 2001 waren es 50 Jahre, daß eine Mehrheit der Badener und Württemberger für einen Zusammenschluß der drei nach dem Krieg von den Alliierten im Südwesten geschaffenen Länder stimmte. Am 25. April 1952 um 12.30 Uhr verkündete Reinhold Maier die Gründung des neuen Bundeslandes. Eine äußerst schwierige Geburt war doch noch erfolgreich abgeschlossen worden. Allerdings fanden sich die unterlegenen Altbadener mit ihrer Niederlage nicht ab. Erst 18 Jahre später, am 7. Juni 1970, erhielt das neue Bundesland die letzte demokratische Legitimation, als über 80% der Badener für den Erhalt von Baden-Württemberg stimmten.

Es gibt kein Land, das zu seinem 18. Geburtstag so überzeugend bestätigt bekam, wie erfolgreich es gearbeitet hatte. Die wirtschaftlichen und politischen Hoffnungen der Südweststaatsbefürworter aus den Anfangsjahren der Bundesrepublik hatten sich erfüllt. Baden-Württemberg gehörte zu den wirtschaftlich erfolgreichsten und politisch einflußreichsten Bundesländern. Die Befürchtungen der Altbadener erfüllten sich dagegen nicht. Baden profitierte, nicht zuletzt wirtschaftlich, von dem Zusammenschluß, ohne seine kulturellen Eigenheiten einem erwarteten Stuttgarter Zentralismus opfern zu müssen.

Mit dem Fall der Mauer, der Auflösung des Ostblocks und der Wiedervereinigung rückte Baden-Württemberg an den Rand Deutschlands. Gleichzeitig schritt die europäische Integration unaufhaltsam voran und hier, in Europa, liegt das Land in der Mitte. Die Zukunft Baden-Württembergs kann also nur darin bestehen, aus einem Modell deutscher Möglichkeiten, wie Theodor Heuss das neue Bundesland einmal genannt hat, zu einem Modell europäischer Möglichkeiten zu werden. Die wachsende Bedeutung der Europapolitik im Land spiegelt dies auch deutlich wider.

50 friedliche und überwiegend erfolgreiche Jahre sind aber auch ein Grund zurückzublicken. Dies kann naturgemäß nicht abschließend geschehen. Baden-Württemberg ist erfreulicherweise kein abgeschlossenes Kapitel unserer Landesgeschichte. Die zweite Hälfte des 20. Jahrhunderts war, Gott sei Dank, auch nicht von Katastrophen geprägt, wie noch die erste Hälfte des letzten Jahrhunderts. Landesgeschichtliche Zäsuren sind so viel schwieriger auszumachen. Viele Dinge, vor allem der letzten 30 Jahre, lassen sich ohne Aktenkenntnis noch nicht in ihren Einzelheiten und Hintergründen darstellen.

Das vorliegende Buch versucht deshalb, die ersten 50 Jahre baden-württembergischer Geschichte historisch-analytisch zu beleuchten, aber auch die Verbindung zwischen Landespolitik und den Ereignissen, die die Welt erschütterten, herzustellen. Dabei wird keine Vollständigkeit angestrebt. Manches kommt sicherlich auch zu kurz, wie dies in einer Überblicksdarstellung nicht zu vermeiden ist.

Die Quellen des Buches waren in erster Linie wichtige Zeitungen aus allen Teilen des Landes. In einer offenen Demokratie enthalten sie eine so breite Flut an Informationen, daß vieles, manchmal sogar zu vieles, in der Zeitung steht, was dafür nicht oder noch nicht vorgesehen war. Sie zeigen aber auch, was Zeitgenossen bereits wissen konnten, auch wenn uns die Einordnung im nachhinein natürlich leichter fällt. Aus den ersten Jahrzehnten der baden-württembergischen Geschichte liegen bereits wichtige Darstellungen und Untersuchungen vor. Dazu kommen zahlreiche Erinnerungen wichtiger Personen der Landesgeschichte, die dem ganzen eine durchaus gewollte, persönliche, teilweise auch betroffene Note geben.

Prägende Personen der Landesgeschichte sind die Ministerpräsidenten. Sie spielen aber auch in der bundesrepublikanischen Politik eine wichtige Rolle, obwohl sie, worauf Richard von Weizsäcker immer wieder hinweist, im Grundgesetz überhaupt nicht erwähnt sind. Vier von sieben Bundeskanzlern (Kiesinger, Brandt, Kohl, Schröder) waren zuvor Ministerpräsidenten beziehungsweise Regierende Bürgermeister gewesen, Helmut Schmidt immerhin Innensenator in Hamburg. Angesichts der langen Amtsdauer gerade der baden-württembergischen Ministerpräsidenten ist diese Prägekraft noch größer als in vielen anderen Bundesländern.

Mit einem Wechsel des Ministerpräsidenten, auch wenn sie seit 1953 im Land der CDU angehören, war immer auch ein Wechsel der politischen Schwerpunkte und des Politikstils verbunden. Dies spiegelte zumeist auch einen grundlegenden, politischen, wirtschaftlichen oder gesellschaftlichen Wandel wider. Aus diesem Grund gliedert sich das Buch in die Amtszeiten der sechs baden-württembergischen Ministerpräsidenten. Nur die Amtszeit von Hans Filbinger wurde geteilt, da die Unterschiede zwischen der Großen Koalition von 1966 bis 1972 und der CDU-Alleinregierung unter seiner Führung zwischen 1972 und 1978 zu groß waren.

Wie beim ersten Band spielen die zahlreichen Fotos eine eigenständige Rolle. Sie sollen einen optischen Einblick in die großen Veränderungen der letzten 50 Jahre im Land geben und nicht nur die Texte illustrieren. Angesichts der Kurzlebigkeit heutiger Bilderfluten ist es reizvoll, die Entwicklung eines Bundeslandes in Bildern zu verfolgen, die über den Tag ihrer Entstehung hinaus von Bedeutung sind. Sie sollen aber auch, mit dem Text zusammen, neugierig machen, Interesse an der Landesgeschichte wecken und gelegentlich zum Schmunzeln anregen.

Ein solches Buch kann nicht ohne die Unterstützung anderer entstehen, ganz besonders bei Verzögerungen und Widrigkeiten von außen. Meine Stellvertreterin Paula Lutum-Lenger hat mich entlastet und meine neuesten Einsichten und Erkenntnisse geduldig angehört. Außerdem hat sie, bei allen Belastungen, mit ihrer unnachahmlichen Art zu der angenehmen Arbeitsatmosphäre im Haus der Geschichte Baden-Württemberg ganz wesentlich beigetragen. Gundel Kilian und Karin Müller haben sich um die hervorragende Bebilderung gekümmert. Thomas Kärcher hat wie immer mit großer Akribie die statistischen Unterlagen besorgt und Korrektur gelesen. Corina Rauscher arbeitete sich mit großem Engagement durch Berge von Zeitungen, erfüllte geduldig alle Literaturwünsche, las die erste Fassung des Manuskripts und verlor dabei nie ihre Gelassenheit und Heiterkeit sowie ihr Interesse. Günter Rath danke ich für seine Hilfe sowie für viele Anregungen und Hinweise.

Mit Alexander Schweickert vom Kohlhammer Verlag habe ich vor 20 Jahren mein erstes Buchprojekt realisiert. Es war seitdem immer wieder eine sehr produktive und außergewöhnlich angenehme und erfreuliche Zusammenarbeit. Er macht Mut, wenn es Schwierigkeiten gibt, spornt an, wenn es notwendig wird, und hilft, wo Not am Mann ist. Kurz, es ist eine Freude, mit ihm Bücher zu machen. Danken möchte ich auch Klaus-Peter Burkarth und Rudolf Schrenk vom Kohlhammer Verlag, die sich mit Eifer und Begeisterung für die beiden Bände eingesetzt haben.

Allein, dies genügt nicht, um ein Buchprojekt realisieren zu können. Dazu benötigt man das Verständnis und die Hilfe im privaten Umfeld. Mein Sohn Nikolas hat auch dieses Jahr seinen Vater an zahllosen Wochenenden und vielen Abenden nur noch vor dem Computer gesehen und dies ohne Murren und mit Langmut ertragen. Dies war wichtig für mich, und dafür danke ich ihm ganz herzlich. Dagmar hat die neuesten Schwierigkeiten und Probleme auf ihren realen Kern reduziert, Mut gemacht und viel Verständnis für meine nicht mehr vorhandene Freizeit aufgebracht. Sie hat mir die Kraft gegeben, das Projekt erfolgreich abzuschließen. Ich hoffe, daß allen Lesern die Lektüre und die Durchsicht des Buches so viele Anregungen und Einsichten bringt, aber auch so viel Spaß macht, wie mir das Vorbereiten und Schreiben.

Thomas Schnabel

Inhalt

Kapitel I

Das Parlamentsgebäude
in der Heusteigstraße in
Stuttgart (1953).
Hier tagte der Landtag
des Landes Württemberg-
Baden und ab dem 25. April
1952 der Landtag von
Baden-Württemberg.

Prolog

25. April 1952: Die Gründung des Landes

»Meine sehr verehrten Abgeordneten! Gemäß § 14 Abs. 4 wird hiermit der Zeitpunkt der Bildung der vorläufigen Regierung auf den gegenwärtigen Augenblick, nämlich auf Freitag, 25. April 1952, 12 Uhr 30 Minuten, festgestellt. (Zurufe von der CDU: Protest!) Mit dieser Erklärung sind gemäß § 11 des Zweiten Neugliederungsgesetzes (Simpfendörfer: Schöne Demokraten!) die Länder Baden, Württemberg-Baden, Württemberg-Hohenzollern zu einem Bundesland vereinigt. (Lebhafter Beifall bei allen Parteien, ohne KPD und CDU.) Meine Frauen und Männer! Gott schütze das neue Bundesland, (Pfui-Rufe von der CDU. – SPD: Unerhört!) Gott schütze die Deutsche Bundesrepublik, Gott schütze ... (Lebhafte Unruhe bei der CDU. – Glocke des Präsidenten. – Präsident: Ich bitte um Ruhe!) Ich muß es eben nochmals sagen: (Bravo-Rufe bei der SPD und DVP/FDP.) Gott schütze das neue Bundesland, Gott schütze die Deutsche Bundesrepublik, und er bringe uns wieder unser geliebtes, verlorengegangenes, in Einigkeit und Gerechtigkeit (Zuruf von der CDU: Ja, Gerechtigkeit.) wieder zu vereinigendes, großes deutsches Vaterland. (Langanhaltender Beifall bei den Regierungsparteien. – Pfui-Rufe bei der CDU.)[1]

Unter diesen nahezu tumultartigen Umständen wurde das neue Bundesland, zu diesem Zeitpunkt noch ohne Namen, aus der Taufe gehoben. Die Unruhe im Parlament hielt auch bei den folgenden Debattenreden noch an. Der spätere Landtagspräsident Franz Gurk fand im Namen der durch die Regierungsbildung überrumpelten CDU, die bei den Parlamentswahlen am 9. März 1952 zur stärksten Fraktion geworden war, drastische Worte. »Rund 1 Million Menschen – unsere Wähler – bleiben so beim Aufbau des neuen Bundeslandes ausgeschlossen, (Zurufe: Wieso? – Wer sagt das?) – ausgeschlossen! – und ein Teil von ihnen, mindestens diejenigen aus Baden, wird mehr oder weniger verhüllt als politisch unzuverlässig zurückgestoßen ... Das erste Beispiel der Neubildung eines Bundeslandes nach dem Grundgesetz ist so jetzt schon zu einem Mißerfolg geworden ... Wir sagen dem Herrn Ministerpräsidenten und der von ihm nun gebildeten – vielleicht darf ich sagen, widerrechtlich gebildeten – (Sehr gut! Bravo! von der CDU.) vorläufigen Regierung unsere schärfste Opposition an.«[2]

Die Empörung der CDU war in zweierlei Hinsicht verständlich. Zum einen war die CDU mit etwa 36% stärkste Partei im Land, in den beiden südlichen Landesteilen lag sie sogar noch erheblich darüber und in Württemberg-Hohenzollern erreichte sie sogar eine klare absolute Mehrheit. Zum anderen hatte Reinhold Maier Gebhard Müller wohl im Herbst 1951 den Posten des Ministerpräsidenten angetragen,

Mit dieser goldenen Uhr stellte Reinhold Maier den genauen Zeitpunkt der Gründung des neuen Bundeslandes fest, das dann den Namen Baden-Württemberg erhielt: »Freitag, 25. April 1952, 12 Uhr 30 Minuten.«

Mit der Mehrheit von 69,7 Prozent Ja-Stimmen waren die Voraussetzungen für einen Neubeginn im Südwesten gegeben. In Südbaden war die Ablehnung am höchsten, gefolgt von Nordbaden, aber in Nordwürttemberg und in Südwürttemberg-Hohenzollern sprachen sich über 90 Prozent der Wähler für ein gemeinsames Bundesland aus.

Volksabstimmung über die Neugliederung des südwestdeutschen Raumes am 9. Dezember 1951			
	Wahlbeteiligung	Südweststaat	Alte Länder
Nordwürttemberg	50,4 %	93,5 %	6,5 %
Nordbaden	67,4 %	57,1 %	42,9 %
Südbaden	70,5 %	37,8 %	62,2 %
Südwürttemberg-Hohenzollern	52,2 %	91,4 %	8,6 %
insgesamt	58,8 %	69,7 %	30,3 %

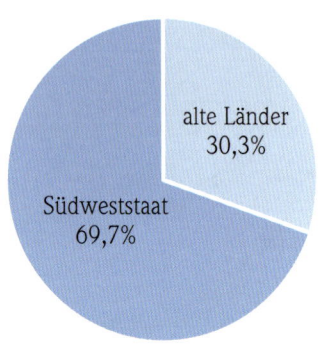

Das Gesamtergebnis in Prozent

wie der bei dem Gespräch anwesende Theodor Eschenburg, damals Staatsrat in Tübingen und glühender Verfechter des Südweststaats, in seinen Erinnerungen schilderte. Danach hatte sich eine kleine Runde in der Nähe von Nürtingen getroffen und ausgiebig gegessen und getrunken. Gegen Mitternacht habe sich Maier an Müller mit den Worten gewandt: »Ja nun müssen wir ja eine Regierung bilden, Herr Müller, und ich finde, das sollte niemand anderes als Sie machen.« Eschenburg glaubte Maier, trotz seines Mißtrauens ihm gegenüber, und auch Müller zweifelte nicht daran.[3]

Gebhard Müller berichtete in einem Gespräch mit dem Südfunkintendanten Hans Bausch im Mai 1980 davon, wie ihn die Regierungsbildung menschlich tief getroffen habe, da Maier ihm ja ein halbes Jahr vorher erklärt habe, »er sei durch den Abstimmungskampf erschöpft und ermüdet, er bitte mich in aller Form, der Ministerpräsident des Landes zu werden, wenn der Südweststaat komme. Er werde meine Kandidatur unterstützen.«[4] Allerdings waren die Koalitionsverhandlungen zwischen CDU und SPD, wohl aufgrund der heftigen bundespolitischen Auseinandersetzungen um die deutsche Wiederbewaffnung, schon eine Woche vor den Ereignissen im Landtag geplatzt. Eine kleine Koalition mit der FDP wäre rechnerisch möglich gewesen, aber die Liberalen wollten mit

den Christdemokraten unter den gegebenen Umständen nicht koalieren.

Eine ganz andere Darstellung der Abläufe gab Reinhold Maier in seinen Erinnerungen. Er bestritt nicht, daß Gebhard Müller unter normalen Umständen der einzig denkbare Ministerpräsident gewesen wäre. Allerdings hätte dieser in seiner eigenen Fraktion unter dem starken Druck der Altbadener gestanden, die auch nach der Volksabstimmung vom 9. Dezember 1951 die Südweststaatsbildung zu hintertreiben versucht hätten. Die Kraft der Südweststaatsbefürworter in der CDU-Fraktion sei »durch die Gegenkräfte, repräsentiert durch hochmilitante Herren, relativ paralysiert« worden. Dies habe Gebhard Müller auch persönlich spüren müssen, als die südbadische Delegation Ende Dezember 1951 abgelehnt hatte, ihn zum Vorsitzenden des Ministerrats des zu bildenden neuen Bundeslandes zu machen. Zudem gab es tiefgreifende Meinungsverschiedenheiten in der Schulfrage.

Maiers Mißtrauen wurde von Aussagen vor allem aus Südbaden genährt. So hatte Staatspräsident Wohleb Ende Dezember 1951, also nach der Volksabstimmung, auf einer CDU-Versammlung in Offenburg erklärt, die Bildung des Südweststaats sei Unrecht und undemokratisch, sowie massive Maßnahmen gegen die eigenen Parteifreunde angekündigt, die sich für das neue Bundesland ausgesprochen hätten. »Die Badische CDU sehe es als ihre Pflicht an, weiter die Interessen ihrer Wähler zu vertreten. Sie sei weniger die Christlich-Demokratische Union in Baden, als in erster Linie eine badische Partei, die unter allen Umständen badische Politik treiben müsse, auch auf die Gefahr hin, dadurch in Konflikt mit der Bundes-CDU oder der CDU Württembergs zu kommen. Konfliktstoffe gebe es im Augenblick genug.«[5]

Nach vier Jahren heftigen Ringens um den Südweststaat wollte Reinhold Maier deshalb Fakten schaffen, und dies schien ihm durch eine Regierungsbeteiligung der CDU gefährdet. »Nicht mehr mußten die Südweststaatfreunde über die Zwirnsfäden der Gegner weiter stolpern. Seine Gegner konnten von jetzt ab gegen

Siztungssaal des Landtags
(Aufnahme von 1950).

Bei der Landtagswahl am 9. März 1952 wurde die CDU zur stärksten Fraktion im Landtag, aber SPD, FDP und der BHE bildeten eine kleine Koalition und wählten Dr. Reinhold Maier (FDP) zum Ministerpräsidenten. Hier gibt er sich volksnah beim Wurstessen ohne Teller und Besteck.

den einmal gegründeten Staat anrennen. Er war staatsrechtlich da. Die Macht des Faktischen kam nunmehr dem Neugeschaffenen zugute und nicht wie bisher den von den Besatzungsmächten gebildeten und von Deutschen mit Absonderungsbestrebungen verteidigten Übergangsgebilden.«[6]

Alex Möller, der damals wichtigste Mann in der SPD-Fraktion, bestätigte in einem Rückblick die Sicht von Maier weitgehend und legte den Schwerpunkt des Scheiterns der Verhandlungen mit der CDU auf die weit auseinanderliegenden Verfassungsvorstellungen. Man habe sich in einer Sackgasse befunden, als Maier und er sich zu einem zunächst unbemerkt gebliebenen langen Gespräch getroffen hätten. Dabei verständigte man sich auf eine kleine Koalition aus SPD, FDP und dem BHE, der Partei der Heimatvertriebenen. »Nur so ließ sich dann in unserer Beurteilung im Verfassungsausschuß ei-

ne moderne, der Aufgeschlossenheit verpflichtete Verfassung erarbeiten. Die drei Fraktionen sagten ja. Gebhard Müller hatte in allerletzter Stunde Dr. Maier die Ministerpräsidentschaft angeboten und die Erklärung hinzugefügt, er selbst würde kein Ministeramt übernehmen. Dieses Angebot kam zu spät.«[7]

Immer wieder wurde auch der Verdacht geäußert, daß die Ausschaltung der CDU aus der Regierungsverantwortung vor allem bundespolitische Gründe gehabt habe, da sowohl die SPD als auch Teile der FDP, darunter Reinhold Maier, die Außenpolitik Adenauers mit der eindeutigen Festlegung auf die Westintegration ablehnten, weil dies zur Wiederbewaffnung und vermutlich zur Festigung der deutschen Teilung führen würde. Bis 1952 verfügte die CDU im Bundesrat über sechs südwestdeutsche Stimmen aus Baden und Württemberg-Hohenzollern, die mit absoluter Mehrheit von den Christdemokraten regiert wurden, während SPD und FDP auf die vier Stimmen von Württemberg-Baden zählen konnten. Mit der Bildung des Südweststaats besaß das neue Bundesland nur noch fünf Stimmen in der Länderkammer, die nach der Regierungsbildung zudem noch der Adenauerschen Politik kritisch gegenüberstanden.

Zwar bedeutete die Regierungsbildung »für die Union in Baden-Württemberg und in der ganzen Bundesrepublik einen gewaltigen Schock«, wie Kurt Georg Kiesinger in seinen Erinnerungen schrieb,[8] doch blieben die befürchteten Konsequenzen im Bundesrat, in dem es auf die Stimmen des Südweststaats ankam, trotz einiger Schwierigkeiten, die Maier als Bundesratspräsident Bundeskanzler Adenauer machte, aus. Die Verträge zur Europäischen Verteidigungsgemeinschaft und dem sogenannten Generalvertrag passierten die Länderkammer. Glaubhaft sind deshalb die Darstellungen von

Maier und Möller, daß in erster Linie landes- und verfassungspolitische und nicht bundespolitische Überlegungen den Ausschlag für die Regierungsbildung gegeben hatten. »In diesem Augenblick ging es nicht um Wirtschaftspolitik. Sie wurde in Bonn nachdrücklich demonstriert. Auch nicht um die deutsche Außenpolitik. Die brennendste Frage der Landespolitik, die Aufhebung sinnwidriger Grenzen, stand zur Lösung an. War sie gelöst, dann erst konnte man überhaupt regieren.«[9]

Alex Möller wandte sich in einem Rückblick sogar vehement gegen die Behauptung, bundespolitische Gründe hätten den Ausschlag für die Regierungsbildung gegeben. Solche Unterstellungen seien Unfug. »Die Koalition ohne CDU entstand ausschließlich wegen der Sorge um die erkennbaren Verfassungsschwierigkeiten.«[10]

So begann die Geschichte des neuen Südweststaates mit einer Besonderheit, die sich bis heute in der Bundesrepublik nicht wiederholt hat. Der erste Ministerpräsident des Landes wurde von der drittstärksten Partei gestellt, während gleichzeitig die stärkste Partei von der Regierungsbeteiligung ausgeschlossen blieb. Die völlig unerwartete Oppositionsrolle zwang die zwischen Altbadenern und Südweststaatsbefürwortern tief zerstrittene CDU-Fraktion zu einer gemeinsamen Haltung, damit gerade in den anstehenden Verfassungsberatungen die Stimme der Union nicht unterging. Dieser Zwang zu gemeinsamem Handeln hat dem Land in der schwierigen Anfangszeit sicherlich nicht geschadet und die zukünftige Schlagkraft der CDU im Land deutlich erhöht.

Karikatur von Fritz Meinhard: Wohlebs, »des neven Vasco da Gamas Ausfahrt auss Portugal uff der Suche nach dem sagenhafften Lande Baden«. Innerhalb der CDU hießen die großen Kontrahenten in der Badenfrage Leo Wohleb, Ministerpräsident des Landes Baden, und Dr. Gebhard Müller, Staatspräsident von Württemberg-Hohenzollern. Wohleb, von Konrad Adenauer als deutscher Botschafter nach Portugal abgeschoben, bewarb sich 1953 von dort aus erfolglos um ein sicheres Direktmandat für den Bundestag.

Die schwierige Anfangszeit

Die Auseinandersetzungen bei der Regierungsbildung setzten sich bei den Verhandlungen
zum Überleitungsgesetz, das dem neuen Land
eine vorläufige Ordnung geben sollte, fort. So
wollte die Regierung der Verfassunggebenden
Landesversammlung bereits vor Verabschiedung der Verfassung die vollen Rechte eines
Landtags geben und damit auch eine arbeits-
fähige Regierung installieren. Dagegen versuchte die CDU, den Einfluß der Verfassunggebenden Landesversammlung dadurch zu schmälern, daß Volksabstimmungen über angenommene oder abgelehnte Gesetzesvorlagen, ja
sogar ein Volksbegehren und eine Volksabstimmung über die Auflösung der Verfassunggebenden Landesversammlung zugelassen werden
sollten. Die Regierungspräsidien, die in Freiburg, Karlsruhe, Stuttgart und Tübingen gebildet worden waren, wollte man zu volksnahen
Mittelinstanzen ausbauen, was natürlich zu
einer Stärkung des altbadischen Einflusses geführt hätte. Außerdem wünschten die Christdemokraten, die Verfassung einer Volksabstimmung zu unterwerfen.

Obdachlose unter der Brücke
(1953).

»Der CDU kam es darauf an, mit diesen Anträgen die Möglichkeit zu schaffen, die Entwicklung gegebenenfalls rasch durch Einschaltung des Volkes zu korrigieren. Sie berief sich darauf, daß das Volk diese Entwicklung nicht billige. Sie wollte einer zentralistischen Gestaltung oder dem Ausbau der eingeleiteten württembergisch-badischen Vorherrschaft vorbeugen, drang aber mit den meisten ihrer Vorschläge nicht durch.«[11] Mit dem Überleitungsgesetz vom 17. Mai 1952 erhielt das Land auch den vorläufigen Namen Baden-Württemberg.

Die Polarisierung zwischen Regierung und Opposition führte entgegen der Ankündigungen von Leo Wohleb vom Dezember 1951 dazu, daß die südbadischen CDU-Abgeordneten sehr wohl in der Fraktion mitarbeiteten. »Neben den Bemühungen des ehemaligen Staatspräsidenten Dr. Müller, die im Abstimmungskampf entstandenen Gegensätze zu überbrücken, hat u.a. die aufgezwungene Opposition doch wohl auch die kollegiale Zusammenarbeit gefördert, jedenfalls zu einem früheren Zeitpunkt, als man erwarten durfte.«[12]

Die badische Ablehnungsfront war auch gegenüber dem Land bei weitem nicht einheitlich, wie ein langer Leserbrief aus Mannheim zeigte, der sich vehement gegen die altbadische Politik Karlsruhes wandte. »Lange schon hatte der kleine Mann auf unseren Straßen das Gefühl, von Karlsruhe bevormundet zu werden. Ihm kam die Situation vor, wie Herr und Knecht, die Mannheimer arbeiteten, die Karlsruher hingegen kommandierten! Der von der dortigen Bürokratie aufgezogene Zentralismus hatte sich während der Bewirtschaftungsjahre zum Teil völlig überschlagen ... Selbst das kuriose Dasein der Nachkriegs-Regierungsfiliale dort hat uns mehr geärgert als Freude bereitet. Unsere Arbeiter betrachteten jenen aufgezogenen teuren Apparat weniger als ›badische‹ Interessen-

vertretung, denn als Unterbringungsinstitut zahlreicher, schon längst dem Abbau verfallener Regierungsbeamter.«[13]

Aus Südbaden wurde jedoch bereits Anfang August von einer Gleichgültigkeit und auffallenden Zurückhaltung berichtet, »die sich eines Großteils der Bevölkerung bemächtigt haben«.[14] Demgegenüber blieb der Ton zwischen den politischen Gegnern rau. Am Jahresende 1952 sprach die Südwest-CDU, die den Ausschluß aus der Regierung noch nicht verkraftet hatte, von einem »politischen Scherbenhaufen«. »Der Südweststaat, dessen Bevölkerung bei aller politischen und wirtschaftlichen Aufgeschlossenheit im Grunde konservativ ist, muß unter dem pseudodemokratischen Protektorat einer sozialistisch und linksliberal geführten Regierung einen ständigen Herd der Unruhe bilden, dem aus dem verletzten Rechtsempfinden und der politischen Zurücksetzung eines Großteils der Bevölkerung immer neue

Bauarbeiten auf der Dreisambrücke in Freiburg (1953).

Das Elend nach dem Krieg:
Schwerkriegsbeschädigter.

Nahrung zufließt.« Auch ihre Grundforderungen für die neue Landesverfassung hob die Union nochmals hervor: »Volkswahl des Staatspräsidenten, Schaffung eines Senats, Sicherung des Elternrechts, Volksabstimmung über die Verfassung und Neuwahl des Landtags.«[15]

Auch in der Erinnerung klang es bei Alex Möller, der stellvertretender Vorsitzender des Verfassungsausschusses gewesen war – den Vorsitz hatte Gebhard Müller inne –, ebenfalls noch ziemlich konfliktreich. »Im Verfassungsausschuß fand ein Ringen mit oft catcherähnlichen Praktiken statt. Jeder Absatz der Verfassungsvorlage wurde auf Wort- und Sinngehalt durchleuchtet. Es war ein großer geistiger Stromverbrauch. Allein die kulturellen Fragen und ihre verfassungsrechtlichen Regelungen nahmen jede beliebige Zeit in Anspruch.«[16]

Demgegenüber wurden schon Stimmen laut, die auf die Selbstverständlichkeit politischer Auseinandersetzungen hinwiesen. Im übrigen

sei, worauf der stellvertretende Ministerpräsident Veit von der SPD hinwies, die südwestdeutsche Bevölkerung innerlich nicht stärker zerrissen als die gesamte Bevölkerung in der Bundesrepublik, die zu einem Teil hinter der Regierung und zum andern Teil hinter der Opposition stünde.[17] Der Landesvorsitzende der FDP/DVP Wolfgang Haußmann wies auf die sorgfältige und zielbewußte Arbeit des Verfassungsausschusses hin sowie auf das gewachsene bundespolitische Gewicht des neuen Bundeslandes.[18]

In einem Rückblick auf die »Landespolitik im Jahre 1952« wurde zwar auch auf die Gegensätze im Verfassungsausschuß hingewiesen, gleichzeitig aber die bereits erreichten Erfolge im Aufbau des neuen Landes hervorgehoben. »Die Regierung machte sich mit Elan an die ihr übertragenen Aufgaben und erließ mit einer Präzision, die an die eines Uhrwerkes erinnerte, eine Verordnung nach der andern, so daß schon Anfang Dezember der Aufbau der Verwaltung im wesentlichen abgeschlossen war. Zunächst wurden die Arbeitsgebiete der neuen Ministerien festgelegt; es folgten Verordnungen über den Sitz und die vorläufigen Aufgaben der Mittelinstanzen sowie über die zentralen Behörden, wie das Landeskriminalamt, das Landesgewerbeamt usw., die Leiter der Regierungspräsidien wurden ernannt und schließlich wurde mit der Organisation der Finanz- und Landwirtschaftsverwaltung und der Schaffung von Oberschulämtern die letzte Etappe des vorläufigen Aufbaus erreicht.«[19]

Bei aller Bedeutung der verfassungspolitischen Debatten, beschäftigte die Menschen sieben Jahre nach Kriegsende vor allem die wirtschaftliche Entwicklung. Hier war das neue Bundesland »erneut beachtlich vorwärts gekommen«, wie es in einem Jahresrückblick unter der Überschrift »Baden-Württembergs Wirtschaft hat

Rückkehr in die Normalität:
Weißenhof-Turnier in
Stuttgart am 15. Mai 1954.

ihren Vorsprung gehalten« hieß. Demnach lag auch das Produktionsvolumen, das noch 1948 deutlich unter dem Bundesdurchschnitt gelegen hatte, 1952 über dem Schnitt aller Länder. Die Arbeitslosigkeit dagegen war die niedrigste in der Bundesrepublik und beim Steueraufkommen pro Kopf der Bevölkerung lag man unter den Flächenländern hinter Nordrhein-Westfalen auf dem zweiten Platz.

Allerdings gab es nach wie vor erhebliche regionale Unterschiede im Land, deren Ausgleich als Zukunftsaufgabe bezeichnet wurde. »Der für Nordwürttemberg und Nordbaden berechnete

Index der industriellen Produktion lag beispielsweise im vorläufigen Durchschnitt des Jahres 1952 um zwölf Punkte über der Indexziffer des Bundesgebiets, während in der gleichen Zeit das industrielle Produktionsniveau von Südbaden um neun Punkte und das von Südwürttemberg um elf Punkte niedriger war. Auch sind es in erster Linie immer noch Arbeitsamtsbezirke von Nordbaden, deren Arbeitslosigkeit den Landesdurchschnitt übersteigt.[20]

Erfreulicherweise kehrte immer mehr Normalität in das Leben der Menschen im Südwesten ein, wie eine kleine Umfrage des ›Schwäbischen Tagblattes‹ am Jahresende 1952 in Tübingen ergeben hatte, bei der nach den Wünschen für das kommende Jahr gefragt worden war. Ein Verkehrspolizist wünschte sich einen friedlichen Verlauf in der großen Politik wie im Tübinger Straßenverkehr und mehr Rücksichtnahme bei den Fußgängern, vor allem den Studenten. Ein Baulustiger erhoffte sich preiswerte Grundstücke, ein Beamter eine Besoldungsreform, eine Schauspielerin eine schöne Rolle, ein Kinobesucher mehr inhaltsreiche deutsche Großfilme, eine Hausfrau den Rückgang der Lebensmittelpreise. Eine Verbindung zwischen großer Politik und privatem Erfolg stellte ein

Käthchenfestspiele im zerstörten Deutschhof in Heilbronn (1952).

Kinobesitzer her: »Ich wünsche ein friedliches Jahr 1953 in politischer Beziehung. Damit ist es auch geschäftlich gut.«

Auf die weitverbreitete Not vieler Menschen wies sehr eindringlich ein Kleinrentner hin: »Mein Wunsch für 1953 und für alle Menschen, die wie ich mit 72 DM im Monat auskommen müssen, ist, daß wir nicht immer fühlen müssen, wir seien übrig. Daß nicht jeder Arzt zuerst fragt, wie alt sind sie, und sich überlegen muß, ob für uns Alte die Krankenkasse noch eine teure Medizin bewilligt oder nicht. Vielleicht ist es möglich, daß wir Alten auch einmal eine Woche in irgendein Erholungsheim dürfen, auch wenn unsere Arbeitskraft dadurch nicht verbessert wird? An uns denkt niemand. Das sollte anders werden.«[21]

Auch wenn die Preise für ein Kilo Brot bei etwa 50 Pfennig, für ein Kilo Kartoffeln bei 24 Pfennig, für ein Kilo Weißkohl bei 40 Pfennig, für ein Kilo Schweinebauch bei etwa 4,10 DM, für ein Kilo Butter bei etwa 6,40 DM, für ein Kilo gerösteten Bohnenkaffee bei 32,50 DM und ein Liter Vollmilch bei ca. 40 Pfennig lagen, waren 72 DM im Monat zuviel zum Sterben, aber auch zu wenig fürs Leben.[22]

Auch im ersten Halbjahr 1953 änderte sich zunächst nichts an den grundsätzlichen verfassungspolitischen Auseinandersetzungen zwischen Regierung und Opposition. Allerdings gab es seit dem Frühsommer 1953, wie Paul Feuchte schrieb, versöhnlichere Töne, »vielleicht auch gefördert durch die Gemeinsamkeit der demokratischen Parteien gegenüber der Herausforderung des 17. Juni«.[23]

So hatte die Verfassunggebende Landesversammlung am 17. Juni nachmittags ihre Beratungen unterbrochen, als die ersten Nachrichten über den Volksaufstand in der DDR bekannt wurden, und anschließend einen von allen Parteien, mit Ausnahme der KPD, getragene Ent-

Fastnacht in Konstanz. Einzelne Seiten aus dem »Goldenen Buch der Fastnachtsgesellschaft Niederburg«:

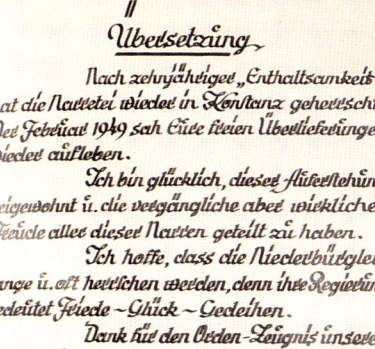

Der französische Gouverneur von Konstanz, André Noel, wünscht der Fastnachts-gesellschaft Niederburg, die nach 10-jähriger »Enthaltsamkeit« 1949 die Narre-tei wieder auf-leben läßt, »Friede – Glück – Gedeihen«.

Das alemannische Fastnachtslied:
Hoorig, hoorig, hoorig isch die Katz.

Typisch Konstanz:
Die Blätzlebuebe-Zunft.

Fasnetshumor: »Das erste Negerdorf am deutschen Rhein« heißt Konstanz.

Zeichnung von Elferratsmitglied Sepp Biehler im Buch der »Elefantengesellschaft«:
Die ganze Welt gratuliert den Elefanten zum 75. Geburtstag (1954).

schließung verabschiedet, in der es u.a. hieß: »Die Volksvertretung des Landes Baden-Württemberg grüßt in dieser schweren Stunde die um ihre Freiheit als Staatsbürger und Schaffende kämpfende Bevölkerung Ost-Berlins und der gesamten Sowjetzone. Sie fordert alle verantwortlichen Stellen in Bund und Ländern auf, alle Möglichkeiten wahrzunehmen, die geeignet sind, die der Bevölkerung der Sowjetzone vorenthaltenen Menschenrechte zu verwirklichen.«[24]

Aber nicht nur die gesamtdeutschen Entwicklungen brachten Bewegung in die verfahrene verfassungspolitische Debatte. Auch innerhalb der Regierungskoalition gab es Differenzen. Reinhold Maier wollte alle strittigen Fragen mit der Koalitionsmehrheit in zweiter und dritter Lesung noch vor der Sommerpause verabschieden. Dies lehnte die SPD rundweg ab, da sie befürchtete, »daß eine mit hauchdünner Mehrheit angenommene Verfassung für ein Land, bei dem beachtliche Teile noch aktive Gegner waren, nicht der Beginn des Zusammenwachsens, sondern der Anfang des Zerfalls sein würde«.[25]

Aus diesem Grund trafen sich Alex Möller und Gebhard Müller Anfang Juli zu einem geheimen Treffen in Ludwigsburg, wobei jeder in seinen Erinnerungen dem jeweils anderen die Initiative zu dieser Besprechung zuschob. Auf dieser Besprechung wurden wohl nach übereinstimmender Aussage die Weichenstellungen für eine Regierungsbeteiligung der CDU und für die entscheidenden Kompromisse in den strittigen Verfassungsfragen getroffen. Dies sollte unabhängig vom Ausgang der Bundestagswahl 1953 durchgeführt werden. In diesem Sinne lehnten es CDU und SPD im Ältestenrat der Verfassunggebenden Landesversammlung

gemeinsam ab, die zweite und dritte Lesung der Verfassung noch vor der Sommerpause zu beraten.[26]

Zu dieser Entscheidung mag auch eine gewisse Entfremdung zwischen Teilen der SPD und Reinhold Maier beigetragen haben. Der Ministerpräsident hatte in Ausübung seiner Richtlinienkompetenz gegen die Meinung seiner SPD-Minister im Bundesrat am 15. Mai 1953 schließlich für die Annahme des Grundlagen- und des EVG-Vertrags gestimmt und ihm mit den fünf Stimmen von Baden-Württemberg zur Mehrheit verholfen. Justizminister Viktor Renner von der SPD erklärte daraufhin seinen Rücktritt. Allerdings blieb die Koalition bestehen.

Im Juli 1953 hatte sich Reinhold Maier an die Spitze der Landesliste der Bundestagskandidaten seiner Partei wählen lassen. Ob er tatsächlich aus Gesundheitsgründen ohnehin als Ministerpräsident ausscheiden wollte oder ob ihn die Gerüchte über das Geheimtreffen von CDU und SPD zu seinem Schritt bewogen, bleibt unklar. Da man allgemein mit einem deutlichen Anwachsen der CDU rechnete, war es außergewöhnlich, wie stark sich Reinhold Maier exponierte, indem er verbindlich erklärte: »Das Ergebnis der Wahl zum Bundestag gilt gleichzeitig als Entscheidung der Wähler über meine Landespolitik in den letzten eineinhalb Jahren. Das hieß doch nichts anderes, als daß ich bei einem Obsiegen der landesoppositionellen CDU bei der Bundestagswahl auch in der Landespolitik die Konsequenzen ziehen werde.«[27] Somit wurde, zumindest für die Öffentlichkeit, die Bundestagswahl 1953 zur entscheidenden Weichenstellung für die zukünftige Landespolitik und damit für die neue Verfassung Baden-Württembergs.

Die zweite Bundestagswahl 1953

Bundestagswahlen beeinflussen im Regelfall die Landespolitik nur in geringem Maße, da zurecht darauf hingewiesen wird, daß die jeweilige Landesregierung nicht zur Abstimmung steht. Einen Sonderfall stellte die zweite Bundestagswahl dar. Der baden-württembergische Ministerpräsident Reinhold Maier ließ sich nicht nur an die Spitze der Landesliste seiner Partei für die Bundestagswahl stellen, sondern erklärte die Wahl auch zu einem Plebiszit über seine Politik. Dadurch wurden Landespolitik und Bundestagswahl untrennbar miteinander verknüpft.

Die erste gemeinsame landesweite Wahl hatte am 9. März 1952 stattgefunden. Die CDU war zwar zur stärksten Partei geworden, hatte aber gegenüber der ersten Bundestagswahl von 1949 deutlich verloren, während die SPD erheblich zulegen und die FDP/DVP sich behaupten konnte. Dabei war noch nach den alten Ländern abgestimmt worden, also nach Württemberg-Baden, Baden und Württemberg-Hohenzollern. Die jeweiligen Ergebnisse spiegelten in groben Zügen die Nachkriegsentwicklung wider. Der Schwerpunkt der CDU lag eindeutig in den südlichen Landesteilen. In Württemberg-Hohenzollern erreichte sie die absolute Mehrheit der Stimmen und in Baden die absolute Mehrheit der Abgeordneten bei allerdings 43,5 % der Stimmen. Demgegenüber

konnte sie in Nordbaden nur etwas mehr als ein Drittel und in Nordwürttemberg sogar nur etwas mehr als ein Viertel der Stimmen erzielen.

Die SPD erreichte in Nordwürttemberg und Nordbaden jeweils etwas mehr als 30%. Dies genügte in Nordwürttemberg zum ersten, in Nordbaden jedoch nur zum zweiten Platz. In Südbaden stimmte etwas mehr als jeder vierte Wähler und in Württemberg-Hohenzollern etwas mehr als jeder fünfte Wähler für die Sozialdemokraten. Auch die Liberalen hatten ihre Hochburg in Nordwürttemberg, wo ihnen mehr als jeder fünfte Wähler seine Stimme gab. Aber auch in den übrigen Landesteilen erzielten sie mit jeweils um die 15% gute Ergebnisse. Die KPD konnte sich nur in Württemberg-Baden behaupten, ähnlich wie die Vertriebenenpartei, da die französische Besatzungsmacht bis 1949 die Aufnahme einer größeren Anzahl von Vertriebenen in ihrer Zone abgelehnt hatte.[28]

Auch bei dieser Wahl hatte es Versuche gegeben, sie zu einer Abstimmung der teilweise heftig umstrittenen Bundespolitik zu machen. Allerdings habe diese Argumentation, wie der »Mannheimer Morgen« in einem Wahlkommentar schrieb, nie sehr überzeugend geklungen.[29] Und die »Schwäbische Zeitung« sprach bei der Beurteilung der Wahl von einer unterschätzten Stabilität. »Man glaubte offenbar

Die CDU war in der Landtagswahl vom 9. März 1952 zur stärksten Fraktion geworden, aber SPD, FDP und der BHE verständigten sich auf eine kleine Koalition mit Dr. Reinhold Maier (FDP) als Ministerpräsident.
Bei den Wahlen zum Bonner Bundestag 1953 erreichte die CDU einen erdrutschartigen Sieg, der landespolitische Folgen hatte. Dr. Reinhold Maier trat zurück. Gebildet wurde eine Allparteienregierung (ohne KPD) mit Dr. Gebhard Müller (CDU) als Ministerpräsident.

Die ersten Landtags- und Bundestagswahlen in Baden-Württemberg					
	Wahlbeteiligung	CDU	SPD	FDP/DVP	Sonstige
Bundestagswahl 1949	70,0 %	39,6 %	23,9 %	17,6 %	18,9 %
Landtagswahl 1952	63,7 %	36,0 %	28,0 %	18,0 %	18,0 %
Bundestagswahl 1953	81,8 %	52,4 %	23,0 %	12,7 %	11,8 %

nicht mehr an das unzerstörbare konservative Element im deutschen Südwesten. Aber man hat sich getäuscht.«[30] Nach wie vor bestimmten Konfession und Sozialstruktur bzw. die entsprechenden Milieus entscheidend das Wahlverhalten. In ländlichen, katholischen Bezirken sowie in katholischen Städten dominierte die CDU eindeutig, in städtischen industriellen Bezirken die SPD, die FDP/DVP konnte teilweise in Agrargebieten, vor allem mit dominierendem Weinbau, und in den evangelischen Städten große Gewinne erzielen.

Bei der Bundestagswahl 1953 ging es zwar um die entscheidenden Weichenstellungen der bundespolitischen Nachkriegspolitik, um Westintegration mit damit verbundener Wiederbewaffnung und Fortsetzung der Politik der sozialen Marktwirtschaft, aber eben auch um die Zukunft der Koalition in Stuttgart und vor allem ihres Ministerpräsidenten Maier. Dieser galt noch im Juni 1953, also knapp drei Monate vor der Wahl, »als der interessanteste Gegenspieler Dr. Adenauers und manche sahen in Dr. Maier schon den künftigen Bundeskanzler«.[31] Das Ergebnis war für die Stuttgarter Regierungskoalition niederschmetternd. Die Unionsparteien erzielten ihr bundesweit bestes Ergebnis in Baden-Württemberg mit 52,4% der abge-

Marktplatz in Stuttgart (1953). Nur die äußeren Proportionen entsprechen dem früheren städtebaulichen Kleinod.

gebenen Stimmen, wobei sie in erster Linie von der stark gestiegenen Wahlbeteiligung profitierten, denn die SPD konnte absolut ebenfalls deutlich zulegen, während die FDP/DVP absolut vergleichsweise wenige Stimmen, prozentual aber beinahe fünf Prozent verlor. Die KPD gab, unter dem Eindruck der Niederschlagung des Volksaufstandes vom 17. Juni 1953 in der DDR durch russische Panzer, mehr als die Hälfte ihrer Stimmen ab und versank mit 2,3% in die Bedeutungslosigkeit, aber auch die Vertriebenen mußten massive Stimmenverluste hinnehmen. In 29 der 33 Wahlkreise konnte die CDU das Direktmandat erringen, die SPD

konnte nur zwei statt bisher sechs behaupten, während die FDP/DVP ihren ›Besitzstand‹ mit zwei Direktmandaten behaupten konnte. Parteilose, die 1949 immerhin noch zwei Direktmandate erringen konnte, blieben dieses Mal erfolglos.

Bei den Zweitstimmen fiel das Ergebnis noch deutlicher aus. Nur im Wahlkreis Mannheim-Stadt lag die SPD noch 0,4% vor der CDU. In allen anderen Wahlkreisen des Landes dominierte die CDU, in den beiden südlichen Landesteilen sogar mit weit über 60%. In den beiden oberschwäbischen Wahlkreisen Biberach und Ravensburg wurden die übrigen

Wie ein Handtuch im Stadtbild: Wiederaufbau an der Kaiser-Joseph-Straße in Freiburg (1952).

In Stuttgart wurde das halbzerstörte Rathaus abgerissen. Anderswo, wie hier in Heilbronn, wurden Rathäuser im alten Stil neu erbaut (1953).

Dr. Reinhold Maier in seiner guten Stube beim »Spiegel-Gespräch« (2. Februar 1957). Links: Rudolf Augstein.

rungskreise nicht zu erwarten gewesen war. Die repräsentative Sonderauszählung nach Alter und Geschlecht, die bei dieser Bundestagswahl durchgeführt wurde, bestätigte im wesentlichen die Erkenntnisse, die bei entsprechenden Zählungen in der Weimarer Republik gemacht worden waren. Christliche Parteien wurden bevorzugt von Frauen gewählt. »Die Aufgliederung nach Altersgruppen bestätigt, daß die CDU von Frauen jeden Alters bevorzugt gewählt worden ist. Diese Bevorzugung nimmt im Vergleich zu den männlichen CDU-Stimmen im allgemeinen mit steigendem Alter zu.«[33]

Die SPD wurde überwiegend von Männern gewählt. Demgegenüber konnte die FDP/DVP bei Männern und Frauen in etwa dieselben Stimmenanteile erringen. Eindeutig fiel auch die konfessionelle Präferenz aus. »In den überwiegend katholischen Gemeinden (73,3 vH Katholiken) sind erheblich mehr CDU-Stimmen vorhanden als in den Großstädten und übrigen Gemeinden (32,9 bzw. 32 vH Katholiken).«[34]

Die öffentlichen Reaktionen im Land auf die Wahl waren eindeutig. »Der überraschend hohe Wahlsieg der CDU in Baden-Württemberg ... schlug bei den Koalitionsparteien der Regierung Dr. Reinhold Maiers ... wie eine Bombe ein.«[35] Selbst die ›Stuttgarter Zeitung‹, die den Liberalen nahestand, räumte ein: »Das Wahlergebnis wird in Baden-Württemberg, wo der überraschende Stimmenzuwachs der CDU vielfach als ein Votum gegen die Politik des Ministerpräsidenten Dr. Maier Beachtung findet, lebhaft kommentiert.«[36]

Auch die Folgen auf die Landespolitik wurden völlig übereinstimmend beurteilt. »Das politische Gewicht der Regierung ist durch das Ergebnis der Wahl leichter, ihre Basis schmäler geworden. Man kann sich schwer vorstellen, daß die Regierung Dr. Maiers völlig an dem

Parteien marginalisiert. In Ravensburg kam die CDU auf 77,2% und in Biberach sogar auf nie wieder erreichte 81,7%.[32] Eines der positivsten Ergebnisse der Wahl war ohne Zweifel die völlige Bedeutungslosigkeit der neuentstandenen rechtsradikalen Parteien, was angesichts der schwierigen sozialen Lage weiter Bevölke-

Ergebnis der Wahl vorbeigehen wird«,[37] kommentierte die ›Stuttgarter Zeitung‹, und der ›Mannheimer Morgen‹ schrieb: »Der Koalition Dr. Reinhold Maiers ist es jedenfalls durch den Wahlausgang vom 6. September schwer gemacht worden, Landesverfassung und Staatsaufbau allein nach ihrem Willen zu gestalten.«[38] Und die der CDU nahestehende ›Schwäbische Zeitung‹ formulierte kurz und knapp: »Wenn das Wort Demokratie einen Sinn hat, bleibt dem Kabinett Reinhold Maier nichts anderes übrig, als den Tatsachen Rechnung zu tragen und zu gehen.«[39]

Reinhold Maier hatte zunächst einige Mühe, das Ergebnis zu akzeptieren und die daraus resultierenden Folgerungen zu ziehen. In seiner ersten Stellungnahme versuchte er, die Bedeutung des Wahlergebnisses auf die Landespolitik zu relativieren, indem er ihn ausschließlich Konrad Adenauer und der Vorliebe des deutschen Volkes, »eine einzige Persönlichkeit emporzuheben«, zuschrieb. »Der Wahlerfolg Dr. Adenauers ist nicht gleichermaßen ein Wahlerfolg der CDU. In unserem Lande werden demnächst Kommunalwahlen stattfinden, die ein Zurückwenden in Richtung auf die Normallage einleiten werden. Landtagswahlen in Baden-Württemberg werden diesen Prozeß weiter fortsetzen. Was die FDP/DVP Baden-Württembergs anlangt, so mußte sie dem allgemeinen Trend Opfer bringen. Sie fällt jedoch in keiner Weise aus dem Rahmen der Bundes-FDP heraus. Mit anderen Worten, die Wahlsituation der FDP/DVP ist durch die Regierungskoalition im Lande nicht beeinflußt worden.«[40]

Mit dieser Sicht der Dinge konnte sich Maier allerdings nicht einmal in der eigenen Partei behaupten. Wolfgang Haußmann, der Landesvorsitzende der Liberalen, hatte schon unmittelbar nach der Wahl die Bildung einer Großen Koalition ins Gespräch gebracht, und bereits

wenige Tage nach der Bundestagswahl schloß sich seine Partei dieser Auffassung an. Damit war aber auch klar, daß Gebhard Müller neuer Regierungschef in Stuttgart werden würde. Alex Möller, der damalige Fraktionschef der Landtags-SPD, meinte in seinen Erinnerungen sogar, daß die völlig unnötige Verknüpfung der Landespolitik mit der Bundestagswahl durch

Wahlwerbung für Dr. Gebhard Müller bei der Bundestagswahl am 6. September 1953. Am 7. Oktober 1953 wird Gebhard Müller von der Allparteienregierung (ohne KPD) in der Nachfolge von Reinhold Maier zum Ministerpräsidenten gewählt.

Einigkeit und Recht und Freiheit für das deutsche Vaterland! Danach laßt uns alle streben brüderlich mit Herz und Hand!

Dr. Gebhard Müller

Staatspräsident a. D. von Württemberg-Hohenzollern

Kandidat der Christlich-Demokratischen Union für den Wahlkreis Balingen, Hechingen, Münsingen, Sigmaringen

Reinhold Maier sich nüchtern betrachtet nur dadurch erklären lasse, daß er sich mit der Tatsache abgefunden hatte, »daß Gebhard Müller Ministerpräsident einer Allparteienregierung werden würde«.[41]

Inwieweit Reinhold Maier die »Befreiung vom Amt«, wie er in seinen Erinnerungen schrieb,[42] selbst betrieb und inwieweit er ein Getriebener des Wahlergebnisses wurde, ist mit letzter Sicherheit nicht zu sagen. Angesichts der allgemeinen Überraschung über die Höhe des CDU-Sieges im Südwesten sind zumindest Zweifel angebracht, ob sich Maier seinen Abgang von der landespolitischen Bühne so abrupt vorgestellt hatte. Unabhängig davon: »Die Leistung bleibt«, wie eine Zeitung nach seinem Rücktritt schrieb, um dann auf seine Verdienste für das Land nach 1945 hinzuweisen. »Er gab den Württembergern wieder Glauben an die staatliche Ordnung und Hoffnung auf eine bürgerliche Zukunft in innerer und äußerer Freiheit.«[43]

Der erste Präsident der Bundesrepublik Deutschland, Professor Dr. Theodor Heuß aus Brackenheim in Württemberg, besucht sein »Ländle«. Gemeinsam mit Dr. h.c. Theodor Pfizer, Oberbürgermeister von Ulm, schreitet er hier eine Ehrenkompanie der Feuerwehr ab (1953).

Kapitel II

Vom Menschen und seinen Ordnungen

I. Mensch und Staat

ARTIKEL 1

(1) Der Mensch ist berufen, in der ihn umgebenden Gemeinschaft seine Gaben in Freiheit und in der Erfüllung des christlichen Sittengesetzes zu seinem und der anderen Wohl zu entfalten.

(2) Der Staat hat die Aufgabe, den Menschen hierbei zu dienen. Er faßt die in seinem Gebiet lebenden Menschen zu einem geordneten Gemeinwesen zusammen, gewährt ihnen Schutz und Förderung und bewirkt durch Gesetz und Gebot einen Ausgleich der wechselseitigen Rechte und Pflichten.

ARTIKEL 2

(1) Die im Grundgesetz für die Bundesrepublik Deutschland vom 23. Mai 1949 festgelegten Grundrechte und staatsbürgerlichen Rechte sind Bestandteil dieser Verfassung und unmittelbar geltendes Recht.

(2) Das Volk von Baden-Württemberg bekennt sich darüber hinaus zu dem unveräußerlichen Menschenrecht auf die Heimat.

ARTIKEL 3

(1) Die Sonntage und die staatlich anerkannten Feiertage stehen als Tage der Arbeitsruhe und der Erhebung unter Rechtsschutz. Die staatlich anerkannten Feiertage werden durch Gesetz bestimmt. Hierbei ist die christliche Überlieferung zu wahren.

(2) Der 1. Mai ist gesetzlicher Feiertag. Er gilt dem Bekenntnis zu sozialer Gerechtigkeit, Frieden, Freiheit und Völkerverständigung.

II. Religion und Religionsgemeinschaften

ARTIKEL 4

(1) Die Kirchen und die anerkannten Religions- und Weltanschauungsgemeinschaften entfalten sich in der Erfüllung ihrer religiösen Aufgaben frei von staatlichen Eingriffen.

(2) Ihre Bedeutung für die Bewahrung und Festigung der religiösen und sittlichen Grundlagen des menschlichen Lebens wird anerkannt.

In der Verfassunggebenden Versammlung am 11. November 1953 stimmten fast 90 Prozent der Abgeordneten für die »Verfassung des Landes Baden-Württemberg«. (Hier: Seite 3 aus dem Erstdruck.) Die im Grundgesetz festgelegten Grundrechte sind Bestandteil dieser Verfassung.

Die Allparteienregierung 1953 - 1960

Die Verfassung von Baden-Württemberg

Der Rücktritt Reinhold Maiers nach dem deutlichen Wahlerfolg der CDU bei der Bundestagswahl machte den Weg frei für eine Allparteienregierung unter Ausschluß der vier KPD-Abgeordneten, das »Stuttgarter ›Überkabinett‹«, wie eine Zeitung damals schrieb.[1] Allerdings wurden auch bei der Wahl von Gebhard Müller zum neuen Ministerpräsidenten am 30. September 1953 die Spannungen der letzten anderthalb Jahre deutlich. Von den anwesenden 108 Abgeordneten der neuen Regierungskoalition stimmten gerade 79 für Müller. Dabei blieb unklar, ob alle anwesenden 49 CDU-Abgeordneten für Müller votiert hatten. Viele zeitgenössische Beobachter vermuteten, daß die 28 leeren Stimmzettel aus dem Lager der Altbadener kamen[2] und weniger von Abgeordneten der übrigen drei Parteien, SPD, FDP/DVP und BHE.[3]

Umgekehrt wurde die Verbitterung der CDU nochmals deutlich, als Landtagspräsident Neinhaus (CDU) das achtjährige Wirken von Reinhold Maier, zunächst als Ministerpräsident von Württemberg-Baden und dann als erster Ministerpräsident von Baden-Württemberg, würdigte. »Wenn Sie heute infolge der Veränderung der politischen Lage auf Grund Ihres eigenen Entschlusses mit der gesamten ersten vorläufigen Regierung aus Ihrem Amt ausscheiden, so dürfen Sie, ungeachtet aller politischen Meinungsverschiedenheiten, die auch in diesem

Hause immer wieder hervorgetreten sind, des Dankes und der Anerkennung der Verfassunggebenden Landesversammlung wie auch der ganzen Öffentlichkeit unseres Landes gewiß sein. Ich erfülle gerne die Pflicht, Ihnen diesen Dank und diese Anerkennung im Namen des Hohen Hauses auszusprechen.« Das Protokoll bemerkte daraufhin »Beifall bei der SPD, der FDP/DVP und dem BHE«, während sich die CDU diesem Dank offensichtlich nicht anschließen konnte.[4]

Nach diesem etwas mühsamen Start kamen die inhaltlichen Absprachen, der sogenannte Verfassungskompromiß, zügig voran. Bereits am 7. Oktober, am Tag als die neue Regierung Müller von der Verfassunggebenden Landesversammlung bestätigt wurde, brachten die vier Regierungsparteien einen gemeinsamen Entwurf zu den strittigen Verfassungsfragen ein. Nach einem Bericht von Walter Krause hatte eine von den vier Fraktionen eingesetzte Kommission an einem Tag, nämlich am 21. September 1953, »die Kompromißformeln für die Schulform, für das Elternrecht, für die christliche Gemeinschaftsschule, die Lehrerbildung, die Schulgeld- und Lernmittelfreiheit, die Privatschulen und die Kirchenverträge« gefunden.[5] Diese schnelle Einigung überraschte allerdings nicht, wenn man bedenkt, daß Gebhard Müller und Alex Möller bereits im Juli in ihrem ›Geheimgespräch‹ die Kompromisse vereinbart hatten.[6]

Gerade mal 17 Prozent der Bevölkerung Baden-Württembergs interessierten sich für Verfassungsfragen. Wichtiger war die aktive Teilnahme am »Wirtschaftswunder« wie Amusement-Touren mit dem Moped ...

... Stadtfahrten mit dem Motorroller ...

Urlaubsreisen mit dem Auto. Hier: Albaufstieg der Autobahn Stuttgart - Ulm.

Der Kompromiß in der Schulfrage lief im wesentlichen darauf hinaus, im Lande alles so zu belassen, wie es war. In drei Regierungsbezirken, Freiburg, Karlsruhe und Stuttgart, blieb die christliche Gemeinschaftsschule bestehen und im Regierungsbezirk Tübingen die dort mehrheitlich vorhandene Konfessionsschule. Das mit dieser Frage eng zusammenhängende Problem der Gültigkeit des Reichskonkordats, das der Vatikan mit dem Dritten Reich im Sommer 1933 abgeschlossen hatte, wurde mit einer eleganten Formulierung gelöst. So lautet Artikel 8 der Landesverfassung: »Rechte und Pflichten, die sich aus Verträgen mit der evangelischen und katholischen Kirche ergeben, bleiben von dieser Verfassung unberührt.«
Damit wurde offengelassen, ob das Reichskonkordat noch in Kraft war, wie von der CDU behauptet, die dabei massiv von Bundeskanzler Adenauer unterstützt worden war, oder mit dem Ende des Dritten Reiches seine Gültigkeit verloren hatte. Interessant ist, daß der SPD-Abgeordnete Walter Krause in den abschließenden Verhandlungen ausdrücklich darauf hin-

wies, daß es sich bei dieser Formulierung um einen wesentlichen Bestandteil des Kompromisses gehandelt habe, der zur Bildung der Großen Koalition geführt und damit die Möglichkeit geschaffen habe, die Verfassung mit großer Mehrheit zu verabschieden. Er unterstrich nochmals ausdrücklich, daß damit seitens der SPD »keine Anerkennung der Gültigkeit des Reichskonkordats in den umstrittenen Schulbestimmungen« verbunden sei.[7] Erst mit dem Urteil des Bundesverfassungsgerichts vom 26. März 1957 stand die fortbestehende Gültigkeit des Reichskonkordats fest.
Verankert wurde in der Verfassung auch der Grundsatz der Unentgeltlichkeit von Unterricht und Lernmitteln, der stufenweise verwirklicht werden sollte, und die finanzielle Gleichbehandlung der öffentlichen und der privaten Schulen, soweit diese auf gemeinnütziger Basis arbeiteten und einem öffentlichen Bedürfnis entsprachen.
Befriedigende und einvernehmliche Lösungen fand man auch für die Lehrerfortbildung und den kirchlichen Einfluß. Zwar wurde von ka-

tholischer Seite der Kompromiß zum Teil heftig kritisiert und der CDU mangelnde Standhaftigkeit vorgeworfen. Angesichts der politischen Mehrheitsverhältnisse war, wie sowohl Gebhard Müller als auch der CDU-Fraktionsvorsitzende und Freiburger Domkustos Franz Hermann betonten, nicht mehr zu erreichen. Außerdem sei die neue Verfassung »– vom Standpunkt der Christen aus gesehen – besser als die alte badische und die württembergisch-badische«.[8]

Neben den Schulfragen war vor allem in der Öffentlichkeit der Name des neuen Bundeslandes heiß umstritten. Die Vorschläge reichten von Alemannien über Schwaben, Baden-Schwaben, Schwaben-Franken bis zu Rheinschwaben. Vor allem im württembergischen Landesteil machte man sich für den Namen Schwaben stark, der in Anlehnung an das alte Herzogtum und den Reichskreis historisch den größten Teil des neuen Bundeslandes umfaßt hätte. So bezeichnete der Archivar Max Miller in einem ganzseitigen Artikel in der ›Stuttgarter Zeitung‹ den Doppelnamen Baden-Württemberg als »ein Unding«, ja als Schaden für das neue Land. »Im neuen Bundesland würde der Doppelname Baden-Württemberg immer und jederzeit die Erinnerung an die bei der Bildung des Landes aufgetretenen Differenzen und Dissonanzen wachhalten und mit ihr die Bestrebungen, das Land wieder in seine Teile zu spalten.«[9]

Nachdem im Verfassungsausschuß zunächst der Name Rheinschwaben favorisiert worden war, begannen sich in den Beratungen die Anhänger von ›Baden-Württemberg‹ durchzusetzen. Allerdings kam es in der abschließenden dritten Lesung nochmals zu einer heftigen Debatte über den Landesnamen, als ein parteiübergreifender Antrag gestellt wurde, ›Baden-Württemberg‹ durch ›Schwaben‹ zu ersetzen. In der namentlichen Abstimmung, die ›Stuttgarter Zei-

Zügig wächst die Zahl derer, die sich Ferien leisten können (Urlauber in Massen auf dem Konstanzer Bahnhof).

tung‹ veröffentlichte die Namen der Befürworter und Gegner, sprachen sich immerhin 39 Abgeordnete, ausschließlich aus Württemberg, für ›Schwaben‹ aus, während die Zustimmung für ›Baden-Württemberg‹ mit 70 Stimmen im Vergleich zu früheren Abstimmungen relativ gering ausfiel. Die Regierungsmitglieder votierten nicht einheitlich für ›Baden-Württemberg‹, Innenminister Ulrich von der SPD und Justizminister Haußmann von der FDP/DVP stimmten ebenso für ›Schwaben‹ wie Reinhold Maier und der Fraktionsvorsitzende des BHE Karl Mocker.[10]

Demgegenüber stimmten unter anderem Gebhard Müller und Alex Möller für ›Baden-Württemberg‹ und damit für die »versöhnliche Lösung«, wie es in einem Kommentar der ›Badischen Zeitung‹ hieß. »Darum haben auch jene

nüchternen und verantwortungsbewußten ›Schwaben‹ in Stuttgart klug gehandelt, die mit Rücksicht auf den verwundeten, schwächeren badischen Teil auf diesen Namen verzichtet haben. Es hätte das Zusammenwachsen erschwert, nicht erleichtert. Es liegt auch gar keine Tragik darin, wenn Baden und Württemberg, Badener und Württemberger in den Bezeichnungen weiterleben. Der Staat muß nicht immer und nicht in allem zentralistisch sein.«[11]

Eine interessante Diskussion ergab sich über die Frage, ob die Landesverfassung Grundrechte enthalten sollte, wie es die CDU forderte. In dieser Diskussion wurde auch deutlich, in welchem ungesicherten, provisorischen Zustand sich die Bundesrepublik zu diesem Zeitpunkt noch befand. So verwies Gebhard Müller in seiner Begründung auf den vorläufigen Charakter des Grundgesetzes. »Nach menschlichem Ermessen wird unsere Landesverfassung das Grundgesetz überdauern. Niemand von uns, meine Damen und Herren, kann aber sagen, durch welche Verfassung das Grundgesetz abgelöst werden wird. Wenn, was ich für verhängnisvoll halten würde, bei der Schaffung der neuen Verfassung oder bei der Wiedervereinigung Deutschlands das Potsdamer Abkommen als Grundlage maßgebend sein sollte, dann hätte ich wirklich ernste Besorgnisse, ob die künftige Reichsverfassung unserer Auffassung entsprechen wird.«[12]

Die CDU konnte sich mit ihrem Standpunkt nicht durchsetzen, da die Grundrechte und die staatsbürgerlichen Rechte des Grundgesetzes ohnehin in die Landesverfassung übernommen

wurden. Eine Besonderheit gestatteten sich die südwestdeutschen Verfassungsmütter und Verfassungsväter allerdings, nämlich Artikel 2 Absatz 2 der Landesverfassung, der lautet: »Das Volk von Baden-Württemberg bekennt sich darüber hinaus zu dem unveräußerlichen Menschenrecht auf die Heimat.« Der Fraktionsvorsitzende des BHE, der Partei der Vertriebenen im Landtag, Karl Mocker, beantragte diesen Zusatz bereits am 27. November 1952 im Verfassungsausschuß.[13] Dort wurde er bei nur drei Enthaltungen angenommen.[14]

In den abschließenden Verhandlungen im Juni 1953 machte Mocker grundlegende Ausführungen zu dem Thema, so zum Beispiel über das Ziel dieses Artikels. »Es gilt also, die Entwicklung der Kodifizierung des Menschenrechts auf die Heimat zu fördern, um dieses Recht immer

Nachholbedarf auch beim Essen: Die Freßwelle schwappt übers Land.

mehr in das allgemeine Rechtsbewußtsein zu rücken. Die Vertreibung hat nach dem letzten Weltkrieg vornehmlich das deutsche Volk getroffen. Wir Deutsche haben daher in erster Linie nicht nur Anlaß, sondern vor allem auch die Pflicht, die Entwicklung der Kodifizierung des ... Rechts auf die Heimat mit allen Mitteln vorwärtszutreiben.« Mocker machte auch sehr eindringlich auf die Konsequenzen dieser Formulierung aufmerksam. »Das so statuierte Menschenrecht auf die Heimat beinhaltet sowohl für die betreffende Völkergemeinschaft wie auch für den einzelnen Staat das Verbot der Vertreibung und für jeden einzelnen das Recht auf Rückkehr in die Heimat sowie den Anspruch auf Ersatz beziehungsweise auf einen Ausgleich gegen die Völkergemeinschaft oder

Der Rettungsring als Siegeslorbeer? Schönheitswettbewerb am Poolrand.

gegen den einzelnen Staat im Falle der Unmöglichkeit der Rückkehr.«

Auch wenn diese berechtigten Forderungen damals wie heute – gerade nach den Erfahrungen mit den Balkankriegen der letzten Jahre – kaum zu verwirklichen sind, so bilden sie doch einen wesentlichen Bestandteil der Menschenrechte, wie sie vor allem nach dem Zweiten Weltkrieg ausformuliert worden sind. Trotzdem wurde dieses Recht in den einzelnen Verfassungen kaum verankert. Nicht zu Unrecht machte Mocker in den Beratungen darauf aufmerksam, daß es der neuen Verfassung »zum Ruhme« gereiche, »daß sie als erste Verfassung nicht nur eines deutschen Landes, sondern eines Landes beziehungsweise Staates überhaupt das unveräußerliche Menschenrecht auf die Heimat mit zu ihrem Inhalt machte«.[15]

Das konstruktive Mißtrauensvotum, das von den südwestdeutschen Verfassungen 1946/7 aus Eingang in das Grundgesetz gefunden hatte, blieb erhalten. Damit konnte ein Ministerpräsident nur dadurch gestürzt werden, daß die Mehrheit der Landtagsmitglieder einen neuen Ministerpräsidenten wählte. Damit sollte die Möglichkeit von negativen Mehrheiten, wie sie sich in der Weimarer Republik zum Teil aus NSDAP und KPD ergeben hatten, eingeschränkt werden. Die Gegnerschaft zur Regierung genügt nicht, um sie zu stürzen. Man benötigt eine regierungsfähige Mehrheit, die sich auf eine neue Regierung verständigt. Wenn innerhalb von drei Monaten keine Wahl eines Ministerpräsidenten zustandekommt, ist der Landtag automatisch aufgelöst und es finden Neuwahlen statt.

Die von der CDU aus der Opposition heraus geforderte stärkere Beteiligung der Bevölkerung an der politischen Willensbildung setzte sich in den Verfassungsberatungen schließlich nicht durch. Überzeugende rechtliche Bedenken gab

Demonstration für die Rückkehr von Kriegsgefangenen
(hier: Schweigemarsch in
Freiburg in der Gedenkwoche
an die Kriegsgefangenen).

es zum Beispiel gegen die Einrichtung eines Senats in Analogie zum bayerischen Modell, der
allerdings im Jahr 2000 von den Wählern wieder abgeschafft wurde, oder gegen die Volkswahl eines Staatspräsidenten, der zwangsläufig
eine Zwitterstellung erhalten hätte. Schließlich
setzten die alten Regierungsparteien auch ein
Verhältniswahlrecht mit 5%-Sperrklausel durch,
das heißt nur Parteien, die mehr als 5% der ab-
gegebenen gültigen Stimmen erhielten, konnten in den Landtag einziehen. Allerdings enthielt das neue Wahlrecht auch starke Momente
der Persönlichkeitswahl.

Gegenüber einer unmittelbaren Volksgesetz-
gebung durch Volksbegehren und Volksabstimmung war die Mehrheit der Abgeordneten in
der Verfassunggebenden Landesversammlung
nach den Erfahrungen in der Weimarer Repu-

blik überwiegend skeptisch eingestellt. Die
Hürden für Volksbegehren und Volksabstimmungen wurden deshalb in der Verfassung zunächst sehr hoch gesetzt und erst 1974, nach
25 Jahren erfolgreicher demokratischer Entwicklung, in der Landesverfassung deutlich erleichtert.[16]

Umstritten blieben bis zuletzt die Forderungen
der CDU, eine Volksabstimmung über die Verfassung abzuhalten und gleichzeitig einen
neuen Landtag zu wählen, wie es z.B. bereits
1946 in Württemberg-Baden praktiziert worden war. Allerdings hatte man das Grundgesetz, nicht zuletzt aufgrund seines vermeintlich
provisorischen Charakters, nur den Landtagen
zur Abstimmung gestellt. Schließlich einigte
man sich auch in Stuttgart darauf, keine Volksabstimmung durchzuführen. »Die fast 90pro-

Banges Hoffen, erlösende Nachricht: Kriegsheimkehrer in Freiburg löschen auf der Tafel ihre Namen.

gebnis mit Genugtuung aufnehme und es begrüße, daß der Zustand der staatsrechtlichen Unsicherheit und Lähmung beendet sei.«[17]

Bei der Schlußabstimmung über die Verfassung am 11. November 1953 kam es nochmals zu einigen interessanten Stellungnahmen. Das Ergebnis selbst überraschte nicht. Von den anwesenden 114 Abgeordneten stimmten 102 für und fünf gegen die Verfassung. Sieben Abgeordnete enthielten sich der Stimme. Neben den vier KPD-Abgeordneten lehnte auch der südbadische CDU-Abgeordnete und spätere Freiburger Regierungspräsident Hermann Person die Verfassung ab, »da die Verfassung dem Volk nicht zur Abstimmung vorgelegt werden wird, diese Verfassung jedoch gleichzeitig drei vom Volk der bisherigen Länder bestätigte Verfassungen außer Kraft setzt«.[18] Ähnlich argumentierten fünf CDU-Abgeordnete, die sich der Stimme enthalten hatten.

Lebhafte Reaktionen löste die Stellungnahme von Paul Binder (CDU) aus, der in Tübingen Staatssekretär für Finanzen gewesen war und auch dem Parlamentarischen Rat angehört hatte. Binder begründete seine Stimmenthaltung damit, daß die Verfassungen einen gefährlich illusionären Charakter hätten, indem es dort hieße, die Staatsgewalt gehe vom Volke aus. »Wenn Sie gesagt hätten: Die Staatsgewalt gehe nicht nur von den Fraktionsführern und vom Finanzausschuß, (...) sondern auch vom Volke aus, (...) dann wären Sie der Wahrheit näher gekommen.« Die anhaltende Unruhe verstärkte sich noch, als Binder beklagte, daß kein Staatspräsident vorgesehen sei. Schließlich verzichtete Binder auf eine weitere Erklärung, nachdem ihn der Präsident darauf hingewiesen hatte, daß die Geschäftsordnung nur kurze Begründungen für das jeweilige Stimmverhalten vorsehe.[19]

In den darauffolgenden Stellungnahmen der angesprochenen Fraktionsvorsitzenden wurden

zentige Zustimmung zur Verfassung in der Verfassunggebenden Versammlung«, so Gebhard Müller in seiner Regierungserklärung am 9. Dezember 1953, »berechtige die Annahme, daß der überwiegende Teil der Bevölkerung das Er-

einerseits nochmals die unterschiedlichen Positionen deutlich, gleichzeitig aber auch das gemeinsame Ziel hervorgehoben, »daß diese Verfassung dem Frieden und Fortschritt des Landes Baden-Württemberg und seiner fleißigen und rechtschaffenen Bürger, gleichgültig welchen Stammes sie sind und wo ihre Wiege stand, dienen möge«, so Karl Mocker, der Fraktionsvorsitzende des GB/BHE, unter lebhaftem Beifall und »Händeklatschen im ganzen Haus«.[20]

Präsident Neinhaus schloß die Sitzung mit den Worten: »Möge auch diese heute verabschiedete Verfassung ihr Teil dazu beitragen, daß das höchste Ziel aller Deutschen – Einheit, Freiheit und Frieden – bald verwirklicht werden möchte. (Anhaltender lebhafter Beifall. – Ein Streichquartett intoniert das Deutschlandlied. – Alle Anwesenden erheben sich zum Gesang der dritten Strophe des Deutschlandliedes.)«[21]

In der öffentlichen Meinung wurde die neue Verfassung positiv aufgenommen, vor allem die breite Zustimmung nach dem monatelangen Tauziehen fand Beifall. »Für das neue Bundesland beginnt jetzt ein neuer Abschnitt des staatlichen, wirtschaftlichen und kulturellen Aufbaues. Es ist noch längst nicht alles so, wie es sein müßte. Aber das Fundament steht und der Bürger im Lande erwartet, daß darauf ein Haus gebaut wird, in dem sich alle Landesteile wohlfühlen.«[22]

Allerdings war es nur ein kleiner Teil der Öffentlichkeit, der sich für die Verfassungsfragen überhaupt interessierte. So hatten bei einer Befragung des Instituts für Demoskopie in Allensbach vom Juni 1953 gerade einmal 17% angegeben, die Zeitungsberichte darüber gelesen zu haben. Jeder vierte Befragte hatte »ziemlich wenig darüber gelesen und 58% erklärten, daß sie dieses Thema nicht interessiere«.[23]

Während der Verzicht auf eine Volksabstimmung über die Verfassung durchaus auf Verständnis stieß, galt dies für die Entscheidung der Verfassunggebenden Landesversammlung, sich ohne Wahl zum ersten Landtag zu erklären und auch die Regierung unverändert fortzuführen, weit weniger. Das Argument von Gebhard Müller, niemand wäre bereit gewesen, bei der Neubildung der Regierung im September nur für wenige Wochen ein Amt zu übernehmen, überzeugte nicht. So bedauerte die ›Badische Zeitung‹, daß dem Volk nicht die Möglichkeit geboten werde, zu diesem Staat in freier Entscheidung »noch einmal ja zu sagen«.

Der Kommentator wies aber noch auf ein viel grundsätzlicheres Problem hin. »Daß es im Stuttgarter Parlament eine Regierung aus allen demokratischen Parteien gibt, denen (abgesehen von den dazu unfähigen vier Kommunisten) keinerlei Opposition gegenübersteht, ist doch eigentlich ein ungesunder Zustand. Gewiß, er ist für die Zeit der Verfassungsarbeit (im weiteren Sinne) zwingend geboten, aber auch eben nur für diese Zeit erträglich. Es wäre eine beinahe unheimliche Aussicht, daß er noch mehr als zwei Jahre dauern sollte.«[24]

In Wirklichkeit sollte dieser Zustand noch über sechs Jahre anhalten, wobei es ab 1956, dem Ausscheiden der KPD aus dem Landtag, nur noch Regierungsparteien im Stuttgarter Parlament gab. Aber vielleicht war diese Allparteienkoalition tatsächlich vonnöten, um die entscheidende Aufgabe für das neue Land zu lösen, wie Ministerpräsident Gebhard Müller ausführte, »ein echtes Staatsgefühl zu entwickeln … Ohne dieses Staatsgefühl könne Baden-Württemberg bei aller rechtlichen Fundierung nicht gedeihen.«[25] Einen wesentlichen Beitrag dazu konnte die neue Verfassung und die Koalition aller demokratischen Parteien leisten.

Zusammenwachsen der Landesteile?

Die Altbadener, d.h. die Befürworter einer Wiederherstellung des alten Landes Baden, waren nicht bereit, die Abstimmung vom 9. Dezember 1951 zu akzeptieren. Am Tag nach der Volksabstimmung wurde in Freiburg das Zentrum, inspiriert von Prälat Föhr, dem letzten Vorsitzenden der Partei in der Weimarer Republik, wiedergegründet. Sie stellte sich unter dem Motto »katholisch, gut badisch« vor.[26] Ihr erster Vorsitzender Hermann Person kandidierte aber bereits am 9. März 1952 für die CDU, was Föhr abgelehnt hatte. Das Angebot des Zentrums, als Gegengabe für zwei Mandate auf eine Kandidatur zu verzichten, lehnte der südbadische Vorsitzende der CDU Anton Dichtel ab. Die Schwäche des Zentrums, das in Südbaden gerade einmal 4,4% erreicht hatte, hing auch mit der klaren Parteinahme des Freiburger Erzbischofs Rauch für die CDU zusammen.

Eine weitere Niederlage erlitten die Altbadener, die sich zunächst als Arbeitsgemeinschaft der Badener und später als Heimatbund Badenerland organisiert hatten, auf dem Parteitag der CDU in Freiburg Anfang Februar 1952, als es ihnen nicht gelang, den auf Ausgleich bedachten Vorsitzenden Anton Dichtel durch Leo Wohleb zu ersetzen, der ›nur‹ zum Ehrenvorsitzenden ernannt wurde. Auch die Abwahl des 2. Vorsitzenden und bekennenden Südweststaatsanhängers, des Konstanzer Bürgermeisters Hermann Schneider, scheiterte. »Die grosse Abrechnung blieb also aus, und Dichtel hatte eine Vorstandschaft, die seinen Kurs der Überbrückung und des Ausgleichs erleichterte.«[27]

Das Vorhaben Dichtels, mit seinen altbadischen Abgeordneten innerhalb der Stuttgarter CDU-Fraktion eine Art CSU-Gruppe aufzubauen, kam nicht zustande, weil sich die CDU zu ihrer eigenen Überraschung auf den Oppositionsbänken wiederfand. Dort konnte eine Zersplitterung in Südweststaatsbefürworter und Altbadener nur zu einer weiteren Schwächung des Unionseinflusses im Lande führen.

Aber auch der Weggang Wohlebs aus dem Südwesten schwächte die Altbadener, da er 1952 nicht wie gewünscht deutscher Gesandter in Bern wurde, »um im alemannischen Raum wirken zu können«,[28] sondern in Lissabon. Adenauer wollte, wie Wilhelm Hausenstein, der deutsche Vertreter in Paris, in seinen Erinnerungen schrieb, »den ausgezeichneten Mann aus der Sphäre des Problems des Südweststaats entfernen, um nicht zu sagen, verbannen …, und freilich auch würde Wohleb sich zu Hause bei dem fait accompli des Südweststaates schwerlich beruhigt haben.«[29] Selbst der Versuch einer Bundestagskandidatur Wohlebs 1953 scheiterte, da kein Abgeordneter bereit war, zu seinen Gunsten zu verzichten und die Landes-CDU um Gebhard Müller einen sicheren Listenplatz zu verhindern wußte. Damit war aber auch klar, daß die förmliche und feierliche Rechtsverwahrung des Offenburger CDU-Parteitages von Ende Mai 1953 gegen die Bildung des neuen Bundeslandes keine direkten Konsequenzen haben würde.

Der überragende Wahlerfolg der CDU bei den Bundestagswahlen 1953 bescherte der Partei zwar die Regierungsbeteiligung und den Posten des Ministerpräsidenten, schwächte aber paradoxerweise die Altbadener weiter. Während nämlich die beiden südlichen Landesteile in der Regierung Maier kaum vertreten waren, änderte sich dies im Kabinett Müller grundlegend. Außerdem gelang es dem neuen Ministerpräsidenten, den südbadischen CDU-Vorsitzenden

Anton Dichtel und den Karlsruher Baden-Befürworter Friedrich Werber zum Eintritt in das Kabinett zu bewegen. Sie wurden zu ehrenamtlichen Staatsräten mit Sitz und Stimme im Kabinett ernannt.

Mit der Regierungsumbildung in Stuttgart verloren die Altbadener ihren wichtigsten bundespolitischen Befürworter, nämlich Konrad Adenauer, der nun, nachdem seiner Außenpolitik aus dem Südwesten von Seiten Reinhold Maiers keine Gefahr mehr drohte, kein Interesse mehr an einer Wiederherstellung Badens hatte und sich vor allem Ruhe in seinem baden-württembergischen Landesverband wünschte.

In der Presse nahmen nun die Hinweise zu, sich mit den Gegebenheiten abzufinden. So beschrieb die ›Badische Zeitung‹ nach dem Regierungsantritt Müllers in einem Kommentar die rechtlichen Möglichkeiten, die den Altbadenern noch verblieben und die weder im Bundestag noch in der Bevölkerung die dafür notwendigen Mehrheiten finden würden. »Auch wen Gefühl und Herz nach einer anderen Seite drängt, darf sich solche kritische Prüfung der rechtlichen und politischen Möglichkeiten gewiß nicht ersparen. Schließlich fällt ja auch ins Gewicht, wer in Stuttgart regiert, welche Kräfte also das Zusammenwachsen in dem neuen Bundesland maßgeblich bestimmen werden.«[30]

Die Ablehnungsfront der Altbadener begann zu bröckeln. Die Erklärung von 13 badischen Abgeordneten vor Verabschiedung der Verfassung im November 1953, in der sie gegen den Abstimmungsmodus vom 9. Dezember 1951 Rechtsverwahrung einlegten, unterschrieb der frisch gebackene Staatsrat Werber nicht, sondern erklärte, daß er »die ständigen Angriffe des Heimatbundes gegen die CDU, die auch vor der Person des Bundeskanzlers Adenauer nicht haltmachten«, mißbillige. »Auch die, die den

Südweststaat nicht gewollt hätten, müßten sich damit abfinden, daß er nun einmal bestehe.«[31] Obwohl die meisten Menschen damals auch im Südwesten von anderen Sorgen umgetrieben wurden, die Sorge um den Frieden in Europa und die letzten Kriegsgefangenen in russischer Haft oder den Wiederaufbau, um nur einige zu nennen, blieb die altbadische Frage auf der Ta-

Einer der schönsten Fernsehtürme und ein herrliches Wahrzeichen von Baden-Württemberg: der Fernsehturm in Stuttgart, erbaut 1954 bis 1956 nach den Plänen von Fritz Leonhardt.

Die badischen Seehasen heißen ihren Bodensee schlicht See, weil er sich wegen seiner Schönheit von allen anderen Seen schon genug unterscheidet. Die Württemberger dagegen mit ihrem sehr viel kleineren Uferanteil reden gern vom »schwäbischen Meer«.

gesordnung, zunächst vor allem innerparteilich bei der badischen CDU. Im Vorfeld des Karlsruher Parteitages vom Oktober 1954 veröffentlichte der führende Altbadener und Freiburger Stadtrat Paul Fleig eine Streitschrift unter dem Titel »Die badische CDU am Scheideweg«. Dabei forderte er, daß das Land über die Partei gehen müsse. »Nur wenn sich die Partei zu den unveränderlichen Grundsätzen christlichen und demokratischen Denkens in einem Rechtsstaat bekennt und gegen das Unrecht den Kampf aufnimmt, hat sie überhaupt das Recht, andere Fragen untergeordneter Art, mögen sie noch so bedeutungsvoll und drängend erscheinen, in Angriff zu nehmen. So zwingt die Lage zum Bekenntnis und Einsatz für Baden und sein Recht.«[32]

Gleichzeitig versuchte die Regierung in Stuttgart, das gemeinsame Landesbewußtsein zu fördern. So fand vom 1. Juli bis 2. Oktober 1955 in Stuttgart eine Landesausstellung statt, die neben den vielfältigen kulturellen Wurzeln des Landes vor allem die gewerbliche Wirtschaft Baden-Württembergs in den Mittelpunkt stellte. Die Absicht, die hinter dem Projekt steckte, formulierte der »Vorsitzende des Interministeriellen Ausschusses für die Landesausstellung Baden-Württemberg«, der stellvertretende Ministerpräsident und Wirtschaftsminister Hermann Veit, in seinem Vorwort zum Katalog. »Die Ausstellung soll uns erneut zeigen, wie sehr der Südwestraum zusammengehört und wie unsere Generation nur die Vollstreckerin eines wiederholt in Tendenzen der Geschichte sich zeigenden Willens zum Zusammenschluß gewesen ist.«[33]

Ganz ähnlich argumentierte der aus Württemberg stammende und hoch angesehene Bundespräsident Theodor Heuss in einem Grußwort zu einem großen Heimatbuch, das ebenfalls 1955 in Heidelberg erschien. »Ich bin tief davon überzeugt: das, was sich einst an Verstimmtheiten zwischen den Badenern und Schwaben gestaut hatte, verläuft sich, ist schon im Versickern ... Und die Jungen werden in ein paar Jahrzehnten gar nichts mehr davon wissen ... Die Ordnung im Begrenzten gibt die Kraft, dem Unbegrenzten gelassen und nüchtern-beherrscht zu begegnen. Dies Land – mit seiner Überlieferung, ›Modell der deutschen Möglichkeiten‹ – steht heute in dem Auftrag zum rechten Beispiel.«[34]

Die Meinung der Bevölkerung war Ende 1955 auf höchst interessante Weise zwiespältig, wie sich aus Umfragen ergab. So hätten zu diesem Zeitpunkt 50% der Badener und immerhin 31% der Württemberger für die Wiederherstellung der alten Länder gestimmt, während sich nur

Wichtiger als die Enge der »Baden-Frage« ist dieser jungen Frau die Weite der Welt: Lachend springt sie über die Markierung des achtundvierzigsten Breitengrades in Freiburg.

36% der Badener und 54% der Württemberger für den Südweststaat aussprachen. Die Frage allerdings, ob »die Zusammenlegung der Länder Baden und Württemberg ... den Badenern nur Nachteile gebracht« habe, bejahten nur 13% der Nordbadener und 17% der Südbadener. Ein etwa ähnliches Ergebnis erbrachte die analoge Frage zu Württemberg. In beiden Fällen hatte der jeweils andere Landesteil keine Nachteile für den Nachbarn gesehen.

Besonders interessant war die Frage nach der finanziellen und wirtschaftlichen Stellung Baden-Württembergs im Vergleich zu den übrigen Bundesländern, da die Stärkung der Wirtschaftskraft das wichtigste Argument der Südweststaatsbefürworter in den Abstimmungskämpfen gewesen war. Hier stellten die Bewohner ihrem Bundesland ein gutes Zeugnis aus. 53% glaubten, daß Baden-Württemberg finanziell und wirtschaftlich besser dastehe und nur 7% schätzten die Lage schlechter ein. 40% konnten es nicht beurteilen.[35]

Bei der hochemotionalen Frage nach Südweststaat oder alte Länder sprach sich eine wachsende Anzahl von Menschen für die alten Länder aus. In den konkreten Fragen nach einer Benachteiligung der einzelnen Landesteile bzw. nach der wirtschaftlichen Lage des Landes spiegelte sich der Erfolg der Neugründung wider. Die Hoffnung von Theodor Heuss, daß »die Jungen ... in ein paar Jahrzehnten gar nichts mehr davon wissen«, war somit nicht unrealistisch. Der Tod Leo Wohlebs am 13. März 1955 schwächte die altbadische Bewegung zusätzlich. In diese Situation der abnehmenden Gegensätze zwischen Badenern und Württembergern platzte die Entscheidung des Bundesverfassungsgerichts vom 30. Mai 1956, die das neugegründete Land noch einmal grundsätzlich in Frage zu stellen schien.

Die Bedeutung des Bundesverfassungsgerichts für Baden-Württemberg

Die Bedeutung des Bundesverfassungsgerichts für die Bundesrepublik Deutschland ist heute unbestritten. Der demokratische Rechtsstaat ist ohne dessen Entscheidungen nicht mehr denkbar, wobei sich in den letzten Jahren zunehmend die Frage stellt, ob sich die gewählten Vertretungen des Volkes schwierigen Entscheidungen nicht gerne dadurch entziehen, daß sie das Bundesverfassungsgericht als letzte Instanz anrufen. Dessen Entscheidungen genießen, von einigen zumeist kurzfristig und publizistisch hochgespielten Urteilsschelten abgesehen, höchstes Ansehen in der Bevölkerung. Dies hängt vor allem damit zusammen, daß sich das Gericht immer als Sachwalter der Verfassung und damit auch als Vertreter der dort geschützten Gruppen verstand, die im aktuellen politischen Geschehen und dem Kampf der Interessengruppen nicht mehr ausreichend zu Wort kommen. Besonders eindrücklich zeigt sich dies seit Jahren in den Urteilen des Gerichts zur Stärkung der Stellung der Familien mit Kindern in unserer Gesellschaft.

Diese große Akzeptanz des Gerichts hängt ursächlich mit der außergewöhnlich hohen Wertschätzung unserer Verfassung zusammen. Diese für uns heute selbstverständliche Feststellung, wäre in den fünfziger und sechziger Jahren noch als großer Optimismus erschienen. Der Göttinger Kirchenrechtler Rudolf Smend beklagte in seinem Festvortrag zum zehnjährigen Bestehen des Bundesverfassungsgerichts am 26. Januar 1962, daß das Grundgesetz eher darunter leide, »daß es zu wenig, als daß es zu sehr in Frage gestellt würde«.

So positiv diese Feststellung gerade im Hinblick auf die Weimarer Erfahrungen zunächst klang, so sehr relativierte Smend sie im folgenden. »Eine gesetzgeberische Leistung, die hohe Achtung verdient, hat es doch etwas von einer Treibhauspflanze; nicht in der freien Luft eines souveränen Staates und Volkes entstanden, sondern beeinflußt, aber auch geschützt durch die Besatzungsmächte, und in seinem Inkrafttreten und Leben abgeschirmt durch das Verbot der radikalen Parteien. Von einem nicht an eine demokratische Ordnung gewöhnten und nun seiner Geschichte und der Politik müde gewordenen Volk hingenommen, ist es keine Fahne geworden, unter der sich ein neues Staatsbewußtsein, ein neuer starker, durch diese Verfassung konstitutionell geformter Wille zu neuem geschichtlichem Leben gesammelt hätte.«[36]

Nun hat sich in der Bundesrepublik nie der von politischer Seite angestrebte Verfassungspatriotismus herausgebildet und eine Begeisterung, ja ein energisches Eintreten für die Verfassung, wie sie der Südwesten 1848/49 erlebt hatte, gab es nach 1949 nicht. Dabei hätte sich eine Anknüpfung durchaus angeboten, denn die Reichsverfassung sah 1849 nicht nur eine Art Grundrechtskatalog vor, sondern auch die Schaffung eines Reichsgerichts, das ähnliche Aufgaben übernehmen sollte, wie 100 Jahre später das Bundesverfassungsgericht. So wäre dieses Reichsgericht nach §126 der Verfassung u.a. zuständig gewesen für »Klagen deutscher Staatsbürger wegen Verletzung der durch die Reichsverfassung ihnen gewährten Rechte«.[37] Leider trat die Reichsverfassung nie in Kraft und das Reichsgericht konnte seine Arbeit nicht aufnehmen.

Deshalb war das Bundesverfassungsgericht

neu, »es war sozusagen ein Versuch mit zunächst noch nicht vorauszusehendem Ergebnis«.[38] Bereits nach wenigen Jahren war man sich aber sicher, so Ministerpräsident Kurt Georg Kiesinger bei der Amtseinführung von Gebhard Müller als neuem Präsidenten, »daß dem Bundesverfassungsgericht nicht der geringste Teil am Gründungs- und Festigungswerk des neuen Staats zufalle«.[39]

Einen kleinen Bezug zwischen den Ereignissen von 1848/49 und dem Bundesverfassungsgericht gibt es aber doch noch. Der Sitz von Verfassungsgericht und Bundesgerichtshof kam nach Baden, wo die demokratische Revolution und das Eintreten für die Reichsverfassung besonders ausgeprägt waren. Allerdings nahm Bundesschatzminister Schmücker bei der Schlüsselübergabe für das neue Amtsgebäude am 6. Mai 1969 bezeichnenderweise darauf nicht Bezug, als er auf die besondere Bedeutung Karlsruhes für das Gericht hinwies, sondern erinnerte an die eher unheilvollen obrigkeitsstaatlichen Traditionen deutscher Rechtssprechung, denen sich das Bundesverfassungsgericht nie verpflichtet fühlte. »Im Bewußtsein der Bürger unseres Landes erscheint diese Stadt gleichsam, wie Leipzig (!) in der Weimarer Zeit, als Hort deutscher Rechtsstaatlichkeit. Damit hat die einstige Residenzstadt des Kaiserreiches, die heutige Großstadt zwischen Schwarzwald und Rhein, eine besondere Würde erhalten. Halten Sie mich bitte nicht für sentimental, wenn ich sage, daß der Name und die Geschichte dieser Stadt das Bundesverfassungsgericht mittragen. Im Volk spricht man von ›Karlsruhe‹, vom ›Karlsruher Urteil‹, und es ist gut so, daß man dies so einfach ausdrückt.«[40]

Das Bundesverfassungsgericht hat aber nicht nur durch seine grundlegenden Urteile das Leben der Menschen auch im Südwesten beeinflußt, sondern mit zwei Urteilen entscheidend

die Bildung und letztlich auch die demokratische Bestätigung Baden-Württembergs bestimmt. In einer seiner ersten Entscheidungen hatte das Bundesverfassungsgericht die zunächst auf den 23. September 1951 angesetzte Volksabstimmung ausgesetzt. In seiner Entscheidung vom 23. Oktober 1951 erklärte das Bundesverfassungsgericht jedoch das Neugliederungsgesetz in den entscheidenden Punkten für verfassungskonform, so daß der Volksentscheid im Südwesten am 9. Dezember 1951 stattfinden konnte.

Damit war auch die Zählung nach vier Abstimmungsbezirken – Nord- und Südbaden, Nord- und Südwürttemberg – zulässig, und die Mehrheit in drei Gebieten genügte zur Bildung des neuen Landes. Nach der Volksbefragung von 1950 wußte man mit ziemlicher Sicherheit, daß in drei Abstimmungsbezirken eine Mehrheit für den Südweststaat zustandekommen würde. Unklar blieb, wie das Ergebnis in ganz Baden ausfallen würde. Hier sprach sich eine knappe Mehrheit für die Wiederherstellung der alten Länder aus. Dies konnte aber nach dem Urteil des Bundesverfassungsgerichtes die Bildung des neuen Landes nicht aufhalten.

Die unterlegenen Altbadener akzeptierten diese Niederlage, die sie als Rechtsbruch empfanden, nicht. Der Heimatbund Badenerland beantragte Ende Dezember 1955 beim Bundesinnenminister ein Volksbegehren im Gebiet des früheren Landes Baden nach den im Grundgesetz festgelegten Regelungen zur allgemeinen Neugliederung des Bundesgebietes. Das Ministerium lehnte diesen Antrag Ende Januar 1956 ab, »weil die nach Art. 118 GG (Grundgesetz, T.S.) durchgeführte Neugliederung im Südwestraum die Anwendung des Art. 29 Abs. 2 GG auf dieses Gebiet ausschließe«.[41] Während sich Artikel 29 allgemein mit der Neugliederung der Länder

Das Bundesverfassungsgericht in Karlsruhe, der »Stadt des Rechts«.
In der Mitte: Dr. Gebhard Müller, Ministerpräsident von Baden-Württemberg vom 7. Oktober 1953 bis zum 17. Dezember 1958 und danach Präsident des Bundesverfassungsgerichts.

beschäftigte, bezog sich Artikel 118 ausschließlich auf den Sonderfall im Südwesten. Der Zusammenschluß der alten Länder 1952 hatte sich auf die Regelungen des Artikels 118 gestützt.

Gegen die Entscheidung des Bundesinnenministeriums erhob der Heimatbund Badenerland Anfang Februar Verfassungsbeschwerde. Das Gericht hatte nun zu klären, in welchem Verhältnis die beiden Grundgesetzartikel zueinanderstanden, nachdem im Urteil von 1951 nur die weitgehende Gültigkeit der Neugliederungsgesetze festgestellt worden war, die sich ausschließlich auf Artikel 118 bezogen hatten, da der Artikel 29 durch die Besatzungsmächte bis zum 5. Mai 1955, als die Bundesrepublik Deutschland mit dem sogenannten Deutschlandvertrag wieder eine, wenn auch nach wie vor eingeschränkte Souveränität erhielt, suspendiert gewesen war. Artikel 29 sah ein Volksbegehren in den Gebietsteilen vor, »die bei der Neubildung der Länder nach dem 8. Mai 1945 ohne Volksabstimmung ihre Landeszugehörigkeit geändert haben«, falls ein Zehntel der zu

den Landtagen wahlberechtigten Bevölkerung dem zustimmte.

Das Bundesverfassungsgericht stellte nun in seinem Urteil vom 30. Mai 1956 fest, daß nach der Probeabstimmung vom 24. September 1950 eine Mehrheit der badischen Bevölkerung für eine Wiederherstellung der alten Länder eingetreten wäre. »Mit anderen Worten: Der Wille der badischen Bevölkerung ist durch die Besonderheit der politisch-geschichtlichen Entwicklung überspielt worden. Daran ändert auch nichts die Tatsache, daß die Bildung des Südweststaates in ›demokratisch-verfassungsmäßiger Form‹, nämlich im Verfahren nach Art. 118 GG zustande kam.«[42]

Das Bundesverfassungsgericht hob damit das Verbot des Volksbegehrens durch das Bundesinnenministerium auf, setzte aber keine Frist zur Durchführung fest. Der Vorstand des Heimatbundes jubelte. Das verletzte Rechtsgefühl sei wieder hergestellt und die Schicksalsstunde des Südweststaates, »der nie zu einem rechten Staat geworden sei und allen nur Aerger und Mißbehagen gebracht habe«, eingeläutet worden. »Das badische Volk könne nun sein Geschick wieder in die eigene Hand nehmen. Es werde nicht zögern, seine Eigenstaatlichkeit wiederherzustellen. Der Südweststaat sei am Ende. Er habe dieses Schicksal verdient. Alle Badener würden aus Freude über diese Wendung des Schicksals aufgefordert, ohne Furcht vor Mißhelligkeiten ihre Häuser mit der badischen Fahne zu beflaggen.«[43]

Als »altbadische Geisterbeschwörung« kommentierte die ›Schwäbische Zeitung‹ die Reaktionen im westlichen Landesteil, wo einige behaupten würden, der Eiserne Vorhang fange hinter Meßkirch an. Allerdings sah man einem Volksbegehren mit Gelassenheit entgegen. »Jedenfalls werden die Württemberger die Badener nicht mit Gewalt am Kittel halten, wenn sie ihre eigenen Wege gehen wollen. Man kann niemand zur Liebe zwingen. Vielleicht ist es auch ganz gut, wenn dieses Volksbegehren kommt. Dann hat einmal die liebe Seele Ruh' und das Bruttln und Mammsen hinter den Kulissen hört auf.«[44]

In badischen Zeitungen wurde die Entscheidung häufig recht emotionslos kommentiert, auch wenn auf die allgemeine Überraschung über das Urteil hingewiesen und die Frage gestellt wurde, »wozu ein solches Volksbegehren abgehalten werden soll, nachdem das Land Baden-Württemberg durch eine Abstimmung entstanden und als eines der gesündesten und ausgewogensten Bundesländer recht hübsch gediehen ist«.[45] Kritik am Bundesverfassungsgericht wurde trotzdem nicht laut. Vielmehr betrachtete man das Urteil als erfreulichen Kontrast zur politischen Willkür im Dritten Reich und in der DDR.

Allerdings, und dies vergaßen die Altbadener in ihrem Jubel über das Urteil, war das Schicksal Badens damit sehr eng mit der gesamten Neuordnung der Bundesrepublik verknüpft. Diese

galt zwar zu diesem Zeitpunkt noch allgemein als wichtiges politisches Ziel, um die von den Besatzungsmächten häufig willkürlich gezogenen Ländergrenzen zu korrigieren. Aber die ›Badische Zeitung‹ wies in ihrer Stellungnahme zum Urteil unter dem Titel »Was wird nun aus Baden?« bereits auf die komplexen Fragen in diesem Zusammenhang hin und schrieb prophetisch: »So dürfte die mit der Entscheidung des Karlsruher Gerichts erneut in Bewegung gebrachte Frage nach dem schließlichen Schicksal des früheren Landes Baden zum mindesten formal noch lange in der Schwebe bleiben.«[46]

Der Heimatbund Badenerland begann Ende Juli 1956 mit einer Versammlungswelle zum Volksbegehren. Dabei gelang es ihm mühelos, die geforderten 10% der Wahlberechtigten zu erreichen. Am 16. September 1956 hatten sich circa 310 000 Badener in die Listen eingetragen, das heißt etwa 15% der Wahlberechtigten. Allerdings hatte sich die Kluft zwischen Nord- und Südbaden seit der Südweststaatsentscheidung noch vergrößert. Während im südlichen Landesteil 22% das Volksbegehren unterstützten, waren es im Norden gerade einmal 8%.[47] Hier wäre also das notwendige Quorum allein nicht erreicht worden.

Damit waren die vom Grundgesetz geforderten Voraussetzungen für einen Volksentscheid über den Verbleib Badens im neuen Bundesland geschaffen. Allerdings mußte nun wieder die Bundespolitik, wie schon 1951, die gesetzlichen Bestimmungen dafür schaffen, und die Rahmenbedingungen dazu hatten sich für die Altbadener in der Zwischenzeit nicht gebessert. Es sollte immerhin noch 14 Jahre dauern, bis die vom Urteil des Bundesverfassungsgerichtes angestoßene endgültige Entscheidung über die Zukunft Baden-Württembergs tatsächlich mit einer Volksabstimmung im Gebiet des alten Landes Baden realisiert wurde.

19. Juli 1956: Die Gründung der Kernreaktor Bau- und Betriebsgesellschaft mbH Karlsruhe

Mit der Niederlage Deutschlands 1945 endete zunächst auch die kerntechnische Forschung im Land. Das Kontrollratsgesetz Nr. 25 vom 30. April 1946 enthielt eine Liste der verbotenen angewandten naturwissenschaftlichen Forschung. An oberster Stelle stand die angewandte Kernphysik. An diesem Verbot änderte die Gründung der Bundesrepublik 1949 zunächst nichts, da das Land von den Westalliierten nur eine eingeschränkte Souveränität erhielt. Erst mit der Westintegration endeten diese Einschränkungen: Am 7. Mai 1955 wurde die Bundesrepublik Mitglied der Westeuropäischen Union, am 9. Mai Mitglied der NATO, der

westlichen Verteidigungsallianz. Aus den Hohen Kommissaren der westlichen Besatzungsmächte wurden die Botschafter der USA, Großbritanniens und Frankreichs.

Eine »Studienkommission für Kernenergie« gab es bereits seit Ende 1952 beim Bundeswirtschaftsministerium, »die sich zunächst mit Fragen der Rohstoffdeckung beschäftigte. Im Hinblick auf die Uranvorkommen im Schwarzwald war auch das Land Baden-Württemberg in diesem Gremium vertreten. Und schon im Mai 1953, als die Pläne für einen deutschen Forschungsreaktor klarere Konturen annahmen, schlug das Wirtschaftsministerium von Baden-

Elf Jahre nach den Atombombenabwürfen über Hiroshima und Nagasaki wird in Karlsruhe die Kernreaktor Bau- und Betriebsgesellschaft mbH gegründet. Ihre Aufgabe war die friedliche Nutzung der Kernenergie (Foto von 1998).

Württemberg Karlsruhe als Standort für den ersten deutschen ›Eigenbaureaktor‹ vor.«[48] Bereits am 20. Oktober 1955 wurde in Bonn das Ministerium für Atomfragen gegründet, mit dem jungen CSU-Politiker Franz Josef Strauß als neuem Minister. Auch in Karlsruhe wurde man aktiv. Die Stadt legte eine aufwendige, in Leinen gebundene Schrift mit dem Titel vor: »Karlsruhe bewirbt sich um den Atom-Meiler«. Darin wurde nicht nur zu den »Fragen der Planungskommission für die Reaktor-Station Stellung genommen«, sondern auch die Bedeutung Karlsruhes als Kulturzentrum hervorgehoben. »Die Antworten geben einen umfassenden Überblick über alle Faktoren, die für die Ansiedlung dieses großen Forschungszentrums hier am Oberrhein sprechen. Die Stadt Karlsruhe darf auf Grund dieser Darlegungen hoffen,

sich mit den besten Aussichten in die Reihe der bewerbenden Städte einzuordnen.«[49] Schon wenige Monate später hatte man sich auf die Gründung der ›Kernreaktor Bau- und Betriebs-Gesellschaft mbh Karlsruhe‹ geeinigt. Das Gesellschaftskapital betrug immerhin 60 Millionen DM, die zu 30% vom Bund, zu 20% vom Land Baden-Württemberg und zu 50% von einer Kernreaktorfinanzierungsgesellschaft getragen wurden, deren 92 Gesellschafter aus der Industrie kamen. Am 19. Juli 1956 erfolgte im Stadthallensaal in Karlsruhe die Gründung der Gesellschaft. Der Bund wurde von Franz Josef Strauß und das Land von Wirtschaftsminister Veit (SPD) und Finanzminister Frank (FDP/DVP) repräsentiert. Auch der Nobelpreisträger Otto Hahn, dem zusammen mit Lisa Meitner die erste Kernspaltung gelungen war, begrüßte

Für die Bundeswehr, Teil der NATO, stellte sich die Frage nach atomaren Waffen. Zum einen wurde deshalb generell gegen die Wiederbewaffnung demonstriert wie hier in Stuttgart am 1. Mai 1955 …

in seiner Ansprache ausdrücklich das Projekt. Kurz zuvor hatte der Stuttgarter Landtag fast einstimmig die Beteiligung des Landes an der Gesellschaft gebilligt. Auch in der Presse wurde die Entscheidung begrüßt. So lautete die Hauptüberschrift im ›Mannheimer Morgen‹ am Tag nach der Unterzeichnung in Karlsruhe: »Unser Atomzeitalter beginnt«. Der Karlsruher Oberbürgermeister Klotz führte aus, daß man mit der Unterzeichnung des Gesellschaftsvertrages an einem wichtigen Meilenstein stehe »auf dem Wege Deutschlands, in der Atomforschung Anschluß an die Welt zu bekommen«. Das Interesse der Landesregierung bestand auch in einer Förderung der Ausbildung von Fachkräften, während der Industrie vor allem an der Energiegewinnung gelegen war.[50]

Dabei war man sich durchaus bewußt, daß in der Bevölkerung elf Jahre nach den ersten Atombombenabwürfen über Hiroshima und Nagasaki und der waffenstarrenden Arsenale von West und Ost Skepsis gegenüber allem Atomaren vorhanden war. Deshalb wurden sowohl die friedlichen Absichten als auch die wirtschaftlichen Notwendigkeiten betont. Auf einer Pressekonferenz forderte der baden-württembergische Wirtschaftsminister Veit besonders eindringlich die deutsche Mitwirkung an der Kernspaltung. »Utopie und Grauen, Hoffnung auf Fortschritt und Sorge um menschliche Überheblichkeit mischten sich mit der Vorstellung, daß Deutschland nunmehr das Atomproblem erneut angreife. Aber es bleibe für die Bundesrepublik keine andere Wahl, als die Energie für friedliche Zwecke dienstbar zu machen, da die anderen natürlichen Energiequellen bald erschöpft seien.«[51] Diese Argumente überzeugten in einem Land, das über keine eigenen Energiereserven verfügte, aber dank einer prosperierenden Industrie einen hohen Energiebedarf aufwies.

Gleichzeitig mit der Zustimmung zur Beteiligung am Reaktorbau nahm der Landtag auch eine Entschließung an, »in der die Regierung ersucht wird, alle Möglichkeiten für den Schutz der Bevölkerung vor radioaktiven Strahlen auszuschöpfen und beim Bund auf eine alsbaldige Verabschiedung eines Strahlenschutzgesetzes hinzuwirken«.[52] Auch Ministerpräsident Geb-

... zum anderen wurde bei Demonstrationen wie hier in Ulm 1957 die Ächtung der Atomwaffen verlangt. Besonders gut ist auf diesem Bild zu erkennen, daß die Demonstranten in den fünfziger Jahren bei ihren Umzügen noch ihre Sonntagskleidung trugen.

hard Müller ging bei der Unterzeichnung des Vertrages in Karlsruhe auf diese Sorgen ein, als er ausführte, daß die Bevölkerung davon überzeugt sein dürfe, »daß alle Sicherungsmaßnahmen gegen Strahlenschäden getroffen werden«.[53]

In der Hochphase des Kalten Krieges fürchteten sich die Menschen aber weniger vor einer Strahlenbelastung durch Reaktoren als vielmehr und existentieller vor einem Atomkrieg, der aller Wahrscheinlichkeit nach in Deutschland stattfinden würde. Als Bundeskanzler Adenauer am 4. April 1957 auf einer Pressekonferenz ausführte, daß taktische Atomwaffen eine »Weiterentwicklung der Artillerie« seien, und Franz Josef Strauß, inzwischen Verteidigungsminister, wenig später in einem Rundfunkinterview die Atombewaffnung der Bun-

Gegen die atomare Aufrüstung der Bundeswehr demonstrierte man auch auf internationalen Treffen. Hier ein Veranstaltungsplakat, das auf das Internationale Bodensee-Friedenstreffen vom Juli/August 1958 hinweist.

deswehr für unverzichtbar erklärte, erhob sich breiter Protest. Am 12. April 1957 warnten 18 führende bundesdeutsche Atomwissenschaftler, unter ihnen Max Born, Otto Hahn, Werner Heisenberg, Max von Laue und Carl Friedrich von Weizsäcker, in ihrer sogenannten Göttinger Erklärung vor einer Verharmlosung der taktischen Atomwaffen. Die Wissenschaftler wollten an der Entwicklung atomarer Waffen nicht mitarbeiten, befürworteten jedoch die friedliche Verwendung der Atomenergie.

Die Proteste gegen die Atombewaffnung der Bundeswehr blieben nicht nur auf Wissenschaftler und Intellektuelle beschränkt, sondern erfaßten breitere Kreise im Südwesten. So rief bereits am 16. April 1957 eine Initiativgruppe von 20 Bürgern in Eberbach im Odenwald »die Bevölkerung auf, sich wegen der Atomgefahr am Karfreitagabend in der Stadthalle zu einer ›Stunde der Besinnung‹ zu versammeln. Damit solle die ›uneingeschränkte Zustimmung‹ zur ›Göttinger Erklärung‹ gegen die Atombewaffnung der Bundeswehr und zum ›Tübinger Appell‹ der Professoren und Studenten für die Einstellung aller Kernwaffentests zum Ausdruck gebracht werden ebenso wie der Protest gegen die Errichtung von Raketen-Abschußbasen auf städtischem Boden.«[54]

Eine besondere Form des Protests hatte man sich in Linkenheim, einem kleinen Ort im Landkreis Karlsruhe, ausgedacht. Dort boykottierte die Bevölkerung die Bundestagswahl 1957. Von 2362 Wahlberechtigten gingen gerade 47 zur Wahl. Dies entsprach einer Wahlbeteiligung von 2%.[55] Auch in zahlreichen anderen Orten im Südwesten kam es zu den unterschiedlichsten Protestaktionen. Allerdings konnte sich die Bewegung gegen die Atombewaffnung, ähnlich wie die Friedensbewegung knapp 30 Jahre später, nicht durchsetzen. Trotz der ›Psychose‹ in der Bevölkerung gewann die

CDU die anstehende Landtagswahl in Nordrhein-Westfalen. Der Wunsch, damit »ist-die-Atombewaffnung-innenpolitisch-durchgesetzt«,[56] wurde aber schließlich, nicht zuletzt aufgrund westalliierter Bedenken, nicht realisiert.

Unabhängig davon blieb die friedliche Nutzung der Kernenergie zunächst weitgehend unumstritten. »Am 7. März 1961 wurde der erste größere deutsche Forschungsreaktor im Eigenbau in Betrieb genommen ... Zur Zeit beschäftigt das Kernforschungszentrum Karlsruhe rund 1200 Mitarbeiter, davon etwa 350 Wissenschaftler.«[57]

Unmittelbar nach dem Startschuß in Karlsruhe war bereits 1957 eine Arbeitsgemeinschaft der südwestdeutschen Energieversorgungsunternehmen gegründet worden, die sehr schnell die »Bedeutung der Kernenergie für die zukünftige Energieversorgung des revierfernen Landes Baden-Württemberg erkannt« hatten. Über verschiedene Planungsstufen wurde schließlich 1964 die ›Kernkraftwerk Obrigheim GmbH‹ gegründet, die von 13 Gesellschaftern, allen voran von der ›Energieversorgung Schwaben‹ und dem ›Badenwerk‹, getragen wurde. »Wegen der großen Bedeutung, die Demonstrationskernkraftwerke sowohl für die Industrie als auch für die weitere Entwicklung der Energieversorgung in der Bundesrepublik haben, ... gewährte der Bund einen Zuschuß für projektgebundene Entwicklungskosten und für die Kosten der Brennelement-Erstausstattung von insgesamt 40 Mio. DM.«[58] Die gesamten Investitionskosten beliefen sich auf etwa 270 Mio. DM. Am 13. März 1969 ging das erste Atomkraftwerk in Baden-Württemberg dauerhaft ans Netz.

Das Kernforschungszentrum in Karlsruhe, das bei seiner Gründung von allen politischen Gruppierungen des Landes begrüßt worden war, erhielt in den ersten 25 Jahren seines Bestehens insgesamt 7 Milliarden DM aus öffentlichen Mitteln. Die jährlichen Aufwendungen beliefen sich zu Beginn der achtziger Jahre auf ca. 500 Mio. DM für die beiden Gesellschafter Bund und Land Baden-Württemberg.[59]

Nach 25 Jahren zog der baden-württembergische Wirtschaftsminister Eberle eine positive Bilanz des Kernforschungszentrums für das Land, dem es dadurch gelungen sei, einen weiteren Schwerpunkt auf dem Gebiet der Großforschung zu erhalten. Uneingeschränkt positiv bewertete er auch das wissenschaftliche Ansehen des Zentrums. Allerdings räumte er ein, daß »die ursprünglich von allen Parteien und gesellschaftlichen Gruppierungen bejahten Ziele der Kernforschung in Zweifel gezogen werden« und daß »Teile der Bevölkerung einer Nutzung der Kernenergie skeptisch oder gar ablehnend gegenüberstehen«.[60]

Zwar zeigte sich Eberle 1981 überzeugt, »daß auf mittlere und längere Sicht nur die Kernenergie die national und weltweit anstehenden Energieprobleme zu lösen vermag«. Aber auch ihm war klar, daß es nicht genügte, technische Lösungen zu finden. »Genauso wichtig wird es sein, die breite Öffentlichkeit von der Wichtigkeit wie von der Richtigkeit der Ergebnisse zu überzeugen. Wir laufen sonst Gefahr, daß die Kerntechnik deshalb nicht genutzt werden kann, weil sie nicht akzeptiert ist.«[61] Dieser Zustand war 20 Jahre später praktisch erreicht.

Die Gründung der Zentralen Stelle der Landesjustizverwaltungen zur Aufklärung nationalsozialistischer Verbrechen in Ludwigsburg 1958

Generalstaatsanwalt Schüle, Leiter der Zentralen Stelle der Landesjustizverwaltungen zur Aufklärung nationalsozialistischer Verbrechen in Ludwigsburg.

Mit den alliierten Kriegsverbrecherprozessen in Nürnberg und den verschiedenen Entnazifizierungsverfahren in den einzelnen Besatzungszonen war für die meisten Deutschen die Auseinandersetzung mit den Verbrechen des Dritten Reiches abgeschlossen. Dazu kam, daß viele Urteile und Einstufungen von einer breiten Bevölkerungsmehrheit als ungerecht abgelehnt wurden. So ergaben zahlreiche Befragungen zu Beginn der fünfziger Jahre, daß deutliche Mehrheiten der Deutschen glaubten, selbst die in Nürnberg verurteilten und in Spandau inhaftierten Spitzen des NS-Regimes würden zu Unrecht im Gefängnis sitzen. Besonders ausgeprägt war diese Einstellung bezüglich der inhaftierten Militärs.[62]

So nimmt es nicht wunder, daß jeder zweite Deutsche im September 1951 die Meinung vertrat, die Wiederbewaffnung Deutschlands komme nicht in Frage, »solange der deutsche Soldat noch als Kriegsverbrecher angesehen wird«.[63] Besonders nachdrücklich setzte sich der evangelische Landesbischof Theophil Wurm für inhaftierte führende Nationalsozialisten ein, was selbst innerhalb des Oberkirchenrats bereits Ende der vierziger Jahre nicht unumstritten war. So plädierte ein Berichterstatter für ein Eintreten der Kirche auch für Rentner und Kriegshinterbliebene. »Sonst wird uns mit recht der Vorwurf gemacht, daß wir unsere Stimme immer nur für die ehemaligen Nazis erheben würden.«[64]

Im November 1952 befragte das Institut für Demoskopie in Allensbach die Bevölkerung nach ihrer Beurteilung eines Satzes, der auf einem Soldatentreffen geäußert worden war. »Die wirklichen Kriegsverbrecher sind die, die den unseligen Frieden allein gemacht haben, die ohne militärische Gründe ganze Städte zerstörten, die die Bomben auf Hiroshima warfen und die neue Atombomben herstellen.« Fast jedem zweiten Befragten (46%) gefiel dieser Satz, nicht einmal jedem Dritten gefiel der Satz nicht (29%) und jeder vierte hatte keine Meinung dazu.[65]

Immerhin nahm in der ersten Hälfte der fünfziger Jahre die Zahl der Deutschen ab, die glaubten, Hitler habe am meisten für Deutschland geleistet,[66] und diejenigen nahmen deutlich zu, die Deutschland die Schuld am Ausbruch des Zweiten Weltkrieges gaben.[67] Den Wiedergutmachungszahlungen an die überlebenden deutschen Juden, aber auch an Israel stand die Bevölkerung mehrheitlich kritisch bis ablehnend gegenüber.[68] Trotz dieser Stimmung in der Bevölkerung fanden sich in den Parlamenten deutliche Mehrheiten für die Wiedergutmachung.

Das »Gesetz zur einheitlichen Beendigung der politischen Säuberung« vom 13. Juli 1953[69] zog mit Zustimmung aller politischen Parteien einen Schlußstrich unter die Entnazifizierung in Baden-Württemberg. Mit der Rückkehr der letzten deutschen Kriegsgefangenen aus sowjetischer Haft Anfang 1956 und der Begnadigung der meisten in Deutschland noch einsitzenden Kriegsverbrecher im Zusammenhang mit der Gründung der Bundeswehr und ihrer Eingliederung in die NATO schien das Thema Nationalsozialismus und Kriegsverbrechen juristisch abgeschlossen zu sein. Allerdings scheiterte das Vorhaben einiger Bundestagsabgeordneter, eine generelle Amnestie zu verabschieden.[70]

Der entscheidende Anstoß zu einer Intensivierung der juristischen Verfolgung von NS-Verbrechen ergab sich eher zufällig. »Ein ehemaliger SS-Oberführer, im Jahre 1941 Polizeidirektor in Memel, der nach dem Kriege unter falschem Namen ein Flüchtlingslager in der Nähe von Ulm geleitet hatte – aus dem Entnazifizierungsverfahren als ›nicht betroffen‹ hervorgegangen – und nach Aufdeckung seiner Identität entlassen worden war, hatte gerichtlich auf Wiedereinstellung in den Staatsdienst geklagt. Als über diesen Prozeß in der Presse berichtet wurde, erinnerte sich ein Leser daran, daß dieser Mann zu Beginn des Rußland-Feldzuges im Juni 1941 in maßgebender Position an Massenerschießungen von Juden im deutsch-litauischen Grenzgebiet beteiligt gewesen war. Er wurde 1956 verhaftet.«[71]

Daraus entwickelte sich der sogenannte Ulmer Einsatzgruppenprozeß, der mit der Verurteilung der Angeklagten zu langjährigen Zuchthausstrafen endete. Der Prozeß hatte aber auch gezeigt, daß noch zahlreiche Verbrechen der NS-Zeit ungesühnt und die Ermittlungen bis dahin häufig schleppend und unkoordiniert verlaufen waren, nicht zuletzt weil zahlreiche Betroffene bei den ermittelnden Behörden in Polizei und Justiz arbeiteten. Der Stuttgarter Generalstaatsanwalt Nellmann, in dessen Amtsbereich das Ulmer Verfahren gefallen war, gab den Anstoß, den das baden-württembergische Justizministerium aufgriff. Am 3. Oktober 1958 beschlossen die Landesjustizminister auf ihrer Konferenz in Bad Harzburg die Errichtung einer »Zentralen Stelle der Landesjustizverwaltungen zur Aufklärung nationalsozialistischer Verbrechen«.

Das baden-württembergische Justizministerium wurde mit der Umsetzung des Beschlusses beauftragt. Dabei wies Justizminister Wolfgang Haußmann ausdrücklich darauf hin, daß es sich um »keine Nachentnazifizierung« handle. »Es gehe einzig und allein um die Ermittlung schwerer Verbrechen, die nach den Bestimmungen des deutschen Strafgesetzbuches zu ahnden seien.«[72] Die Ermittlungen waren auch deshalb dringend notwendig, weil z.B. die Beihilfe zum Mord bereits 1960 verjährt gewesen wäre.

In der Presse wurde die Errichtung der Zentralen Stelle zumeist lebhaft begrüßt. So hatte die ›Stuttgarter Zeitung‹ bereits während des Ulmer Prozesses gefordert, daß die Gerechtigkeit nicht länger vom Zufall abhängen dürfe. Allerdings warnte sie vor zuviel Optimismus. »Abgesehen davon, daß solche Aufhellung dreizehn Jahre nach dem Zusammenbruch nicht gerade ein Kinderspiel sein wird, bleibt schließlich abzuwarten, was die Gerichte der Bundesrepublik aus dem Material machen, das ihnen die Zentralstelle hoffentlich in großer Fülle zur Verfügung stellen wird. Die Erfahrungen der letzten Zeit stimmen da nicht eben zuversichtlich. Die Neigung, Entschuldigungsgründe zu finden, ist sehr groß.«[73]

Die ›Badische Zeitung‹ wies darauf hin, daß kein Vergessen möglich sei, und beklagte die bisherige Rolle der deutschen Justiz bei der Aufklärung der Verbrechen. »Mit der Vergangenheit werden wir ja nicht dadurch fertig, daß wir die begangenen Verbrechen aus unserem Bewußtsein verdrängen, sondern nur, indem wir sie voll ins Bewußtsein erheben, um uns darüber schämen zu können.« Sie erinnerte gleichzeitig an die Worte von Karl Jaspers: »Eltern dürften ihre Kinder nicht bewahren wollen vor schrecklichen Kenntnissen. Vergessen verhindert mit der Wahrheit die politische Erziehung.«[74]

Gefordert wurden auch immer wieder klare Maßstäbe für das Recht. »Die Justiz muß diese Verfahren jetzt vielmehr endlich energisch durchführen, um den Begriff von Schuld und Verantwortung klarzustellen.« Allerdings wies ein Kommentator auch bereits auf die geringe gesellschaftliche Akzeptanz dieser anstehenden Verfahren hin, da es sich »um ganz durchschnittliche und harmlos wirkende Funktionäre des staatlichen Apparates« handele. »Das waren Menschen, die sich nach 1945 ohne weiteres wiederanpassen und einordnen konnten, nachdem sie vorher mit bürokratischer Pflichttreue mißhandelt und gemordet hatten. Sie unterscheiden sich äußerlich nicht von ihrer Umwelt und gelten nach dem Bekanntwerden ihrer Taten weiterhin als gesellschaftsfähig. Die

1955 beging man in Stuttgart den 150. Todestag von Friedrich Schiller. Die Festrede hielt Thomas Mann, hier mit Professor Dr. Wilhelm Hoffmann und Generalintendant Walter Erich Schäfer.

öffentliche Sympathie wendet sich heute eher ihnen zu als den Zeugen und Anklägern, die sie jetzt noch vor Gericht stellen wollen.«[75]

Die Atmosphäre dieser Jahre wird auch an verschiedenen anderen Beispielen deutlich. 1955 beging man in Stuttgart den 150. Todestag von Friedrich Schiller. Die Festrede hielt Thomas Mann, der von Wilhelm Hoffmann, dem Vorstand der Schiller-Gesellschaft, eingeladen worden war. Er und der Intendant des Stuttgarter Theaters, Walter Erich Schäfer, »wurden mit Protestbriefen überschüttet, daß wir einen Mann über unseren ›Nationaldichter‹ sprechen ließen, der sich im Ausland schriftlich und funkmündlich als eine Art Vaterlandsverräter erwiesen habe. Immerhin: 1955!«[76] Wenig später, im April 1956, hatte das Institut für Demoskopie in Allensbach gefragt, ob man eine Schule nach einem Widerstandskämpfer, Stauffenberg oder Goerdeler, benennen solle. Knapp die Hälfte (49%) war dagegen, nicht einmal jeder Fünfte (18%) dafür und ein Drittel war unentschieden.[77]

Am 1. Dezember 1958 nahm die Zentrale Stelle ihre Tätigkeit in Ludwigsburg auf, abgelehnt von großen Teilen der Bevölkerung. Taxifahrer verweigerten die Fahrt vom Bahnhof zum Dienstsitz. Mitarbeiterinnen und Mitarbeiter hatten Schwierigkeiten bei der Wohnungssuche, sobald ihre Dienststelle bekannt wurde. »Im Kindergarten waren die Kinder der Angehörigen der Dienststelle nicht selten isoliert, weil die ›Mama‹ gesagt hat, ›mit der oder dem darfst du nicht spielen‹, und ein Junge konnte in der Schule schon mal Prügel beziehen, ›weil sein Vater bei der kommunistischen Dienststelle oder bei den Nestbeschmutzern‹ arbeitete. Selbst zu Hause wurde man belästigt. Anonyme Anrufe mit beleidigenden Äußerungen waren nicht selten, so daß man sich bei der Post um eine ›Geheimnummer‹ bemühte. Die

Mitarbeiter der Dienststelle waren aus dem gesellschaftlichen Leben nahezu ausgeschlossen«, so berichtete der spätere Leiter der Zentralen Stelle Alfred Streim in einem Rückblick auf die ersten Jahre.[78]

Zu diesem Zeitpunkt gingen die Politiker noch von einer kurzen Amtszeit der Zentralen Stelle mit wenigen Mitarbeitern aus. Justizminister Haußmann erklärte, »daß keine neue Behörde von größerem Personalumfang und von einer langen Lebensdauer gebildet werden solle. Statt dessen habe die Zentralstelle innerhalb von wenigen Jahren so rasch wie möglich die ihr gestellte Aufgabe zu lösen.«[79]

Die Zentrale Stelle gibt es bis heute, und ihr Personalbestand war vor allem in den siebziger Jahren auf bis zu 130 Personen angewachsen. Auch wenn den Zehntausenden von Ermittlungsverfahren nur eine vergleichsweise geringe Zahl von Verurteilungen gegenübersteht, viele Täter entkommen konnten oder nicht ermittelt wurden, ›Schreibtischtäter‹ durch eine Gesetzesänderung, die fachlich von einem ehemaligen Angehörigen eines NS-Sondergerichts im Bundesjustizministerium zu verantworten war, noch 1969 der Strafverfolgung entzogen wurden,[80] Justiz, Behörden und Polizei in den ersten Jahren die Arbeit nur schleppend oder gar nicht unterstützten, so gelang es der Zentralen Stelle doch, die 1958 geforderten klaren Maßstäbe für das Recht zu schaffen und »Schuld und Verantwortung« für die Verbrechen in der NS-Zeit offenzulegen. Die großen Prozesse über die Verbrechen in den Vernichtungslagern wie Auschwitz oder Majdanek sind ohne die Arbeit der Zentralen Stelle nicht denkbar.

Adalbert Rückerl berichtete schon Anfang der achtziger Jahre, daß man zunehmend Menschen begegne, die es richtig fänden, was man tue.[81] Und er zog eine nachdenkliche, aber positive Bilanz seiner Arbeit. »Vieles hatte man sich vorgenommen. Vieles wurde nicht geschafft. Aber es wurden Zeichen gesetzt. Ein Versuch nur – immerhin ein Versuch.«[82]

Der Wandel im Bewußtsein der Öffentlichkeit machte sich auch in Ludwigsburg bemerkbar. Anfang der neunziger Jahre schrieb der Leiter der Zentralen Stelle Alfred Streim: »Die Dienststelle ist jetzt in die Stadt und die Gesellschaft integriert und ihre Arbeit wird als Beitrag zur Wiederherstellung und Aufrechterhaltung der Rechtsstaatlichkeit überwiegend anerkannt.«[83]

Heute bemüht sich ein Förderkreis in der Stadt, nach dem absehbaren Abschluß der Ermittlungen, aus der Zentralen Stelle ein wissenschaftliches und didaktisches Zentrum zur Beschäftigung mit den NS-Verbrechen und deren Aufarbeitung in der Bundesrepublik zu machen.

Die Allparteienregierung

Nachdem sich die Verfassunggebende Landesversammlung Ende 1953 zum ersten Landtag erklärt und mit der Wahl von Gebhard Müller zum neuen Ministerpräsidenten bereits zuvor aus der vorläufigen Regierung de facto eine längerfristig angelegte Regierung gemacht hatte, standen im März 1956 die ersten Landtagswahlen im Land an. Da mit Ausnahme der KPD alle im Landtag vertretenen Parteien auch in der Regierung saßen, blieben die landespolitischen Gegensätze naturgemäß gering. Es verwundert deshalb auch nicht, daß in diesen bundespolitisch sehr viel aufgeregteren Zeiten aus Bonn kräftig mitgemischt wurde.

Am 20. Februar 1956, wenige Wochen vor der Landtagswahl in Baden-Württemberg, hatte die FDP in Nordrhein-Westfalen die Koalition mit der CDU aufgekündigt und den CDU-Ministerpräsidenten Arnold mit einem konstruktiven Mißtrauensvotum durch den SPD-Politiker Steinhoff ersetzt. Dadurch eskalierten auch die Auseinandersetzungen innerhalb der FDP-Bundestagsfraktion über den außenpolitischen Kurs und die Deutschlandpolitik der Bundesregierung. Am 23. Februar 1956 spaltete sich die Fraktion. 16 FDP-Bundestagsabgeordnete, darunter die vier Minister, traten aus der Fraktion aus und bildeten die »Arbeitsgemeinschaft Freier Demokraten«.

Mit dem Regierungswechsel in Nordrhein-Westfalen verlor Bundeskanzler Adenauer seine Mehrheit im Bundesrat. Es kam nun auf Baden-Württemberg an. Am Freitag vor der Wahl griff Adenauer deshalb mit zwei Rundfunkansprachen über den Süddeutschen Rundfunk und den Südwestfunk erneut in den Wahlkampf ein. Er verwies darauf, wie eng die Länder mit der Bundespolitik verbunden seien. »Es sei daher unmöglich, in den Ländern eine Richtung einzuschlagen, die den Entscheidungen der Bundesregierung zuwiderlaufe oder sie zu verhindern suche. Die willkürliche Umwandlung von Koalitionen wegen parteiinterner Angelegenheiten müsse eine förderliche und geradlinige Bundespolitik sehr beeinträchtigen. Eine stabile geradlinige Politik des Bundes, für die die CDU in erster Linie verantwortlich sei, garantiere die wirtschaftliche und soziale Sicherheit und nicht zuletzt auch die verfassungsmäßige Eigenständigkeit der Länder.«[84]

Der SPD-Fraktionsvorsitzende im Stuttgarter Landtag, Alex Möller, beklagte die Invasion von Bundesministern beim Wahlkampf. Es gehe nicht um Adenauer und Ollenhauer, den SPD-Bundesvorsitzenden. »Es gehe um einen neuen Landtag und eine neue Landesregierung in Stuttgart. Er, Dr. Möller, sei bevollmächtigt zu erklären, daß Ollenhauer nicht daran denke, die Regierung in Stuttgart zu übernehmen. Er könne sich eine solche Absicht auch bei Adenauer nicht vorstellen.«[85]

Die Wahl kannte eigentlich nur Sieger. Zunächst war die Wahlbeteiligung deutlich gestiegen, wovon alle Regierungsparteien absolut profitierten. Die CDU konnte ihr allerdings sehr schlechtes Ergebnis von 1952 um mehr als 6% auf über 42 % steigern, blieb jedoch deutlich unter ihrem Traumergebnis der Bundestagswahl von 1953 zurück. Vor allem in Nordwürttemberg und Nordbaden konnte sie große Gewinne erzielen und wieder zur stärksten Partei aufsteigen. In Südbaden gelang es ihr, viele Altbadener, die 1952 aus Protest der Wahl ferngeblieben waren, zurückzugewinnen und wieder die absolute Mehrheit zu erreichen. Demgegenüber hatte die Union in Württemberg-Hohenzollern ihr Wählerreservoir schon weitgehend ausgeschöpft, behielt aber ihre absolute Mehrheit. Hier konnte die Gesamtdeutsche Volkspartei von Gustav Heinemann, dem ersten CDU-Innenminister Konrad Adenauers und späterem ersten SPD-Bundespräsidenten, in einigen evangelischen Wahlkreisen deutliche Erfolge mit ihrem Eintreten gegen die Wiederbewaffnung und für eine aktive Deutschlandpolitik erzielen. Im Wahlkreis Freudenstadt waren es nahezu 18% und im Wahlkreis Calw fast 13% der Wählerstimmen.[86] In beiden Wahlkreisen verlor die CDU deutlich.

Die SPD konnte zwar absolut deutlich hinzugewinnen, blieb aber prozentual mit einem Plus von 0,9% hinter ihren Erwartungen zurück. Mit ihrem ausschließlich auf die Landespolitik ausgerichteten Wahlkampf konnte sie die bundespolitischen Einflüsse nicht völlig ausschalten. Die große Überraschung waren die geringen prozentualen Verluste der FDP wenige Tage nach dem Auseinanderbrechen der Bundestagsfraktion. Einen wichtigen Grund dafür, neben der tiefen Verwurzelung der Partei in der südwestdeutschen Gesellschaft, sah ein Kommentator in der allgemeinen Distanz, »die hierzulande zu manchen Bonner Aufgeregtheiten von jeher besteht. In Württemberg und in Baden werden die Suppen nicht gerne so heiß gegessen, wie sie anderswo gekocht werden.«[87]

»Stillvergnügt wird auch der BHE sein. Es ging noch einmal an der Katastrophe vorbei.«[88] Die Vertriebenenpartei konnte sich wider Erwarten sehr gut behaupten und sogar noch einen Landtagssitz hinzugewinnen. Von allen begrüßt wurde das Ausscheiden der Kommunisten aus dem Landtag. Gerade einmal 3,2% der wahlberechtigten Baden-Württemberger stimmten für die KPD, die damit schon vor dem Verbot durch das Bundesverfassungsgericht am 17. August

1956 im Südwesten in die Bedeutungslosigkeit verschwunden war.

Nach der Wahl setzten die Spekulationen über die neue Regierung ein, da es »fünf Koalitionsmöglichkeiten in Stuttgart« gab, wie die Schlagzeile der ›Schwäbischen Zeitung‹ nach dem Bekanntwerden des Ergebnisses lautete.[89] Favorisiert wurden in der Presse eine Große Koalition aus CDU und SPD und eine Fortsetzung der bisherigen Koalition. Dabei standen grundsätzliche, demokratietheoretische Überlegungen von starker Regierung und starker Opposition ganz praktischen landespolitischen Erwägungen gegenüber, die sich schließlich auch durchsetzten.

Das weitere Zusammenwachsen der verschiedenen Landesteile ohne parteipolitische Zerwürfnisse verdrängte schließlich alle anderen, auch aus Bonn kommenden Überlegungen, wie es ein Kommentator schon unmittelbar nach der Wahl beschrieb. »Und an dieser Festigung ohne Parteiunterschied weiterzuarbeiten, wäre eine Aufgabe, die auch die Fortsetzung der bisherigen Koalition in Stuttgart rechtfertigen könnte, zum mindesten die Fortsetzung ihres bisherigen Kurses.«[90] Auch personell änderte sich fast nichts. Nur an die Stelle des inzwischen 68-jährigen sozialdemokratischen Innenministers Fritz Ulrich trat dessen Fraktionskollege Viktor Renner.

Die neuen Aufgaben für Regierung und Parlament waren im wesentlichen die alten. »Das Lehrerbildungsgesetz zu verabschieden, stand eigentlich noch auf dem Programm des ersten baden-württembergischen Landtags. An der Neugliederung des Landes ist das alte Parlament gescheitert, und über die Frage, wo ein neues Landtagsgebäude hinkommen soll, konnte es sich auch nicht einigen. Es war wohl ein fleißiger, aber kein mutiger Landtag. Wichtigen Entscheidungen ist er ausgewichen. Hoffen wir, daß der neue entschlossener sein wird.«[91] Die Frage nach der Neugliederung des Landes wurde mit der Entscheidung des Bundesverfassungsgerichts vom 30. Mai 1956 hinfällig, da damit die Existenz des neuen Bundeslandes erneut in Frage gestellt wurde. Das Lehrerbildungsgesetz wurde aber verabschiedet und der Bauplatz für das neue Landtagsgebäude zwischen dem Neuen Schloß und dem Großen Haus in Stuttgart nach langen und heftigen Auseinandersetzungen gefunden.

Ende 1958 endete die Regierungszeit von Gebhard Müller für viele überraschend. Er ließ sich zum Präsidenten des Bundesverfassungsgerichts in Karlsruhe wählen. Ausschlaggebend dabei waren gesundheitliche Gründe, die ihn zwangen, das aufreibende Politikerleben zugunsten der etwas ruhigeren richterlichen Tätigkeit zu beenden. Nach Einschätzung von Gebhard Müller selbst zeichnete sich seine Regierungszeit »eigentlich nicht durch spektakuläre Ereignisse aus. Ich war der Meinung, und meine Kollegen in der Regierung waren es auch, daß eine Aufbauarbeit in der Stille das Wichtigste ist.«[92] Als größte Verdienste rechnete sich Müller die breite Verabschiedung der

Landesverfassung, den Abbau der Spannungen zwischen den Landesteilen und die versprochene Beseitigung der Notstandsgebiete an.

Eine schöne Bilanz der fünfjährigen Regierungsarbeit Müllers, »dem Baden-Württemberg so vieles zu verdanken hat«, zog Fritz Treffz-Eichhöfer, einer der landespolitisch erfahrensten Journalisten, in seinem Jahresrückblick 1958, dem er die Überschrift »Stabilisierung des Südweststaates schreitet fort« gab. »Das Land Baden-Württemberg hat sich zunächst eine von allen begrüßte Verfassung gegeben und dann begonnen, die von dieser geforderten Ausführungsgesetze Schritt für Schritt in die Praxis umzusetzen. Nach Annahme der Gemeinde- und der Kreisordnung, nach Erstellung des lange umstrittenen Landesverwaltungsgesetzes, des neuen Polizeigesetzes und des von Jahr zu Jahr besser bewerteten Finanzausgleiches zwischen Land und Gemeinden haben Regierung und Landtag in dem ausklingenden Jahr eines der wichtigsten Gesetzeswerke des jungen Staates, das Lehrerbildungsgesetz, in Form einer gerechten Kompromißlösung in Kraft gesetzt«.[93]

Die Nominierung des Nachfolgers löste Überraschung aus. Zunächst sollten der Bundesratsminister Oskar Farny oder der südbadische CDU-Vorsitzende und Regierungspräsident Anton Dichtel benannt werden, die aber beide aus unterschiedlichen Gründen ablehnten. »Auf eine Nominierung des badischen Staatsrates Dr. Filbinger verzichtete das Wahlgremium (der CDU, T.S.), weil er, wie es der Fraktionsvorsitzende Dr. Hermann formulierte, ›nach außen hin noch nicht das Profil hat, das man im Land wünschen möchte.‹«[94]

Zur allgemeinen Überraschung nominierte die CDU-Fraktion daraufhin einen der profiliertesten Bundespolitiker der CDU, ihren außenpolitischen Sprecher im Bundestag, Kurt Georg

Dr. Kurt Georg Kiesinger, Ministerpräsident von Baden-Württemberg vom 17. Dezember 1958 bis zum 16. Dezember 1966, empfängt in der Villa Reitzenstein den Präsidenten des Bundesverfassungsgerichts Dr. Gebhard Müller (1964).

Kiesinger, zum Ministerpräsidenten. Obwohl er über keine landespolitischen Erfahrungen verfügte, gewann er das Vertrauen der Koalitionspartner, die ihn unterstützten, und erhielt auch in der Presse große Vorschußlorbeeren. »Was auch den politischen Gegner an Kiesinger besticht, ist seine verbindliche und liebenswürdige Art und sein Bemühen, Gegensätze zu überbrücken ... Kiesinger bringt das aufrichtige Bemühen mit, etwa im Lande vorhandene Gegensätze auszugleichen und politisch Andersdenkenden entgegenzukommen. Es wird seiner Konzilianz und seiner politischen Klugheit unschwer gelingen, hier viel zu erreichen.«[95] Das ›Schwäbische Tagblatt‹ in Tübingen faßte seine Einschätzung Kiesingers in zwei kurzen Sätzen zusammen. »Der profilierte Politiker Kiesinger bedeutet für unser Land einen großen Gewinn. Mit ihm als Ministerpräsidenten wird kein Risiko eingegangen.«[96]

Infolgedessen wurde die bewährte Allparteienregierung unverändert fortgesetzt, worauf der neue Ministerpräsident Kiesinger in seiner kurzen Regierungserklärung am 14. Januar 1959 gleich zu Beginn hinwies. »Das scheidende alte Jahr hat dem Lande Baden-Württemberg eine neue Regierung beschert. Zwar blicken sie ... von der Regierungsbank die vertrauten Gesichter der bisherigen Regierung an ... Nur das Gesicht des Ministerpräsidenten ist neu.«[97] Angesichts der in 15 Monaten anstehenden Landtagswahlen hätte eine Neubildung der Regierung ohnehin wenig Sinn gemacht, zumal es einen sachlichen Grund dafür nicht gab. So blieb der bundespolitisch einmalige Fall eines Flächenlandes mit einer Regierung ohne Opposition weiterhin erhalten. Dafür sprachen ohne Zweifel sowohl die großen Erfolge in der Wirtschafts- und Finanzpolitik als auch beim Ausgleich der Gegensätze zwischen den einzelnen Landesteilen.

Bundespräsident Professor Dr. Theodor Heuss bei der Wiedereröffnung der Staatsgalerie Stuttgart am 9. Oktober 1958.

Plakat zur Wiedereröffnung der Staatsgalerie Stuttgart mit der Ausstellung: »Meisterwerke aus baden-württembergischem Privatbesitz«.

Die langweiligen fünfziger Jahre?

In den fünfziger Jahren wurden die entscheidenden Weichenstellungen für die weitere Entwicklung der Bundesrepublik Deutschland und damit auch für Baden-Württemberg getroffen. Dies galt besonders außenpolitisch und militärisch für die Einbindung der Bundesrepublik in die NATO und die atlantische Verteidigungsgemeinschaft. Ebenso bedeutsam war die Gründung der verschiedenen europäischen Einrichtungen wie der Montanunion und vor allem die im Frühjahr 1957 mit den Römischen Verträgen beschlossene Gründung der Europäischen Wirtschaftsgemeinschaft und der Europäischen Atomgemeinschaft. Damit einher ging die Erlangung der weitgehenden Souveränität der Bundesrepublik durch den Deutschlandvertrag 1955, aber auch die Aufnahme diplomatischer Beziehungen mit der Sowjetunion, die beim Besuch des Bundeskanzlers in Moskau im September 1955 vereinbart worden war.

Nachdem die Sowjetunion bereits zu Beginn des Jahres den Kriegszustand mit Deutschland für beendet erklärt hatte, konnten nach Adenauers Moskau-Besuch auch die letzten deutschen Kriegsgefangenen nach Deutschland zurückkehren. Am 17. Januar 1956 berichtete die ›Stuttgarter Zeitung‹, daß einen Tag zuvor der voraussichtlich letzte große Transport mit deutschen Kriegsgefangenen aus der Sowjetunion in der Bundesrepublik eingetroffen war. Von den 474 Heimkehrern stammten mehr als 50 aus Baden-Württemberg. Im selben Monat zogen übrigens die ersten Soldaten für die neue Bundeswehr in die Kasernen.[98]

Die fünfziger Jahre waren politisch keine ruhigen Jahre. Die grundsätzlichen Weichenstellungen – von der Westbindung, der Mitbestimmung oder Atombewaffnung der Bundeswehr –

aber auch gesellschaftliche Phänomene wie die Halbstarkenbewegung beschäftigten die Gesellschaft, ja spalteten sie teilweise sogar.[99] Allerdings führten der außenpolitische Druck und die Gefährdung durch den Kalten Krieg sowie das enorme, alle Erwartungen übertreffende wirtschaftliche Wachstum zusammen mit der nach wie vor vorhandenen Kontrolle durch die Westalliierten dazu, daß Bonn nicht Weimar wurde, wie ein bekannter Buchtitel des Schweizer Publizisten René Allemann 1956 lautete.[100]

Trotzdem sahen vor allem viele Gegner des Nationalsozialismus in den fünfziger Jahren auch ein Wiedererstarken der alten Eliten in Bürokratie und Wirtschaft, die Hitler unterstützt hatten. Ein in die USA geflüchteter jüdischer Deutscher besuchte in den fünfziger Jahren immer wieder Deutschland. Dabei erklärte ihm ein Lektor: »Gegen die Restaurationsperiode, in der wir uns befinden, war die nach Metternich ein Kinderspiel.«[101] Eines der vielgelesenen Bücher zur Vorgeschichte der Bundesrepublik zu Beginn der siebziger Jahre hatte den Titel »Determinanten der westdeutschen Restauration«.[102] Restauration ist die »Wiederherstellung eines früheren, als legitim empfundenen Zustandes in Kirche, Staat, Gesellschaft«.[103]

Allerdings ist auch die frühe Bundesrepublik keine einfache Wiederherstellung eines früheren Zustandes, weder der Weimarer Republik, noch gar des Kaiserreichs oder des Dritten Reiches. Zwar kam es zur »Quasi-Kolonialisierung Deutschlands nach dem Zusammenbruch des Faschismus«, zur »Restitution einer kapitalistischen Gesellschaftsordnung« und zur »Etablierung eines bürgerlich-parlamentarischen Staates«,[104] aber eben völlig anders als nach dem Zusammenbruch 1918/19.

Die Niederlage von 1918 wurde nahezu kollektiv verdrängt. Ein Austausch der alten, häufig adeligen Eliten in Verwaltung und Militär fand nicht statt. Der Versailler Vertrag gab Deutschland kaum eine Chance zum Wiederaufstieg. Unternehmer und Arbeiterschaft standen sich unversöhnlich gegenüber. Innerhalb der Unternehmen konnten sich nicht die exportorientierten, weltoffenen Branchen durchsetzen. Es gab nur eine staatlich stark beeinflußte Marktwirtschaft, aber keine soziale Marktwirtschaft. Die parlamentarische Demokratie war neu und ungewohnt. Der Reichspräsident übernahm die Rolle eines Ersatzmonarchen.

Die deutsche Niederlage 1945 war so total, daß es daran keinen ernsthaften Zweifel mehr geben konnte. Die Westalliierten, vor allem die Amerikaner, gaben den Deutschen mit der Rede des US-Außenministers James F. Byrnes am 6. September 1946 in Stuttgart wieder Hoffnung. Die gemeinsame Verfolgung durch die Nationalsozialisten verband viele demokratische Politiker der ersten Jahre miteinander, in Baden-Württemberg bis zum Beginn der sechziger Jahre. Es »bestanden innerhalb der älteren Generation persönliche Beziehungen, ja Freundschaften über die Fraktionsgrenzen hinweg: in ihr lebte noch die Erinnerung an die Gemeinsamkeit des Unterdrücktseins im Dritten Reich, an die Gemeinsamkeit des Ablehnens und des Widerstehens. Politische Freiheit war für jene Älteren deshalb nicht nur ein staatsrechtlicher Grundsatz, sondern ein kostbares, durchaus nicht selbstverständliches Gut.«[105]

Die Reduzierung der Bundesrepublik auf die westlichen Teile Deutschlands, die in ihrer Mehrheit traditionell den demokratischen Strömungen sehr viel offener gegenüberstanden als die östlichen Teile, die enormen Bevölke-

rungsverschiebungen infolge des Krieges und der damit verbundenen Vertreibungen, das Grundgesetz, das ganz wesentlich die Erfahrungen der gescheiterten Weimarer Republik und des Dritten Reiches verarbeitete, die Orientierung an und die Einbindung in Europa sowie das Wirtschaftswunder, das ganz wesentlich auf einem starken Anstieg der Exporte beruhte, veränderten die westdeutsche Gesellschaft stark.

Allerdings waren dies die politischen, wirtschaftlichen und sozialen Rahmenbedingungen, die Menschen änderten sich nicht so schnell. Gerade unter den Verlierern dieser Entwicklungen konnte sich altes Gedankengut lange halten, und die weitgehende Wiedereingliederung weiter Teile der Verwaltung, die willig und widerspruchslos dem Nationalsozialismus gedient hatten, in die eigentlich neue Verwaltung der Bundesrepublik führte gerade bei den Opfern des Nationalsozialismus zu berechtigter Verbitterung. Besonders dramatisch zeigte sich dies bei Polizei und Justiz, die sich deshalb auch häufig bei der Verfolgung von NS-Verbrechen sehr zurückhielten.

Das Bild, das die Bundesrepublik Deutschland nach außen abgab, schilderte sehr plastisch der Schweizer Schriftsteller Walter Muschg 1957. »Was vor einem Jahrzehnt undenkbar erschien, ist heute zur Tatsache geworden. Die Brände sind gelöscht, die Schuttberge beseitigt, die Schrecken des apokalyptischen Strafgerichts verflogen. Man sieht in den Ruinen keine Menschen mehr über das Unfaßbare weinen. Die Verzweiflung über das Geschehene und die Furcht vor dem Kommenden sind dem Maschinenlärm des Wiederaufbaus gewichen. Die zerschlagenen Städte richten sich mit einem neuen Antlitz wieder auf und leben ungestüm einer neuen Zeit entgegen. Ist dieser Szenenwechsel das Wunder, auf das im Zusammenbruch viele hofften, weil nur ein Wunder Deutschland retten zu können schien? Wenigstens von einem Wirtschaftswunder wird gesprochen, und viele sind von ihm so begeistert, daß sie die furchtbaren Wunden vergessen, die dem deutschen Volk, dem deutschen Staat geschlagen worden sind.«[106]

Die ausschließliche Fixierung der Menschen auf den wirtschaftlichen Erfolg, das schwache Interesse an der wenigstens juristischen Aufarbeitung der deutschen Vergangenheit und die geringe Identifikation mit den demokratischen Institutionen beschäftigte auch Beobachter des Zeitgeschehens lebhaft. »Es wäre eine Illusion, zu verkennen, daß ein Hauptbestandteil dessen, was sich heute als Staatsgefühl in der Bundesrepublik ausgibt, vor allem einmal der Glaube an die Beständigkeit der Konjunktur ist. Zu ihm gesellt sich das grenzenlose Zutrauen, die Freiheit werde schon gesichert bleiben, solange die Schornsteine rauchen. Weite Kreise sehen heute in der Bundesrepublik nicht mehr als eine institutionelle Garantie für den Erfolg ihres privaten Strebens nach Wohlstand, mit der man aber in anderer Beziehung so wenig wie nur möglich zu tun haben möchte. Genügt die Anbetung der Konjunkturkurve? Müßig zu sagen, daß ein Staat, der nicht tiefer fundiert wäre, einer großen wirtschaftlichen Erschütterung schwerlich standzuhalten vermöchte.«[107]

Die fünfziger Jahre waren aber nicht nur die Jahre eines überragenden wirtschaftlichen Erfolges, die Jahre einer ›Schlußstrich-Mentalität‹ unter die deutsche Vergangenheit, die Jahre der politischen und gesellschaftlichen Grundsatzdiskussionen, die Jahre einer »skeptischen Generation«,[108] die Jahre einer immer stärkeren Orientierung am eigenen, primär wirtschaftlichen Erfolg, sondern auch Jahre, in denen auf kulturellem Gebiet Neues versucht und teilweise auch erreicht wurde.

Eine Besonderheit stellte die Hochschule für Gestaltung in Ulm dar. Dabei trafen sich Vorstellungen einer demokratischen Volksbildung, die von Inge Scholl, der Schwester der 1943 hingerichteten Hans und Sophie Scholl, und ihrem Mann Otl Aicher zunächst in der Gründung der Volkshochschule Ulm und dann in dem Projekt einer Geschwister-Scholl-Hochschule betrieben wurden, mit den Ideen von Max Bill, unterstützt von Henry van de Velde und Walter Gropius, die eine Weiterentwicklung der Ziele des Bauhauses der Weimarer Republik anstrebten. 1952 erhielten die Initiatoren, kritisch beäugt von Teilen der Gesellschaft, die dahinter kommunistische Umtriebe witterten, vom amerikanischen Hochkommissar McCloy 1 Mio. DM. »Diese Schenkung wird zu dem Zwecke gewährt, die Geschwister-Scholl-Stiftung bei der Errichtung einer Hochschule für Gestaltung zu unterstützen, einer Institution, welche auf überkonfessioneller und nicht parteipolitischer Basis betrieben wird und besonders eine koordinierte Unterweisung auf den Gebieten bürgerlicher Verantwortung, kultureller Produktivität und technischer Fertigkeiten anstrebt und die im übrigen Studien und Experimente fördern will zur Verbesserung der Qualität, Form und Nützlichkeit von Gebrauchsgütern, die in Deutschland hergestellt werden.«[109]

Am 2. Oktober 1955 fand die offizielle Eröffnung der Hochschule auf dem Kuhberg in Ulm statt. In den folgenden 13 Jahren, bis zur Schließung der Hochschule durch das Land Baden-Württemberg Ende 1968, lehrte eine Vielzahl von bedeutenden Designern und Architekten in Ulm. Das völlig neue Konzept lockte viele ausländische Studenten nach Ulm, führte aber zu erheblichen internen Auseinandersetzungen, die zur Schließung beitrugen beziehungsweise geeignete Vorwände zur

Schließung lieferten. »Die HfG Ulm ist der Traum einer freien Gestalterschule geblieben, aus bestimmten kulturpolitischen Positionen heraus geboren, wie einst das Bauhaus, als dessen Nachfolgeinstitution sie sich zumindest zu Beginn verstanden hat. Man kann der technologischen, der wirtschaftlichen, der politischen Entwicklung die Schuld am Ende der Ulmer Schule zuschieben, man kann die Unvereinbarkeit der beteiligten Charaktere ins Feld führen und man wird immer nur einen Zipfel der Wahrheit erfassen.«[110]

Am nachhaltigsten wirkte sich die sogenannte Ulmer Schule auf das Industriedesign aus, auch wenn die industriellen und gesellschaftlichen Erfordernisse sehr schnell die ursprünglichen Ideen überholten. »Aus der Not, mit minimalem finanziellem Aufwand eine möglichst vielseitig nutzbare Schulstruktur zu gewinnen, entstand die Tugend eines echten Funktionalismus. Man hatte das Glück, Zeit aufwenden zu können, um den Gebrauch der Dinge zu studieren, um eine einfache und kostengünstige Herstellung in den eigenen Werkstätten auszuarbeiten. In den dort entwickelten Gegenständen steckt der Glaube an die Machbarkeit eines

Die Hochschule für Gestaltung in Ulm wurde am 2. Oktober 1955 eröffnet.

Erster Rektor der Hochschule war Max Bill. Hier mit seiner Frau beim Festakt zur Einweihung der Hochschule.

Grundstocks von Gebrauchsgütern für eine allen zugängliche materielle Kultur mit industriellen Mitteln. Da wurden Reformideen vom 19. Jahrhundert über Werkbund und Bauhaus weitergedacht, aber auch schon Vorstellungen gesponnen über eine schonungsvoll zu behandelnde, sorgsam und vernünftig zu verwaltende Natur mit ihren Rohstoffen.«[111]

Eine wichtige kulturpolitische Weichenstellung im Land war die Einführung des staatlichen Lottos, das zunächst von Politikern aller Parteien als ›unmoralische Spielleidenschaft‹ abgelehnt wurde. Deshalb trugen die Baden-Würt-

Künstler-Größen in
Baden-Württemberg:

Willi Baumeister
(1889 - 1955).

tembergerinnen und Baden-Württemberger ihr
Geld in die Lotto-Zentralen der benachbarten
Länder Bayern, Hessen und Rheinland-Pfalz.
Um dies zu vermeiden, kam es trotz aller Be-
denken 1958 schließlich zur Gründung einer
eigenen Lotto-Zentrale im Land.

»Nun hatten sich zuvor alle Parteien gegen dieses Sündengeld ausgesprochen, und aus diesem
Grund war es natürlich suspekt, dieses Geld für
einen anständigen Zweck auszugeben. In dieser
politisch etwas peinlichen Situation meldeten
sich zwei Einrichtungen zu Wort: der Sport und
die Kunst! – und die Volksvertreter waren froh,
den Kunstbereich, der ja ohnehin etwas mit
dem Odium der Unmoral behaftet ist, mit diesem ›Sündengeld‹ zu befriedigen.«[112]

Die Richtigkeit dieser Entscheidung zeigte sich
schon kurze Zeit später, als sich die Möglichkeit
eröffnete, eine der bedeutendsten privaten

Max Ackermann
(1887 - 1975).

zeitgenössischen Sammlungen der Moderne für
die Staatsgalerie zu erwerben, darunter Werke
von Picasso, Braque, Renoir, Cézanne, Gauguin
oder Bonnard. Nachdem der Finanzausschuß
des Landtags der Anschaffung zugestimmt
hatte, stellten Privatleute die notwendigen 10
Mio. DM zur Verfügung. Diese wurden dann
aus Toto-Lotto-Mitteln in den folgenden Jahren
wieder zurückbezahlt.

»Der Ankauf der Sammlung Moltzau hat eine
über den Erwerb einzelner Kunstwerke weit
hinausgehende Bedeutung. Die Erwerbungen
deutscher öffentlicher Sammlungen werden
damit auf ein anderes Niveau gehoben. Es zeigt
sich, daß Planung möglich ist. Die Lücken, die
in den Jahren 1933 bis 1945 entstanden, können geschlossen werden, wenn die Allgemeinheit opferwillig ist. Im Falle Baden-Württemberg genügte es, daß sich die Öffentlichkeit ver-
nünftigen Maßnahmen, aus den Einkünften des
Glücksspieles dauernde Werte zu schaffen,

Otto Dix (1891 - 1969).

Kritiker der bundesrepublikanischen Behaglichkeit: Professor Dr. Max Bense.

nicht widersetzt.«[113] In den folgenden Jahrzehnten bewährte sich diese Einrichtung. Allerdings profitiert die Kultur seit einigen Jahren nicht mehr von der wachsenden Spielleidenschaft der Menschen im Südwesten, weil die Mittel eingefroren wurden.

Auch in der Oper oder der Musik ging man interessante neue Wege. So wurde die Stuttgarter Oper durch die Arbeit von Wieland Wagner seit 1954 zum »Winter-Bayreuth«,[114] und auch die Aufführungen der Werke von Carl Orff prägten das Musikleben. In Donaueschingen nahm man 1950 die Tradition der Musiktage aus den zwanziger Jahren mit Hilfe des Südwestfunks mit großem Erfolg wieder auf. Es wurde »zur Brutstätte der Avantgarde der musikalischen Welt. Nach dieser Magnetnadel zuckte der Pulsschlag der Musikzentren; was sich hier als wertvoll herausstellte, zog in die Konzertsäle aller Erdteile ein.«[115]

Kritische Köpfe, die neue, umstrittene Wege gingen, fanden ihren Platz im Land, wenn auch zum Teil nach heftigen Kämpfen. So hatte Kultusminister Gerhard Storz 1960 lebhaften Widerstand aus seiner eigenen Partei zu überwinden, als der Philosoph Max Bense ein Ordinariat an der Stuttgarter Universität erhalten sollte. Erst der Einsatz von Ministerpräsident Kiesinger gegen »das kopflose Agieren von vermeintlicher Abendlandsrettung und intrigantischer Emsigkeit«[116] beendete das Treiben jenes »obskurantischen Parteikreises«, für die Bense ein »subversiver Agitator« war, »ja man blies ihn zum hochgefährlichen Jugendverführer auf«.[117]

Allerdings war für manchen nur schwer akzeptabel, wie Bense die bundesrepublikanische Behaglichkeit, in der sich einige bereits, häufig selbstzufrieden, eingerichtet hatten, kritisierte, so z.B. in der Einführung der von ihm herausgegebenen, aber nur wenige Jahre erscheinenden Zeitschrift ›Augenblick. Aesthetic, Philosophica, Polemica‹. »Was im ›Augenblick‹ zum Abdruck kommt, hat den Sinn, Zeichen eines neuen Seins oder Zeichen eines Widerstandes gegen das alte zu sein. In beiden Fällen wendet man sich gegen das neue deutsche Nivellement. Dieses Nivellement äußert sich in der politischen Stimmung, die keine Gesinnung ist, in den ökonomischen Wundern, die weder Erstaunen noch Mißfallen erregen, in den sozialen Flirts, die nicht auf Folgen bedacht sind, in den artistischen Regressionen der Literatur, Kunst und Philosophie, die sich auf Traditionen, statt auf Experimente beziehen, in der metaphysischen Gemütlichkeit, die den Autoritäten zugesteht, was sie der eigenen Existenz nicht zu überlassen wagt.«[118]

Während ähnliche Auseinandersetzungen in der Weimarer Republik noch zu schweren politischen Krisen geführt hätten, waren wesentliche Verfassungsgrundsätze wie Meinungsfreiheit oder Freiheit von Forschung und Lehre in Politik und Gesellschaft im Südwesten Ende der fünfziger, Anfang der sechziger Jahre schon so fest verankert, daß ein engagierter Kultusminister mit Unterstützung des Ministerpräsidenten solche Konflikte erfolgreich durchstehen konnte.

Kapitel III

DER SPIEGEL

5. DEZEMBER 1966 · NR. 50
20. JAHRGANG · 1,20 DM
ERSCHEINT WÖCHENTLICH
IN HAMBURG · C 6380 C

Kurt Georg
KIESINGER

Die erste Regierung Kiesinger (17. Dezember 1958 - 23. Juni 1960) war eine Allparteien-regierung. Die zweite Regierung Kiesinger (23. Juni 1960 - 11. Juni 1964) war eine Koalitionsregierung aus CDU, FDP und dem BHE. Damit begann im Südwesten die sogenannte »Ära Kiesinger«. Sie dauerte bis Dezember 1966, denn am 1. Dezember 1966 wurde Dr. Kiesinger im Deutschen Bundestag in Bonn zum Bundeskanzler gewählt.

Ein großer Teil der in diesem Bildband abgedruckten Fotos stammt von Hannes Kilian, dessen gesamtes Foto-Archiv sich im Haus der Geschichte Baden-Württemberg befindet. Hier hat er seinen Copyright-Vermerk auf sein Kiesinger-Foto geklebt, das ›DER SPIEGEL‹ im Dezember 1966 als Titelbild verwendete.

im Landtag vertretene Partei Stimmen hinzugewinnen und wuchs auf über 35%. Die CDU
verlor ein Sechstel ihrer Stimmen und sank um
über 3% auf 39,5%. In keinem Regierungsbezirk verfügte sie über die absolute Mehrheit. In
Nordwürttemberg war sie deutlich hinter die
SPD zurückgefallen und in Nordbaden lag sie
nur noch knapp vor den Sozialdemokraten. Die
FDP/DVP hatte ähnlich hohe Stimmenverluste
zu verzeichnen und sank um ein Prozent auf
nun 15,6%. Der Vertretung der Vertriebenen
gelang es, ihre Anhänger weitgehend zu mobilisieren, so daß der GB/BHE (Gesamtdeutscher
Block/Block der Heimatvertriebenen und Entrechteten), trotz leicht zurückgegangener Stim-
menzahlen, sein prozentuales Ergebnis geringfügig auf 6,7% steigern konnte.[9]

Für zahlreiche Kommentatoren lagen die Ursachen für die Niederlage der CDU, sie hatte
nicht weniger als 12 Direktmandate verloren
und verfügte nur noch über ein Direktmandat
mehr als die SPD, in Bonn. »Die CDU mußte
bundespolitische Hypotheken tragen. Die Bundesregierung wird daher das baden-württembergische Wahlergebnis mit Besorgnis betrach-
ten und sich vor Augen halten, daß die Auseinandersetzung um die Krankenkassenreform, die
unmittelbar vor der Wahl beschlossene Mieter-
höhung, der Fall Oberländer (gegen den Bun-
desvertriebenenminister wurde der später ent-
kräftete Vorwurf erhoben, an Kriegsverbrechen
beteiligt gewesen zu sein; er trat kurz vor der
Landtagswahl zurück, T.S.) und manche anderen Erscheinungen sich nachteilig ausgewirkt
haben.«[10]

Im nachhinein beklagte auch die der CDU nahestehende ›Schwäbische Zeitung‹ die Wahl-
parolen der CDU. »Diese Wahlen, die als Prüf-
wahlen für die Bundestagswahlen im kommenden Jahr propagiert worden waren, sind für die
CDU ein sehr ernst zu nehmendes Zeichen.

Man hätte nicht so viel von Testwahlen und einer erhofften Demonstration für die Gipfelkon-
ferenz (der vier Siegermächte in Paris, T.S.) reden sollen. Landtagswahlen sind eben Landtagswahlen.«[11]

Trotz der weitverbreiteten Kritik an der Allparteienregierung rechneten fast alle Kommentatoren mit deren Fortsetzung. »Ohne die größte Partei, die CDU, wird in Stuttgart kaum regiert werden können, und diese Partei selbst

Der Wahlkampf zur Landtagswahl vom 15. Mai 1960 war
langweilig, da bisherige
Koalitionäre, die sich gut verstanden hatten, gegeneinander
antraten. Aufgelockert wurde
die Wahlkampagne nur durch
den Auftritt von Bonner
Bundesprominenz, wie hier
auf einer SPD-Veranstaltung.

Nicht nur für den Wahlkampf,
sondern fast täglich machte
sich Dr. Gerhard Storz,
Minister für Kultus vom
1. Oktober 1958 bis 11. Juni
1964, mit Fechtsport fit.

Landtagswahlen 1952 - 2001

	Wahlbeteiligung	CDU	SPD	FDP/DVP	GRÜNE	REP	Sonstige
1952	63,7 %	36,0 %	28,0 %	18,0 %	–	–	18,0 %
1956	70,3 %	42,6 %	28,9 %	16,6 %	–	–	11,9 %
1960	59,0 %	39,5 %	35,3 %	15,8 %	–	–	9,4 %
1964	67,7 %	46,2 %	37,3 %	13,1 %	–	–	3,5 %
1968	70,7 %	44,2 %	29,0 %	14,4 %	–	–	12,4 %
1972	80,0 %	52,9 %	37,6 %	8,9 %	–	–	0,6 %
1976	75,5 %	56,7 %	33,3 %	7,8 %	–	–	2,2 %
1980	72,0 %	53,4 %	32,5 %	8,3 %	5,3 %	–	0,5 %
1984	71,2 %	51,9 %	32,4 %	7,2 %	8,0 %	–	0,5 %
1988	71,8 %	49,0 %	32,0 %	5,9 %	7,9 %	1,0 %	4,2 %
1992	70,1 %	39,6 %	29,4 %	5,9 %	9,5 %	10,9 %	4,8 %
1996	67,6 %	41,3 %	25,1 %	9,6 %	12,1 %	9,1 %	2,8 %
2001	62,6 %	44,8 %	33,3 %	8,1 %	7,7 %	4,4 %	1,7 %

Bundestagswahlen 1949 - 1998

	Wahlbeteiligung	CDU	SPD	FDP/DVP	GRÜNE	REP	Sonstige
1949	70,0 %	39,6 %	23,9 %	17,6 %	–	–	18,9 %
1953	81,8 %	52,4 %	23,0 %	12,7 %	–	–	11,8 %
1957	84,4 %	52,8 %	25,8 %	14,4 %	–	–	7,1 %
1961	84,8 %	45,3 %	32,1 %	16,6 %	–	–	6,0 %
1965	84,8 %	49,9 %	33,0 %	13,1 %	–	–	4,0 %
1969	85,1 %	50,7 %	36,5 %	7,5 %	–	–	5,3 %
1972	90,2 %	49,8 %	38,9 %	10,2 %	–	–	1,1 %
1976	89,1 %	53,3 %	36,6 %	9,1 %	–	–	1,0 %
1980	86,6 %	48,5 %	37,2 %	12,0 %	1,8 %	–	0,4 %
1983	88,4 %	52,6 %	31,1 %	9,0 %	6,8 %	–	0,5 %
1987	83,1 %	46,7 %	29,3 %	12,0 %	10,0 %	–	2,1 %
1990	77,4 %	46,5 %	29,1 %	12,3 %	5,7 %	3,2 %	3,2 %
1994	79,7 %	43,3 %	30,7 %	9,9 %	9,6 %	3,1 %	3,4 %
1998	83,1 %	37,8 %	35,6 %	8,8 %	9,2 %	4,0 %	4,6 %

wird nach ihrer Schwächung kaum in der Lage sein, einen der andern bisherigen Partner einfach hinauszukomplimentieren.«[12] Allerdings wies ein Kommentator auf die Veränderungen in der Fraktion der CDU hin. »Die alte Fraktion der Union war überwiegend von der Allparteien-Koalition eingenommen. In der künftigen Fraktion gesellen sich jedoch zu den 30 wiedergewählten Abgeordneten 21 neue hinzu, so daß ihre Meinung zu dem Koalitionsproblem offen ist.«[13] Auch der CDU-Kultusminister Gerhard Storz wies auf die damit verbundenen Veränderungen hin. »Wohl hatte die Landtagswahl von 1960 in alle Fraktionen jüngere Abgeordnete gebracht, und darunter Partei-Karrieristen mit der blinden, hitzigen Verbissenheit dieser Spezies; aber sie bestimmten das Klima nicht.«[14]

Entgegen aller Erwartungen entschieden sich CDU und FDP/DVP zu einer kleinen Koalition unter Ausschluß der SPD. Die Vertriebenen traten schließlich auch der neuen Regierung bei. Dabei spielten machtpolitische und bundespolitische, weniger jedoch landespolitische Gründe eine Rolle, wie Ministerpräsident Kurt Georg Kiesinger in seiner Regierungserklärung vor dem Stuttgarter Landtag am 7. Juli 1960 deutlich hervorhob. Das Wahlergebnis hatte vor allem an der CDU-Basis für massiven Unmut an der Allparteienregierung gesorgt. »Der Grund für diesen Durchbruch war nicht so sehr der Stimmengewinn der Sozialdemokraten als vielmehr die Wahlverdrossenheit, die sich ohne Zweifel zu Ungunsten der nichtsozialistischen Parteien auswirkte. (...) In der CDU brach nun aber die seit langem schwelende Unzufriedenheit mit der Regelung der Regierungsbildung seit dem Jahre 1953 durch.« Nur zwei der acht großen Ministerien seien vor der CDU geführt worden. »In der Landesverwaltung selbst, in den großen Ministerien mit ihrem breiten Un-

terbau, war die größte Partei des Landes weit unter ihrem politischen Gewicht vertreten. (...) Die Klagen über diesen Mißstand hörten nicht auf und wurden im Laufe der Jahre immer dringlicher.«

Aber auch die heftigen Differenzen zwischen CDU und SPD in wesentlichen Fragen der Bundespolitik warfen nun, ein Jahr vor der nächsten Bundestagswahl, ihre Schatten auf das Land. »Schließlich ... wurde aus den Kreisen der im Lande politisch aktiven Anhänger der CDU immer wieder darauf hingewiesen, wie sehr es der SPD zugute komme, daß sie im Bunde in der Opposition, im Land in der Regierung sei: (...) sie könne danach nach Belieben aus beiden Positionen heraus operieren und sich den jeweiligen propagandistischen Vorteil sichern. (...) Die Allparteienregierung verdecke diese Situation und schaffe ein falsches und täuschendes Bild der wirklichen politischen Verhältnisse.«[15] Auch die FDP/DVP versprach sich von der kleinen Koalition ein schärferes politisches Profil in der Öffentlichkeit.

Die SPD fühlte sich nicht zu Unrecht um ihren Wahlsieg betrogen und fand auch in der Presse mit dem Schlagwort von der kleinen Koalition der Verlierer viel Unterstützung. Diese Enttäuschung spiegelte sich auch noch fast 20 Jahre später in den Erinnerungen Alex Möllers. »Ein Politiker soll nie in die Nähe von Naivität gelangen. Ich habe mir tatsächlich nicht vorstellen können, daß bei Herrn Kiesinger die SPD nicht mehr gefragt war, bevor der Hahn dreimal gekräht hatte. Die über die Regierungsbildung angesetzten Gespräche am 9. und 15. Juni 1960 arteten nicht in Verhandlungen aus. Spätestens am 15. Juni hätte uns Herr Kiesinger ehrlicherweise sagen müssen, daß die Verlierer den heroischen Entschluß gefaßt hätten, ohne die Sozialdemokraten regieren zu wollen. An den Höhenflug eines persönlichen, informierenden

Gesprächs über die Lage habe ich gar nicht erst zu denken gewagt (siehe Naivität).«[16]

Schon die Entgegnung des SPD-Fraktionsvorsitzenden Alex Möller auf die Regierungserklärung brachte einen lebhaften Schlagabtausch zwischen Regierung und Opposition, wobei Möller die Startschwierigkeiten der neuen Regierung schonungslos aufzeigte.[17] Auch am Ende des Jahres war man sich zwar über die landespolitische Bedeutung der Regierungsbildung einig, nicht aber in ihrer Beurteilung. »Ob der Zeitpunkt, in dem man eine starke Partei aus der Regierungsverantwortung ausgeschlossen hat, angesichts der Unfertigkeiten des staatlichen Rechtsgefüges und der Notwendigkeit, die Landesverfassung mit Gesetzen auszufüllen, glücklich gewählt war, oder ob es nicht besser gewesen wäre, den unter Mißhelligkeiten entstandenen Staat zunächst weiterhin mit zusammengefaßten Kräften über alle Anfechtungen hinwegzubringen, mag nunmehr dahingestellt sein.«[18]

Allerdings setzte sich sehr schnell wieder die gewohnte sachliche Arbeit im Landtag durch, da es nach wie vor über die Fraktionsgrenzen hinweg gute persönliche Beziehungen gab, die sich aus den Erfahrungen des Dritten Reiches und des demokratischen Wiederaufbaus nach 1945 speisten. So bescheinigte selbst Ministerpräsident Kiesinger der Opposition »den guten Willen zu einer fruchtbaren Zusammenarbeit«. Er versicherte deshalb auch glaubhaft, »daß er es bedaure, wenn Dr. Möller, der Fraktionschef der SPD, den er für einen bedeutenden Landespolitiker halte, aus dem Landtag ausscheide«,[19] um bundespolitisch aktiv zu werden.

Nach Einschätzung Möllers dominierte nun Kiesinger die Landespolitik vollends. »Die Landesverfassung stand mit Kiesingers Anwesenheit in Stuttgart ganz unter dem Stern des Artikels 49: ›Der Ministerpräsident bestimmt die Richtlinien der Politik.‹ Da gab es keine Auslegungsschwierigkeiten. Es herrschte die Totalität des Anspruchs und der Ausführung.«[20] Damit begann die Ära Kiesinger.

Die Bedeutung des Wassers für Baden-Württemberg

»Die öffentliche Wasserversorgung ist in den Ländern Baden und Württemberg seit Jahrzehnten eine schwierige Aufgabe. Die Anstrengungen, die zur Behebung des naturbedingten Wassermangels in unserem Land unternommen wurden, gelten als vorbildlich.«[21] Dazu gehörte schon zu Beginn des 20. Jahrhunderts die Albwasserversorgung und in der Nachkriegszeit die Bodensee-Wasserversorgung, die inzwischen zum wichtigsten Wasserlieferanten in Baden-Württemberg geworden ist.

Bereits Ende November 1953 waren 13 Städte unter Führung Stuttgarts mit der Forderung »Südwest braucht Wasser« an die Öffentlichkeit getreten. 1954 gründete man einen Zweckverband Bodensee-Wasserversorgung, der für die technischen und organisatorischen Voraussetzungen der Fernwasserversorgung vom Bodensee bis in den Raum Stuttgart zuständig war. Am 16. Oktober 1958 nahm die Bodenseewasserversorgung ihren Betrieb auf und wuchs seitdem ständig. Lag die Entnahme Anfang der sechziger Jahre bei 2160 Liter pro Sekunde, so erhöhte sich dieser Wert bis Ende der siebziger Jahre auf mehr als das Dreifache, nämlich 7750 Liter pro Sekunde. Besonders günstig war, daß die »genannten Wassermengen ... jederzeit voll ausgeschöpft werden« können, ein unschätzba-

Ende 1916 wurde der Südwestdeutsche Kanalverein für Rhein, Neckar und Donau e.V. gegründet. Damit nahmen die Pläne für eine Neckar-Kanalisierung Gestalt an. 1935 wurde Heilbronn erreicht und nach dem Krieg wurden die Baumaßnahmen fortgesetzt. Hier die Eröffnung der Schleuse bei Pleidelsheim (1953).

1958 wurde der Stuttgarter Hafen eingeweiht (Foto von 1965).

rer Vorteil vor allem in trockenen Jahren wie zum Beispiel 1976.[22]

Allerdings wurde die Wasserversorgung ab Mitte der fünfziger Jahre durch das starke industrielle Wachstum mit dem damit verbundenen Anstieg der Abwasserbelastung, der Zunahme moderner Wasch- und Reinigungsmittel und der steigenden Verwendung von Düngemitteln in der Landwirtschaft gefährdet. »Besonders der Rhein ist zu einem übelriechenden Gewässer geworden, das bereits zum öffentlichen Ärgernis geworden ist.«[23]

Eine Veranstaltung der Bodensee-Wasserversorgung stand deshalb bereits im April 1961 unter dem Motto: »Die Reinhaltung des Bodensees, eine Lebensfrage für Südwest«. Dabei machte der Leiter des Instituts für Wasser-, Boden- und Lufthygiene im Bundesgesundheitsamt auf die schwierige Lage aufmerksam: »Ist es nicht Widersinn, der allen ästhetischen Empfindungen Hohn spricht, wenn in manchen Flüssen und Seen, und auch bereits am Bodensee, das Baden verboten werden muß, Badestellen verlegt werden müssen, Fische und Vögel dort sterben, daß aber aus diesem Wasser mit aller Gewalt Trinkwasser gemacht werden muß? Ich glaube, dieser Hinweis mag genügen, um auch dem Nichtfachmann zu zeigen, daß wir einhalten müssen.«[24]

Besonders deutlich zeigte sich die Belastung der Flüsse, wie zum Beispiel des Neckars, an den Staustufen, an denen sich riesige Schaumteppiche bildeten, eine Folge der ungeklärt eingeleiteten Waschmittel. Zu diesem Zeitpunkt war man sich der Problematik auch auf Regierungsseite bewußt. So wurden bereits Anfang der sechziger Jahre die Voraussetzungen dafür geschaffen, mit Unterstützung des Bundes und des Landes in allen Gemeinden des deutschen Einzugsgebiets des Bodensees Kläranlagen zu planen, deren Kosten auf über 100 Mio. DM geschätzt wurden. In den folgenden Jahren und Jahrzehnten konnten durch ein großes Bauprogramm nach und nach alle Gemeinden des Landes an immer bessere Kläranlagen angeschlossen werden, so daß die Wasserqualität der Flüsse und Seen im Land im Schnitt heute viel besser ist als vor 40 Jahren.

Allerdings drohte dem Bodensee zu Beginn der sechziger Jahre noch eine ganz andere Gefahr, worauf der Stuttgarter Oberbürgermeister Arnulf Klett mahnend hinwies. »Diese Gefahren bestünden in den Folgeerscheinungen der zunehmenden Verschmutzung des Bodensees, verursacht nicht nur durch die derzeitige Abwassereinleitung, sondern auch durch die Pläne der Hochrheinschiffbarmachung und Industrialisierung, deren baldige Verwirklichung von Persönlichkeiten des öffentlichen, politischen und Wirtschaftslebens gewünscht und tatkräftig angestrebt wird.«[25]

Schon seit dem frühen 19. Jahrhundert, zu ei-

Mit dem starken industriellen Wachstum nahm die Luftbelastung zu.

»Südwest braucht Wasser«. Deshalb wurde 1954 der Zweckverband Bodensee-Wasserversorgung gegründet. Hier wird die Wasserqualität des Bodensees geprüft.

ner Zeit als der Rhein durch Tulla begradigt wurde, gab es Planungen für einen Neckar-Donau-Kanal und einen Donau-Bodensee-Kanal. Allerdings kamen diese Vorstellungen nicht über das Planungsstadium hinaus.[26] Erst als Ende 1916 der Südwestdeutsche Kanalverein für Rhein, Neckar und Donau e.V. gegründet worden war, nahmen die Pläne zumindest für die Neckar-Kanalisierung Gestalt an, auch wenn es zunächst erhebliche Interessenkonflikte zwischen Baden und Württemberg gab. Mit dem Übergang der Wasserstraßen in die Kompetenz des Reiches kamen die Arbeiten dann voran und 1935 erreichte die Neckarkanalisierung Heilbronn.

Erst nach dem Krieg konnten die Baumaßnahmen wieder aufgenommen werden, und 1958 wurde der Stuttgarter Hafen im Beisein von Bundespräsident Heuss eingeweiht.[27] Mit der Eröffnung des Hafens in Plochingen im Juli 1968 waren die jahrzehntelangen Arbeiten der Neckarkanalisierung erfolgreich abgeschlossen.

Bereits seit langer Zeit gab es auch Überlegungen für eine Schiffbarmachung des Hochrheins zwischen Basel und Konstanz. Grundlage der Planungen war der am 28. März 1929 geschlossene Vertrag, in dem es unter anderem hieß: »Die schweizerische und die deutsche Regierung sind darüber einig, daß im Zusammenhang mit der Regulierung des Rheins von Straßburg/Kehl bis Istein die Ausführung des Großschiffahrtsweges von Basel bis zum Bodensee zu erstreben ist.«[28]

Ende der fünfziger Jahre setzte eine heftige politische Kontroverse über die Schiffbarmachung des Hochrheins ein, die zeitweise sogar mit in die Auseinandersetzungen zwischen den Altbadenern und den Südweststaats-Befürwortern hineingezogen wurde, als einzelne Abgeordnete versuchten, die Freigabe von Mitteln für die Neckarkanalisierung mit der Zustimmung für den Hochrheinausbau zu verknüpfen. Dies scheiterte, weil die ›Fronten‹ am Hochrhein ganz anders verliefen.

Auf der einen Seite standen Vertreter der Industrie, allen voran der mächtige Industrielle und Präsident der Konstanzer Industrie- und Handelskammer, des Rheinschiffahrtsverbandes und der Bundesvereinigung deutscher Arbeitgeber-Verbände Paulssen, auf der anderen Seite Heimatschützer, Wasserversorger und zahlreiche Politiker.

Die Argumente, die Paulssen für den Ausbau des Hochrheins ins Felde führte, benutzten seine Kontrahenten als Gegenargumente. In einem aufwendig ausgestatteten Buch, das ein ganz Europa umfassendes Kanalnetz als Zukunftsaufgabe vorstellte, faßten die Befürworter noch einmal alle Gründe zusammen. »Nicht allein die stromintensive Industrie, die in Abhängigkeit von billiger Energie aus Wasserkraft im Hochrheintal zu hoher Blüte emporgewachsen ist, wird zusätzlichen Nutzen aus der künf-

Vor allem die Verwendung von Wasch- und Reinigungsmitteln und von Düngemitteln verunreinigten die Gewässer. Hier: Schaumteppiche auf dem Neckar.

tigen Wasserstraße ziehen. In weit höherem ge-
samtvolkswirtschaftlichen Interesse liegt es,
daß die nur in bescheidenem Ausmaß vorhandene Schwerindustrie neue Impulse erhält. Niemand wird bestreiten können, daß einem neu
erschlossenen Wasserweg die Kraft innewohnt,
die vorhandene Wirtschaft des Einzugsgebietes
in entscheidendem Maße zu beeinflussen. Sei
es die Schaffung besserer Standortbedingungen,
sei es die Vergrößerung der Wettbewerbsfähig-
keit oder der Anreiz zur Gründung neuer Indu-
strieansiedlungen, alles wesentliche Voraussetzungen für eine allen Bevölkerungsschichten
des Einzugsgebietes zugute kommende Verbesserung der Lebensbedingungen.«[29]
Gerade diese Zukunftsplanungen schreckten
viele Menschen ab. »Darum stützen sich die
Einwendungen gegen den alten Plan nicht
lediglich auf den Wunsch aller Natur- und Hei-
matfreunde, ein Erholungsgebiet von einmali-
ger Schönheit in seinem besonderen Charakter
erhalten zu sehen ... der Kern des Problems
(liegt) doch bei dem Endziel einer umfangreichen industriellen Erschließung bis ins Hinter-
land, mit der unabweislichen Folge eines er-
höhten Wasserbedarfs und eines entsprechend
vervielfachten Abwässerzustroms.«[30]
Zusätzlich kompliziert wurde die Entscheidung
durch die internationale Dimension des Problems, nicht nur hinsichtlich der Schweiz. Gerade in Österreich gab es starke Interessen an
einem Zugang zum Meer. Naturgemäß skeptisch standen den Plänen die Eisenbahnen in
der Schweiz und der Bundesrepublik gegenüber, da sie erhebliche Verluste beim Frachtauf-
kommen befürchteten.
Obwohl die Entscheidung über den Hochrhein-
ausbau rein formal eine Entscheidung auf Bun-
desebene, also zwischen Bern und Bonn, war,
wollte niemand, angesichts der finanziell notwendigen Beiträge des Landes, ohne Stuttgart

»Die Reinhaltung des Boden-
sees, eine Überlebensfrage für
Südwest«, hieß das Motto einer
Veranstaltung der Bodensee-
Wasserversorgung 1961.
Hier: Wie zähflüssiger Brei
liegen die Algenfelder an der
Argenmündung am Bodensee.

beschließen, das heißt die wesentliche Auseinandersetzung fand in Baden-Württemberg statt.
Nachdem sich im Landtag zunächst parteüber-
greifend eine Mehrheit für das Projekt heraus-
zubilden schien, setzte sich Ministerpräsident
Kiesinger mit zunehmender Dauer der Debatte
immer mehr an die Spitze der Zweifler und
schließlich der Gegner des Projektes. Zwar
sprach er sich für einen Ausbau des Hochrheins
bis Waldshut aus. Allen weitergehenden Plänen
erteilte er jedoch eine grundlegende Abfuhr.
In der entscheidenden Sitzung des Landtags am
24. Oktober 1963 hielt er eine industrielle Entwicklung des Bodenseeraumes, die den Charakter der Landschaft nicht verderben würde, für
durchaus möglich. Allerdings bezweifelte er, ob
dazu der Ausbau des Hochrheins als Groß-
schiffahrtsstraße nötig sei. »Reif für die Entscheidung ist nach unserer Meinung nur die
Frage des Ausbaus des Hochrheins bis etwa in
die Gegend von Waldshut. Ich würde die Ver-

antwortung nicht übernehmen wollen und wäre bereit, sogar mein Amt zur Verfügung zu stellen, wenn ich gezwungen würde, heute Ja zum Ausbau des Hochrheins bis zum Bodensee zu sagen. So ernst nehme ich diese Frage!«[31]

Die grundlegenden Probleme einer modernen Industriegesellschaft in einer alten Kulturlandschaft sah Kiesinger durchaus, wie er in seiner Regierungserklärung vor dem Landtag am 25. Juni 1964 ausführte. »Ihre Schönheit, ihre Fruchtbarkeit, ihre alten Baudenkmäler und Kunstschätze zu erhalten, ist unsere Aufgabe

Umweltschutz und Reinheit des Wassers sind auch Kernthemen der »Internationalen Bodenseekonferenz Deutschland + Schweiz + Österreich«. Sie trat 1972 erstmals zusammen. Hier ein Bild der zweiten Konferenz von 1974.

Über Umweltschutz sprachen auch die Nobelpreisträger bei ihren Treffen in Lindau. Hier unternehmen sie einen Ausflug auf die Insel Mainau und werden von Prinz Lennart Bernadotte begrüßt.

ebenso wie die Sorge für die Anforderungen der modernen technischen Welt. Beide Interessen stehen, wir fühlen es oft schmerzlich, häufig in Widerspruch zueinander, und es bedarf des sorgfältigsten und gewissenhaftesten Ausgleichs zwischen ihnen. Ich erinnere Sie an das Problem der Schiffbarmachung des Hochrheins ...«[32]

In diesem Fall wurde eine alte Kulturlandschaft ohne Zweifel weitgehend erhalten, allerdings auch deshalb, weil der industrielle Nutzen umstritten und starke wirtschaftliche Interessen, wie z.B. der Wasserwirtschaft und der Eisenbahnen, dagegen sprachen. In der Folge davon wurden auch die Pläne des Bodensee-Donau-Kanals zu den Akten gelegt. Mitte Januar 1971 hatte das Bundesverkehrsministerium dem Stuttgarter Innenministerium mitgeteilt, daß in absehbarer Zeit keine »Wasserstraßenverbindung zwischen der Donau und dem Bodensee« beabsichtigt sei und deshalb keine Trasse dafür mehr freigehalten werden müsse.[33]

Bereits einige Monate zuvor war ein noch ambitionierteres Projekt, das seit dem Neckar-Donau-Staatsvertrag von 1921 in manchen Köpfen spukte, beendet worden, nämlich der Neckar-Donau-Kanal von Plochingen nach Ulm durch die Schwäbische Alb. Auch hier spielte neben der ungeklärten Wirtschaftlichkeit die Was-serversorgung eine wesentliche Rolle. Nach Ansicht des Bundesverkehrsministeriums war die geplante Linienführung des Kanals überholt, »da die Durchfahrung der Schwäbischen Alb mit längeren Schiffahrttunnel (insgesamt 29 km, T.S.), wie sie die 1938/40 im Auftrag des Südwestdeutschen Kanalvereins aufgestellte Studie vorsieht, nach dem heutigen Stand der technischen Erkenntnisse, auch wegen der Gefahr nachteiliger Auswirkungen auf die Karstwasserführungen und damit auf die Landeswasserversorgung, nicht vorgesehen werden könnte.«[34]

Hochrhein, Bodensee, Oberschwaben und Schwäbische Alb blieben somit von den Kanalisierungsplänen verschont, dem Rheinfall von Schaffhausen blieb der geplante Schiffahrtstunnel erspart, und alles in allem scheint dies der wirtschaftlichen Entwicklung des Südwestens keinen Abbruch getan zu haben. Inzwischen versucht man, die Gewässer nicht immer mehr einzubetonieren, sondern sie im Gegenteil wieder zu renaturieren. Im Rheintal werden zur Sicherung von weiter flußabwärts gelegenen Städten bei Hochwasser wieder Überschwemmungsflächen angelegt. Die Vereinbarkeit von Kultur- und Naturlandschaft mit den Anforderungen der modernen technischen Welt ist inzwischen eine Existenzfrage geworden.

Ein Land macht Staat:
Die großen Staatsbesuche in Baden-Württemberg

Mit Kurt Georg Kiesinger änderte sich das Amtsverständnis in der Villa Reitzenstein. Während Gebhard Müller im Stillen wirkte, brachte der außenpolitische Sprecher der CDU/CSU-Bundestagsfraktion und brillante Redner, der immer wieder als Bundesminister im Gespräch gewesen war, einen neuen Stil nach Stuttgart. Herbert Wehner, sein großer Gegner in der SPD, hatte seinen Weggang in einem Telegramm an Kiesinger mit den Worten »Bonn wird ärmer« kommentiert. »Mit Kiesinger«, stellte eine überregionale Zeitung fest, »trat das Land aus dem provinziellen Winkel der Geschichte, in den der Südwesten seit dem Niedergang der Staufer verbannt gewesen war, in das Rampenlicht der deutschen Nachkriegsgeschichte. Dieses an schöpferischen Kräften so

reiche deutsche Land darf sein Licht nicht unter den Scheffel stellen, hat der neue Mann in der Villa Reitzenstein verkündet«.[35]

Auch journalistische Wegbegleiter betonten die grundsätzlichen Veränderungen im Selbstverständnis der Führung eines hochindustrialisierten Bundeslandes wie Baden-Württemberg. »Das drückte sich auch darin aus, daß er den Repräsentationsfonds der Regierung aufstockte und zwar mit der Begründung, dieses Land müsse die Möglichkeit haben, sich im Reigen der übrigen Industrie- aber auch Entwicklungsländer so darzustellen, wie es seiner Wirtschaftskraft entspreche.«[36]

Damit folgte Kiesinger einer Entwicklung der Zeit. Seit Mitte der fünfziger Jahre wurde die junge Bundesrepublik allmählich wieder in den Kreis der westlichen Nationen aufgenommen, wie sich auch an den ersten Staatsbesuchen von Theodor Heuss ablesen läßt. Umgekehrt kam es in den sechziger Jahren zu zwei besonders spektakulären Besuchen von Staatsoberhäuptern zweier ehemaliger ›Feindstaaten‹,

Für den Besuch der englischen Queen Elisabeth II. wird Stuttgart in Hochglanz versetzt. Sorgsam geputzt wird sogar der Wagenburgtunnel, durch den die Königin mit ihrer Wagenkolonne fahren wird (1965).

nämlich von General de Gaulle und Königin Elisabeth.

»Im Triumphzug durchs Schwabenland« überschrieb das ›Schwäbische Tagblatt‹ den Besuch de Gaulles in Baden-Württemberg Anfang September 1962,[37] am Ende seiner historischen, viel umjubelten Reise durch die Bundesrepublik. Häufig durchbrachen die Menschen die polizeilichen Absperrungen und brachten Protokoll und Fahrroute durcheinander; ein Alptraum für Sicherheitsbeamte in einer Zeit, in der in Frankreich zahlreiche Attentatsversuche auf de Gaulle verübt wurden, wegen dessen Bereitschaft, Algerien nach einem langen und blutigen Krieg in die Unabhängigkeit zu entlassen. Nach einer Truppenparade in Münsingen und einem Empfang der Landesregierung in Stuttgart ging es zum Höhepunkt und Abschluß ins »württembergische Versailles« nach Ludwigsburg, wo de Gaulle eine Grundsatzrede vor 4000 aus allen Landesteilen gezielt eingeladenen Jugendlichen hielt. Deren Begeisterung, dafür einen Sonntag zu opfern, hielt sich, wie der Leiter eines städtischen Jugendamtes einem Journalisten erzählte, zunächst sehr in Grenzen. »Aber nach den Berichten aus dem Ruhrgebiet und aus Hamburg (wo de Gaulle begeistert empfangen worden war, T.S.) meldeten sich so viele Buben und Mädchen, daß wir zehn Omnibusse hätten füllen können.«[38]

Und de Gaulle nahm die Herzen im Sturm, wie es in einer zeitgenössischen Glosse hieß. Trotz seines Alters sprach er die Jugendlichen und die Erwachsenen an. Die Menschen bewunderten den Mann, »der in seinen alten Tagen noch die deutsche Sprache lernte, um mit ihm, dem deutschen Volk zu sprechen; ist es auch kein fließendes Deutsch und mußte ihm auch in Ludwigsburg der alte Theodor Heuss, der auf seinen Stock gestützt neben ihm saß, mit seiner dumpfgrollenden Stimme soufflieren, als sich

am Satzende nicht gleich das richtige Verbum fand. Schon allein, daß sich de Gaulle solche Mühe gemacht, fand man rührend.«[39]

Aber de Gaulle verbreitete nicht nur Stimmung, löste allerorten Jubel aus, sprach die unterschiedlichen Menschen in Deutschland auf ihre jeweils eigene Art an. De Gaulle hatte auch eine Botschaft. »Schon nach den ersten Worten de Gaulles spürte wohl jeder, der dabei war, warum sie den französischen General feierten, wie seit vielen Jahren kein Staatsmann mehr in Deutschland gefeiert worden ist. Sie waren dankbar dafür, daß ein Großer zu ihnen als den Vertretern des ›großen, jawohl, des großen deutschen Volkes‹ sprach – zum drittenmal gebrauchte der General hier diese Formulierung –, daß er ihnen nicht die Sünden der Vergangenheit vorhielt, sondern eine Aufgabe für die Zukunft wies. Und sie haben den Appell aus dem Munde eines Ausländers nicht als engstirnige nationalistische Parole mißverstehen können, auch wenn der Klang der frenetisch

Einer der Höhepunkte der Ära Kiesinger war zweifellos der Besuch des französischen Staatspräsidenten Charles de Gaulle in Baden-Württemberg im September 1962. Seine visionäre Rede in Ludwigsburg war einer der Marksteine auf dem Weg zum deutsch-französischen Vertrag vom 22. Januar 1963.

skandierenden Sprechchöre einen Augenblick lang Erinnerungen an schlimme Beispiele aus vergangenen Tagen wecken mochte; nie war die Zustimmung lebhafter, als wenn von der neuen deutsch-französischen Freundschaft die Rede war.«[40]

Die Jahre 1961/62 bildeten international und national eine Umbruchszeit. Mit dem Bau der Berliner Mauer am 13. August 1961 waren alle Hoffnungen auf eine baldige Wiedervereinigung gescheitert. Zur Westbindung der Bundesrepublik gab es nun keine Alternative mehr. Ein Jahr später, im September/Oktober 1962, stand die Welt am Abgrund einer atomaren Auseinandersetzung, als die UdSSR auf Kuba Mittelstreckenraketen stationierten, und die USA eine Blockade gegen die Insel verhängten. Schließ-

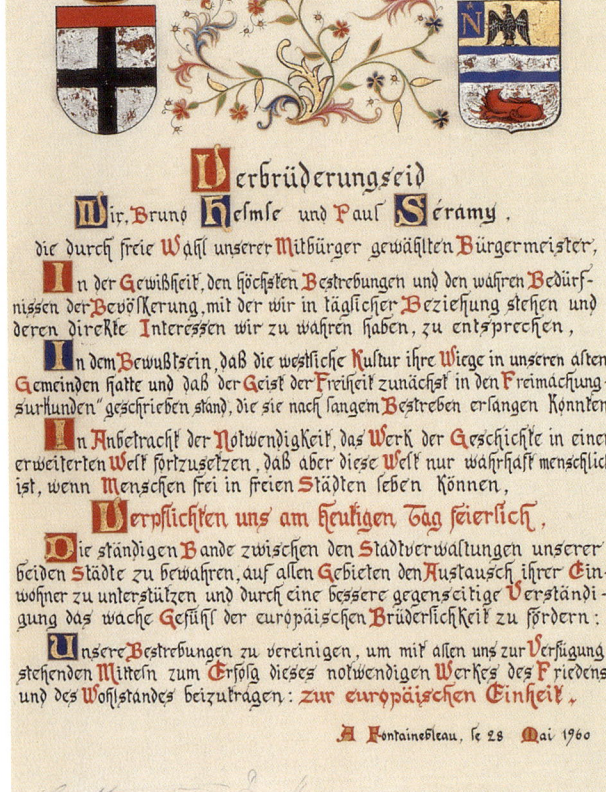

Vor und nach Abschluß dieses Vertrages wurden viele deutsch-französische Städtepartnerschaften vereinbart. Hier der »Verbrüderungseid« von Fontainebleau mit Konstanz vom 28. Mai 1960.

Mit der Verpflichtungserklärung vom 1. Oktober 1960 zur Erhaltung des Friedens und Schaffung der europäischen Einheit bestätigten die Oberbürgermeister Paul Seramy und Dr. Bruno Helmle die Partnerschaft ihrer Städte.

lich kam es doch zu einer Verhandlungslösung des Konflikts und die Sowjets zogen die Raketen wieder ab.

Innenpolitisch läutete die sogenannte SPIEGEL-Affäre im Herbst 1962 das Ende der Ära Adenauer ein. Die Verhaftung führender Redakteure wegen angeblichen Landesverrats führten im In- und Ausland aus Sorge um die Pressefreiheit in der Bundesrepublik zu heftigen Protesten und schließlich zum Rücktritt von Bundesverteidigungsminister Strauß, der maßgeblich an der Aktion beteiligt gewesen war. Kiesinger hatte sich für den inhaftierten SPIEGEL-Redakteur und späteren Bundespressechef Conrad Ahlers verwendet, der ihm dafür aus der Haft heraus dankte.[41] Bundeskanzler Adenauer mußte sich im Gefolge des Skandals und auf Druck des Koalitionspartners FDP auf seinen Rücktritt im Herbst 1963 öffentlich festlegen.

Allerdings konnte er eines seiner wichtigsten außenpolitischen Vorhaben noch verwirklichen. Am 22. Januar 1963 kam es zur Unterzeichnung des deutsch-französischen Vertrages, der bis heute die wesentliche Voraussetzung für jede positive Entwicklung in Europa ist. Eine wichtige Folge dieses Vertrages war eine Fülle von Städtepartnerschaften, von privaten und institutionellen Kontakten. Gerade Baden-Württemberg, das eine lange, Jahrhunderte umkämpfte Grenze mit Frankreich besitzt, profitierte von diesem Ausgleich in besonderem Maße.

Der deutsch-französische Freundschaftsvertrag hatte eine lange Vorgeschichte. Viele, auch private Initiativen, haben zu seiner Entstehung beigetragen. Dazu gehörte auch das bereits am 2. Juli 1948 unter maßgeblicher Beteiligung von Theodor Heuss gegründete Deutsch-Französische Institut in Ludwigsburg, dessen Ziel »Verständigung mit Frankreich auf allen Gebieten des geistigen und öffentlichen Lebens«

ist. Man bemühte sich um die Vermittlung der Sprache, organisierte Vorlesungs- und Vortragsreihen und förderte den Austausch mit Frankreich vor allem unter Schülern und Studenten. Bis heute gilt, was Bundespräsident Heuss aus Anlaß des fünfjährigen Bestehens des Instituts ausführte, »denn die Pflege des wechselseitigen Verstehens zwischen Franzosen und Deutschen bleibt eine der vornehmsten Aufgaben, und das, was auf der Ebene des geistigen Verstehens geschieht und immer wieder geschehen muß, wird, wenn auch nicht immer unmittelbar spürbar, eine stillwirkende Kraft der politischen Bemühungen.«[42] Auch wenn die praktische Zusammenarbeit heutzutage sehr viel schwieriger ist, als manche in den fünfziger und sechziger

»Freundschaft geht durch den Magen«. Die »Französische Woche« wird einer der Hits auf dem Lebensmittelmarkt.

Jahren gehofft hatten, so sollte die Selbstverständlichkeit, mit der jeder von ihrer Notwendigkeit ausgeht, den enormen Bewußtseinswandel deutlich machen, den die Nachkriegszeit, nach drei verheerenden Kriegen in 75 Jahren, bewirkt hat.

Wenige Jahre später brachte ein Staatsbesuch im Südwesten wieder Hunderttausende auf die Beine. Am 23./24. Mai 1965 verbrachte Königin Elisabeth von England zwei Tage in Baden-Württemberg, zunächst privat bei ihren Verwandten in Salem am Bodensee und dann offiziell in Stuttgart, Marbach, Schwäbisch Hall und Langenburg. Obwohl auch dieser Staatsbesuch der Aussöhnung zweier ehemaliger Feinde diente und sich ein Kommentator zu der Aussage hinreißen ließ: »Monarchen machen doch Politik«, denn der Besuch habe Entscheidendes dazu beigetragen, »die Meinungen des deutschen und englischen Volkes an wunden Punkten zu ändern«,[43] so blieb der Besuch de Gaulles doch unvergleichbar. Zu de Gaulle gingen die Menschen wegen seiner visionären Reden, seiner Zukunftsentwürfe, bei Elisabeth wurde wohl überwiegend die Neugierde auf eine durch die Massenmedien auch in Deutschland populäre Monarchin befriedigt. Gelegentlich erinnerten die Nachrichten in der Presse an Hofberichterstattung, so wenn zum Beispiel »Das Programm der Königin« detailliert auf der ersten Seite abgedruckt wurde.[44]

Auch in den übrigen Zeitungsartikeln standen nicht Inhalte, sondern Rahmenbedingungen beziehungsweise Anekdoten im Vordergrund. So sah die ›Stuttgarter Zeitung‹ im Besuch der Königin bei ihren Verwandten in Salem einen Prestigegewinn für das Haus Baden; »eine Aufwertung auch der Baden-Idee? So fragten sich viele Besucher beim Anblick der vielen gelb-roten Fahnen. Man hat, außer ein paar Fähnchen zum Winken, wenn nicht alles trügt, nur zwei Flaggen des Landes Baden-Württemberg erblickt, dessen Boden die Königin hier … betreten hat. Markgräfliche Privatangelegenheit, Hauspolitik oder Zufall?«[45]

Demgegenüber berichtete der ›Mannheimer Morgen‹ unter der Überschrift »Da gingen auch die Schwaben aus sich heraus« von der beinahe gescheiterten Vorstellung John Crankos bei der Königin. »Seines blauen Hemdes wegen wollten ihn die Zerberusse des Protokolls zunächst nicht vorlassen, bis es ihm mit Hilfe von

Während der Ära Kiesinger wurde Stuttgart mit Ballettdirektor John Cranko und Primaballerina Marcia Haydée zu einem Weltzentrum des Balletts. John Cranko auf seinem berühmten Regiestuhl mit Marcia Haydée und dem Solotänzer Richard Cragun.

Freunden schließlich doch gelang, unter die Augen seiner Monarchin zu treten.«[46]

Zu diesem Zeitpunkt war Cranko schon einige Jahre als Chef des Stuttgarter Balletts tätig und hatte bereits erste große Erfolge gefeiert. Vor allem seine Einstellung, die so heute kaum noch denkbar wäre, spiegelte etwas vom Zeitgeist und der Kulturpolitik des Landes Ende der fünfziger, Anfang der sechziger Jahre wider. Als Minister Storz einer Schauspielprobe zusah, teilte ihm Generalintendant Schäfer mit, daß er einen vielversprechenden Mann aus London für das Ballett habe, aber eine schnelle, positive Entscheidung benötige, die er auch bekam.[47] Damit begann die Ära Cranko in Stuttgart.

Aber auch sonst gab das Protokoll beziehungsweise die Ernsthaftigkeit, mit der man in Stuttgart den Staatsbesuch vorbereitete, zu einigem Schmunzeln Anlaß, wie eine Glosse der ›Badischen Zeitung‹ beschrieb. In Stuttgart »steigerte sich die deutsche Lust am Organisieren in einen wahren Rausch hinein. Die Stuttgarter schrubbten ihren Wagenburgtunnel, sie ließen regennasse Straßen von Sprengwagen besprühen und das Aussteigepodest im Bahnhof von einem würdigen Beamten erproben, der nach Art eines Trampolinspringers darauf herumhüpfte. Da sie das Grün des Rasens am Fuße des Fernsehturms etwas matt dünkte, wurde es mit Farbe aufgefrischt. Und sogar etliche Schrammen an Bäumen, auf die der Blick der Königin eventuell hätte fallen können, erhielten rechtzeitig einen Anstrich in vorschriftsmäßigem Braun.«[48]

Der Besuch der Königin wurde zwar zu einem vollen Erfolg und auch die Hunderttausende von Schaulustigen kamen wohl auf ihre Kosten. Weiterreichende Wirkungen, wie der Besuch de Gaulles drei Jahre zuvor, hatte diese Staats-

Das Stuttgarter Ballett als erfolgreicher »Exportartikel«. Hier bei seinem Abflug nach New York. Auf der Treppe links oberhalb von Frau Haydée der Macher des Ballettwunders: Generalintendant Walter Erich Schäfer.

visite aber nicht. Sie entsprach aber Kiesingers Politik, das Land auch international bekannt zu machen. So wurde er im Oktober 1963 vom amerikanischen Präsidenten John F. Kennedy in Washington zu einem Gespräch empfangen[49] oder hielt im April 1965 in Rio de Janeiro eine Rede über »Deutschland heute«.[50] Kiesinger bemühte sich, aus dem Südweststaat, der sich ausschließlich mit den eigenen Problemen beschäftigte, ein Bundesland zu machen, das seine wirtschaftliche Stärke auch selbstbewußt zur eigenen Interessenvertretung und Repräsentation nach außen einsetzte, obwohl ihm dies gelegentlich den Ruf eines Schuldenmachers einbrachte.[51]

Die Integration der Heimatvertriebenen

Zu den größten Problemen der Nachkriegszeit gehörte die Unterbringung, Versorgung und Integration der Heimatvertriebenen, die ab Herbst 1945 in wenigen Monaten zu Hunderttausenden in das vom Krieg ausgeblutete Land strömten. Nach Südwestdeutschland kamen sie in erster Linie aus den sudetendeutschen Gebieten der Tschechoslowakei, aus den deutschen Provinzen östlich von Oder und Neiße, die nun unter polnischer bzw. sowjetischer Verwaltung standen, sowie aus Ungarn.

Die französische Besatzungsmacht war zur Konferenz von Potsdam, auf der wesentliche Beschlüsse zur Vertreibung der Deutschen getroffen worden waren, nicht eingeladen worden. Sie fühlte sich deshalb auch an diese Beschlüsse nicht gebunden und ließ daher keine Heimatvertriebenen, Flüchtlinge oder Neubürger, wie es damals hieß, in ihre Zone. Die vertriebenen und geflohenen Menschen konzentrierten sich infolgedessen auf den Nordteil des Landes und hier auf die unzerstörten ländlichen Gebiete des nordöstlichen Badens und des östlichen Württembergs.

Peter Härtling, den es als 13-Jährigen nach Nürtingen verschlagen hatte, schilderte die Situation im Rückblick sehr drastisch: »Am Anfang stand die Schleuse der Lager, Ortschaften, deren Namen man nie gehört hatte, die nun in Schrecken versetzten: Wasseralfingen oder Pasing, Durchgänge für von Krätze Befallene, der Aussatz der Transporte, die Entlausung war mittlerweile zum Ritual geworden, auch die Typhusspritze in die Brust. (...) Zögernd und unter vielfältigen Widerständen vereinten sich Ost und West, oft trat Haß unverhüllt zutage, dem Verständnis wurde nicht nachgeholfen. Was sollten sie denen erzählen, die besaßen?«[52]

Dabei war selbst das amerikanisch besetzte Württemberg-Baden nicht einmal besonders stark belastet worden. Die grenznäheren, stärker landwirtschaftlich geprägten Länder Bayern, Niedersachsen und vor allem Schleswig-Holstein mußten zunächst sehr viel mehr Menschen aufnehmen als der Südwesten. Erst in den Anfangsjahren der Bundesrepublik, als es wirtschaftlich schon deutlich aufwärts ging, kam es zu einem innerdeutschen Ausgleich, der gut vorbereitet und geplant, für die besonders stark betroffenen Länder einen Ausgleich brachte. Die Menschen kamen vor allem in die industriereicheren Länder Nordrhein-Westfalen und Baden-Württemberg. Während die Zahl der Heimatvertriebenen zwischen 1950 und 1961 in der Bundesrepublik insgesamt um etwa 50% zunahm, verdoppelte sie sich im Südwesten nahezu. Ihr Anteil stieg von 13,4 auf 20,9%.[53]

Die wirtschaftliche Eingliederung stieß anfänglich auf große Schwierigkeiten. Viele Vertriebene stammten aus der Landwirtschaft, in der im dichtbesiedelten Südwesten kaum Arbeitsmöglichkeiten zur Verfügung standen. Da die Vertriebenen zunächst im ländlichen Raum untergebracht worden waren, der Arbeitskräftebedarf nach der Währungsreform aber in den Städten entstand, mußten sie häufig bereits nach wenigen Jahren umziehen – dies angesichts einer ohnehin schwierigen Wohnraumsituation – bzw. zwischen Wohn- und Arbeitsort pendeln. So waren 1950 unter den Pendlern mehr als doppelt so viele Heimatvertriebene als Einheimische.[54] Da sich Vertriebene als besonders flexible Arbeitskräfte erwiesen, nimmt es nicht wunder, daß ihr Anteil an den Beschäftigten innerhalb weniger Jahre deutlich anstieg. Er lag im Sommer 1950 bei unter 13% und bereits drei Jahre später bei nahezu 16%.[55] Allerdings blieb die Arbeitslosenquote der Heimatvertriebenen in den fünfziger Jahren immer deutlich über der Quote der Einheimischen und sogar über dem bundesdeutschen Schnitt, was aber in erster Linie mit der weit überproportionalen Zunahme der Vertriebenen im Südwesten zusammenhing. So stellten die Heimatvertriebenen noch 1956 mehr als jeden vierten baden-württembergischen Arbeitslosen, obwohl ihr Anteil an der Bevölkerung wesentlich niedriger lag. Frauen wiesen im übrigen eine deutlich geringere Arbeitslosigkeit auf als die Männer.[56]

Auch in der Verteilung auf die einzelnen Wirtschaftszweige gab es 1950 noch erhebliche Unterschiede zwischen Heimatvertriebenen und der übrigen Bevölkerung, die sich aber bis 1970 weitgehend einander angeglichen hatten. Ähnliches gilt für die soziale Stellung. Bei Angestellten, Arbeitern und Beamten näherten sich die Werte bis 1970 an, bei den Selbständigen und den Mithelfenden veränderte sich bei den Heimatvertriebenen zwischen 1950 und 1970 kaum etwas, während der Anteil an dieser Gruppe bei der übrigen Bevölkerung von fast 40% auf etwa 18% sank, eine Folge der Veränderungen in der Landwirtschaft.[57]

Nach einer Untersuchung der Lage der Vertriebenen in der gesamten Bundesrepublik hatten die sozialen Veränderungen im Gefolge der Vertreibung natürlich auch Auswirkungen auf die finanzielle Situation. So lag das monatliche Netto-Einkommen der Haushaltungsvorstände von 58% der Heimatvertriebenen 1957 bei unter 375 DM. Bei den Einheimischen lag diese Quote bei nur 46%. Ein monatliches Netto-Einkommen von über 500 DM hatten nur 13% der Heimatvertriebenen, aber immerhin 24% der Einheimischen.[58]

Tuschezeichnung von Hermann Otto: Die Vertriebenen. Ein dicker Hausbesitzer weist einer Vertriebenenfamilie eine Dachkammer zu.

Allerdings bemühte man sich vor allem von staatlicher Seite darum, die Eingliederung der Vertriebenen durch Kredite und Bürgschaften zu beschleunigen, wobei eine Aufschlüsselung der Beträge nach Heimatvertriebenen, Flüchtlingen und Kriegssachgeschädigten nicht möglich ist. Insgesamt flossen zwischen der Währungsreform und 1959 allein in Baden-Württemberg über 450 Millionen DM in diesen Bereich. Immerhin gab es Ende 1957 über 1.440 Betriebe von Vertriebenen und Zugewanderten mit beinahe 80.000 Beschäftigten.[59] Teilweise wurden frühere Betriebe von den alten Besitzern und Mitarbeitern wiedergegründet, die in der Sowjetischen Besatzungszone bzw. DDR oder in den anderen alten deutschen Siedlungsgebieten enteignet worden waren, wie z.B. die Zeiss-Werke, die aus Jena nach Oberkochen kamen,[60] oder die Gablonzer Glasindustrie, die in Schwäbisch Gmünd eine neue Heimat fand.[61]

Das Flüchtlings-Auffanglager Weinsberg (1953 - 1971).

Weinachtsfeier im Flüchtlingslager Weinsberg.

Besonders dringlich war die Verbesserung der Wohnungssituation. Auch hier flossen hohe Millionenbeträge staatlicher Förderung, die sich in wenigen Jahren, gerade auch wegen des starken persönlichen Engagements der Heimatvertriebenen, sehr positiv auswirkten. Im September 1950 lebten noch 62% der Wohnparteien von Vertriebenen als Untermieter, nur 29% als Hauptmieter und Eigentümer und noch 9% außerhalb von sogenannten Normalwohnungen. Sechs Jahre später hatte sich das Bild grundlegend gewandelt. Etwas mehr als 4% hausten außerhalb von Normalwohnungen, also z.B. in Heimen oder Lagern, nicht einmal mehr 25% wohnten zur Untermiete, fast 59% immerhin als Hauptmieter und bereits 12% verfügten über Wohneigentum.[62]

In einer zeitgenössischen Darstellung des Ministeriums für Vertriebene, Flüchtlinge und Kriegsgeschädigte Baden-Württemberg wurden, kurz vor der Landtagswahl 1960, drei Faktoren genannt, denen die unbestreitbaren Erfolge bei der Eingliederung der Heimatvertriebenen zu verdanken seien:

»1. dem Lebenswillen, der Initiative, den Fähigkeiten und der Selbstdisziplin der Vertriebenen und Flüchtlinge in Verbindung mit der Unterstützung der einheimischen Bevölkerung, der Behörden und Verbände,

2. der günstigen Entwicklung der gesamten Volkswirtschaft als Frucht einer erfolgreichen Wirtschaftspolitik und

3. den finanziellen Hilfen aller Art aus Mitteln des Lastenausgleichs, des Haushaltes des Bundes und der Länder und auch anderer öffentlicher und privater Kreditgeber, bei letzteren vor allem der Lieferanten.«[63]

Allerdings war das Zusammenwachsen der Einheimischen mit den Vertriebenen ein langsamer und schwieriger Prozeß, wie sich sehr deutlich am sogenannten Verschwägerungsindex erwies, der anzeigt, wie groß die Bereitschaft ist, in eine andere Gruppe einzuheiraten. »Nimmt man 100 als Wert für einen Personenkreis, der hier keinerlei Präferenzen hat und Null für einen Kreis, der überhaupt keine Mischbeziehungen eingeht, dann erreichte Baden-Württemberg im Jahr 1950 mit nur 58 den mit Abstand niedrigsten Wert unter den damaligen Ländern. Alle Bundesländer nördlich des Mains wiesen Werte von über 70 auf, manche lagen nahe bei 80.« Ein wesentlicher Grund lag sicherlich auch in der konfessionellen Struktur der überwiegend katholischen Heimatvertriebenen, die im stark evangelischen Norden des Landes deshalb bei Heiraten nicht nur die landsmannschaftlichen Grenzen überwinden mußten. »Die Aversionen verschwanden allmählich, so daß im Jahre 1959 bereits ein Index von 79, in Südbaden sogar einer von 86 erreicht wurde. Heute sind keine besonderen Präferenzen mehr festzustellen.«[64]

In den sechziger Jahren wurde angesichts der

»unerwartet raschen Fortschritte bei der Versorgung der Flüchtlinge und Vertriebenen mit Wohnraum und mit Arbeitsplätzen ... die Flüchtlingsfrage bald als gelöst angesehen. Analog zum Wirtschaftswunder sprach man im Zusammenhang mit der so schnell nicht für möglich gehaltenen Bewältigung der Folgen von Flucht und Vertreibung schon bald von einem ›Wunder‹. Als 1969 das Bundesministerium für Flüchtlinge, Vertriebene und Kriegsgeschädigte aufgelöst wurde, ein Schritt, den Baden-Württemberg bereits 1960 für das zuständige Landesministerium vollzogen hatte, war das Ausdruck der Einschätzung, daß die Eingliederung der Flüchtlinge und Vertriebenen vollzogen sei.«[65] Ob diese Integration für die betroffenen Menschen allerdings tatsächlich so schnell abgeschlossen war, wird heute zunehmend bezweifelt.[66] Neue Arbeitsplätze und neue Wohnungen führen nicht zwangsläufig zur Integration,[67] und angesichts der großen Zahl von Heimatvertriebenen und Flüchtlingen ist zu fragen, ob sich nicht eine neue Gesellschaft aus Alt- und Neubürgern gebildet hat.

Allerdings waren die sogenannten Neubürger genausowenig eine homogene Gruppe wie die Altbürger, was sich besonders deutlich an der politischen Orientierung der Heimatvertriebenen zeigen läßt. Nachdem die Alliierten bis einschließlich 1949 eine politische Partei der Vertriebenen untersagt hatten, gab es danach verschiedene Organisationsversuche, auch im Südwesten. Erstmals zog eine Interessenvertretung der Vertriebenen in den Landtag von Württemberg-Baden im November 1950 mit immerhin 14,7% der Stimmen und 16 Abgeordneten ein. Vor allem beim Kampf um den Südweststaat engagierten sich die Vertriebenen rückhaltlos für den Zusammenschluß und trugen damit maßgeblich zu seiner Entstehung bei.

Aber schon bei der Wahl zur Verfassunggebenden Landesversammlung 1952 kam es zu einer Spaltung und der Kandidatur von zwei ›Vertriebenenparteien‹. Der BHE (Block der Heimatvertriebenen und Entrechteten) – Richtung Kraft, benannt nach dem Gründer des BHE in Schleswig-Holstein, der sich stark auf die Landesverbände der Vertriebenen stützte, übersprang knapp die 5%-Hürde und spielte bei der Bildung der ersten Regierung des Südweststaats unter Reinhold Maier eine wichtige Rolle. Die DG-BHE (Deutsche Gemeinschaft – Block der Heimatvertriebenen und Entrechteten) scheiterte mit 3,1%. Damals wurde auch das Ministerium für Heimatvertriebene, Flüchtlinge und Kriegsgeschädigte gegründet. In den Folgejahren konnte sich der BHE bei den Landtagswahlen zwar behaupten, aber angesichts des zahlenmäßigen Anwachsens der von ihm vertretenen Gruppen in der Bevölkerung nahm seine Bedeutung tendeziell ab, trotz seiner Beteiligung an der Regierung.

Bei der Bundestagswahl 1961 scheiterte der BHE erstmals auch in Baden-Württemberg an der 5%-Klausel, so daß sein Ausscheiden auch aus dem Landtag sehr wahrscheinlich wurde. Die Ursachen für diesen Niedergang waren nach Ansicht des damals führenden BHE-Vertreters, Sepp Schwarz, vielfältig. »Die großen Parteien hatten die Bedeutung der Vertriebenen bei Wahlen erkannt und bemühten sich viel mehr als früher um sie; die drängendste Not war gerade auch durch die erfolgreiche Arbeit des BHE im Bundestag und in den Landtagen überwunden; die verschiedenen Versuche, mit anderen kleinen Parteien – unter wechselnden Namen – zusammenzugehen, hatten die vertriebenen Wähler verwirrt und unsicher gemacht. Auch konnte der BHE, zuletzt als Gesamtdeutsche Partei (GDP), nicht die Millionenbeträge für Wahlkämpfe aufbringen wie die anderen Parteien.«[68]

Vor den Landtagswahlen 1964 kam es zum Bruch in Baden-Württemberg. Der Landesparteitag der Gesamtdeutschen Partei hatte im Januar 1964 den Antrag abgelehnt, zugunsten der CDU auf eine eigene Kandidatur bei den

Suchtafel nach Verwandten auf dem Kirchentag (1956).

Landtagswahlen zu verzichten. Daraufhin trat der Staatssekretär für das Vertriebenenwesen im baden-württembergischen Innenministerium, Sepp Schwarz, zur CDU über. Elf der wichtigsten Kreisverbände unterstützten seinen Schritt. Nachdem bereits im Herbst 1963 zwei Abgeordnete der GDP zur SPD übergetreten waren, verlor die Partei damit ihren Fraktionsstatus im Landtag. Hintergrund des Bruches war ein umfassendes Angebot der baden-württembergischen Union, die Vertretung der Vertriebeneninteressen zukünftig »in der großen Gemeinschaft der CDU« fortzusetzen. »Weiter heißt es, daß die CDU eine angemessene Anzahl von Vertriebenen und Flüchtlingen aus den Reihen der GDP und der CDU bei den Landtagswahlen in den für die CDU aussichtsreichen Wahlkreisen als Kandidaten aufstellen werde.«[69]

Die Erwartungen der südwestdeutschen CDU und der GDP-Vertreter um Schwarz erfüllten sich. Die CDU konnte unter den Vertriebenen hohe Zugewinne erzielen, und die Vertriebenen stellen bis heute einen Staatssekretär in der Landesregierung, der zumeist sogar über ein Stimmrecht im Kabinett verfügte. Auch die Zusagen auf kulturellem Gebiet, das inzwischen zur Hauptaufgabe der Vertriebenenverbände geworden ist, wurden eingehalten. So besteht seit Mitte der siebziger Jahre in Stuttgart das ›Haus der Heimat‹. Bereits 1954 hatte das Land Baden-Württemberg die Patenschaft für die Volksgruppe der Donauschwaben übernommen, wie auch viele südwestdeutsche Städte für kleinere Gruppen und Gebiete, und 2001 ist das Donauschwäbische Zentralmuseum in Ulm mit hoher Kostenbeteiligung des Landes eröffnet worden.

Die polarisierenden Auseinandersetzungen im Rahmen der Ostverträge seit Beginn der siebziger Jahre zwischen den Verbänden der Heimatvertriebenen und der SPD/FDP-Bundesregierung endeten letztlich erst mit der Wiedervereinigung und dem Zusammenbruch des kommunistischen Systems in der Mitte und im Osten Europas. Die ehemals deutschen Gebiete östlich von Oder und Neiße gehören nun endgültig zu Polen und Rußland. Zu den meisten Vertreibungsländern, die alle in die Europäische Union drängen, besteht inzwischen ein guter Kontakt, ja die Vertriebenen übernehmen sogar in vielen Fällen eine Brückenfunktion zwischen ihrer alten und ihrer neuen Heimat. Mit dem Ende der politischen Instrumentalisierung von Flucht und Vertreibung kann somit nicht nur das ›Wunder‹ der raschen Integration der Heimatvertriebenen und Flüchtlinge zu einem wesentlichen Bestandteil der Erinnerung werden. Auch die Vertreibung selbst, ihre Traumata und ihr Leid können, »in einem historisierenden Kontext des Zweiten Weltkriegs gedacht«,[70] zu einem wichtigen Bestandteil auch der südwestdeutschen Erinnerung werden.

Die wirtschaftliche Entwicklung bis 1966

Bei den Auseinandersetzungen um den Südweststaat hatten wirtschaftliche Argumente eine herausragende Bedeutung gehabt. Die ökonomische Entwicklung spielte deshalb in den fünfziger und sechziger Jahren eine ganz entscheidende Rolle für die Akzeptanz des neuen Bundeslandes in der Bevölkerung, vor allem auch im badischen Landesteil. Im nördlichen Landesteil waren die Voraussetzungen dazu außerordentlich günstig. Schon in der Weltwirtschaftskrise ab 1929 konnte sich Württemberg deutlich besser behaupten als die meisten Gebiete im Reich,[71] und vom Aufschwung der dreißiger Jahre sowie dem Ausbau der Rüstungsindustrie und der damit verbundenen übrigen Industriebereiche profitierte das Land stark.

So stieg der Absatz des südwestdeutschen Werkzeugmaschinenbaus während des Krieges um fast 40%. In anderen Bereichen des Maschinenbaus betrug das Wachstum teilweise mehr als 300%. »Südwestdeutschland entwickelte sich damals ferner zu einem Produktionsschwerpunkt der deutschen Elektroindustrie. Als im Mai/Juni 1945 die Räder der Industrie stillstanden, befanden sich etwa 30% der Kapazitäten des Maschinenbaus der drei Westzonen in Südwestdeutschland, waren intakt oder lagen unter Trümmern.«[72]

Von der Währungsreform, dem Wirtschaftsaufschwung der Bundesrepublik und der Beseitigung der widersinnigen Zonengrenzen im Südwesten profitierte Baden-Württemberg in besonderem Maße. So konnte die Württembergische Bank schon Anfang 1955 in ihrem Jahresrückblick schreiben, daß sich die Industrieproduktion seit 1949 nahezu verdoppelt habe. »Baden-Württemberg ist an dieser Entwicklung wieder wesentlich beteiligt; unsere heimische Wirtschaft konnte ihre günstige Position im Vergleich zum Durchschnitt der übrigen Länder im Bundesgebiet verbessern, so daß heute der Produktionsindex von Baden-Württemberg über dem Bundesdurchschnitt liegt. Der Hauptanteil an der Produktionssteigerung entfiel 1954 auf die in unserem Land besonders wichtige Maschinen- und Werkzeugbauindustrie. Die Arbeitslosigkeit war am Jahresende gegenüber dem Vorjahr in Baden-Württemberg um etwa 22%, im Bundesdurchschnitt um etwa 17% zurückgegangen; damit hat sie einen neuen Tiefstand erreicht. Vielfach ist in unserem Land schon ein Facharbeitermangel spürbar.«[73] Bereits 1956, die Industrieproduktion war innerhalb eines Jahres um 17,4% gestiegen, sprach die Württembergische Bank von einer im Land besonders fühlbaren Anspannung des Arbeitsmarktes.[74] Erwähnt wurde auch immer wieder die zumeist über dem Bundesdurchschnitt liegende Ausfuhrsteigerung. So zitierte die Landesregierung Ende 1958 zufrieden die

Die Firma Kässbohrer feiert ihren tausendsten Omnibus Setra (12. Dezember 1955).

Stellungnahme eines Sachverständigenaus-schusses der Bundesregierung: »Für die Ergän-zung der verschiedenen Wirtschaftszweige untereinander, für die Zusammenfassung als Ganzes und für seine Gliederung im einzelnen kann Baden-Württemberg als ein Muster wirt-schaftlicher Zweckmäßigkeit bezeichnet wer-den.«[75]

In diesem Zusammenhang wurde das immer wieder zu hörende Argument der Altbadener widerlegt, daß Baden im Südweststaat benach-teiligt werde. So hatte sich der Anteil der Ein-nahmen des Landes aus Nord- und Südbaden von 1952 bis 1957 von 40,2 auf 38,9% leicht abgeschwächt. »Demgegenüber belief sich der Anteil der auf diese beiden Regierungsbezirke entfallenden Ausgaben an den Gesamtausgaben von Baden-Württemberg in den Rechnungsjah-ren 1952 und 1957 auf 44,4% und 44,5%. Die Ausgabenanteile des Landesteils Baden, die demnach beträchtlich höher waren als die auf ihn entfallenden Anteile an den Einnahmen im ganzen Land Baden-Württemberg, sind, wie das Finanzministerium feststellt, ein eindeuti-ger Beweis dafür, daß ein erheblicher Teil der Einnahmen des Landesteils Württemberg in den Landesteil Baden geflossen ist.«[76]

Auch die Fördermittel für strukturschwache Gebiete kamen in den Jahren 1952 bis 1956 ausschließlich nach Baden, und selbst bei den Mitteln für die Universitäten wurde Baden be-vorzugt, wobei allerdings berücksichtigt wer-den muß, daß von den drei alten Universitäten nur Freiburg schwer zerstört worden war, wäh-rend Heidelberg und Tübingen den Krieg äu-ßerlich weitgehend unbeschadet überstanden hatten.

Die am 1. Januar 1958 in Kraft tretenden Ver-träge über die Europäische Wirtschaftsgemein-schaft (EWG), der zunächst nur Belgien, die Bundesrepublik Deutschland, Frankreich, Ita-

Italienische Gastarbeiter treffen auf dem Hauptbahnhof in Ulm ein (5. Juli 1956).

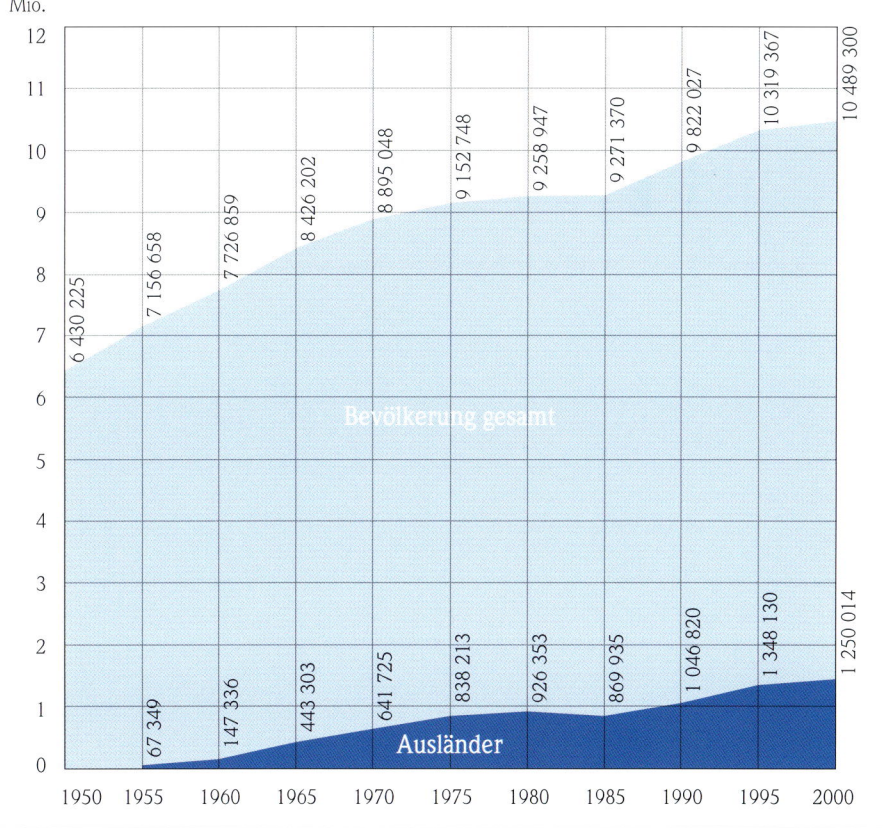

Entwicklung der gesamten und der ausländischen Bevölkerung seit 1950

lien, Luxemburg und die Niederlande angehörten, wurden anfangs mit einer gewissen Skepsis und einer Unsicherheit über ihre Folgen betrachtet. Aber bereits im Jahresbericht für 1959 betonte die Württembergische Bank, daß sich die EWG auch in Baden-Württemberg »vielfach positiv ausgewirkt« hat.[77]

Die IG-Metall demonstriert (9. September 1957).

Ein Jahr später machte sich die EWG noch deutlicher bemerkbar. »Besonders lebhaft war der Warenverkehr mit den Ländern der Europäischen Wirtschaftsgemeinschaft. Die Einfuhr steigerte sich um 23,2%, die Ausfuhr um 22,9%. Die Entwicklung seit 1957 zeigt schon in den ersten Jahren deutlich die Auswirkung des Zusammenschlusses der sechs Staaten auf den deutschen Außenhandel.«[78] Gerade Baden-Württemberg als exportorientiertes Land profitierte von dieser Entwicklung in besonderem Maße.

Allerdings machte sich der Arbeitskräftemangel immer stärker bemerkbar. Auf Dauer konnte dieses Problem auch nicht dadurch gelöst werden, daß größere Firmen Fabriken in industrieärmeren Gebieten aufbauten. Man begann sogenannte Gastarbeiter ins Land zu holen. Von 1954 bis 1959 stieg die Zahl der beschäftigten Ausländer im Land nur unwesentlich von 9.000 auf 34.000. Im selben Zeitraum ging die Zahl der Arbeitslosen von 85.000 auf 27.000 zurück, um im darauffolgenden Jahr auf 9.000 zu sinken. Es herrschte Vollbeschäftigung beziehungsweise Arbeitskräftemangel, und an diesem Zustand änderte sich bis 1967 nichts.

Da die wachsende Industrieproduktion nicht mehr allein durch Rationalisierung gesteigert werden konnte und zudem die wöchentliche Arbeitszeit langsam zurückging, von 49,6 Stunden 1955 auf 46,9 Stunden 1960,[79] mußten ausländische Arbeitskräfte angeworben werden. Innerhalb von zwei Jahren vervierfachte sich ihre Zahl auf 133.000 im Jahr 1961. Weitere fünf Jahre später waren es bereits 327.000 oder etwa 10% aller in Baden-Württemberg beschäftigten Arbeitnehmer.[80]

Zunächst wurden für Baden-Württemberg vor allem Italiener angeworben, teilweise auch Griechen und Spanier. Anfang der sechziger Jahre kamen Jugoslawen und Türken dazu. Betrachtet man die ausländische Bevölkerung im Land nach Staatsangehörigkeit, so stellten italienische Staatsbürger bis 1972 die Mehrheit, bis sie für kurze Zeit von jugoslawischen Staatsbürgern abgelöst wurden. Seit 1978 bilden türkische Staatsangehörige die Mehrheit unter der ausländischen Bevölkerung im Land.[81]

Das hervorragende wirtschaftliche Wachstum zog aber nicht nur ausländische Arbeitskräfte ins Land. Baden-Württemberg profitierte auch von der Binnenwanderung innerhalb der Bundesrepublik. So wuchs die Bevölkerung des Landes in den ersten zehn Jahren des Südweststaates mit beinahe 20% doppelt so stark wie der bundesdeutsche Durchschnitt. Die Wanderungsgewinne lagen zwischen 1952 und 1962 fast jedes Jahr mehr oder minder deutlich über den damals sehr hohen Geburtenüberschüssen.[82]

Zum zehnjährigen Jubiläum wurde die wirtschaftliche Leistung des Landes besonders betont. So hieß es im ›Geburtstagsartikel‹ des ›Mannheimer Morgen‹ bereits in der Überschrift »Das Land Baden-Württemberg hat sich bewährt/Die Stärke liegt in seiner Wirtschaftskraft«.[83] Auch Ministerpräsident Kiesinger argumentierte in seiner Stellungnahme ähnlich. »Kein deutsches Land hat im vergangenen Jahrzehnt eine stärkere wirtschaftliche Entwicklung genommen als Baden-Württemberg, das nach dem Anteil der in der Industrie Beschäftigten das industrieintensivste Land der Bundesrepublik geworden ist.«[84]

Diese Erfolgsbilanz bestätigte auch der Hauptgeschäftsführer der Arbeitsgemeinschaft der Industrie- und Handelskammern Baden-Württembergs, der darauf hinwies, daß der Südwesten innerhalb der Europäischen Gemeinschaft die höchste Verarbeitungsquote aufweise und der Wirtschaftsgemeinschaft auch einen sprunghaften Anstieg des Exportes zu verdan-

ken habe. Außerdem gehöre die »Abgelegenheit von Verkehrsverbindungen und Grundstoffindustrien« mit der EWG der Vergangenheit an. »Plötzlich ist das Land im Herzen der Europäischen Wirtschaftsgemeinschaft in eine zentrale Lage gerückt.«[85]

Erwerbstätige nach Wirtschaftsbereichen seit 1950 (in Tsd.)					
	insgesamt	Land- und Forstwirtschaft	Produzierendes Gewerbe	Handel, Gastgewerbe, Verkehr	Sonstige Dienstleistungen
1950	3 145,9	842,1	1 413,3	403,4	487,1
1960	3 955,4	618,9	2 092,0	630,9	613,6
1965	4 049,2	465,0	2 195,5	575,7	813,0
1970	4 176,9	396,7	2 333,8	552,7	893,7
1975	4 077,8	284,2	2 181,2	564,8	1 047,6
1980	4 251,1	209,7	2 203,7	607,4	1 230,3
1985	4 298,6	218,2	2 038,3	669,7	1 372,4
1990	4 759,0	153,9	2 247,8	727,6	1 629,7
1995	4 735,2	130,3	2 028,8	958,2	1 617,8
2000	4 909,5	117,9	1 998,9	952,0	1 840,7

Erwerbstätige nach Stellung im Beruf seit 1950 (in Tsd.)						
	insgesamt	Selbständige	Mithelfende Familienangehörige	Beamte	Angestellte	Arbeiter
1950	3 145,9	537,8	569,6	118,3	465,0	1 455,3
1961	4 013,2	519,3	464,4	161,7	832,1	1 856,7
1970	4 176,9	389,1	293,8	253,6	1 168,0	1 888,8
1975	4 077,8	370,8	221,8	276,2	1 265,4	1 803,4
1980	4 251,1	352,2	142,1	307,4	1 471,9	1 786,4
1985	4 298,6	423,0	107,5	306,4	1 647,9	1 813,8
1990	4 759,0	424,7	76,7	346,8	2 057,7	1 853,1
1995	4 735,2	468,8	73,2	304,7	2 161,9	1 726,5
2000	4 909,5	481,9	58,8	297,1	2 335,7	1 736,0

Italienische Gastarbeiter fahren über Weihnachten und Neujahr nach Hause (1959).

Der Weg zur Arbeit ist oft lang. Pendler am Bahnhof in Bopfingen (1961).

Die Stempeluhr gibt für immer mehr Erwerbstätige den Tagesrhythmus vor.

Diese zehn Jahre hatten einen rasanten Strukturwandel bewirkt. So waren 1950 noch beinahe 27% der Erwerbstätigen in der Land- und Forstwirtschaft tätig. Dieser Anteil hatte sich bis 1962 auf 15% nahezu halbiert. Eine Entwicklung, die in den folgenden Jahrzehnten ungebrochen anhielt.[86] Aber auch innerhalb der Industrie kam es zu einem grundlegenden

Strukturwandel. Die Textilindustrie, die über ein Jahrhundert die Struktur des Südwestens geprägt hatte, wurde Mitte der fünfziger Jahre vom Maschinenbau und der elektrotechnischen Industrie überflügelt. Dazu trugen ganz wesentlich die beiden bundesrepublikanischen Hochkunjunkturphasen von 1955/57 und 1959/61 bei, die besonders von Baden-Württemberg ihren Ausgang nahmen. Sie veränderten die Struktur innerhalb des Landes, da der sogenannte Großwirtschaftsraum um Stuttgart herum nicht mehr in der Lage war, die Produktionssteigerungen zu bewältigen und deshalb zahlreiche Aufträge nach Nord- und Südbaden sowie in günstig gelegene Schwarzwaldstandorte vergab.[87]

Die um 60 bis 70% gestiegene Produktivität der Industrie führte zusammen mit dem immer größeren Arbeitskräftemangel zu einem deutlichen Anstieg von Löhnen und Gehältern. »In der Tat hat sich die reale Kaufkraft, gemessen an den Reallöhnen, im Südweststaatjahrzehnt um 65 vH gehoben.«[88] Allerdings erfolgte diese Erhö-

hung vor allem in den Folgejahren nicht problemlos. Im Frühjahr 1963 kam es in der Metallindustrie Württemberg-Baden und Südwürttemberg-Hohenzollern, die Tarifparteien hatten die Südweststaatsbildung organisatorisch noch nicht nachvollzogen, zu Auseinandersetzungen über die Lohnerhöhungen. Nach Ausbruch des Streiks gab es Aussperrungen. Erst nach über einer Woche Streik einigte man sich auf Vermittlung von Bundeswirtschaftsminister Erhard auf einen Kompromiß.[89] Die tarifpolitischen Auseinandersetzungen erregten immerhin soviel Aufsehen, daß sich sogar die Demoskopie mit diesem Thema beschäftigte.[90]

Trotz der allgemeinen, dem Lande zugutekommenden Strukturveränderungen in Wirtschaft und Handel der fünfziger Jahre wurde dem Südweststaat von der Wirtschaft eine wichtige Rolle beim Aufschwung zugebilligt. »Dennoch besteht kein Zweifel darüber, daß die Vereinheitlichung von Regierung und Verwaltung, die Zusammenarbeit der Organisationen der Wirtschaft im größeren Staat, die Zusammenführung der wirtschaftlichen Kräfte wesentlich zu den überdurchschnittlich wachsenden Leistungen unserer Wirtschaft beitrugen.«[91]

Diese hohe Wirtschaftsleistung spiegelte sich in den Steuereinnahmen des Landes wider, die von 1953 bis 1962 von 2,3 Milliarden DM auf beinahe 6 Milliarden DM anwuchsen.[92] Es überrascht deshalb nicht, daß der Schuldenstand des Landes in den ersten zehn Jahren mit etwa 2,1 Milliarden DM nahezu konstant blieb.[93] In diesen Zusammenhang paßt auch die von Wilhelm Hahn erzählte Anekdote, daß ihn Finanzminister Müller bei seinem Amtsantritt als Kultusminister 1964 gefragt habe, ob er nicht noch zusätzliche Mittel benötige.

In den folgenden Jahren hielt der wirtschaftliche Aufschwung, wenn auch mit geringeren Zuwachsraten, an, so daß ein Autor 1968 titel-

Plakat: Die Handelskette Gottlieb sucht Lehrlinge mit dem Slogan »Steil nach oben«.

Ein Jahr nach Errichtung der Mauer in Berlin wird in Ulm auf dem Münsterplatz eine »Gedenkmauer« errichtet.

Nach dem Bau der Berliner Mauer 1961 stagniert der Zustrom von Deutschen aus dem Osten. Dafür nimmt der Zustrom von Gastarbeitern aus Südeuropa zu.

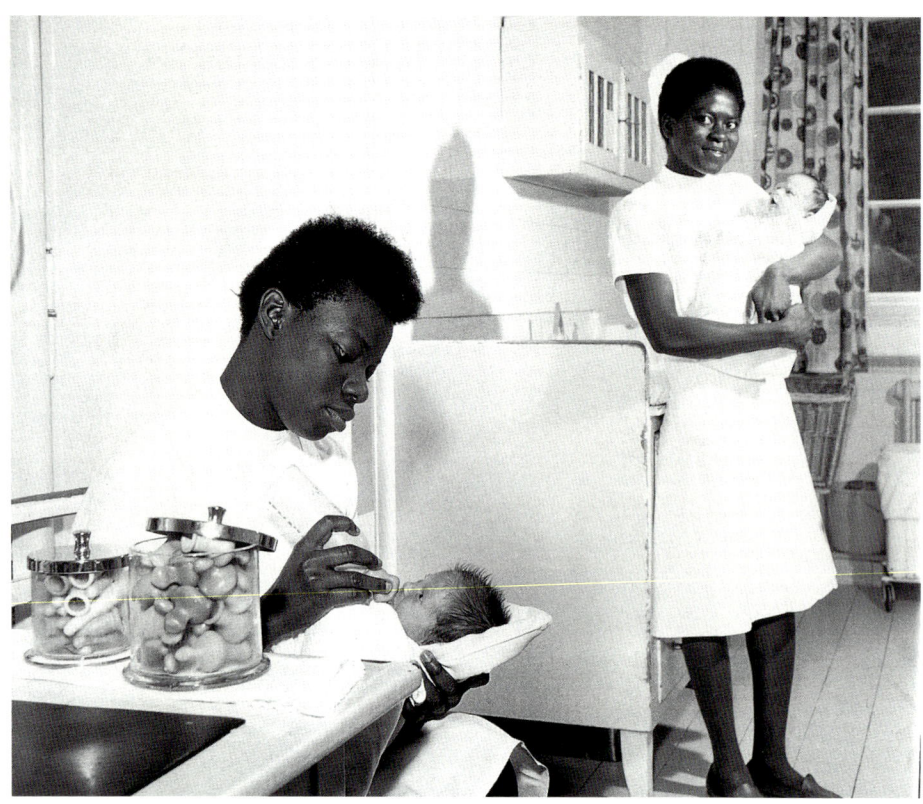

Hebammenschülerinnen aus Togo (1964).

Gastarbeiter aus Afrika bei Daimler-Benz (1964).

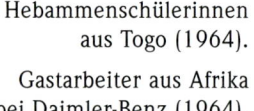

Arbeitslose seit 1950	
1950	65 437
1955	58 466
1960	8 897
1965	4 819
1970	8 051
1975	128 106
1980	81 326
1985	209 832
1990	172 043
1995	328 298
2000	281 403

te: »Fünfzehn Jahre ständiges Wirtschaftswachstum in Baden-Württemberg 1952-1967«.[94] Nach einem fast 17-jährigen wirtschaftlichen Aufschwung brachte das zweite Halbjahr 1966 einen Rückgang der Industrieproduktion. »Nach Jahren kräftigen Wachstums schwächte sich bereits Mitte 1966 unter dem Einfluß der dämpfenden Maßnahmen in den meisten Bereichen der Wirtschaft des Bundesgebiets die Konjunktur merklich ab. Die Investitionen gingen zurück, Produktion und Beschäftigung sanken, das Bruttosozialprodukt schrumpfte. Bei stagnierendem Masseneinkommen war eine verbreitete Kaufzurückhaltung zu beobachten.«[95]

Obwohl diese wirtschaftlichen Probleme – die Zahl der Arbeitslosen in Baden-Württemberg zum Beispiel stieg kurzfristig von 6.500 auf knapp 24.200 – aus heutiger Sicht keine so gravierende Bedeutung hatten, waren sie vor al-

lem psychologisch kaum zu überschätzen, da der Glaube an einen zwar in der Höhe schwankenden, aber stetigen Wirtschaftsaufschwung nachhaltig gebrochen war. Die Jahre des Nachkriegsbooms waren vorbei, auch wenn es bereits 1967/68 wieder ein starkes Wirtschaftswachstum gab.

Baden-Württemberg konnte sich wirtschaftlich in der Krise besser behaupten als der Bundesdurchschnitt. Allerdings war das wirtschaftliche Wachstum in den sechziger Jahren hinter dem hessischen und bayerischen zurückgeblieben. Die politischen Folgen der Krise tangierten das Land dagegen in besonderem Maße. 1963 hatte Ludwig Erhard, der ›Vater des Wirtschaftswunders‹, gegen den erbitterten Widerstand Adenauers dessen Nachfolge als Kanzler angetreten, ohne sich allerdings allgemein durchsetzen zu können.

Als die CDU im Juli 1966 in Nordrhein-Westfalen eine ihrer größten Niederlagen erlitt und die SPD nur knapp die absolute Mehrheit verfehlte, begann man in der CDU an Erhards Stuhl zu sägen. Die Starfighter-Krise – über 100 der von den Amerikanern gekauften Düsenjäger stürzten ab – schwächte das Kabinett zusätzlich. Als unter anderem die wirtschaftlichen Probleme zu Deckungslücken im Haushalt führten, kam es zum Bruch der Koalition aus CDU/CSU und FDP. Anfang November bot Ludwig Erhard seinen Rücktritt an. Nachdem sich die bayerische CSU für Kurt Georg Kiesinger als Kanzlerkandidaten ausgesprochen hatte, wählte ihn die Bundestagsfraktion am 10. November mit knapper Mehrheit. Ende November einigten sich CDU/CSU und SPD dann auf die Bildung einer Großen Koalition. Am 2. Dezember 1966 wurde die Regierung Kiesinger vor

Als Vater des Wirtschaftswunders gilt Professor Dr. Ludwig Erhard. Am 16. Oktober 1963 wird er zum Bundeskanzler gewählt.

Die Wirtschaft boomt: auf dem Bahnhof (hier: Der Hauptbahnhof der Landeshauptstadt) und im Kinderzimmer.

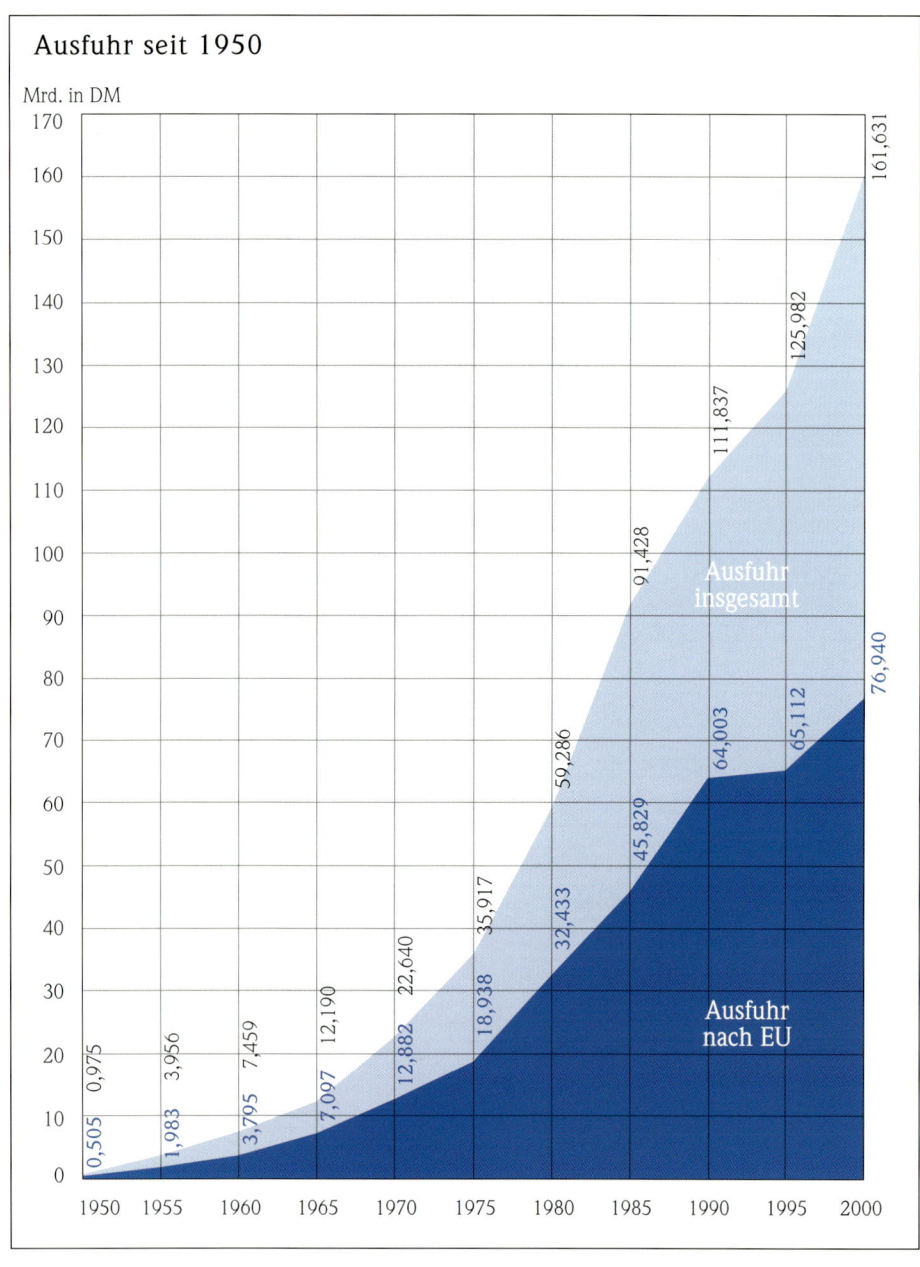

Ausfuhr seit 1950

Mrd. in DM

Ausfuhr insgesamt

Ausfuhr nach EU

dem Bundestag vereidigt. In seiner Regierungserklärung vor dem Deutschen Bundestag, am 13. Dezember 1966, erklärte Kiesinger: »Zum erstenmal haben sich die Christlich-Demokratische und Christlich-Soziale Union und die Sozialdemokratische Partei auf der Ebene des Bundes zur Bildung einer gemeinsamen Regierung entschlossen. Das ist ohne Zweifel ein Markstein in der Geschichte der Bundesrepublik, ein Ereignis, an das sich viele Hoffnungen und Sorgen unseres Volkes knüpfen. Die Hoffnungen richten sich darauf, daß es der Großen Koalition, die über eine so große, zwei Drittel weit übersteigende Mehrheit im Bundestag verfügt, gelingen werde, die ihr gestellten schweren Aufgaben zu lösen, darunter vor allem die Ordnung der öffentlichen Haushalte, eine ökonomische, sparsame Verwaltung, die Sorge für das Wachstum unserer Wirtschaft und die Stabilität der Währung ... Die Sorgen vieler gelten den möglichen Gefahren einer Großen Koalition, der nur eine verhältnismäßig kleine Opposition gegenübersteht.«[96] Mit dem Weggang Kiesingers nach Bonn mußte auch auf Landesebene eine neue Regierung gebildet werden.

Der Wiederaufbau

Die Amerikaner, Briten, Franzosen und Russen besetzten 1945 ein Deutschland, dessen Städte und Infrastruktur stark zerstört waren. Unsere Erinnerung an das Kriegsende wird bis heute von den Bildern der teilweise völlig vernichteten Innenstädte von Pforzheim, Heilbronn, Friedrichshafen, Mannheim, Stuttgart, Karlsruhe, Ulm oder Freiburg geprägt. Dabei war der Südwesten im Luftkrieg noch vergleichsweise glimpflich davongekommen. Auf dem Gebiet der alten Bundesrepublik (ohne Berlin und dem Saarland) waren etwa 1,85 Millionen Wohnungen total zerstört worden. Das entsprach etwa 17% oder einem Sechstel des Wohnungsbestandes von Mitte 1943. Im Südwesten betraf dies etwa 155.000 Wohnungen oder etwas über 10% des Bestandes von Mitte 1943, also ›nur‹ jede zehnte Wohnung. Damit wies der Südwesten den geringsten Zerstörungsgrad im späteren Bundesgebiet auf.[97]

Trotzdem waren die Probleme in den betroffenen Städten, vor allem in den am stärksten zerstörten Innenstädten, gewaltig. In Pforzheim mußte man etwa 2,3 Millionen Kubikmeter, in Heilbronn etwa 1,5 Millionen Kubikmeter, in Ulm etwa 1,2 Millionen Kubikmeter und in Freiburg etwa 1 Million Kubikmeter Trümmermasse beseitigen, um nur ein paar Beispiele zu nennen. In Heilbronn hatte man 1946 unter Ausnutzung aller Transportmöglichkeiten nur 80.000 Kubikmeter räumen können,[98] so daß viele Menschen davon ausgingen, daß allein die Trümmerbeseitigung noch Jahrzehnte in Anspruch nehmen würde, vom Wiederaufbau ganz zu schweigen.

Zu den zerstörten Wohnungen und Industrieanlagen kamen noch Hunderte von zerstörten Brücken, die zumeist von den deutschen Truppen bei ihrem Rückzug auf Weisung Hitlers noch gesprengt worden waren und nach 1945 ganz wesentlich zu den schwierigen Wiederaufbaubedingungen beigetragen hatten.

Bis zur Währungsreform Mitte 1948 blieb es bei den Anfängen der Trümmerbeseitigung. Mit der Währungsumstellung und dem Anlaufen von Wohnungsbauprogrammen setzte eine Neubautätigkeit ein, die noch wenige Jahre zuvor völlig unvorstellbar gewesen war. Bereits Ende 1952, also nicht einmal acht Jahre nach Kriegsende, waren »von 1121 kriegszerstörten Brücken bereits 711 endgültig und 311 Brücken behelfsmäßig wieder aufgebaut. Auch die noch fehlenden Lücken werden in den Jahren 1953 und 1954 im wesentlichen geschlossen werden können«.[99]

Ganz ähnlich sah es im Wohnungsbau aus. Allein in den beiden Jahren 1950 und 1951 wurden rund 150.000 Wohnungen fertiggestellt. Dies entsprach etwa 10% des Wohnungsbestandes von 1939. In Stuttgart hatte man 1953 bereits 74% der zerstörten Wohnungen neu errichtet und in Mannheim waren es immerhin über 52%. Die Rahmenbedingungen sahen insgesamt günstig aus, auch wenn in zeitgenössischen Veröffentlichungen natürlich auf die besonderen Belastungen des Landes hingewiesen wurde, wie zum Beispiel die Umsiedlung von Heimatvertriebenen aus Schleswig-Holstein, Bayern und Niedersachsen in den Südwesten oder die Aufnahme von Flüchtlingen aus der DDR und eine starke »ungelenkte Zuwanderung«. Allerdings bildete die Umsiedlung nur einen Ausgleich für die geringere Belegung mit Heimatvertriebenen nach 1945, und die »ungelenkte Zuwanderung« spiegelte vor allem die guten industriellen Verdienstmög-

Der parlamentarische Anfang in Deutschland fand im badischen Karlsruhe statt. 1818 trat dort die Zweite Kammer des badischen Landtags zusammen. Das Badische Ständehaus wurde im Zweiten Weltkrieg zerstört. Die demokratische Pflicht, dieses älteste deutsche Parlamentsgebäude wieder aufzubauen, wurde aus kommerziellem Zweckdenken verworfen.

Am Kahlschlag historischer Bausubstanz nahm auch Stuttgart teil. Das fast unbeschädigte Kaufhaus Schocken von Erich Mendelsohn aus den zwanziger Jahren wurde abgerissen.

lichkeiten im Land wider. Insgesamt überwogen die günstigen Voraussetzungen. »Die Bewältigung der Aufgabe des Wiederaufbaues und der Beseitigung der Wohnungsnot wird durch den seit jeher bestehenden ausgezeichneten Bauwillen der Bevölkerung, durch ihren Sparsinn und durch die im ganzen Bundesgebiet als vorbildlich anerkannte Organisation der zentralen Vergebung der öffentlichen Förderungsmittel über die beiden Landeskreditanstalten wesentlich erleichtert.«[100]

Die wichtigste Frage in den zerstörten Städten lautete, in welcher Form man die Innenstädte wieder aufbauen sollte. Manche Stadtplaner sahen in der Zerstörung auch eine Chance, die Städte nach rationalen Bedürfnissen neu zu strukturieren. Dazu kam, daß die Menschen schnell wieder ein Dach über dem Kopf benötigten und wenig Geld vorhanden war, um die Städte in ihrer alten Form wieder entstehen zu lassen.

Ein Beispiel für diese Form des Aufbaus, der sich nur wenig an den historischen Gegebenheiten orientierte bzw. orientieren konnte, war Heilbronn, dessen Innenstadt nahezu ausradiert worden war und deren Räumung bis Anfang der fünfziger Jahre andauerte. »Ziel des Wiederaufbaus war die Beibehaltung der historischen Straßenzüge, die aber andererseits durch Zurücknahme der Baufluchten modernen Verkehrsbedürfnissen angepaßt werden sollten. Die Trümmer der kriegszerstörten Bauten wurden mit Ausnahme der öffentlichen Bauten und weniger Privathäuser am Markt abgeräumt und das Stadtgebiet vollständig neu überbaut.«[101] Nur einige wenige markante Gebäude wie Kilianskirche, Rathaus, Käthchenhaus oder Deutschhof erinnern noch an das alte Heilbronn.

Die meisten Innenstädte wurden so oder so ähnlich wiederaufgebaut. Eine Ausnahme bildete Freiburg, wo zum einen zunächst das Geld für »schnelle und damit kurzsichtige Baumaßnahmen« fehlte, zum anderen aber ein »Altstadt-Sanierungsplan« des altgedienten städtischen Baurates Joseph Schlippe vorlag, »der auf eine Restaurierung und Erhaltung der alten Bausubstanz hinauslief«. Diesen Plan legte er bereits im Herbst 1945 vor und bestimmte damit die Wiederaufbauplanungen entscheidend. Es gab allerdings heftige Debatten über Schlippes Vorstellungen, »denn erstens machte das Ausmaß des Wohnungselends schnell wirksame Baumaßnahmen nötig, zweitens gab es Überlegungen und Pläne, die darauf hinausgingen, zu planieren und eine total neue, moderne Stadtanlage zu konzipieren. Letztlich siegte aber doch der Wunsch, das alte Gefüge der Stadt mit seinem bemerkenswerten Charakter und seinen repräsentativen historischen Bauten wiedererstehen zu lassen.«

Zwar kam es noch zu einigen Modifikationen des Planes, wie z.B. der Verbreiterung der Kaiser-Joseph-Straße und der Hinzufügung von Arkaden, aber im Herbst 1948 billigte der Gemeinderat die Planungen. »Ihm verdankt Freiburg den wieder erstandenen Charme seiner Altstadt und die feinfühlige Anpassung der modernen Geschäftsbauten.«[102] Mitte der fünfziger Jahre urteilte der Vorgänger Schlippes über das Ergebnis von dessen Plan: »Das Bild der wiederaufgebauten Altstadtstraßen ist freiburgerischer, als es vor der Zerstörung war.«[103]

Die Währungsreform hatte zu einem starken Rückgang des privaten Baukapitals geführt, so daß der private Wohnungsbau in den ersten Jahren der Bundesrepublik eine relativ geringe Rolle spielte. An seine Stelle trat die öffentliche Wohnungsbauförderung, die sich vor allem auf Mehrfamilienhäuser erstreckte. Gemeinnützige Wohnungsunternehmen dominierten den Baumarkt. 1950 waren beispielsweise drei Viertel

aller genehmigten Wohnungen im Land öffentlich gefördert. Dieser Anteil sank bis Mitte der fünfziger Jahre auf knapp die Hälfte und bis 1960 auf etwa ein Viertel. »Die private Bautätigkeit, die sich zunächst nur auf ganz wenige kapitalkräftige Private erstreckte, wurde wieder in Gang gesetzt, indem die Baukostenhilfen der öffentlichen Hand (Bund, Länder und Gemeinden) allen Bevölkerungsschichten, das heißt auch den kapitalärmeren Bevölkerungs- und Berufsgruppen, die auf Grund des entstandenen Mangels an genügendem Eigenkapital nicht an den Bau eines eigenen Hauses denken konnten, zugänglich gemacht wurden.[104]
Zwischen 1950 und 1961 nahm die Zahl der

Und ebenso die Schiller-Akademie, die ehemalige Hohe Karlsschule (1959). Im Hintergrund rechts: Das Große Haus. Das Neue Schloß entging nur mit knapper Mehrheit demselben Schicksal.

Dafür spiegelte sich der Optimismus der »Aufbaujahre« in Hochhäusern wider oder in der Realisierung der fußgängerfeindlichen »autogerechten Stadt«. Hier: der Österreichische Platz in Stuttgart.

extrem schwierige Wohnungsversorgung. Das allgemeine Wirtschaftswunder schlug sich nicht zuletzt auch im Wohnungsbau nieder: Der wachsende Wohlstand führte zu höheren Ansprüchen an das Wohnen.«[105]

Anfang der sechziger Jahre wurde die überhitzte Baukonjunktur zu einem Problem und führte zu mehreren Debatten im Landtag, wobei sogar eine Baugenehmigungssperre diskutiert wurde. »Jeder einzelne von uns weiß ja aus seiner eigenen Erfahrung«, führte der CDU-Abgeordnete Kurt Geiger am 15. Juni 1961 im neuerbauten Landtag aus, »wie groß tatsächlich die entstandenen Schwierigkeiten sind, wie schwer es oft für einen Bauherrn ist, auch nur einen Bauunternehmer zu finden, der gegen Geld, oft viel Geld, und noch mehr gute Worte bereit ist, den Rohbau seines Bauvorhabens zu erstellen. Welche Schwierigkeiten dann beim Innenausbau aufzutreten pflegen, braucht gar nicht erwähnt zu werden.«[106]

Die Landesregierung reagierte auf diese Schwierigkeiten, indem sie, wie Finanzminister Hermann Müller unter Zustimmung des Landtags ausführte, »jede nur mögliche und vertretbare sinnvolle Verzögerung nicht unbedingt und sofort notwendiger Hochbauten vorzunehmen«[107] gedachte. Nur wenige Jahre später, Mitte der sechziger Jahre, wurden öffentliche Bauvorhaben gestoppt, weil die rückläufigen Steuereinnahmen dazu zwangen und seither kam es nie wieder zu einer vergleichbaren Überhitzung der Baukonjunktur.

Ab Mitte der sechziger Jahre änderte sich auch die Art des Bauens. Urbanität sollte durch Dichte entstehen, und der Siedlungsbau wurde zum Städtebau. Prägende Hochhausbauten entstanden wie die Wohnstadt Stuttgart-Asemwald oder die Kollegiengebäude der Technischen Hochschule Stuttgart. Daneben wurden Trabantenstädte in der Größe gewachsener Klein-

Wohnungen um über 50% zu, und die Zahl der Wohnungen je tausend Einwohner lag trotz des enormen Bevölkerungswachstums bereits 1961 wieder über dem Wert von 1939. Allein zwischen 1957 und 1962 wurden über 480.000 Wohnungen fertiggestellt, bei einem Wohnungsbestand von etwas über 1,4 Millionen im Jahre 1950. Die gestiegenen Ansprüche und die gestiegenen Baupreise schlugen sich in den Gesamtkosten je geförderter Wohnung nieder, die 1953 noch bei 15.000 DM lagen und sechs Jahre später bereits bei 27.000 DM. »Seit Mitte der fünfziger Jahre entspannte sich die anfangs

städte errichtet wie Stuttgart-Freiberg, Mannheim-Vogelstang oder Heidelberg-Emmertsgrund. »Ihre gemeinsamen Kennzeichen: große, hochgeschossige Wohnscheiben aus industriell gefertigten Sichtbetonteilen, ein hoher Sozialwohnungsanteil, eine sehr starke Trennung von Fuß- und Fahrverkehr, Zuordnung der Baukörper aufeinander sowie Ausrichtung der Siedlung auf ein eigenes Zentrum.«[108] Bereits wenige Jahre nach ihrer Fertigstellung gerieten diese Wohnghettos in die Kritik, und Ende der achtziger Jahre urteilte ein Bericht der Bundesregierung über diese Großsiedlungen, daß sie »nicht mehr dem ästhetischen Empfinden der Bevölkerung entsprechen«.[109]

Zwei Entwicklungen prägen das Bild vieler unserer Städte bis heute am stärksten: Das Ziel der autogerechten Stadt und der Verlust von historischer Bausubstanz durch Abriß in den fünfziger und sechziger Jahren. Eines der sichtbarsten Zeichen des wirtschaftlichen Aufschwungs in den fünfziger und sechziger Jahren war die wachsende Motorisierung. Dominierten im Südwesten bis 1957 noch die Krafträder über die Autos, so traten die Personenkraftwagen ab 1958 ihren Siegeszug an. Von 1950 bis 1960 wuchs die Zahl der PKWs in Baden-Württemberg von weniger als 90.000 auf über 650.000, im nächsten Jahrzehnt bis 1970 sogar auf über 2,1 Millionen. Gab es 1950 gerade 50 Kraftfahrzeuge auf 1000 Baden-Württemberger, so waren es zehn Jahre später schon 160 und 1970 schon über 290. Im selben Zeitraum verdreifachte sich die Zahl der Lastkraftwagen und Omnibusse.[110]

Mit diesem rasanten Wachstum konnte der Straßenbau nicht Schritt halten. Die Straßen des sogenannten überörtlichen Verkehrs wuchsen von 1950 bis 1970 um etwa 3.500 km oder ca. 15%, wobei die Länge der Autobahnen sich von 290 auf 566 km fast verdoppelte. Gleich-

Natürlich hatte die »Aufbruchstimmung« auch ihre positiven Seiten. Am 24. Juni 1959 legte Ministerpräsident Kiesinger den Grundstein zum Neubau des Landtags von Baden-Württemberg, den auch die Bürger nach der festlichen Einweihung am 15. Mai 1961 in Besitz nahmen.

zeitig stiegen die Verkehrsunfälle deutlich an. Einen Höhepunkt erreichte die Zahl der Getöteten 1972 mit beinahe 3.000. Seitdem sinkt diese Zahl kontinuierlich, was in erster Linie auf die verbesserte Sicherheit der Autos zurückzuführen ist, aber auch auf schärfere Verkehrsvorschriften und bessere Straßenverhältnisse.[111] Allerdings war der Verkehr 1950 viel gefährlicher als selbst 1972. Bei gerade einmal 320.000 Kraftfahrzeugen hatte es über 42.000 Unfälle mit mehr als 1100 Toten gegeben. Im schlimmsten Jahr, 1972, waren bei fast 2,6 Millionen Kraftfahrzeugen über 210.000 Unfälle mit 2919 Toten zu verzeichnen.[112]

Noch verheerender waren die Konsequenzen des Autobooms in vielen Städten. »Als Folge der steigenden Mobilisierung erfährt das Verkehrsnetz eine immer stärkere Hierarchisierung und Differenzierung, Fuß- und Fahrverkehr werden getrennt, bis hin zur Führung auf unterschiedlichen Höhenniveaus, den ruhenden Verkehr bringt man in Parkpaletten oder Tiefgaragen unter. Es entstehen jene riesigen Verkehrsbauwerke wie die Hauptstätter Straße in Stuttgart oder das Verteilerkreuz der Mannheimer Rheinbrücke, welche bis heute diese Städte zerschneiden und teilen.«[113]

Erst in den siebziger Jahren setzte ein Umdenken ein. »Niemand wollte mehr den Kahlschlag zugunsten des Kraftfahrzeugs in den gewachsenen Stadtstrukturen.«[114] Allerdings konnten vielerorts die in den fünfziger und sechziger Jahren geschaffenen Probleme bis heute nicht mehr rückgängig gemacht werden, wie die seit über 25 Jahren andauernde Debatte um die Verkehrsberuhigung an der Konrad-Adenauer-Straße, der Stuttgarter Kulturmeile, zeigt.

Ebenfalls unumkehrbar war der Abriß von historischer Bausubstanz, die entweder den Krieg unbeschädigt, leicht beschädigt oder zerstört überstanden hatte. Nur wenige Städte, auch

solche die vom Luftkrieg weitgehend verschont geblieben waren, bewahrten ihr historisches Stadtbild vollständig. Man wandte sich vom historischen Stadtraum ab und baute Solitäre.

Ein besonders dramatisches Beispiel dafür war der Abriß der Ruine des Badischen Ständehauses in Karlsruhe, des ältesten deutschen Parlamentsgebäudes aus dem frühen 19. Jahrhundert. Nur wenige Zeitgenossen regten sich auf, wie der Publizist Otto B. Roegele, der kurz vor dem Abriß ein flammendes, wenn auch vergebliches Plädoyer für den Erhalt des Gebäudes schrieb. »Darf man sich darüber wundern, daß die Demokratie bei uns so schwer Wurzeln zu fassen vermag, wenn man die Denkmäler ihrer Geschichte so schmählich behandelt? Wo bleiben überhaupt die Aufschreie des Protestes aus historischer und parlamentarischer Solidarität?« Es gab sie nicht.

»Eine den Zeugnissen der badischen Selbständigkeit im Grunde feindliche Staatsgewalt, eine auf banale Modernität und Gewerbesteuer erpichte Stadtverwaltung und ein Geschäftsdenken, das in groteskem Gegensatz zu den ›Kulturspenden‹ – womöglich der gleichen Firmen – steht, haben in einträchtigem Zusammenwirken erreicht, daß der einst so bedeutende Besitz (von) Karlsruhe an Bauten der klassizistischen und romantischen Epoche immer kleiner wird. Was die Bomben nicht umwerfen konnten, stößt nun die unheilige Dreifaltigkeit aus staatlichem, kommunalem und kommerziellem Zweckdenken in den Untergang.«[115] In den neunziger Jahren wurde auf dem noch unbebauten Restgrundstück die städtische Bibliothek errichtet, die in ihrer Architektur Elemente des alten Ständehauses einbezog. Im Innern erinnert man inzwischen mit Stolz an die ursprüngliche Bedeutung des Ortes.

Dieser Umgang mit historischer Bausubstanz ist kein Karlsruher Einzelfall. In Stuttgart wurde unter anderem das in den zwanziger Jahren errichtete Kaufhaus Schocken, das den Bombenkrieg weitgehend unbeschadet überstanden hatte, abgerissen, ebenso die Karlsschule, an der Schiller unterrichtet worden war. Das Neue Schloß entging nur mit knapper Mehrheit dem selben Schicksal, wobei Teile der Inneneinrichtung, wie die Fresken Gegenbaurs, nicht wiederhergestellt wurden. Eine Begründung für diese heute nicht mehr nachvollziehbaren Entscheidungen lieferte der spätere Leiter der baden-württembergischen Hochbauverwaltung, Herbert Fecker: »Abgesehen von den Kosten, die damals nicht aufgebracht werden konnten, und abgesehen davon, daß die Rückgewinnung der Repräsentationsräume des Königs nur der musealen Erinnerung gedient hätte, wäre dies mit der Aufbruchstimmung jener Jahre nicht vereinbar gewesen. Daraus ist eine Symbiose von historischem Bestand und zeitgemäßer Zufügung entstanden, welche die geistige Einstellung der Zeit nach dem Zweiten Weltkrieg beispielhaft widerspiegelt.«[116]

Zu den positiven Ergebnissen der »Aufbruchstimmung jener Jahre« gehörte der Neubau des Landtags. Bereits seit 1950, also noch zu Zeiten von Württemberg-Baden, gab es Überlegungen, den Landtag im Neuen Schloß unterzubringen. Erst Ende 1956 entschied man sich endgültig für einen Neubau auf dem sogenannten Inte-

rimstheaterplatz. Nach einem Entwurf des Mainzer Architekten Kurt Viertel plante die Staatliche Hochbauverwaltung unter Horst Linde den Neubau, dessen Grundsteinlegung Mitte 1959 stattfand. Zwei Jahre später, am 15. Mai 1961, erfolgte die festliche Einweihung. »Entwurf, Bauweise und verwendete Materialien haben am gewählten Standort eines der in Anspruch und Architektur überzeugendsten Beispiele von Parlamentsneubauten in der Nachkriegszeit entstehen lassen.«[117]

Erst in den siebziger Jahren erkannte man die Defizite der Großbauten und die Monotonie der Neubaugebiete. Dies führte zu einer Rückbesinnung auf frühere städtebauliche Qualitäten. »Historische Bauten und Quartiere wurden Sinnbild für menschlichere Maßstäbe und Identität … Überzogene Planansätze wurden beschnitten, manche Zielvorstellungen wurden zugunsten neuer Wertvorstellungen erheblich verändert. Verkehrsausbau wurde wieder als ein Teil der Stadtplanung begriffen.«[118] Der Kahlschlag der frühen fünfziger Jahre, der aus der Not heraus noch ein gewisses Verständnis für sich beanspruchen kann, und vor allem die völlig unverständlichen Abrißaktionen der späten fünfziger und frühen sechziger Jahre konnten damit aber nicht mehr rückgängig gemacht werden.

Aufbruch in der Bildungspolitik

Bildungspolitik gehört zu den zentralen Zuständigkeiten der Länder in unserem föderalen System. Deshalb sind bis heute die Auseinandersetzungen um den richtigen Weg in der Bildungspolitik die wichtigsten Streitpunkte in der Landespolitik. Zumal die Zukunft Baden-Württembergs in immer stärkerem Maße von seinen ›menschlichen Ressourcen‹ abhängt, das heißt von der Bildung und Ausbildung sowie der Forschungskompetenz. Die Informations- und damit verbunden auch die Wissensgesellschaft prägen in verstärktem Maße die Zukunft in einer globalisierten Welt.

In den ersten Nachkriegsjahrzehnten beherrschte zwar auch schon die Bildungspolitik die landespolitischen Auseinandersetzungen, aber die Themen unterschieden sich in wesentlichen Punkten von den heutigen Debatten. In einem heute kaum mehr nachvollziehbaren Maße beherrschte die Frage der Konfessionsschule die Landespolitik bis 1966. In Baden gab es bereits seit dem letzten Drittel des 19. Jahrhunderts infolge des Kulturkampfes zwischen badischem Staat und katholischer Kirche die christliche Gemeinschaftsschule, das heißt evangelische und katholische Kinder gingen in dieselbe Volksschule, in der sie dann einen von der jeweiligen Kirche bestimmten Religionsunterricht erhielten.

In Württemberg hatte es dagegen keinen Kulturkampf gegeben, und deshalb gingen die Kinder bis Mitte der dreißiger Jahre des letzten Jahrhunderts in konfessionell getrennte Volksschulen. Erst die Nationalsozialisten führten mit List und Tücke und, wo dies nicht ausreichte, mit Gewalt die sogenannte Deutsche Volksschule ein, die keine konfessionelle Trennung mehr kannte. Im Rahmen der weltanschaulichen Auseinandersetzungen wurden kurze Zeit später die beiden Kirchen aus fast allen Schulen gedrängt, und der Religionsunterricht konnte häufig nur noch außerhalb der Schule im kirchlichen Rahmen gegeben werden.

Nach dem Ende des Nationalsozialismus und der Bildung der drei neuen Länder im Südwesten kehrten die Kirchen in die Schulen zurück, aber die zukünftige Form der Volksschulen blieb umstritten. In Baden wurde die bewährte christliche Gemeinschaftsschule nicht in Frage gestellt. In Nordwürttemberg, das nun zusammen mit Nordbaden das neue Land Württemberg-Baden bildete, fand sich die dominierende evangelische Landeskirche mit dem Verschwinden der Konfessionsschulen ab und akzeptierte die christliche Gemeinschaftsschule.

Im katholisch geprägten Württemberg-Hohenzollern dagegen drängte vor allem das Rottenburger Ordinariat auf die Wiederherstellung der alten Konfessionsschulen. Nach sehr heftigen Auseinandersetzungen kam es am 12. Dezember 1948 zu einer Abstimmung der Erziehungsberechtigten über die Schulform. Dabei sprachen sich bei einer Wahlbeteiligung von über 73% etwa 55% der Wähler für die katholische, ca. 23% für die evangelische und nicht ganz 22% für die christliche Gemeinschaftsschule aus. »Am 1. Januar 1949 bestanden 649 katholische Volksschulen, 319 evangelische Volksschulen und 86 christliche Gemeinschaftsschulen, insgesamt also 1054 Volksschulen.«[119]

Der Streit um die Schulform beherrschte auch die Verfassungsdebatten. Es kam schließlich zu einem Kompromiß, indem man alles so beließ, wie es war. In drei von vier Regierungsbezirken gab es die christliche Gemeinschaftsschule und im Regierungsbezirk Tübingen, dem ehemaligen Land Württemberg-Hohenzollern, blieb die Konfessionsschule erhalten. Der Streit über diese uneinheitliche Schulform bestimmte das nächste Jahrzehnt. Auf der einen Seite stand die CDU, die für den Erhalt der Konfessionsschule eintrat, auf der anderen Seite standen SPD und FDP/DVP, die darauf drängten, die christliche Gemeinschaftsschule zur Regelschule zu machen. Weder die Allparteienkoalition noch die kleine Koalition konnten diesen Zwist beenden. Erst mit dem Weggang Kiesingers nach Bonn kam es zu einer spektakulären Wende.

Diese weltanschaulichen Auseinandersetzungen dürfen aber nicht verdecken, daß die Schule nach 1945 vor kaum lösbaren Problemen stand, äußerlich wie innerlich. Viele Schulgebäude waren zerstört, viele Lehrer im Krieg umgekommen oder noch in Kriegsgefangenschaft, Lehrmittel gab es kaum oder sie waren nationalsozialistisch geprägt und damit unbrauchbar. Noch schwerwiegender wogen vielleicht die inneren Probleme. Für die Nationalsozialisten war die Gewinnung der Jugend eines der obersten Ziele. Der Schule galt deshalb das besondere Augenmerk. Dazu kam, daß die Nationalsozialisten unter den Lehrern bereits vor 1933 eine nicht unerhebliche Anzahl von Anhängern besessen hatten. Nach 1933 konnten sie mit Hilfe des sogenannten Gesetzes zur Wiederherstellung des Berufsbeamtentums alle politischen Gegner entfernen und die meisten Nichtparteimitglieder zumindest zur Anpassung zwingen. Die Schule war fest in nationalsozialistischer Hand.

Nach 1945 mußte deshalb improvisiert werden. So führte man z.B. in Südbaden zunächst einzelne schweizerische Schulbücher ein. Aushilfslehrkräfte wurden angelernt und die Lehrpläne vom Nationalsozialismus gesäubert. Nach und nach kamen die überlebenden Lehrer aus

Mit der Einführung der Oberstufenreform bestanden immer mehr Pennälerinnen und Pennäler das Abitur und drängten auf die Hochschulen.

der Kriegsgefangenschaft nach Hause und auch die meisten zunächst im Rahmen der Entnazifizierung suspendierten Lehrer kehrten an die Schule zurück. Sie fanden große Klassen, häufig in Notunterkünften, vor. In den höheren Schulen mußte Schulgeld bezahlt werden.

Im Zuge des Wiederaufbaus wurden neue Schulen errichtet und die Lehrmittel den neuen Verhältnissen angepaßt. Seit 1955 begann man schrittweise die Lehrmittelfreiheit zu realisieren. Zu Beginn der fünfziger Jahre setzten erste Versuche ein, sich allmählich an das neunte Volksschuljahr heranzutasten, das schon wie die Einführung des achten Volksschuljahres in den zwanziger Jahren zunächst vor allem auf dem Land auf Widerstand stieß, da man die mithelfenden Jugendlichen bei der Arbeit benötigte.

Die Zahl der Schulpflichtigen stieg in den ersten zehn Jahren nach der Gründung des Landes zunächst nicht, eine Folge des Geburtenrückgangs in den vierziger Jahren. So lag die Zahl der Volksschulpflichtigen 1960 etwa so hoch wie 1952. Einen deutlichen Zuwachs wiesen im ersten Jahrzehnt des neuen Bundeslandes nur die Mittelschulen auf, die heutigen Realschulen, die ihre Schülerzahl mehr als verdoppeln konnten.

Deutlich wuchs die Zahl der Lehrer und vor allem der Lehrerinnen, und damit sank auch der Altersschnitt der Lehrkräfte erheblich. Im Mai 1952 waren noch über 53% der Lehrerinnen und Lehrer älter als 45 Jahre. Neun Jahre später lag diese Quote bei nur noch knapp über 41%. Die absolute Zahl der Lehrkräfte stieg um über ein Fünftel; vor allem der Anteil der Lehrerinnen stieg von 33% bei der Gründung des Südweststaates auf 41% neun Jahre später. Besonders dramatisch wuchs aber die Zahl der Studenten. Sie stieg zwischen Sommer 1950 und Wintersemester 1961/62 an allen baden-württembergischen Hochschulen von unter 20.000 auf beinahe 42.000.[120]

Noch deutlicher wuchs die Zahl der Studierenden an den Pädagogischen Instituten und Akademien. Sie stieg von etwa 2.000 im Jahr 1952 auf über 5.000 neun Jahre später, wobei sich die Zahl der Studentinnen mehr als verdreifachte. Die wachsende Bedeutung der Schule zeigte sich zum einen in der Übernahme der Leh-

rerfortbildung, die bisher zum Teil von den Lehrerverbänden getragen worden war, 1955 durch das Kultusministerium und vor allem mit dem einstimmig verabschiedeten »Gesetz über die Ausbildung der Volksschullehrer vom 21. Juli 1958«. Darin hieß es unter anderem: »Die Bewerber für das Lehramt an Volksschulen werden an Pädagogischen Hochschulen eigenständiger Prägung ausgebildet. Die Pädagogischen Hochschulen haben die Aufgabe, im Rahmen der Verfassung auf der Grundlage wissenschaftlicher Forschung in hochschulmäßiger Lehre und praktischer Übung die Einsichten, Kenntnisse und Methoden zu vermitteln, deren der Volksschullehrer in seiner Unterrichts- und Erziehungsarbeit bedarf.«[121]

Allerdings wurde erst ab Mitte 1961 mit der Aufbauphase der neuen Hochschulen begonnen. Es entstanden zunächst acht Pädagogische Hochschulen, davon drei mit konfessionellem Charakter (Freiburg und Weingarten katholisch, Heidelberg evangelisch) und fünf mit simultanem Charakter (Esslingen, Karlsruhe, Ludwigsburg, Reutlingen und Schwäbisch Gmünd). Einige Zeit später kam noch Lörrach hinzu. Bereits nach wenigen Jahren, am 5. Februar 1969, hob allerdings die Große Koalition die konfessionelle Lehrerbildung wieder auf.[122] Eine besondere Aufmerksamkeit erlangten die Universitäten Ende der fünfziger Jahre. »Die Überfüllung der wissenschaftlichen Hochschulen ist seit geraumer Zeit zu einer allgemeinen und öffentlichen Sorge geworden. Sie ist keineswegs nur in der Bundesrepublik ein Übelstand, sondern alle Länder des europäischen Westens haben unter ihm zu leiden.«[123] So begann die 1963 dem Landtag in Stuttgart vorgelegte »Denkschrift über die Errichtung von wissenschaftlichen Hochschulen in Baden-Württemberg«.

Diese Denkschrift war das Ergebnis vielfältiger

Überlegungen, die Ministerpräsident Kiesinger im September 1959 ausgelöst hatte, als er auf einer Rede in Singen eine Universitätsgründung in Konstanz ins Gespräch gebracht hatte. Sein Ziel war die Gewinnung der Südbadener für den neuen Staat. »In Kiesingers beweglichem, geschichtskundigen Geist mochte der Anblick der Reichenau das Zukunftsbild einer Universität in Konstanz ausgelöst haben. Auch täuschte sich sein politischer Instinkt nicht. Denn die akademische Fata Morgana am Bodenseehorizont riß die südbadische Irredenta zur Begeisterung hin. In Stuttgart wirkte sie anders: Der Ministerrat war nicht nur überrascht, sondern auch befremdet, zumindest mein Kollege von den Finanzen und ich selbst dachten alsbald an die enorme Belastung finanzieller und organisatorischer Art, die schon aus der Erweiterung der sieben bestehenden Hochschulen dem Land über Jahre hin erwachsen mußte.«[124]

Der erste Rektor der Universität Konstanz, der Romanist Gerhard Hess, nannte später noch zwei weitere Gründe für Kiesingers Entscheidung zugunsten von Konstanz, nämlich »in einem unter dem Aspekt der heutigen Industriegesellschaft nicht sehr lebhaften Gebiet eine Stätte geistiger Bewegtheit und wissenschaftlicher Impulse zu schaffen; ... und dafür eine Grenzstadt zu wählen, von der eine Ausstrahlung zu den Nachbarn ausgehen konnte«.[125]

Auch wenn der Plan einer Universitätsneugründung zunächst nicht offensiv weiterverfolgt wurde, so blieb er doch im Gespräch. Im November 1960 legte der 1957 gegründete Wissenschaftsrat »Empfehlungen« vor, in denen er die Neugründung von Hochschulen zur Entlastung der bereits bestehenden vorschlug. Er regte allerdings auch an, »ob eine wissenschaftliche Einrichtung mit Hochschulcharakter geschaffen werden kann, die unter Verzicht auf eine große Studentenzahl ihren Schwerpunkt in der Forschung und in der Ausbildung wissenschaftlich fortgeschrittener Studenten hat«.[126]

Die sich seit Sommer 1961 konkretisierenden Planungen sahen deshalb nicht nur eine neue Universität, sondern eine Reformuniversität in Konstanz vor. Am 27. Februar 1964 beschloß

Regatta am Bodensee.

Auch in der Bildungspolitik war die Ära Kiesinger eine Ära des Aufbruchs. 1963 wurde dem Landtag die »Denkschrift über die Errichtung von wissenschaftlichen Hochschulen in Baden-Württemberg« vorgelegt. Und schon am 15. Februar 1965 unterschrieben Finanzminister Dr. Hermann Müller und Graf Lennart Bernadotte den Kaufvertrag für das Grundstück gegenüber der Mainau, auf dem die Universität Konstanz gebaut werden wird.

Die ersten nach Konstanz berufenen Professoren werden von Ministerpräsident Kiesinger im Rathaus Konstanz begrüßt und besichtigen das Gelände, auf dem der Campus errichtet werden wird.

Anfang Winter 1967 befindet sich die Universität bereits im Bau.

der baden-württembergische Landtag, »in Konstanz eine Universität zu errichten und dabei ein Modell der Hochschul- und Studienreform zu verwirklichen«.[127] Dazu wurde ein Gründungsausschuß aus vier Fachleuten gebildet, nämlich einem Zoologen (Prof. Autrum), einem Politologen (Prof. Besson), einem Erziehungswissenschaftler (Prof. Wenke) und dem früheren Kultusminister Gerhard Storz.

Man beschränkte sich auf drei Fakultäten (naturwissenschaftliche, sozialwissenschaftliche und philosophische) und verzichtete auf einige Fächer und gab anderen eine neue Zuordnung. Der Gründungsausschuß begrenzte die Studentenzahl auf 3.000, »weil er in dieser Begrenzung die unerläßliche Voraussetzung für die Verwirklichung seiner Konzeption sieht. Er gibt Richtlinien für die Studiengänge, die durch Stufung und Intensivierung zur Studienreform beitragen sollen. Er möchte im studentischen Leben die bildende Kraft der Wissenschaft wirksam sehen. Er trägt Sorge für eine stetige Kooperation zwischen den Disziplinen und zwischen den Fakultäten im Interesse der Entwicklung der Forschung und der Bildung durch Wissenschaft.«[128] Vorbild und teilweise auch Ziel der neuen Hochschule war von staatlicher Seite die amerikanische Campus-Universität mit der Möglichkeit »eines neuen akademischen Lebensstils«.[129]

Gleichzeitig wurde die Errichtung einer »Medizinischen Akademie« angestrebt, wobei darunter »eine medizinische Ausbildungsstätte akademischen Rangs, die durch den Ausbau von großen, außerhalb von Universitätsstädten gelegenen Krankenanstalten entwickelt wird«,[130] verstanden wurde. Als Standort hatten sich Mannheim, Stuttgart und Ulm beworben, wobei sich Ulm sehr schnell zum Favoriten entwickelte, zumal man in Mannheim ohnehin die Erweiterung der Wirtschaftshochschule plante,

sodaß die Stadt auch im universitären Bereich Berücksichtigung fand. Stuttgart schied aus, da die Stadt »bis jetzt kein geeignetes Gelände in der erforderlichen Größenordnung namhaft machen« konnte. »Außerdem widerraten die Schwierigkeiten für die Unterbringung von Professoren und Studenten in und um Stuttgart und die Verknappung des Baugeländes, der Stadt eine größere Zahl von Wohnungssuchenden zuzuführen.«[131]

Der Grundstein für Konstanz wurde im Sommer 1966, für Ulm im Februar 1967 gelegt, obwohl zu diesem Zeitpunkt bereits massive finanzielle Schwierigkeiten des Landes entstanden waren. Mannheim hatte zu diesem Zeitpunkt die Vorlesungen bereits aufgenommen.

Insgesamt waren die frühen sechziger Jahre, wie schon die ausgehenden fünfziger Jahre, von der Einsicht geprägt, daß die »Anpassung unseres Bildungswesens an die Probleme unseres Zeitalters« dringend notwendig war und diese Anpassung »das ganze Gebiet der Erziehung und des Unterrichts von der Volksschule über alle sonstigen Schularten bis zur Hochschule«

Und wenige Monate nach Eröffnung der Universität hat auch Konstanz seine Studentendemonstrationen – wie hier gegen die Notstandsgesetze im Juni 1968.

umfassen mußte, wie Ministerpräsident Kiesinger in seiner Regierungserklärung 1964 ausführte.[132]

Mit der Einrichtung der Pädagogischen Hochschulen, der Gründung der Reformuniversitäten Konstanz und Ulm sowie der Einstellung

Mannheim, Stuttgart und Ulm bewarben sich als Standort für eine »medizinische Akademie«. Mannheim schied aus, weil es bereits den Ausbau seiner Wirtschaftshochschule zur Universität plante, und Stuttgart konnte kein geeignetes Gelände anbieten. Erfolgreich war Ulm: Am 25. Februar 1965 begrüßte Oberbürgermeister Dr. h.c. Theodor Pfizer den 1. Rektor der Universität Ulm, Professor Dr. Heilmeyer.

vieler tausend neuer Lehrer, um den steigenden Schülerzahlen gerecht zu werden, versuchte das Land, den Problemen durchaus erfolgversprechend Herr zu werden. Solange die Steuereinnahmen üppig wuchsen, gab es darüber auch einen breiten politischen Konsens. Die Wirtschafts- und Finanzkrise 1966/67 änderte dies jedoch grundlegend.

Ungeklärt und politisch zunehmend umstritten blieb jedoch die Frage der Konfessionsschulen im Regierungsbezirk Tübingen, da die FDP/DVP deren Abschaffung verlangte. Dies lehnte Ministerpräsident Kiesinger kategorisch ab. In diese Situation platzte das Scheitern der Bonner Koalition und der Rücktritt von Bundeskanzler Ludwig Erhard sowie die Nominierung von Kurt Georg Kiesinger zu seinem Nachfolger und Kanzler der ersten Großen Koalition in Bonn, die auch in Stuttgart zu grundlegenden Veränderungen führte.

Mit einem Festakt am 25. Februar 1967 wurde die Universität Ulm gegründet.

Kapitel IV

Machtwechsel in Bonn und in Stuttgart. Nach dem Rücktritt von Ludwig Erhard wird Kurt Georg Kiesinger am 1. Dezember 1966 vom Deutschen Bundestag zum Bundeskanzler gewählt. Er bildet mit Willy Brandt die erste Große Koalition in Bonn. Neuer Ministerpräsident in Baden-Württemberg und ebenfalls Chef einer Großen Koalition mit Walter Krause von der SPD als stellvertretendem Ministerpräsidenten und Innenminister wird Dr. Hans Filbinger.

Die Große Koalition 1966 - 1972

Die Bildung der Großen Koalition 1966
und das Ende der Konfessionsschulen

Die Landtagswahl vom 26. April 1964 hatte einige Veränderungen mit sich gebracht, aber zu keiner grundlegenden Machtverschiebung geführt. Die Wahlbeteiligung hatte deutlich zugenommen. Davon profitierten in erster Linie die CDU und die SPD. Die CDU wuchs von 39,5 auf 46,2% und die SPD von 35,3 auf 37,3%. Die FDP/DVP konnte dagegen ihre absolute Stimmenzahl nur knapp behaupten und verlor prozentual deutlich. Ihr Stimmenanteil sank von 15,8% auf 13,1%. Nach 14-jähriger Zugehörigkeit zu südwestdeutschen Parlamenten hatten die Heimatvertriebenen keine eigene Vertretung mehr im Landtag.

Nach dem Übertritt prominenter Vertriebenenpolitiker zur Union dürften die meisten ›Vertriebenenstimmen‹ zur CDU gewandert sein. Im Stuttgarter Landtag hatte die CDU mit 59 von 120 Sitzen nur knapp die absolute Mehrheit verfehlt. Auf die SPD entfielen 47 Sitze (+3 gegenüber 1960) und auf die FDP/DVP 14 Sitze (−4 Sitze gegenüber 1960). 44 Direktmandate entfielen auf die CDU, 25 Direktmandate auf die SPD und noch ein Direktmandat im Wahlkreis Crailsheim auf die FDP/DVP.[1] Die Fortsetzung der alten Koalition aus CDU und FDP/DVP unter Ministerpräsident Kiesinger war unumstritten. Allerdings blieb die Frage der Konfessionsschulen in Südwürttemberg

ein weiterhin ungelöstes Problem, das die Koalition belastete. Mit dem Weggang Kiesingers als Bundeskanzler nach Bonn Ende 1966 ergab sich auch in Stuttgart die Notwendigkeit von Koalitionsverhandlungen. Dabei hatte sich die Situation gegenüber 1964 grundlegend geändert. Mit der Bildung der Großen Koalition in Bonn und der fast zeitgleichen Bildung einer SPD-FDP-Koalition im größten Bundesland Nordrhein-Westfalen waren nun auch in Stuttgart alle Koalitionsmöglichkeiten offen.

Zunächst ging man in Stuttgart von einer Fortsetzung der alten CDU-FDP/DVP-Koalition aus. Die CDU hatte Innenminister Filbinger zum Verhandlungsführer und damit auch zum potentiellen Ministerpräsidenten gewählt. Am 8. Dezember 1966 meldeten die Zeitungen des Landes, daß die CDU-Landtagsfraktion »ernsthaft« mit der SPD über eine Regierungsbildung verhandeln wolle. Die überraschte SPD ließ sich davon überzeugen, daß das Verhandlungsangebot »nicht nur Formsache war« und ernannte eine Verhandlungsdelegation unter dem Landes- und Fraktionsvorsitzenden Walter Krause. »Man macht sich nach unseren Informationen«, wie die ›Stuttgarter Zeitung‹ berichtete, »in der Fraktion jedoch keine allzu großen Illusionen über eine Regierungsumbildung.«[2]

In einem Kommentar der ›Hohenzollerischen

Zeitung‹ fragte man sich, ob es sich bei diesem Angebot nicht um ein »Scheingefecht« handele. »Wo die Koketterie der CDU mit einer Großen Koalition in Baden-Württemberg weit eher ihren Ursprung haben könnte, sind landespolitische Fragen, bei denen sich der Koalitionspartner FDP zum Teil recht störrisch zeigt. Es ist durchaus denkbar, daß die CDU durch ihre ›ernsthaften‹ Gespräche mit der SPD versucht, die Freien Demokraten etwa in der Schulfrage auf ihre Linie zu zwingen … vieles spricht dafür, daß die CDU hier nur ein Scheingefecht inszeniert, das die FDP zur Aufgabe einiger hartnäckig verteidigter Positionen bewegen soll.«[3]

Deshalb überwog am Ende der Woche, nach der zweiten Verhandlungsrunde, der Eindruck, »daß eine Neuauflage der alten CDU/FDP-Koalition bevorsteht. Die beiden Koalitionspartner sind sich, wie der Delegationsführer der CDU, Innenminister Filbinger, mitteilte, ›über eine Reihe von Punkten einig‹. Der nordwürttembergische CDU-Vorsitzende Scheufelen meinte, er sehe keinen Grund, warum die Koalition gelöst werden solle. Es sei erstaunlich, wie sehr man sich in den Verhandlungen nähergekommen sei, ›auch in der Schulfrage‹. Daß man ›zu einem gewissen Abschluß gekommen‹ sei, gab der Landesvorsitzende der FDP, Saam, bekannt.«[4] Allerdings fragte der ›Mannheimer Morgen‹ zu diesem Zeitpunkt: »Große Koalition in Stuttgart doch noch möglich?«[5]

Am Montag, dem 12. Dezember 1966, überschlugen sich dann die Ereignisse. Bei der FDP hatte die harte Haltung der CDU in der Schulfrage zu einer zunehmenden Verstimmung geführt. Zudem scheint es schon vorher inoffizielle Sondierungsgespräche zwischen Landtagsabgeordneten von SPD und FDP über eine gemeinsame Koalition in Analogie zu Nordrhein-Westfalen gegeben zu haben. Allerdings hätte eine solche Koalition im Stuttgarter Landtag nur über die kleinste denkbare Mehrheit von zwei Stimmen verfügt.

Zunächst deutete jedoch alles auf eine Neuauflage der CDU-FDP/DVP-Koalition hin. Am frühen Nachmittag hatten in der Villa Reitzenstein die abschließenden Verhandlungen zwischen den beiden alten Koalitionspartnern stattgefunden. Im Landtag sprach man im Anschluß daran von einer bereits bekanntgegebenen Einigung. »Als der FDP-Fraktionsvorsitzende Stock mit seinen Mannen auftauchte, war zu erfahren, daß die CDU der FDP ein recht großzügiges Angebot gemacht habe. Auch der designierte Ministerpräsident Filbinger zeigte sich wenig später guten Mutes. Die Späher der SPD aber, die auf den Fluren des Landtags erschienen, um sich umzutun, wie es bei der FDP stehe, schickten sich an, das Pflänzchen Hoffnung mit der gewohnten Resignation wieder zuzuschütten … Auch bei den meisten Journalisten galt es als ausgemacht, daß die Kleine Koalition fortgesetzt werden würde.«[6]

Die Fraktionen der drei im Landtag vertretenen Parteien trafen sich zu Besprechungen, die bei CDU und SPD relativ schnell abgeschlossen waren. Nur innerhalb der FDP/DVP-Fraktion kam es zu heftigen, lang andauernden Auseinandersetzungen zwischen den Befürwortern einer Neuauflage der alten Koalition um den Landesvorsitzenden Saam, Altministerpräsident Maier und Justizminister Haußmann sowie den Anhängern einer Koalition mit der SPD um den Tübinger Abgeordneten Erbe, den Waiblinger Abgeordneten und späteren CDU-Finanzminister Palm und den Pforzheimer Abgeordneten Vogt. Deshalb mußten die beiden großen Fraktionen warten. Die CDU-Delegation, die keinen Zutritt zur Fraktion erhielt, saß beinahe eine Stunde neben dem Tagungsort der FDP/DVP. »Unterdessen schwoll die Verärgerung über die

FDP bei den auf den Gängen herumstehenden CDU- und SPD-Abgeordneten zu einem hörbaren Donnergrollen an. Es sei ein unmöglicher Zustand, daß eine Fraktion von vierzehn Mann die übrigen hundertsechs Abgeordneten so lange warten lasse. Und es sei überhaupt unmöglich, daß die Entscheidung über die Regierung bei diesen vierzehn Mann liegen solle.«[7] Zu diesem Zeitpunkt schien die kleinste Fraktion tatsächlich das Zünglein an der Waage zu sein.

»Daß es ihnen dann doch entwunden wurde, lag an den CDU-Abgeordneten Professor Ganzenmüller und Person. Ganzenmüller begab sich zur SPD und regte an, doch noch einmal miteinander zu sprechen. Person holte die wartende Delegation zur Fraktion zurück, um zu prüfen, ob man der SPD nicht ein neues Angebot machen solle. Kurz nach acht Uhr trafen sich die Abgesandten der SPD mit denen der CDU im Zimmer des Landtagspräsidenten.«[8] Knapp zehn Minuten später, so die dramatische Schilderung in der ›Stuttgarter Zeitung‹, verkündeten die FDP/DVP-Vertreter ihre Entscheidung zugunsten der SPD. »Indessen: der Aufbruch der Liberalen fand keinen Weggenossen mehr. Ratlos standen die FDP-Politiker vor der Tür, hinter der die beiden anderen Parteien verhandelten.«[9] Während sich bei den wartenden Journalisten und den von den Verhandlungen ausgeschlossenen Abgeordneten von CDU, SPD und FDP/DVP der Eindruck eines ›Machtwechsels‹ verfestigte, reagierten die Verhandlungsführer von CDU und SPD, Filbinger und Krause, sehr schnell, als sie von der neuen Situation erfuhren.

Nach Zeitungsberichten benötigte die CDU zwei Minuten, »um die letzte Hürde ihrer bisherigen Grundsätze zu überspringen. Filbinger erklärte den Verzicht seiner Partei auf die konfessionelle Antragsschule und übernahm vorbe-

Ministerpräsident Dr. Hans Filbinger überreicht – in Gegenwart von Landtagspräsident Camill Wurz (Mitte) – am 22. Dezember 1972 Walter Krause das Große Verdienstkreuz mit Stern und Schulterband.

haltlos den jüngsten SPD-Vorschlag zur Lösung der Schulfrage: die christliche Gemeinschaftsschule als einzige Form der öffentlichen Schule im ganzen Land und Umwandlung von bestehenden Konfessionsschulen in Südwürttemberg unter bestimmten Bedingungen in private Bekenntnisschulen«.[10]

Damit fiel plötzlich der SPD die Entscheidung über die zukünftige Koalition zu, da sie von der CDU und der FDP/DVP Angebote vorliegen hatte. Angesichts der knappen Mehrheitsverhältnisse bei einer Koalition mit den Liberalen und einiger Gegner dieser neuen Verbindung innerhalb der FDP/DVP-Fraktion, wie den bisherigen Wirtschaftsminister Eduard Leuze, entschieden sich die Sozialdemokraten »um der Schulfrage willen für die Große Koalition. Als kurz nach zehn Uhr Filbinger und Krause den Journalisten den neuen Bund verkündeten und zugleich schon die neue Regierung vorstellten, sprach der bisherige Oppositionsführer den bisherigen Innenminister bereits mit ›Herr Ministerpräsident‹ und dieser jenen mit ›Herr Innenminister‹ an. Wie denn an diesem Abend der Gebrauch der neuen Titel für die neuen Minister ausgiebig geübt wurde. Auch die Verbrüderungsfeier in der Landtagsgaststätte gestaltete sich über die Maßen herzlich. Es war wie bei der Heimkehr des verlorenen Sohnes. Die Kosten für den Sekt teilten sich CDU und SPD im Verhältnis ihrer Ministersitze fünf zu vier.«[11]

Das Ergebnis der »Wende in Stuttgart«, wie es in einem Kommentar hieß,[12] war paradox. Politiker von CDU und SPD räumten ein, »daß ohne die Unnachgiebigkeit der FDP in der Schulfrage die Christlichen Demokraten nicht zu dieser, von der Mehrheit der Bevölkerung Baden-Württembergs gewünschten Lösung gekommen wären«.[13] Ob sich die Liberalen allerdings deshalb mit »einer gewissen Genugtuung« in die Opposition zurückzogen, wie ein Kommentator vorschlug, muß bezweifelt werden, da es sicher anders gekommen wäre, »wenn sich die FDP zehn Minuten früher für die SPD entschieden hätte. Dann hätten wir jetzt eine Koalition von SPD und FDP in Stuttgart.«[14] Inwieweit die Bonner Pläne, in der Bundesrepublik ein Mehrheitswahlrecht einzuführen, das die Liberalen mit großer Sicherheit

aus den Parlamenten verdrängt hätte, die Stuttgarter FDP-Fraktion zusätzlich verwirrt hatte, wie die ›Badische Zeitung‹ vermutete, bleibt offen.[15]

Unter den beiden Regierungsparteien galt die CDU als die Verliererin. Sie hatte »ohne sachliche Not nicht nur bei der Verteilung der Sitze im Kabinett Federn lassen müssen, nicht nur in der Schulfrage bisher verbissen verteidigte Prinzipien aufgegeben, sondern auch in anderen landespolitischen Fragen Risiken auf sich genommen. Die Kooperation mit den Sozialdemokraten hat die CDU also um einen hohen Preis erkaufen müssen, nur um dem Sturz in die Opposition zu entgehen. Das nachträgliche Unbehagen in ihren Reihen ist nicht verwunderlich.«[16] Die ›Badische Zeitung‹ berichtete darüber, daß »weite Teile der CDU überrascht, zum Teil sogar bestürzt« seien über die so hastig zustandegekommene Große Koalition und die der SPD gemachten Zugeständnisse.[17]

Die Gründe für die Zustimmung der CDU zu dieser neuen Koalition faßte der langjährige Mannheimer CDU-Abgeordnete Willibald Kimmel in einem Interview zusammen: »Die CDU bleibt an der Regierung und stellt in dieser den Ministerpräsidenten, der die Richtlinien der Politik nach der Verfassung bestimmt, und weitere vier Kabinettsmitglieder. Insbesondere glaubt die Fraktion durch das Verbleiben der CDU in der Regierung den parteipolitischen Einfluß auf sachlichem und personellem Gebiet in der Landes- sowie in der Bundespolitik (Bundesrat) nicht zu verlieren.«[18]

Die SPD galt als die »Siegerin des Tages«, wie ein Kommentator formulierte.[19] Sie hatte die christliche Gemeinschaftsschule in ganz Baden-Württemberg durchgesetzt, »eine Entscheidung von säkularer Bedeutung«, wie der neue SPD-Innenminister Walter Krause immer wieder betonte.[20] Nur die beiden großen Parteien zu-

Im Interesse der Großen Koalition gab die CDU in der umstrittenen Schulfrage nach: Die christliche Gemeinschaftsschule wurde im ganzen Bundesland die einzige Form der öffentlichen Schule. Bisherige Konfessionsschulen wurden aufgelöst oder in private Bekenntnisschulen umgewandelt.

sammen konnten die dafür notwendige Verfassungsänderung im Landtag beschließen. Daneben erhielt sie die meisten klassischen Ministerien, Innen, Justiz, Wirtschaft und Finanzen. Es verwunderte deshalb nicht, daß die Stimmung nur in der SPD-Fraktion »heiter« war, während sie bei der CDU als »bewölkt« beschrieben wurde.

Zur schnellen Lösung der Schulfrage mag auch beigetragen haben, daß erstmals in der südwestdeutschen Geschichte die Badener im Landeskabinett das politische Geschehen völlig dominierten. In Baden hatte man sich im Laufe der Jahrzehnte an die christliche Gemeinschaftsschule gewöhnt und stand den heftigen (süd-)württembergischen Auseinandersetzungen um den Erhalt der Konfessionsschule emotionslos gegenüber. Diese neue regionale ›Machtverteilung‹ wurde vor allem im ehemaligen Württemberg-Hohenzollern aufmerksam registriert. »So ermutigend es ist, daß bei der personellen Zusammensetzung des Kabinetts landsmannschaftliche Überlegungen keine Rolle gespielt haben, so sehr werden es die Württemberger als schmerzlich empfinden, daß von neun Ministern künftig nur noch zwei (Wirtschaftsminister Schwarz und Minister für Bundesangelegenheiten Seifriz) Württemberger sind. Den Badensern, die jetzt in Stuttgart regieren und die zudem den Landtagspräsidenten stellen, wird es hoffentlich gelingen, auch die restlichen Altbadener für den Südweststaat zu gewinnen, damit unter die leidige ›Badenfrage‹ endgültig der Schlußstrich gezogen werden kann.«[21]

Allgemein rechnete man damals nur mit einer kurzen Lebensdauer der neuen Regierung bis zur nächsten Landtagswahl 1968. Danach hielten CDU-Politiker eine Wiederauflage der kleinen Koalition für möglich, und sozialdemokratische Politiker hofften auf eine SPD-FDP/DVP-Koalition. Im nachhinein wird die landespolitische Zäsur dieser Regierungsbildung deutlich. Die FDP/DVP blieb nicht knapp zwei, sondern beinahe 30 Jahre in der Opposition. Die SPD konnte trotz der wichtigen, von ihr besetzten Ministerien die Rolle des Juniorpartners in der Koalition nicht überwinden, vielleicht auch deshalb, weil man die machtpolitischen Fähigkeiten des neuen Ministerpräsidenten unterschätzt hatte. Allgemein galt nämlich Kultusminister Hahn als der mit Abstand stärkste Minister. Die CDU, die ursprünglich als zweite Verliererin galt, konnte sich dagegen nicht nur an der Macht behaupten, sondern mit der Aufgabe der im Land nicht sehr populären Konfessionsschule ein wesentliches Hindernis für das Vordringen in evangelische Wählerschichten vor allem Württembergs beseitigen. Mittel- und langfristig war sie die eigentliche Siegerin des dramatischen Koalitionspokers.

Die Landtagswahl von 1968:
NPD-Gewinne zwingen zur Fortsetzung der Großen Koalition

»Die innenpolitischen Erschütterungen des Jahres 1968 verbinden sich zur bisher schwersten gesellschaftlichen Krise der Bundesrepublik.« So beschrieb eine Chronik der Jahre 1949 - 1999 das Jahr, in dem nur in Baden-Württemberg Landtagswahlen stattfanden, die zudem die letzten Landtagswahlen vor den Bundestagswahlen 1969 waren. Diese Abstimmung fand darüber hinaus in einem Land statt, das von derselben Koalition regiert wurde wie die gesamte Republik. Sie galt als »Test von einer weit über das Regionale hinausreichenden Bedeutung«.[23]

»Innerhalb der vier Jahre seit dem letzten Wahltag in Baden-Württemberg hat sich die innenpolitische Landschaft im Bund wie im Land grundlegend gewandelt. Keine der Parteien steht mehr dort, wo sie sich den Wählern vor vier Jahren präsentierte. Ein neuer Regierungschef, eine veränderte Koalition, ein Wechsel der Oppositionspartei, die Gefahr des Einzugs der Rechtsradikalen ins Landesparlament und dazu als Hintergrund eine die Bundesrepublik erschütternde und viele Bürger irritierende Unruhe ... Die Tatsache schließlich, daß in Baden-Württemberg das Bonner Regierungsmodell der Großen Koalition nachgeahmt wurde, und nun zum ersten Male die direkte Antwort der Wähler auf diese Umstülpung der zuvor in Bonn wie in Stuttgart geltenden Koalitionen zu erwarten ist, erhöht die Spannung für alle Beteiligten.«[24]

Außen- und innenpolitisch schien die gewohnte Ordnung aus den Fugen zu geraten. Anfang des Jahres hatten nordvietnamesische Truppen und Vietcong-Verbände eine Großoffensive begonnen, die sogar zu einer zeitweisen Besetzung von Teilen der südvietnamesischen Hauptstadt Saigon führte. Dieser Beweis der ungebrochenen Stärke der nationalkommunistischen Truppen brachte die Wende im jahrzehntelangen Vietnam-Krieg. Die USA erkannten, daß keine Aussicht auf einen militärischen Erfolg bestand. Sie willigten in Friedensgespräche ein, die allerdings erst fünf Jahre später zu einem Friedensschluß, dem vollständigen Rückzug der Amerikaner und zur Wiedervereinigung Vietnams unter kommunistischer Herrschaft führten. Anfang April wurde der amerikanische Bürgerrechtler und weltweit angesehene Friedensnobelpreisträger Martin Luther King von einem weißen Attentäter ermordet. Dies führte zu schweren Rassenunruhen und Krawallen in vielen Großstädten der USA.

In Europa begann der sogenannte Prager Frühling, der Versuch eines ›Sozialismus mit menschlichem Antlitz‹. Im Rahmen des Sowjetblocks wurde eine Demokratisierung von Partei, Staat und Wirtschaft versucht. Getragen von einer breiten Zustimmung der Bevölkerung wurden moskautreue Politiker durch Reformer um Alexander Dubcek ersetzt, die u.a. die Pressezensur aufhoben und mit einer vorsichtigen Liberalisierung des Landes begannen. Am 20. August 1968 zerstörte der Einmarsch der Warschauer-Pakt-Truppen alle Hoffnungen auf eine Reform des kommunistischen Ostblocks.

Auch in der Bundesrepublik eskalierten die Auseinandersetzungen. Der Kampf gegen den amerikanischen Einsatz im Vietnam-Krieg und die geplanten Notstandsgesetze, in denen viele einen Rückfall in autoritäre Strukturen befürchteten, aber auch das Eintreten für Reformen im

Hochschul-, Schul- und Justizbereich trieb viele Studenten, angeführt vom Sozialistischen Deutschen Studentenbund (SDS), auf die Straße, zu Demonstrationen und Streiks. Am 4. April setzten vier radikalisierte Anhänger der außerparlamentarischen Opposition zwei Frankfurter Kaufhäuser in Brand, richteten allerdings nur Sachschaden an. Zu den schnell gefaßten Brandstiftern gehörten Andreas Baader und Gudrun Ensslin, die später die Rote Armee Fraktion gründeten und Mitte der siebziger Jahre die Republik nachhaltig erschütterten. Eine Woche später wurde der Anführer der Außerparlamentarischen Opposition, Rudi Dutschke, in Berlin Opfer eines Attentats, das er zwar schwerverletzt überlebte, an dessen Spätfolgen er aber 1979 starb. Da viele Studenten in der einseitigen Berichterstattung der Springer-Presse den geistigen Hintergrund des Attentats sahen, kam es in vielen bundesdeutschen Städten zu Demonstrationen und Angriffen auf Einrichtungen des Verlags.

Vor allem die Veranstaltungen von Bundeskanzler Kiesinger, der sich im baden-württembergischen Wahlkampf besonders stark engagierte, waren Zielscheiben des studentischen Protestes. So mußte er seine Rede auf einer Veranstaltung in der Heidelberger Stadthalle wenige Tage vor der Wahl abbrechen und »der studentischen Forderung nach Diskussion nachgeben«.[25] Aber auch Veranstaltungen in Karlsruhe und Mannheim wurden durch Studenten gestört.[26] Selbst im oberschwäbischen Biberach scholl ihm Widerspruch entgegen, was ihn zu der Aufforderung an die Ordner provozierte »Schaffen Sie jetzt diese Leute vom Platz, aber ohne Gewalt«.[27] In den meisten Orten seiner Wahlkampfreise vor allem durch die südlichen Landesteile bekam Kiesinger allerdings viel Beifall, »wenn er erklärte, daß ›wir uns nicht durch eine radikale Minderheit von links oder

rechts zerstören lassen, was wir in zwei Jahrzehnten aufgebaut haben‹«.[28]

Der Bundeskanzler machte damit auf die Gefährdung der Demokratie auch von rechts aufmerksam, die vor allem außenpolitisch große Probleme bereitete. Zwar hatte es nach dem Verbot der Sozialistischen Reichspartei durch das Bundesverfassungsgericht 1952 immer wieder erfolglose Versuche gegeben, eine rechtsextreme Sammlungspartei zu gründen. Erst Mitte der sechziger Jahre gelang es der Nationaldemokratischen Partei Deutschlands (NPD), sich innerhalb eines Jahres »zu einem relativ attraktiven Kristallisationskern der nationalen Rechten« zu entwickeln.[29] Seit November 1966 erzielte sie bei den Landtagswahlen große Erfolge und zog mit Ergebnissen zwischen 5,8% und 8,8% in die Parlamente von Hessen, Bayern, Rheinland-Pfalz, Schleswig-Holstein, Niedersachsen und Bremen ein.[30]

Auch in Baden-Württemberg rechnete man allenthalben mit einem Einzug der Rechtsradikalen in den Stuttgarter Landtag. Dagegen engagierten sich prominente Bürger, wie der Konstanzer Universitätsrektor Gerhard Hess oder der ehemalige Freiburger Regierungspräsident Anton Dichtel in Zeitungsannoncen. Darin schrieben sie unter anderem: »In einer auf Völkerverständigung angewiesenen Welt lehnt die NPD alles Fremde ab und predigt nationale Überheblichkeit … Niemand möge sich durch die linksradikalen Unruhen der letzten Zeit zum entgegengesetzten Extrem des Rechtsradikalismus verleiten lassen. Dieser Weg würde wieder in die Katastrophe führen. Selbst berechtigte Kritik an Mißständen in unserem Staate darf nicht dazu führen, die NPD zu wählen.«[31] Die wirtschaftliche Lage hatte sich zu diesem Zeitpunkt, nach dem Einbruch von 1966, wieder gebessert. Dabei hatte sich der Rückschlag im Südwesten aufgrund »der ausgewogenen

Struktur der Wirtschaft Baden-Württembergs« später und weniger stark ausgewirkt.[32] 1968 kam es zu einem kräftigen Konjunkturaufschwung in der Bundesrepublik. »In Baden-Württemberg, dem wirtschaftlich zweitstärksten Bundesland, stiegen industrielle Erzeugung und die Auftragseingänge zunächst im Gleichschritt mit dem übrigen Bundesgebiet, konnten aber im letzten Jahresdrittel einen Vorsprung gewinnen.«[33]

Von diesem wirtschaftlichen Aufschwung verspürte die Land- und Forstwirtschaft jedoch wenig. Der Umstrukturierungs- und Schrumpfungsprozeß ging weiter. Die Zahl der Betriebe sank zwischen 1960 und 1969 weiter um knapp ein Fünftel auf noch ca. 265.000 Betriebe, wobei vor allem viele Kleinbetriebe unter 10 ha aufgeben mußten. Mit großangelegten Flurbereinigungsaktionen, die bis 1969 nahezu 600.000 ha und damit etwa 36% der gesamten landwirtschaftlichen Nutzfläche umfassten, sowie mit der Schaffung von Aussiedlerhöfen wurden die Rahmenbedingungen für eine zunehmend mechanisierte Landwirtschaft verbessert. Trotzdem hielten die Verkaufserlöse mit der industriellen Entwicklung nicht mehr Schritt, auch wenn sie zwischen 1960/61 und 1969/70 um immerhin 45% anstiegen.[34]

Der grundlegende gesellschaftliche Wandel zeigte sich aber auch in anderen Bereichen. Sexualität wurde nicht nur unter den Studenten lebhaft diskutiert. Aufklärungsfilme von Oswalt Kolle begannen ihr Publikum zu finden, und im Oktober 1968 verabschiedeten die Kultusminister der Länder Empfehlungen zur Einführung des Faches Sexualkunde in den Schulen, da sich die meisten Eltern damit überfordert fühlten. Mitte der sechziger Jahre setzte mit der Einführung der Anti-Baby-Pille der bis heute grundsätzlich anhaltende Geburtenrückgang ein. Im Jahr 1964 kamen mit 160.988 Lebend-geborenen von 1950 bis heute die meisten Kinder in Baden-Württemberg zur Welt. Im selben Jahr war ebenfalls der Geburtenüberschuß mit knapp 80.000 am höchsten.[35]

Daran änderte auch die im Sommer 1968 von Papst Paul VI. verkündete Enzyklika »Humanae Vitae« nichts, die den Katholiken Verhütungsmittel untersagte. Dies hing auch mit der seit den sechziger Jahren schwindenden Bindung der Menschen an die großen christlichen Kirchen zusammen; der Kirchenbesuch nahm ab, und die Kirchenaustritte stiegen Ende der sechziger Jahre auch im Südwesten deutlich an. Allein zwischen 1967 und 1969 verdoppelte sich die Zahl der Austritte, in den beiden evangelischen Landeskirchen. Im selben Zeitraum stiegen die Austritte in den beiden katholischen Diözesen um etwa 50%.[36]

In diesem aufgewühlten politischen und gesellschaftlichen Umfeld fand im Land ein eher müder Wahlkampf statt, wie die Presse heftig kritisierte: »Die beiden großen Parteien faßten sich mit Samthandschuhen an, klopften einander wohlwollend auf die Schultern, eifrig darauf bedacht, das Klima der schwarz-roten Regierungsbündnisse in Stuttgart und Bonn nicht vorzeitig zu trüben ... Und die FDP gab sich intellektuell unterkühlt, darauf bedacht, keinen der beiden Großen vorzeitig zu verprellen. Dahrendorfs gelbe Nelke blieb der einzige Farbklecks ihres Wahlfeldzuges. So stellt sich, ehe noch die Wähler entschieden haben, die Frage, ob die Parteien mit ihrem Verzicht auf eine echte politische Auseinandersetzung den richtigen Weg gegangen sind. Schließlich ist die morgige Landtagswahl in mehrfacher Hinsicht ein entscheidender Test. In ihr wird über die Politik der Großen Koalition in Stuttgart und Bonn entschieden, wird über die Rolle der FDP als Opposition in Land und Bund geurteilt, wird sich weisen, ob sich der neonazistische Bazillus in der Gestalt der NPD weiter ausbreitet. Die Chancen, daß die braunen Marschierer nun auch im Stuttgarter Landtag Tritt fassen, sind groß. Denn auch dem letzten Wähler muß der ganze Widersinn einer Großen Koalition klar werden, wenn er sieht, wie die CDU bangt, die SPD möge nicht allzusehr in diesem Wahlgang zerzaust werden.«[37]

Das Attentat auf Rudi Dutschke und die darauffolgenden Ausschreitungen bescherten allerdings der CDU eine »zugkräftige Wahlparole«. »Dank Rudi Dutschke erhielt der dürre CDU-Slogan ›Sicherheit – Ordnung – Fortschritt‹ unerwartete Aktualität, neben der das trotzige ›Wir auch‹ der SPD und der optimistisch gestreckte ›Ich-bin-dafür‹-Daumen der FDP verblaßten. Die außerparlamentarische Opposition leistete der CDU ungewollt Wahlhilfe.«[38]

Das Wahlergebnis übertraf die schlimmsten Erwartungen. Die NPD erreichte mit 9,8% der Stimmen ihr bestes je in der Bundesrepublik erzieltes Ergebnis. Die SPD mußte erdrutschartige Verluste von über 8% hinnehmen, die größten Verluste, die die Partei in der Geschichte des Landes je erlitten hat. Die CDU konnte sich mit Verlusten von 2% knapp behaupten, während sich die FDP/DVP um etwas mehr als 1% verbesserte und damit ihren seit 1952 anhaltenden Abwärtstrend erstmals, wenn auch nur kurzfristig, stoppen konnte. Die hohen Verluste der SPD spiegelten sich vor allem in den Direktmandaten wider. Die CDU konnte der SPD nicht weniger als 16 Direktmandate abnehmen und erreichte 60 sogenannte Erstmandate, während der SPD nur noch neun verblieben und die FDP/DVP ihr einziges Direktmandat behaupten konnte.[39] In Südbaden und Südwürttemberg gab es jetzt nur noch CDU-Direktmandate, und in Nordbaden konnte die SPD nur noch drei der vier Mannheimer Wahlkreise direkt gewinnen. Der SPD-Vorsitzende und In-

nenminister Walter Krause verlor sogar seinen Mannheimer Wahlkreis.

Ganz offensichtlich war der SPD die Umstellung von der Oppositions- zur Regierungspartei nicht gelungen. »Den Stimmenverlust der SPD erklärte Krause unter anderem auch damit, daß viele Protestwähler, die bisher die SPD gewählt hätten, nunmehr zur NPD abgewandert seien. Es habe sich damit bestätigt, daß die SPD die Prügel für die Beteiligung an der Großen Koalition beziehen müsse. Die Stimmen der SPD seien nicht nur beim Mittelstand und bei den Bauern, sondern zweifellos auch im Wählerreservoir der Arbeitnehmerschaft verlorengegangen.«[40]

Es verwundert nicht, daß diese überraschenden Wahlergebnisse zu teilweise überspitzten Kommentaren z.B. unter der Überschrift »Demokratie an der Wende?« führten. »Die SPD hat in

Wegen des Wahlerfolgs der NPD bei den Landtagswahlen von 1968 wurde die Regierungsbildung in Stuttgart sehr schwierig. Schließlich wurde die unbeliebte Große Koalition fortgesetzt.

Baden-Württemberg ihre größte Niederlage seit Bestehen der Bundesrepublik erlitten ... Das Zurückfallen der zweitgrößten Partei der Bundesrepublik in einem so wichtigen Bundesland wie Baden-Württemberg unter die 30-Prozent-Marke ist für die Sozialdemokraten eine vernichtende Schlappe, die die Hoffnungen dieser Partei auf Jahre hinaus verschüttet.« Der Kommentator machte sich Sorgen, daß damit die einzige demokratische Alternative zur CDU weggefallen sei und dies zusammen mit dem starken Anwachsen der NPD eine Gefährdung der Demokratie bedeuten würde. Von den Reaktionen der Parteien hinge es ab, so schloß er seine Ausführungen, »ob die Wahl von Baden-Württemberg ein in seinen Folgen korrigierbarer Betriebsunfall der Demokratie in der Bundesrepublik bleibt oder ob sie zur Wendemarke wird, von der man dann einmal mit Bitterkeit sprechen müßte, wenn man nach den Gründen für das Scheitern des zweiten demokratischen Experiments in Deutschland sucht«.[41] Keine achtzehn Monate später wurde mit Willy Brandt der erste Sozialdemokrat Bundeskanzler einer sozialliberalen Koalition, und die NPD scheiterte, wenn auch knapp, an der 5%-Hürde und zog nicht in den Bundestag ein.

Über die Ursachen des rechtsextremen Erfolges bestand weitgehend Einigkeit. »Nicht die nebelhaften politischen Vorstellungen der NPD, auch nicht ihre Versprechungen lockten die meisten Wähler an. Vielmehr verdankt die NPD ihren Höhenflug nahe an die zehn-Prozent-Marke heran einer Trotzreaktion. Bauern wählten NPD, weil das ihnen einmal von ihren Bauernführern als Druckmittel gegen die Regierung empfohlen worden war. Zum anderen wandten sich viele Arbeiter, sozialdemokratische Stammwähler aus Protest gegen das ›Establishment‹, vor allem ihrer Bonner Parteihierarchie, von der SPD ab und der NPD zu.«[42]

Die NPD konnte vor allem auch in Gebieten hohe Gewinne erzielen, in denen die Nationalsozialisten bereits vor 1933 Hochburgen gehabt hatten. »Das Hanauerland«, in dem die NPD besonders gut abschnitt, »war schon vor 1933 eine Hochburg der Nationalsozialisten. Auch Altenheim, der Geburtsort der ehemaligen NS-Reichsfrauenführerin Scholz-Klink (!), hat einen hohen NPD-Anteil«.[43] Ähnliches galt zum Beispiel für Hohenlohe, wo die Nationaldemokraten im Landkreis Öhringen 17% der Stimmen errangen. Ähnlich wie die NSDAP vor 1933 schnitt die NPD 1968 in evangelischen Gebieten wesentlich besser ab als in katholischen Gebieten.

»Zusammenfassend kann man also sagen, daß die CDU relativ am häufigsten von den weiblichen und älteren Wählern gewählt wurde, die SPD mehr von den männlichen Wählern und denen im Alter von 30 bis unter 45 Jahren. Auch die FDP/DVP fand mehr Anklang bei den männlichen Wählern, im Gegensatz zur SPD und vor allem zur CDU entschieden sich relativ am häufigsten die jüngeren Wähler für diese Partei. Ein fast extrem starker Anteil an Männerstimmen war bei der NPD festzustellen, die vor allem die Wähler im Alter von 45 bis unter 60 Jahren«, also die Geburtsjahrgänge 1908 bis 1923, die vom Nationalsozialismus in ganz besonderer Weise beeinflußt worden waren, »anzusprechen vermochte, jedoch weit weniger die Jungwähler, wie das einige Prognosen wissen wollten.«[44]

Das Wahlergebnis bedeutete aber auch eine »schwierige Regierungsbildung in Stuttgart«. Da niemand mit der NPD koalieren wollte, konnte jede Regierungsbildung nur mit der CDU erfolgen, die 60 der 127 Sitze im Landtag innehatte. Die FDP/DVP war eine »zweigeteilte Partei«, in Befürworter einer sozialliberalen Koalition, die keine Mehrheit in Stuttgart besaß, und Vertreter einer Koalition mit der CDU, die aber innerhalb der eigenen Partei über keine ausreichende Zustimmung verfügten. Die FDP/DVP lehnte deshalb eine Zusammenarbeit mit der CDU ab, zumal ihr die Oppositionsrolle Stimmengewinne gebracht hatte.

In der SPD bestand nach diesem Ergebnis wenig Neigung, die Große Koalition fortzusetzen, so daß der führende FDP/DVP-Politiker Dahrendorf den Vorschlag einer CDU-Minderheitsregierung in die Debatte warf. In der Folge war »bei der CDU Nervosität festzustellen. Dieser Ausweg wäre freilich das schlimmste, was nach der Wahl passieren könnte. Wollen SPD und FDP etwa die Oppositionsbank gemeinsam mit der NPD teilen? Können sie eine Lähmung der Regierung wünschen? Dürfen sie chaotische Zustände im Landtag leichtfertig in Kauf nehmen? Der lachende Dritte wäre die NPD.«[45]

Diesen Argumenten verschlossen sich SPD-Fraktion und der Landesvorsitzende Krause nicht. Allerdings sammelten sich auch die Linken in der SPD, die eine Fortsetzung der Großen Koalition ablehnten. »Auf der Delegiertenkonferenz in Kehl am 18. Mai 1968 entschied sich eine knappe Mehrheit gegen die Fortsetzung der Großen Koalition mit der CDU, für die der Landesvorstand, insbesondere der Lan-

desvorsitzende Walter Krause, Innenminister der Großen Koalition, nachdrücklich plädiert hatte. Seither gab es im Südwesten die ›Rotkehlchen‹ als linke Gruppierung.«[46]

Krause trat daraufhin als Landesvorsitzender zurück, aber die Regierungskrise war damit noch nicht gelöst. Erneute Gespräche zwischen CDU und FDP/DVP brachten keine Lösung. »Die überraschende Wende kommt am 10. Juni: Mit großer Mehrheit setzt sich die SPD-Fraktion des Landtags über den Kehler Beschluß hinweg und erneuert das Regierungsbündnis mit der CDU.«[47] Allerdings sank der Einfluß der SPD im Kabinett. Sie mußte das Finanzministerium gegen das Arbeits- und Sozialministerium eintauschen. Außerdem erhielt die CDU wieder einen im Kabinett stimmberechtigten Staatssekretär für Vertriebene, Flüchtlinge und Kriegsgeschädigte im Innenministerium. Angesichts der anstehenden Aufgaben im Verwaltungs-, Schul- und Hochschulbereich sowie der zweiten Baden-Abstimmung war die Fortsetzung der Großen Koalition unter den gegebenen Mehrheitsverhältnissen die einzig sinnvolle Lösung, auch wenn dies zu erheblichen innerparteilichen Auseinandersetzungen in der SPD führte.

Die Baden-Abstimmung von 1970

Obwohl das Bundesverfassungsgericht bereits 1956 den Weg für eine Volksabstimmung über den Verbleib Badens in Baden-Württemberg frei gemacht hatte und das dafür notwendige Volksbegehren unmittelbar und erfolgreich daran anschloß, kam es erst am 7. Juni 1970 zur Volksabstimmung. »Daß dieser Volksentscheid 14 Jahre auf sich warten ließ, ist zweifellos ein Ärgernis. Und es läßt sich verstehen, wenn diese wie eine Rechtsverweigerung anmutende Verschleppung des gesetzlichen Verfahrens viel böses Blut bei den Anhängern Badens gemacht hat.«[48]

Dabei ist jedoch zweifelhaft, ob die Hauptgründe für diese Verzögerung tatsächlich in Stuttgart lagen, wie die Altbadener vermuteten. Vielmehr war die Baden-Frage nach dem BVG-Urteil mit den allgemeinen Problemen der Neugliederung in der Bundesrepublik verbunden.

So hatte es z.B. in Oldenburg, in Schaumburg-Lippe oder Rheinhessen auch bereits erfolgreiche Volksbegehren gegeben, und dort lehnte man verständlicherweise eine erneute ›Sonderbehandlung‹ des Südwestens wie bereits im Grundgesetz ab. »Interessengegensätze der politischen Parteien, die rücksichtslos ausgespielt wurden, verhinderten jahrelang jeden Fortschritt. Verschiedene Gesetzentwürfe blieben in den Bundestagsausschüssen hängen, wurden unerledigt von Wahlperiode zu Wahlperiode weitergeschleppt.«[49]

Der SPD-Fraktionsvorsitzende im Bundestag, Fritz Erler, der nach 1945 im Südwesten politisch aktiv geworden war und deshalb die Auseinandersetzungen um den Südweststaat aus eigener Anschauung sehr gut kannte, brachte 1964 einen Gesetzentwurf ein, der Volksentscheiden eine konstitutive Wirkung zubilligte und feste Termine für Volksentscheide in den Gebieten vorsah, in denen bereits erfolgreiche Volksbegehren stattgefunden hatten. Zunächst blieb auch dieser Entwurf im Parteienstreit hängen. Erst die Große Koalition verabschiedete im August 1969 eine Grundgesetzänderung, die diesem Entwurf weitgehend entsprach.

Der neue Absatz 3 des Artikels 29 zur Neugliederung des Bundes lautete nun: »Ist ein Volksbegehren ... zustande gekommen, so ist in dem betreffenden Gebietsteil bis zum 31. März 1975, im Gebietsteil Baden des Landes Baden-Württemberg bis zum 30. Juni 1970 ein Volksentscheid über die Frage durchzuführen, ob die angestrebte Änderung vorgenommen werden oder die bisherige Landeszugehörigkeit bestehen bleiben soll. Stimmt eine Mehrheit, die mindestens ein Viertel der zum Landtag wahlberechtigten Bevölkerung umfaßt, der Ände-

Abstimmungskampagne über das Schicksal Altbadens. Hier Plakate in der Mannheimer Innenstadt. Die einen forderten »ein modernes neues Bundesland am oberen Rhein«, die anderen warben mit dem Slogan »Gemeinsam sind wir stark« für den Südweststaat.

rung zu, so ist die Landeszugehörigkeit des betreffenden Gebietsteils durch Bundesgesetz innerhalb eines Jahres nach Durchführung des Volksentscheides zu regeln.« Dabei war dem Bundesgesetz, wie es im anschließenden Absatz hieß, »das Ergebnis des Volksentscheides zugrunde zu legen«.

Die Hauptsorge der Landesregierung und der Befürworter des Südweststaates bestand nun in der Wahlbeteiligung. Man fürchtete sich vor dem Desinteresse der badischen Bevölkerung. Wenn man davon ausging, daß der Heimatbund Badenerland die Altbadener vollständig an die Wahlurnen bringen würde, der Rest der Bevölkerung aber überwiegend zu Hause blieb, hätten etwa 630.000 Altbadener unter den rund 2,5 Millionen badischen Wahlberechtigten genügt, um bei einer Wahlbeteilung von unter 50% die Auflösung Baden-Württembergs herbeizuführen. Eine von nicht wenigen befürchtete, von den Altbadenern erhoffte Konstellation.

Aus diesem Grund schaltete sich die Landesregierung so massiv in den Wahlkampf ein, daß ihr dies später sogar die Kritik des Bundesverfassungsgerichtes einbrachte, da »sie gleichsam neben den beteiligten Gruppen wie eine von ihnen in den Abstimmungskampf eingegriffen habe«.[50] Hilfreich war sicherlich auch, daß erstmals in der baden-württembergischen Geschichte die wichtigsten Regierungsämter in badischer Hand waren. Wichtiger war aber das engagierte Eintreten der Parteien, der Wirtschaft und der Presse. So wurde zum Beispiel aus dem Burda-Hochhaus in Offenburg der »Abstimmungskampf der Südweststaat-Anhänger in Südbaden befehligt«.[51] Von dort wurden »Polit-Show-Veranstaltungen« mit Schlagergrößen wie Udo Jürgens oder Karel Gott organisiert, »weil nur auf diese Weise eine größere Besucherzahl habe angesprochen werden können. ›Die Ba-

den-Abstimmung ist vom werblichen Standpunkt schlecht zu verkaufen‹, klagt der Fachmann.«[52]

Zeitungen, wie zum Beispiel der ›Mannheimer Morgen‹, sprachen sich dezidiert für den Erhalt des Landes aus. »Diese Zeitung ist in der anstehenden Frage nach reiflicher Prüfung des Für und Wider zu dem Ergebnis gekommen, daß aus vielerlei Gründen der Fortbestand des gemeinsamen Landes Baden-Württemberg die bessere Sache sei … Es gab darob unfreundliche Briefe und grobe Telefonanrufe.«[53]

Ein Argument aus dem ersten Abstimmungskampf spielte erneut eine entscheidende Rolle, nämlich die wirtschaftlichen Vorteile. So hieß es in einer Annonce der badischen Südweststaatsbefürworter: »Wir Badener zahlen die Zeche«, bei einer Zerreißung des Landes. »1. Ab 8. Juni wäre der Aufbau gestoppt und die Zukunftsplanung gelähmt, Verwirrung und Unsicherheit würden um sich greifen. 2. Baden hätte eine weit geringere Finanzkraft, müßte aber

Ein unbekannter Altbaden-Adept kam mit dem Farbtopf bis nach Stuttgart und bepinselte im Schloßgarten ein Denkmal.

fünf Universitäten unterhalten. Die Hochschulausgaben sind seit Bildung des Landes auf das Elffache gestiegen. Diese Last kann nur ein finanzstarkes Bundesland tragen. 3. Schulen, Straßen, Sportstätten, Kliniken erfordern ebenfalls die ganze Kraft eines starken Landes. 4. Gleichwertige Lebensverhältnisse in allen Landschaften – im Odenwald, am Oberrhein und Hochrhein – kann nur das gemeinsame Land Baden-Württemberg gewährleisten … Laßt es nicht zur Trennung kommen! Nur gemeinsam sind wir stark. Stimmt für Baden-Württemberg, denn: Jeder gewinnt, wenn Vernunft regiert.«[54]

Die Altbadener setzten dagegen nicht mehr, wie noch 1950/51, auf die Sorge um die Heimat, sondern betonten das Unrecht, das die Entstehung des neuen Bundeslandes erst möglich gemacht habe, und widersprachen der These von der wirtschaftlichen Schwäche eines selbständigen Badens. »Die Sorge um die Achtung des Rechts in der Zukunft«, hieß es in einem »Aufruf für Baden«, »verbietet eine Bestätigung des Landes Baden-Württemberg. Denn dieses Land verdankt seine Entstehung einem das Selbstbestimmungsrecht der Badener vergewaltigenden Abstimmungsverfahren, und nur durch eine dreizehnjährige Mißachtung ihres Rechts auf den Volksentscheid ist es einer möglichen Wiederauflösung bisher entzogen worden. Wer dies billigt, unterstützt das Unrecht. Ein selbständiges Baden wird keineswegs ein ›armes‹ Land sein, sondern es wird in seiner Wirtschaftskraft mit an der Spitze unserer Bundesrepublik stehen. Denn in Baden ist der Produktionszuwachs seit 1961 höher als in Würt-

Vor der Volksabstimmung vom 7. Juni 1970 über das gemeinsame Land Baden-Württemberg machten sich die Befürworter über die Wahlbeteiligung Sorgen und riefen deshalb zur Wahl auf. Tatsächlich nahmen an der Wahl dann mehr als 62 Prozent der Stimmberechtigten teil. Das Männchen auf dem Plakat trägt eine Tracht, die zur einen Hälfte badisch und zur anderen württembergisch ist.

Die »7 Schwaben«, verkleidet als Honoratioren im Stresemann, halten mit ihrem Spieß Baden an Württemberg fest. Bei der Wahl am 7. Juni 1970 stimmten fast 82 Prozent der Badener für den Verbleib des Landes Baden beim Bundesland Baden-Württemberg. Die Altbaden-Frage war damit endgültig gelöst.

temberg … In den Raum Europas wird sich Baden selbständig besser eingliedern können als im Verbund mit dem abseitsliegenden Württemberg, das auf Stuttgart als Zentrum ausgerichtet ist.«[55]

Die Altbadener selbst erhofften sich vor der Wahl ein »passables Ergebnis«. »Man hat fast den Eindruck, als gehöre Zweckpessimismus zur Wahltaktik der Badener.«[56] Dabei konnten sich die Altbadener eigentlich keine ernsthaften Hoffnungen machen, eine Mehrheit der Badener, wie 1951, für sich zu gewinnen. Schon Ende der fünfziger Jahre hatten Umfragen ergeben, daß die Zustimmung »zu einigen alt-badischen Sentenzen rückläufig war«. Die Bindung an das alte Land Baden nahm deutlich ab, ohne daß dies sofort dem neuen Bundesland zugutekam. Weit verbreitet war offensichtlich die Empfindung, daß »der Südweststaat ›ein Staat ohne Pathos‹ war und viele einen solchen nicht als ihre Heimat akzeptieren wollten«.[57]

Obwohl es während des Wahlkampfes immer wieder zu gegenseitigen Anfeindungen, »die in der Regel von Ressentiments angefüllt waren«,[58] und zu einzelnen Ausschreitungen gekommen war, wiederholten sich die teilweise bösartigen Polemiken und Auseinandersetzungen der frühen fünfziger Jahre nicht. Die Versuche, die Abstimmung zu einem Plebiszit über die Regierungspolitik und besonders über die geplante Verwaltungsreform mit der damit verbundenen Auflösung von Landkreisen zu machen, scheiterten. Und das Engagement von »Unzufriedenen linker Provenienz, die eine Chance witterten, dem verhaßten Establishment einen gehörigen Denkzettel zu verabreichen«, war für die badische Sache wohl eher kontraproduktiv. »Man war nie ganz sicher, wie ernst es diesen linken Weltverbesserern nun eigentlich war mit ihrem badischen Engagement, und ob es für sie nicht eher ein großer

Jux war, die Abstimmung zum Vehikel ihrer Protesthaltung zu machen.«[59]

Das Ergebnis überraschte alle Beobachter. Bei einer Wahlbeteiligung von über 62% stimmten fast 82% für den Verbleib des Landes Baden beim Lande Baden-Württemberg, wie es auf dem Wahlzettel geheißen hatte. In keinem Stadt- oder Landkreis konnten die Altbadener eine Mehrheit erringen. Am besten schnitten sie noch im Stadtkreis Karlsruhe mit 36% und im Landkreis Bühl mit 32% ab. Vor allem die unerwartet hohe Wahlbeteiligung wurde begrüßt. »Sie gibt diesem Ergebnis jede nur wünschenswerte Klarheit und sie beugt jeder Legendenbildung vor, daß der Wille der badischen Bevölkerung durch irgendwelche Manipulationen verfälscht worden sei.

Wer die Ergebnisse der Volksabstimmung im einzelnen betrachtet, der kann unmöglich übersehen, daß gerade dort, wo 1951 noch überwältigende Mehrheiten für das alte Baden zustande gekommen waren, die Verhältnisse inzwischen sich radikal geändert haben. Da es die Anhänger Badens an wirksamer Werbung vor dieser Abstimmung durchaus nicht fehlen ließen, läßt sich daraus der Schluß ziehen, daß das Land Baden-Württemberg inzwischen von der badischen Bevölkerung in voller Breite bejaht wird.«[60]

Allenthalben klang von offizieller Seite Erleichterung durch. Ministerpräsident Filbinger sprach von einem »Vertrauensbeweis für die Regierung«,[61] Innenminister Krause freute sich, »daß die Vernunft siegte«,[62] und der Karlsruher Regierungspräsident Munzinger faßte seine Stimmung in die Worte: »Der große Spuk ist jetzt vorbei.«[63] Der Freiburger Sprecher der Altbadener, Hans Reiner, machte aus seiner Enttäuschung keinen Hehl: »Das Ergebnis ist in dieser krassen Form eine Niederlage, mit der wir nicht gerechnet haben. Wir waren unge-

Auf dem Stuttgarter Killesberg fand 1969 die Ausstellung »Wege zum Mond« statt.

Zum 21. Internationalen Astronautenkongreß versammelten sich 1970 mehr als 1000 Wissenschaftler und Weltraumfahrer in Konstanz. Anwesend waren auch die russische Mannschaft der Sojus 9 sowie – hier auf dem Bild – die nordamerikanische Crew der Apollo 13: Haise, Lovell und Swigert.

heuer im Nachteil. Jedes Wort eines Regierungsmitglieds fand mehr Beachtung als unsere Argumente. Ich persönlich werde den Kampf für Baden jetzt aufgeben, da keine Aussicht mehr besteht.«[64]

Auch der Vorsitzende des Heimatbundes Badenerland, der Karlsruher Stadtrat Reinhold Grund, hatte mit diesem schlechten Ergebnis nicht gerechnet. »Wir standen wegen des massiven Einwirkens der Landesregierung und wegen der Massenmedien, die zum größten Teil gegen uns eingestellt waren, von vornherein auf verlorenem Posten.« Man hatte sich immerhin 40% der Stimmen ausgerechnet und war von einer ebenso hohen Wahlbeteiligung ausgegangen. Aber, so sein resignatives Fazit, gegen »die geballte Macht der Massenmedien kamen wir einfach nicht an«.[65]

Ganz zu Ende waren damit die Auseinandersetzungen immer noch nicht. Fünf Baden-Anhänger erhoben Wahlanfechtungsbeschwerde. Das Bundesverfassungsgericht hatte also auch das letzte Wort in diesem Streit. Die Verfassungsrichter bestätigten zwar, daß es bei der Abstimmung zu einigen »Fehlern« gekommen sei, die jedoch eine Wiederholung der Abstimmung nicht erforderlich machten, »weil das eindeutige Ergebnis nicht die Annahme rechtfertige, daß es ohne die ›Fehler‹ zu einer Mehrheit der Badener gereicht hätte«.[66]

Bei allem Kopfschütteln, das manches Argument der Altbadener heute auslösen mag, so ist dem Heimatbund Badenerland mit seinem zähen Kampf für eine zweite Volksabstimmung doch die endgültige und unzweifelhafte demokratische Legitimation des neuen Bundeslandes in der Abstimmung vom 7. Juni 1970, wenn auch ungewollt, zu verdanken. Außerdem zwang er die baden-württembergischen Regierungen, »dem westlichen Landesteil mehr Aufmerksamkeit zuzuwenden, als dies ohne Regionaloposition wohl geschehen wäre … Indirekt jedenfalls trug der Heimatbund dazu bei, daß der Vorwurf der Einseitigkeit und Vernachlässigung zerstreut wurde und das Land auch in Südbaden akzeptiert wurde«.[67]

Ganz ähnlich sah man es in Stuttgart. Zwar trat der Kommentator der ›Stuttgarter Zeitung‹ dafür ein, die im Abstimmungswahlkampf 1970 gemachten Versprechen auch einzuhalten, vor allem wenn sie dem gesamten Lande zugutekamen, wie die Elektrifizierung der Schwarzwaldbahn oder der Ausbau der Hochschulen. Mahnend schloß er jedoch: »Um so gewissenhafter aber muß für die nächsten Jahrzehnte in Baden-Württemberg geplant werden, zum Wohle des Ganzen, nicht nur des Landesteils Baden.«[68]

Erster deutscher Wissenschaftsastronaut wurde dann 1983 der Stuttgarter Ulf Merbold, hier fotografiert an seinem Arbeitsplatz im Raumfahrtlabor Spacelab.

Die Verwaltungsreform

Veränderungen in der Verwaltungsstruktur gehören zu den schwierigsten Aufgaben eines politischen Systems. Obwohl die wirtschaftlichen Entwicklungen schnell zur Auseinanderentwicklung einmal geschaffener Gebietseinheiten führen, ist die Bereitschaft in der Bevölkerung und bei deren Vertretern, sich den neuen Verhältnissen durch eine entsprechende Veränderung der Verwaltungsstruktur anzupassen, äußerst gering. Das Beharrungsvermögen der Menschen und der Strukturen ist gerade in Zeiten starken Wandels, in denen diese Reformen notwendig sind, sehr ausgeprägt. Es überrascht deshalb nicht, daß sich die 1817, im Anschluß an den Wiener Kongress geschaffenen 65 Oberämter im Königreich Württemberg 120 Jahre nahezu unverändert behaupten konnten in einer Zeit, als die Industrialisierung das Land vollkommen veränderte. Über eine erste grundlegende Verwaltungsreform stürzte die württembergische Regierung 1923, obwohl gerade in der schwierigen Inflationszeit größere Verwaltungseinheiten notwendig gewesen wären.

Auch die Weltwirtschaftskrise brachte zahlreiche Gutachten, zum Beispiel des Reichssparkommissars Saemisch, hervor, die eine radikale Verkleinerung der Zahl der Oberämter vorsahen, aber die Sorge vor dem Verlust von Arbeitsplätzen in den Behörden der betroffenen Oberamtsstädte verhinderte jeden Ansatz einer Reform. Erst den Nationalsozialisten gelang, in einem dank Aufrüstung wirtschaftlich prosperierenden Umfeld, die Umsetzung der Vorschläge aus der Weimarer Zeit. Allerdings hatte man zur Sicherheit 1936, also bereits zwei Jahre vor der Reform, die Parteikreise den geplanten neuen Verwaltungsgrenzen angepaßt, so daß es zu keiner Solidarisierung zwischen betroffenen nationalsozialistischen Kreisleitern und Landräten kommen konnte. 1938 schließlich reduzierte man die noch vorhandenen 61 Oberämter auf die 34 Landkreise und die drei Stadtkreise, die unverändert auch noch Ende der sechziger Jahre bestanden.

In Baden war man, wohl nicht zuletzt aufgrund seiner Entstehungsgeschichte im frühen 19. Jahrhundert, deutlich reformfreudiger. Aus den 59 Bezirksämtern Mitte des 19. Jahrhunderts waren bis zum Beginn des 20. Jahrhunderts 53 geworden. Im Inflationsjahr 1923 reduzierte man deren Zahl auf 40. Weitergehende Reformvorschläge einer vom badischen Landtag 1931 eingesetzten Kommission wurden zunächst nicht umgesetzt. Erst die Nationalsozialisten konnten diese Vorschläge 1936 umsetzen, da sie weder eine kritische Berichterstattung in der gleichgeschalteten Presse noch öffentliche Proteste der Bevölkerung, die schwere staatliche Sanktionen nach sich gezogen hätten, befürchten mußten. So wurden 27 Landkreise und 6 Stadtkreise geschaffen, die Kriegs- und Nachkriegszeit unverändert überstanden hatten.

Versuche, kleinere Veränderungen z.B. durch die Zusammenlegung von zwei Kreisen durchzuführen, scheiterten in der Nachkriegszeit. So erinnerte 1970 der Journalist Fritz Treffz-Eichhöfer, der die Landespolitik seit 1945 kommentierend begleitet hatte, an den Versuch des SPD-Innenministers Fritz Ulrich aus dem Jahr 1954, »den Ansatz zu einer Gebietsreform wagen zu wollen. Er scheiterte in dem südbadischen Kreis Müllheim, wo aufgehetzte Bauern bei einem Lokaltermin des Verwaltungsausschusses mit Dreschflegeln auf die Abgeordneten losgingen, die beabsichtigten, auch nur zwei Kreise zusammenzulegen. Durch den hinhaltenden Widerstand der Altbadener lahmgelegt, mußten die Landtage bisher jede tiefgreifende Reformidee beiseite schieben.«[69]

Die zahlreichen anstehenden Reformen Mitte der sechziger Jahre waren mit den vorhandenen Verwaltungsstrukturen kaum zu bewältigen. Vor allem für SPD-Innenminister Walter Krause war die angestrebte Verwaltungsreform ein wesentlicher Grund, die Große Koalition trotz der verheerenden Niederlage bei der Landtagswahl 1968 fortzusetzen. Dies erklärte er auch nochmals bei der Begründung des Verwaltungsreformgesetzes am 11. Februar 1971 im Stuttgarter Landtag. »Die Ankündigung, eine Konzeption für eine umfassende Verwaltungsreform zu erarbeiten, war einer der wichtigsten Programmpunkte der im Sommer 1968 neu gebildeten Landesregierung.«[70]

Anfang 1969 hatte Krause dem Landtag bereits ein Denkmodell für eine grundlegende Verwaltungsreform zugesagt, die die Landesregierung auch im Dezember 1969 vorlegte. Dabei wurde eine Reformkonzeption vorgelegt, die alle Verwaltungsbereiche umfassen sollte, also die Gemeindereform, die Landkreisreform, die Reform der Mittelinstanz, die Reform der Ministerien und die Funktionalreform. Die Ziele dieser Reformen wurden klar formuliert: »Die öffentliche Verwaltung muß, will sie ihren Funktionen gerecht werden, den Strukturen und Bedürfnissen der Gesellschaft angepaßt sein ... Die wirtschaftliche, technische und soziale Entwicklung hat zu einem grundlegenden Wandel der öffentlichen Aufgaben geführt. Die ursprünglich auf Wahrung von Ordnung und Sicherheit ausgerichtete Verwaltung hat in zunehmendem Maße Aufgaben der Daseinsvorsorge zu erfüllen. Im sozialen Rechtsstaat erwartet der Bürger, daß die Verwaltung planvolle Initiativen entwickelt, um jedem Bürger in Stadt und Land

gleiche Chancen zur Entfaltung seiner Persönlichkeit zu sichern.«[71]

Diese veränderten Anforderungen hatten aber auch Konsequenzen für die Arbeit der Verwaltung. »Die wirtschaftliche, technische und soziale Entwicklung hat auch zu einer Ausweitung und Differenzierung der öffentlichen Aufgaben geführt. Die Zahl der Verwaltungsvorgänge hat sich vervielfacht. Massenvorgänge können rationell nur unter Einsatz moderner technischer Hilfsmittel bewältigt werden. Die wirtschaftliche Verwendung dieser Hilfsmittel ist in größeren Verwaltungseinheiten eher gewährleistet. Der einzelne Verwaltungsvorgang ist komplizierter geworden. Die notwendige Spezialisierung ist nur in größeren Verwaltungseinheiten möglich. Die Verwaltungsstrukturen sind hinter diesen – weiter fortschreitenden – Entwicklungen zurückgeblieben ... Die Anpassung der organisatorischen und territorialen Verwaltungsgliederung an die geänderten sozialen Strukturen des Landes ist zu einer vorrangigen landespolitischen Aufgabe geworden.«[72]

Zur optimalen Erfüllung der Regionalplanung schien die Bildung von zehn bis zwölf Großkreisen im Land am besten geeignet zu sein. Allerdings konnten solche Großkreise mit bis zu einer Million Einwohnern die sonstigen Verwaltungsaufgaben kaum mehr sachgerecht erfüllen. Vorgeschlagen wurde schließlich eine Reduzierung der Landkreise von 63 auf 25 und der Stadtkreise von neun auf fünf. Die Regierungspräsidien sollten beibehalten werden. Sinn machte diese Reform aber nur, wenn auch größere Gemeindeeinheiten entstehen würden, da von den 3.378 baden-württembergischen Gemeinden ca. 92% weniger als 5.000 Einwohner hatten. Nach damaliger Auffassung mußte »eine örtliche Verwaltungseinheit, die die kommunalen Einrichtungen der Grundausstattung wirtschaftlich schaffen und eine leistungsfähi-ge, hinreichend spezialisierte Verwaltung dem Bürger zur Verfügung stellen will, eine Min-desteinwohnerzahl von 5000 haben«.[73]

Deshalb gehörte eine grundlegende Gemeinde-reform ebenso zu den Grundanliegen der Ver-waltungsreform wie die Anpassung der diver-sen Sonderbehörden (Gesundheitsämter, Stra-ßenbauämter, Vermessungsämter, Schulämter, Finanzämter, Landwirtschafts- oder Forstämter, um nur einige zu nennen) an die neuen Ge-bietseinheiten. Die Gemeinden sollten durch fi-nanzielle Anreize zu freiwilligen Zusammen-schlüssen veranlaßt werden, wie dies bereits das Gesetz zur Stärkung der Verwaltungskraft kleinerer Gemeinden vom Frühjahr 1968 vor-sah.

Die größte Regierungsfraktion, die CDU, die dem Reformvorhaben zunächst eher zurückhal-tend gegenübergestanden hatte, legte Ende Fe-bruar 1970 ein eigenes, deutlich weniger radi-

kales Reformmodell vor. Es umfaßte 38 Land-kreise, acht Stadtkreise und teilte das Land in 13 Regionen ein, »in die die Stadt- und Land-kreise eingefügt sind. So werden ausreichend große Räume für die Regionalplanung, also die überörtliche Planung, geschaffen. Gleichzeitig wird für die fernere Zukunft die Bildung von Regionalkreisen offengehalten.«[74]

Alle Planungen berücksichtigten die alten ba-disch-württembergischen Grenzen nicht mehr. Sie setzten also den Erhalt des Landes und die Ablehnung eines selbständigen Badens voraus. Die Altbadener versuchten deshalb die teilwei-se durch das Reformmodell der Regierung aus-gelösten Widerstände für ihre Zwecke zu nut-zen. »Mochte es zunächst als fahrlässig und ge-radezu tollkühn erscheinen, daß die Landes-regierung mit diesem die Gemüter heftig be-wegenden Modell noch vor der Baden-Abstim-mung herausrückte, so läßt sich nun eher um-gekehrt behaupten, daß die Stuttgarter Regie-rung gut daran tat, diese Pläne nicht bis nach der Abstimmung in der Schublade zu lassen. Die Entscheidung vom Sonntag zeigt eindring-lich, wie genau die Wähler zu scheiden wußten zwischen der Kernfrage der Volksabstimmung und den meist mit viel Emotionen befrachteten Randthemen. Das ist ein gutes Zeugnis staats-bürgerlicher Reife.«[75]

Vielleicht war diese Reaktion aber auch ein Zeichen dafür, daß die Einsicht in die Notwen-digkeit einer Verwaltungsreform in weiten Tei-len der Bevölkerung sehr viel ausgeprägter war, als dies die besonders lautstarken Proteste manchmal erscheinen ließen. Immerhin war mit der Baden-Abstimmung das Haupthindernis der Verwaltungsreform aus dem Wege geräumt. Am 20. Januar 1971 legte die Landesregierung den Entwurf eines »Ersten Gesetzes zur Ver-waltungsreform« vor, der 35 Landkreise und acht Stadtkreise vorsah.

Am 20. Juli 1970 überreichte die Reschke- und Dichtel-Kommission der Landes-regierung ihr Gutachten zur Kreisreform. Von links: Staatsrat a.D. Anton Dichtel (Freiburg), Ministerpräsident Filbinger, Oberbürgermeister Dr. Hans Reschke und Innenminister Krause, der eigentliche »Macher« der Verwaltungsreform.

Dieser Entwurf überstand im wesentlichen auch die parlamentarischen Beratungen mit allerdings zwei wesentlichen Veränderungen. Der Landkreis Nürtingen, der zunächst erhalten bleiben sollte, wurde mit dem Landkreis Esslingen verschmolzen. Dafür wurde aus den ehemaligen Landkreisen Künzelsau und Öhringen, die nach dem Regierungsentwurf auf die Landkreise Heilbronn und Schwäbisch Hall aufgeteilt werden sollten, doch wieder ein eigenständiger Landkreis gebildet, der nach einigen Debatten den Namen ›Hohenlohekreis‹ erhielt. Die Diskussionen um die Verwaltungsreform gehörten zu den lebhaftesten der Parlamentsgeschichte. Zur zweiten Lesung hatte es nicht weniger als 225 Anträge gegeben, und noch bei der dritten Lesung mußten 70 Änderungsanträge beraten und zumeist auch darüber abgestimmt werden. Allerdings verfügte die Regierung aus CDU und SPD über eine so breite Mehrheit, immerhin 97 von 127 Abgeordneten, daß eine gewisse Anzahl von ›Abweichlern‹ in den eigenen Reihen ohne weiteres toleriert werden konnte, ohne das gesamte Reformwerk zu gefährden. Die FDP/DVP sagte »eindeutig nein zu diesem Machwerk« und warnte, »wer heute die Reformvorlage beschließt, stürzt das Land in ein finanzielles Abenteuer«.[76] Obwohl dieser Vorwurf von Regierungsseite vehement bestritten wurde, blieb während der Debatte unklar, wie hoch die Kosten der Verwaltungsreform tatsächlich ausfallen würden.

Schwere Proteste gab es in und außerhalb des Landtags gegen die Auflösung des Landkreises Bruchsal und des Stadtkreises Baden-Baden. In letzterem Fall kippte der Landtag seinen eigenen, vorher gefaßten Beschluß und stimmte schließlich dem Erhalt des Stadtkreises zu. Ähnlich überraschend kam die Verlegung des Sitzes des Landratsamtes Esslingen von Nür-

tingen, wie in der zweiten Lesung beschlossen, nach Esslingen. Hinter dieser Entscheidung stand vor allem der Arbeits- und Sozialminister, »der als künftiger Oberbürgermeister der Stadt Esslingen im Gespräch ist«.[77] Auch Ministerpräsident Filbinger gestattete sich ein Aussche-

Im Zuge der Gemeindereform entstanden neue Stadtnamen.

ren aus der eigenen Regierungsvorlage, als er unter schallendem Gelächter, für die Beibehaltung des Kreises Hochschwarzwald stimmte, ohne daß der entsprechende Antrag Aussicht auf Erfolg gehabt hätte.[78]

Nachdem die Entscheidung über die 35 Kreise und neun Stadtkreise getroffen worden war, begannen zum Teil noch erbitterte Gefechte um die Zuordnung von einzelnen Gemeinden zu den jeweiligen Kreisen. Hier gab es zum Teil äußerst knappe Abstimmungsergebnisse. Dabei herrschte, wie Journalisten immer wieder berichteten, eine emotional stark aufgeladene Atmosphäre und die Auseinandersetzungen glitten des öfteren vom Sachlichen ins Persönliche. In diesem Zusammenhang wurden auch verschiedene Entscheidungen kritisiert, »wo einzelne Politiker tief in die parlamentarische Trickkiste griffen, um ihre lokalen Interessen durchzusetzen. Und es ist ziemlich klar, daß die personenbezogenen Lösungen sich nicht bewähren werden, sondern baldmöglichst zu novellieren sind.«[79]

Trotz der teilweise heftigen Auseinandersetzungen wurden die Verwaltungsreform und das Regionalverbandsgesetz mit großer Mehrheit angenommen. Allerdings blieb die Zustimmung mit 82 bzw. 85 Stimmen deutlich unter der Koalitionsmehrheit von 97 Stimmen. Allen berechtigten Kritikpunkten zum Trotz wurden die Reformen in der Presse zu Recht gewürdigt. »Baden-Württemberg, 1953 unter Schmerzen geboren, hat sich eine neue Verwaltungsstruktur gegeben, hat Ex- und Enklaven von der napoleonischen Landkarte gewischt, das Gebilde ›Hohenzollern‹ ad acta gelegt, ist über die Quergrenzen hinweggegangen, die vor 25 Jahren von Besatzungsoffizieren gezogen wurden. Mit diesen Verwaltungsreformgesetzen hat das Land die Grundlage dafür gelegt, daß Kommunal-, Kreis- und Regionalverwaltungen, gestützt

auf eine verästelte Entwicklungsplanung, künftige Aufgaben meistern können. Nun müssen sie diese Chance nutzen.«[80]

Immer wieder betont wurde auch, daß dieses Reformprojekt nur einer Großen Koalition gelingen konnte, die selbst noch genug Schwierigkeiten zu überwinden gehabt hatte. In diesem Zusammenhang wies Ulrich Wildermuth in seinem Kommentar über »Das große Reformwerk« darauf hin, auf was man besonders stolz sein dürfe: »Außer einer Kreisreform im Kleinstformat während der Weimarer Republik setzten bisher nur die Nazis und die Besatzungsmächte Veränderungen im Verwaltungsbereich durch. Die Demokratien sind bisher stets an der Aufgabe gescheitert, das eigene Haus neu zu ordnen. Zum erstenmal hat jetzt der Landtag ein großes Reformwerk in eigener Verantwortung und als souveräner Herr des Verfahrens durchgesetzt und verfochten. Der Landtag hat damit ein demokratisches Selbstverständnis bewiesen, zu dem man ihn beglückwünschen kann.«[81]

Auch der Regierungswechsel 1972, als die CDU die absolute Mehrheit errungen hatte, bedeutete keinen wesentlichen Einschnitt in die geplante Reformarbeit. So erklärte die neue Landesregierung Mitte Dezember 1972 auf eine Große Anfrage der SPD-Fraktion: »Für die weitere Arbeit an der Verwaltungsreform und deren Abschluß bleibt die Gesamtkonzeption vom 30. September 1970 maßgebliche Leitlinie. Die Landesregierung hat nie einen Zweifel daran gelassen, daß sie dieses Grundkonzept als ein Fundament auch ihrer Reformarbeit betrachtet.«[82] In den folgenden Jahren wurden deshalb die Gemeindereform, die weitgehend auf freiwilliger Basis erfolgte, die Behördenreform, die Funktionalreform und die Reform der Gerichtsbezirke realisiert, um nur die wichtigsten zu nennen. Offen blieb bis heute die Zukunft der Regierungspräsidien, deren Auflösung bereits 1971 angekündigt worden war. Immer wieder gibt es deshalb landespolitische Debatten über die Mittelinstanzen in Baden-Württemberg.

Trotz einiger weniger, bis heute noch schwelenden Fragen, vor allem aus der Gemeindereform, und der gelegentlich noch anzutreffenden Abstimmungen in den neuen Kreistagen nach den sogenannten Altkreisen – das heißt die Vertreter stimmen entsprechend ihrer Zugehörigkeit zu den 1972 aufgelösten Landkreisen ab – ist der positiven Bilanz von Ministerpräsident Filbinger von 1975 zuzustimmen: »Dennoch sind die Aufgaben voll und ganz bewältigt worden und, wie ich meine, auch mit gutem und nachhaltigem Erfolg.«[83]

Die Studentenunruhen im Land

In der zweiten Hälfte der sechziger Jahre geriet die Bundesrepublik in eine schwere gesellschaftliche Krise. Die erste, im nachhinein betrachtet kleine, wirtschaftliche Krise brach 1966 aus, die zuerst in Bonn und dann, aus anderen Gründen, auch in Stuttgart zu einer Großen Koalition führte. Die geplanten Notstandsgesetze riefen bis weit in die Gewerkschaften hinein Ängste vor einem autoritären Staat hervor. Der Aufstieg der NPD weckte ungute Erinnerungen an den Aufstieg der NSDAP in der Weimarer Republik, und die immer tiefere Verstrickung der USA in den Vietnam-Konflikt untergrub die moralische Autorität der bis dahin nahezu uneingeschränkt bewunderten westlichen Führungsmacht zusehends.

In dieser schwierigen Zeit gab es praktisch keine parlamentarische Opposition mehr. In Bonn standen 47 FDP-Abgeordnete 447 CDU- und SPD-Abgeordneten gegenüber und in Stuttgart waren es gerade einmal 14 FDP/DVP-Abgeordnete gegenüber 104 CDU- und SPD-Abgeordneten. Die Opposition hatte keine ausreichende parlamentarische Basis. Es bildete sich die Außerparlamentarische Opposition (APO), die maßgeblich von den Studenten getragen wurde.

Die Enttäuschung über die SPD zeigte sich beispielhaft in einem Flugblatt des Heidelberger SDS, des Sozialistischen Deutschen Studentenbundes, der führenden linken Studentenorganisation, vom Frühjahr 1968 anläßlich einer Wahlkampfveranstaltung des wichtigen SPD-Politikers Herbert Wehner in der Stadt. »Wehner, der große Groß-Koalierer spricht. Und weil hierzulande gerade um Wählerstimmen gebuhlt wird, ist er des Lobes voll für seine schmucke Partei, die gerade Großes vollbracht hat. Sie hat

sich mit den Parteien des Alt-Nazi Kiesinger und des Alt-Rüstungsgeld-Schiebers Strauß zusammengetan, um Unheil von diesem System abzuwenden, das das Unheil in Form von Wirtschaftskrisen selbst produziert, und zwar zwangsläufig und immer wieder.«[84]

Ein relativ breiter gesellschaftlicher Konsens bestand darin, daß vor allem im Bildungsbereich grundlegende Reformen notwendig waren. Dazu berief beispielsweise Kultusminister Hahn 1966 einen kleinen Beirat unter Vorsitz des Soziologen Ralf Dahrendorf, um einen Hochschulgesamtplan für Baden-Württemberg zu erarbeiten, der Mitte 1967 vorlag. In einem Kommentar zu den Empfehlungen hieß es: »Die Stuttgarter Planer resignieren nicht vor dem Ansturm noch größerer Studentenmassen, die bald vor den Toren der Hochschulen stehen werden. Sie wollen diese Tore nicht zusperren, sondern breit öffnen, um den Strom der Studienbewerber in eine weite, reichgegliederte Hochschullandschaft zu lenken ... Der im besten Sinne revolutionäre Vorschlag setzt bei den politischen Instanzen die Bereitschaft voraus, auch auf lange Sicht jedem Bewerber, der die Hochschulreife erworben hat, einen Studienplatz zur Verfügung zu stellen. Das bedeutet, daß der Hochschulplan im Zusammenhang einer grundsätzlich expansiven und nicht restriktiven Bildungspolitik gesehen werden muß, die darauf hinzielt, jedem jungen Menschen sein Recht auf Bildung im Rahmen seiner Begabung zu gewährleisten.«[85]

Aber das Reformbedürfnis hatte inzwischen den Bildungsbereich längst verlassen. Wobei nicht selten gerade die Studenten erst durch Ereignisse von außen radikalisiert wurden beziehungsweise zumindest an den Universitäten eine Massenbasis fanden und in der Gesellschaft auf Verständnis stießen. So führte die Erschießung des Berliner Studenten Benno Ohnesorg durch einen Polizisten am 2. Juni 1967 im Anschluß an eine Anti-Schah-Demonstration zu einer breiten Solidarisierung unter den Studenten.

Einige Monate später, am 11. April 1968, wurde in Berlin auf einen der bekanntesten Studentenführer, Rudi Dutschke, ein Attentat verübt, das er schwer verletzt überlebte, an dessen Folgen er aber 11 Jahre später starb. Vor allem die Springer-Presse mit ihrer »einseitigen Berichterstattung über Anliegen und Protest der Studenten wird in der Außerparlamentarischen Opposition als geistiger Urheber des Attentats auf Dutschke betrachtet«.[86] Einrichtungen des Springer-Konzerns waren deshalb in den nächsten Wochen Hauptzielscheibe des teilweise gewaltsamen Protestes, an dem sich in vielen Groß- und Universitätsstädten Hunderttausende beteiligten. In München kamen dabei ein Photoreporter und ein Student ums Leben.

Diese Gewaltausbrüche wurden überwiegend verurteilt. Man sah die Gefahr, »daß die Bereitschaft zum Gespräch bei Studenten, Politikern und schlichten Bürgern immer mehr schwindet und die Radikalen und Harten allenthalben die Oberhand gewinnen«.[87] Dabei sah man durchaus, daß die Jugend die Bevölkerung aus ihrem »Wohlstandsschlaf wachgerüttelt« hatte. »Der Ruf nach Diskussion erklingt von Berlin bis in die Dörfer. Die Fragen der Studenten nach der Strafrechtsreform, nach der Funktionsfähigkeit des Parlamentarismus, nach Forschung und Bildungsreform, nach Vergangenheit und Zukunft haben viele Schleier und Tabus weggerissen, hinter denen sich langsam, aber unheimlich ein Vertrauensschwund zwischen Regierenden und Regierten, zwischen Politikern und Wählern breitgemacht hatte.«[88]

Der Landtagswahlkampf von 1968 in Baden-Württemberg, in den zwei Wochen nach dem Attentat auf Rudi Dutschke, habe deutlich gemacht, »daß trotz Vollbeschäftigung und Tariferhöhungen in diesem Volk Fragen auf Fragen stecken, die zu artikulieren es aber nun keiner radikalen Wortführer mehr bedarf«. Bei allen

Demonstration der Generation der 68er in Ulm.

unerfreulichen Begleiterscheinungen des Protestes dürften Politik und Gesellschaft aber nicht den Blick davor verschließen, »daß es für die junge Generation noch einen anderen Maßstab als Häuslebauen, Urlaubsreisen und Fernsehen gibt«.[89]

Zu einer Infragestellung der gesamten gesellschaftlichen Ordnung wie im Mai 1968 in Frankreich kam es in der Bundesrepublik nicht. Die Unruhen und Auseinandersetzungen blieben auf die Universitäten und Hochschulen und, von diesen ausstrahlend, vereinzelt auf die Gymnasien beschränkt. Schwerpunkte der Auseinandersetzungen waren Berlin, Frankfurt und ab 1970 vor allem Heidelberg. Die Situation 1968/69 beschrieb der Heidelberger Rektor Baldinger mit der Überschrift zu seinem Jahresbericht: »Die Universität zwischen Revolution und Reform«.[90]

Wie weit die Einschätzungen und auch ganz persönlichen Erfahrungen auseinanderklafften, belegen die Beschreibungen zweier Protagonisten. So sammelte der Marburger Historiker Ernst Nolte 1969 Berichte von den Zuständen an den deutschen Universitäten, wobei alle drei alten baden-württembergischen Hochschulen, Freiburg, Heidelberg und Tübingen, mit ausführlichen Beiträgen vertreten waren.

In seinem Vorwort analysierte Nolte, ein Opfer studentischer Proteste, die Vorgänge aus seiner Sicht. »Wenn man um eine Einsicht nun nicht mehr herumkommen kann, dann ist es die folgende: alle vielbeschriebenen Schwächen der deutschen Universität reichen gerade nicht aus, diese Dinge zu erklären; es muß ein neuer Faktor im Spiele sein, der keine hochschulspezifischen Ursachen hat. Dieser Faktor ist leicht zu erkennen: ein knappes Vierteljahrhundert nach dem Zusammenbruch ist der Drang zur Ideologie im nur scheinbar pragmatisch gewordenen Deutschland wieder an die Oberfläche getreten, und dieser Drang verbindet sich mit dem Aktivitätswillen einer akademischen Jugend, für welche Handgranaten und Maschinenpistolen von neuem eine eigentümliche Faszination gewonnen haben, wenngleich nur als Kampfmittel ›unterdrückter Völker‹. Aber da Vietnam und Kuba sehr fern sind und da die Rede von der Unterdrückung in der CSSR oder anderen osteuropäischen Staaten als antikommunistische Losung gilt, führt man den ›Befreiungskampf‹ dort, wo er kein Risiko in sich birgt und im wesentlichen mit Worten geführt werden kann, Worten freilich, die als Kampfmittel auch gezielte Provokationen in den Vorlesungen, Sprechchöre, turbulente Versammlungen usw. in sich schließen. Niemals in ihrer vielhundertjährigen Geschichte ist die deutsche Universität schon äußerlich so entwürdigt gewesen wie heute: mit ideologischen Parolen und obszönen Sprüchen beschmiert, in ihren größten Hörsälen Marktplatz der Emotionen.«[91]

Sicherlich herrschte zwischen 1933 und 1945 an deutschen Universitäten Ordnung. Trotzdem waren die Hochschulen damals sicherlich mehr entwürdigt als zwischen 1968 und 1971. Aus studentischer Sicht beschrieb Herbert Breger, im Wintersemester 1970/71 Asta-Vorsitzender in Heidelberg, die Entwicklung im Rückblick natürlich völlig anders: »Universität, Stadtverwaltung, Ministerien und Presse reagierten kläglich auf das, was uns interessierte: die Verbrechen in Vietnam, die Ausbeutung der Dritten Welt, die unbewältigte Nazi-Vergangenheit und die Verabschiedung der Notstandsgesetze. Überrascht, ungläubig und mit erbittertem Zorn nahmen wir dieses moralische und intellektuelle Vakuum zur Kenntnis. Uns – vor kurzem noch schüchterne Jünglinge und Mädchen – fielen plötzlich Aufgaben, Rollen, politische Möglichkeiten zu, die wir nicht erwartet

In Stuttgart demonstrieren Gymnasiasten und Studenten gegen den »Bildungsnotstand« (1970).

und nicht verlangt hatten, die uns bald überforderten und die wir doch mit trotzigem Triumph wahrnahmen. Gleichviel, es war eine Zeit der Hoffnung.«[92]

Unbestritten war, daß die Universitäten mit ihren alten Strukturen überholt waren. Die studentische Einschätzung, »Unter den Talaren, Muff von 1000 Jahren«, wurde auch von vielen Politikern geteilt. So hatte es in einer vom Kultusministerium herausgegebenen Einführung zum baden-württembergischen Hochschulgesetz von 1968 geheißen, daß es »eine ganze Reihe konkreter Reformen, die bestehende ›Herrschaftsstrukturen‹ abbauen und auf ein freies, partnerschaftliches und demokratisches Zusammenwirken aller Hochschulangehörigen hinzielen«, beinhalte. »Dies bedeutet im Kern

nichts anderes als daß die Erbhöfe der Ordinarien abgeschafft sind.«[93]

Allerdings spiegelte dieses Gesetz die Gegensätze der Großen Koalition in hochschulpolitischen Fragen wider. So beklagte sich Kultusminister Hahn in seinen Erinnerungen, daß die SPD-Abgeordneten »weitgehend die Forderungen der marxistischen Studentenbewegung unterstützten«. Es sei ihm »nur durch höchste Standfestigkeit« gelungen, »eine Drittelparität zu verhindern und einen Rest von Ordnungsrecht beizubehalten, der aber durch die SPD so verwässert wurde, daß dieses Ordnungsrecht nicht angewandt werden konnte«.[94] Angesichts der Tatsache, daß sozialdemokratische Politiker in Wahlkämpfen und bei Vorträgen in diesen Jahren ebenso angegriffen wurden wie christdemokratische Politiker, dürften Hahn seine Erinnerungen hier täuschen.

Das Hochschulgesetz von 1968 räumte den Universitäten das Recht ein, eine eigene Verfassung zu erarbeiten. Die Wahlen für die Grundordnungsversammlungen wurden von den Studenten boykottiert. Zum einen weil den Ordinarien von Anfang an die Mehrheit der Sitze eingeräumt worden war, zum andern aber auch weil man nicht auf die Behandlung allgemeiner politische Fragen, wie Vietnam-Krieg, Notstandsgesetze, Pressekonzentration etc., verzichten wollte, da diese Themen ganz wesentlich zur Mobilisierung der Studenten beigetragen hatten.[95]

Aber auch ohne die Studenten war es zum Beispiel der Grundordnungsversammlung in Tübingen, »paralysiert durch Gruppenkonflikte«, nicht möglich, innerhalb der vorgegebenen Einjahresfrist eine neue Grundordnung für die Universität auszuarbeiten, so daß das Kultusministerium im Wege der Ersatzvornahme am 9. August 1969 ein neues Hochschulgesetz erließ, das am 1. Oktober 1969 in Kraft trat.[96] Nur in Tübingen wurde auch im Dezember 1971 die im Hochschulgesetz vorgesehene Einführung des Präsidialsystems beschlossen. »Am 1. Oktober 1972 begann die Amtszeit des ersten, auf acht Jahre gewählten Präsidenten, womit die seit nahezu fünfhundert Jahren wahrgenommenen Ämter des Rektors und des Kanzlers zu bestehen aufhörten.«[97] In Freiburg und Heidelberg konnte man dagegen fristgerecht eine Grundordnung verabschieden. Allerdings ergaben sich auch dabei erhebliche Differenzen mit dem Kultusministerium, das für sich neben der Rechts- auch die Fachaufsicht beanspruchte, was die Universität Heidelberg ablehnte.[98] In Freiburg und Heidelberg wurde auch das Amt des Rektors beibehalten.

Im selben Zeitraum kam es zu zahlreichen De-

monstrationen und Auseinandersetzungen in den Universitäten und zunehmend mit der Polizei. Vor allem in Heidelberg stellte der Rektor Anfang 1969 nach schweren Ausschreitungen fest, »daß eine geordnete Durchführung des Lehr- und Forschungsbetriebes sowie die Aufrechterhaltung der Funktionsfähigkeit der Gesamtuniversität nicht mehr gewährleistet ist«. Im Einvernehmen mit dem Kultusminister, früher selbst Professor in Heidelberg, beschlossen Rektor und Senat:

»1. Lehrveranstaltungen werden im Falle von Störungen bis auf weiteres eingestellt.

2. Institute, Seminare und sonstige Universitätseinrichtungen, bei denen Störungen vorkommen, werden geschlossen.

3. Sollten Störungen, Besetzungen und Gewaltmaßnahmen bis Donnerstag, den 16. Januar 1969 andauern, wird die Gesamtuniversität geschlossen.

4. Alle Universitätslehrer beraten sofort mit den Assistenten und Studenten über die Möglichkeit der Abwendung der Schließung, um die Lehr- und Forschungstätigkeit aufrecht zu erhalten.«[99]

Die Schließung der Gesamtuniversität konnte trotz einiger Störungen vermieden werden. Noch überwogen die Kräfte in der Universität, die die Konflikte auch innerhalb der Universität lösen wollten. Allerdings mehrten sich die Stimmen, die es dem Staat beziehungsweise Regierung und Parlament überlassen wollten, »die laufenden Geschäfte der Universität durch Staatskommissare so lange notdürftig abwickeln zu lassen, bis eine neue praktikable Lebensform für Hochschule, Hochschullehrer und studierwillige Studenten geschaffen ist«.[100] Allerdings dominierte damals noch die Kritik an einer staatlichen Einflußnahme, so zum Beispiel an dem Anfang 1969 zwischen den Ministerpräsidenten der Länder abgeschlossenen Staatsvertrag über ein »einheitliches Ordnungsrecht an den Universitäten«, von dem man aus der Presse erfahren hatte. Sowohl die Grundordnungsversammlung in Heidelberg[101] als auch der Senat in Freiburg[102] erhoben Bedenken.

Während an den meisten, auch baden-württembergischen Universitäten der Höhepunkt der Auseinandersetzungen mit dem Sommersemester 1969 überschritten war, gingen die Konflikte, teilweise verschärft, in Heidelberg, aber auch in Konstanz weiter. Heidelberg wurde zur Hochburg der Studentenbewegung in der Bundesrepublik. Eine neue, letzte Phase begann, als Anfang 1970 der Alttestamentler Rolf Rendtorff zum Rektor der Universität Heidelberg gewählt wurde. Zu diesem Zeitpunkt hatten sich die Gegner der Reformen auf beiden Seiten bereits formiert.

Mitte November 1970 war in Bonn der »Bund Freiheit der Wissenschaft« gegründet worden. Der Anstoß zur Gründung war, so der Berliner Politologe und Mitglied des Bundes Richard Löwenthal, »im Sommer dieses Jahres primär aus jenem Willen hervorgegangen, die Sturmglocken zu läuten und die Verteidiger von Forschung, Lehre und Studium und der allgemeinpolitischen Meinungsfreiheit gegen Gesinnungsterror und Leistungsverfall zu sammeln«.[103] Mit ihrem Anliegen fanden sie bei Kultusminister Hahn großen Rückhalt, der dem Reformprozeß immer kritischer gegenüberstand.

Gleichzeitig radikalisierten sich Teile der Studentenbewegung, so daß Mitte Juni 1970 nach schweren Auseinandersetzungen mit der Polizei in Heidelberg die baden-württembergische Regierung den SDS verbot. Die Folge davon war die »Generalspaltung. Von der Studentenbewegung zu den Sekten und Zirkeln«, so die Überschrift des vollständigen Protokolls der Debatte, die am 21/22. November 1970 zur

Spaltung geführt hatte[104] und damit das Ende der Studentenbewegung auch von studentischer Seite einleitete. Mit der Weigerung von großen Teilen der Studentenbewegung, sich mit den reformorientierten Teilen der Hochschullehrer zu verbünden, um die Universität zu reformieren und nicht zu revolutionieren, mußte der Versuch Rendtorffs, die Universitätsreform gegen gewaltbereite Studenten und reformunwillige Ordinarien bei wachsender Geringschätzung der Hochschulautonomie durch das Kultusministerium voranzutreiben, zwangsläufig scheitern. Dazu trugen aber auch Auseinandersetzungen um das sogenannte Sozialistische Patientenkollektiv bei, das zunächst berechtigte Kritik an der herrschenden Psychiatrie geübt hatte, aber schließlich immer gewaltbereiter wurde und zudem unfähig, die eigenen Anliegen argumentativ zu vertreten, wie dies in einer Demokratie notwendig ist.

Mitte November 1972 trat Rendtorff als Rektor zurück. Am 6. Dezember 1972 riegelten über 1000 Polizisten die Universität ab, um eine Veranstaltung zum Thema »Innenpolitische Situation und Kampf gegen den braunen BuFW« (Bund Freiheit der Wissenschaft, T.S.) zu verhindern, auf der Professor Brückner aus Hannover sprechen sollte, den man beschuldigte, die RAF-Terroristen zu unterstützen. Mitte Dezember wurde unter Polizeischutz der neue Rektor Niederländer, Jurist und Mitglied des Bundes Freiheit der Wissenschaft, im Heidelberger Rathaus unter Polizeischutz gewählt. Es kam zwar in den folgenden Wochen nochmals zu schweren Auseinandersetzungen und zu Besetzungen, aber die Studentenbewegung und die Reformbewegung an den Universitäten war damit zu Ende.

In Konstanz, wo das Kultusministerium eine weitgehende Reform genehmigt hatte, klagte ein Professor dagegen. Als der Verwaltungsgerichtshof in Mannheim entschied, daß nur das Kultusministerium eine so weitgehende Reform beschließen konnte, verweigerte Hahn dies. Es kam vor der Landtagswahl 1972 zum Konflikt, der schließlich zum Rücktritt von Rektor Hess und seinem Prorektor führte. Da sich kein neuer Rektor fand, wurde der ehemalige Singener Oberbürgermeister Diez zum Staatskommissar ernannt. Nachdem das Bundesverfassungsgericht am 29. Mai 1973 geurteilt hatte, »daß die Qualifizierten – also die Professoren – in den Gremien der Universität die Mehrheit haben und in den Berufungsausschüssen sogar über die überwiegende Mehrheit verfügen müssen«,[105] hatte sich dieser zentrale Konfliktpunkt der Hochschulreform verfassungsrechtlich ›erledigt‹. Die Verabschiedung der Novelle des Hochschulgesetzes im Juli 1973 bildete einen vorläufigen, gesetzlichen Abschluß. In einer weiteren Novelle 1977 wurde schließlich die verfaßte Studentenschaft in Baden-Württemberg abgeschafft.

Kultusminister Hahn war mit seiner restriktiven Hochschul- und Schulpolitik selbst in der eigenen Fraktion im Stuttgarter Landtag zunehmend umstritten. »Die CDU-Fraktion drängte deshalb darauf, in den Hochschulgesetzentwurf deutliche Zeichen des Reformwillens aufzunehmen, um der protestierenden Jugend entgegenzukommen.«[106] So wurde in dieser Zeit auch die Oberstufenreform mit dem Kurssystem in Baden-Württemberg, als letztem Land der Bundesrepublik, eingeführt. Allerdings schlug bald, wie Hahn in seinen Erinnerungen zurecht schrieb, »das politische Wetter um«. »Bis 1973 waren ›Reform‹ und ›Modell‹ die Wunderworte des Jahrzehnts, die als tabu galten … Diese Stimmung begann im Herbst 1973 sich in immer größeren Kreisen ins Gegenteil umzukehren.«[107] Ganz wesentlich dazu hatten die Diskussionen beigetragen, die die Studie des Club

of Rome über »Die Grenzen des Wachstums« seit 1972 ausgelöst hatten, aber auch der Ölpreisschock und die weltweite schwere wirtschaftliche Krise 1973/74.

Trotzdem hat die Studentenbewegung seit 1967 die bundesrepublikanische Gesellschaft in einem Maße verändert, wie dies vorher kaum denkbar war. Und dies obwohl SDS-Aktivisten im Rückblick davon sprachen, daß »vor allem zerstörte Illusionen« übriggeblieben sind.[108] Allerdings werden diese Veränderungen bis heute ganz unterschiedlich bewertet, wie die teilweise erregte Debatte über die Vergangenheit von Bundesaußenminister Joschka Fischer als ehemaliger ›68er‹ in jüngster Zeit bewies.

Es hat »keine Zeit gegeben, in der mehr für die Bildung getan und auch mehr von ihr erwartet und den Menschen versprochen wurde«.[109] Diese Jahre markieren aber auch »die enorme Vergrößerung des öffentlichen Dienstes, nicht zuletzt in den Bildungsinstitutionen«.[110] Besonders die Hochschule hat sich nicht nur personell und zahlenmäßig grundlegend gewandelt. Allerdings hat sie dabei ihre alte Autonomie weitgehend verloren. »Universitätsgesetze von wachsender Regelungsdichte und einseitige ministerielle Anordnungen ließen abnehmendes Verständnis für universitäre Selbstbestimmung erkennen. Sie sorgten für eine wachsende Gleichschaltung nach fachlich-bürokratischen oder parteipolitischen Vorgaben.«[111] Diese Einschätzung des Freiburger Juristen Bullinger von 1998 deckte sich durchaus mit dem Rückblick von Kultusminister Hahn aus dem Jahre 1981. »Zweifellos habe ich … die Bereitschaft wie auch die Fähigkeit der Lehrkörper unserer Universitäten zu einer Reform überschätzt und zugleich die Möglichkeiten eines Hochschulgesetzes, durch gesetzliche Regelungen neue Entwicklungen einzuleiten, zu gering bewertet.«[112]

Kapitel V

Mit gewaltlosem Widerstand
verhinderten südbadische
und elsässische Winzer,
Umweltschützer und
Kernkraftgegner den Bau
eines Kernkraftwerkes in
Wyhl am Kaiserstuhl:
Nai hämmer gsait!

Jahre der Polarisierung 1972 - 1978

Die Landtagswahl 1972: Das Ende der Großen Koalition

Der Einzug der NPD in den Stuttgarter Landtag hatte CDU und SPD zur Fortsetzung der ungeliebten Großen Koalition gezwungen und dies, obwohl sich auf bundespolitischer Ebene die Auseinandersetzungen inzwischen erheblich verschärft hatten. Da sich innerhalb der FDP der sozialliberale Flügel durchsetzte, war eine ganz wesentliche Frage, ob es der NPD bei der Wahl am 28. September 1969 gelingen würde, in den Bundestag einzuziehen und damit auch dort eine Fortsetzung der Großen Koalition zu erzwingen. Nach den Erfolgen der Rechtsextremen bei den Landtagswahlen der Jahre zuvor spielte nun die politische Vergangenheit des Bundeskanzlers im Dritten Reich eine immer größere Rolle.

Im November 1968 ohrfeigte Beate Klarsfeld, die aus Berlin stammte und in Frankreich den Sohn eines in Auschwitz Ermordeten geheiratet hatte, auf einem CDU-Kongreß Kurt Georg Kiesinger öffentlich. Sie wurde noch am selben Tag zu einer Haftstrafe von einem Jahr ohne Bewährung verurteilt. Die juristischen und öffentlichen Auseinandersetzungen um die »Geschichte des PG 2633930 Kiesinger«, wie Klarsfeld ihr Buch nannte, das sie kurz vor der Bundestagswahl veröffentlichte, schadeten dem Ansehen Kiesingers, der zudem sehr ungeschickt agierte. So schrieb zum Beispiel der spätere Literaturnobelpreisträger Heinrich Böll: »Der Prozeß gegen Kurt Georg Kiesinger findet am 28. September 1969, bei der nächsten Bundestagswahl, statt: die Wähler werden ihm den Prozeß machen, und sie werden zu beweisen haben, ob es eine Frechheit, eine Dummheit oder ob's Berechnung ist, daß die CDU-CSU tatsächlich mit Herrn Kiesinger als Kanzlerkandidaten in den Wahlkampf gehen will; mit einem Mann, der ..., einer äußerst obskuren Tätigkeit während der Nazijahre oblag.«[1]

Allerdings reagierte die Bevölkerung im Wahlkreis Waldshut, in dem Beate Klarsfeld gegen Bundeskanzler Kiesinger kandidierte, ablehnend. Während Kiesinger sein Erststimmenergebnis um über 6% steigern konnte, verlor Klarsfeld sogar gegenüber dem schlechten Ergebnis von 1965 nochmals deutlich.[2] Trotz dieses persönlichen Erfolges ging die Wahl für Kiesinger verloren. Erstmals in der Geschichte der Bundesrepublik stellte die SPD mit Willy Brandt den Kanzler, der zusammen mit Walter Scheel von der FDP die Regierung bildete, während die CDU nach zwanzigjähriger Herrschaft in die Opposition mußte.

Nur relativ geringe Wählerverschiebungen hatten diesen Einschnitt der westdeutschen Geschichte verursacht. Die SPD hatte 3,5% gewonnen, die CDU/CSU 1,5% verloren. Die FDP hatte mit Verlusten von 3,7% gerade noch die 5%-Hürde überwunden. Wahlentscheidend war, daß die NPD mit 4,3% der Stimmen den Einzug in den Bundestag verfehlte. In Baden-

Württemberg wies das Ergebnis einige bemerkenswerte Unterschiede auf. Zwar konnte sich die SPD ebenfalls um 3,5% gegenüber der letzten Bundestagswahl verbessern und die NPD schnitt nur unwesentlich besser ab als im Bundesdurchschnitt. Aber die FDP mußte in ihrem Stammland weit überdurchschnittliche Verluste von 5,6% hinnehmen und sank von 13,1% auf 7,5%. Von dieser Entwicklung profitierte die CDU, die ihr bundesweit bestes Ergebnis von 1965 noch einmal von 49,9% auf 50,7% steigern konnte. Nur in Bayern gab es einen höheren Stimmenanteil für die Unionsparteien.[3]

In den folgenden Jahren verschärften sich die innen- und vor allem außenpolitischen Gegensätze zwischen Regierung und Opposition im Bundestag, zumal die ohnehin schmale Mehrheit von SPD und FDP durch Aus- und Übertritte immer mehr schrumpfte. Vor allem die Verträge mit der Sowjetunion und Polen, mit denen die Ergebnisse des Zweiten Weltkrieges von bundesrepublikanischer Seite de facto akzeptiert und die Entspannungspolitik eingeleitet wurden, führten zu bitterbösen Auseinandersetzungen. Wirtschafts- und gesellschaftspolitische Kontroversen verschärften das Klima zusätzlich. Wenige Wochen vor der baden-württembergischen Landtagswahl am 23. April 1972 begann wegen der Ostverträge die sozialliberale Mehrheit im Bundestag immer mehr zu bröckeln. Da gleichzeitig die Stuttgarter Große Koalition im Bundesrat das Zünglein an der Waage bildete, geriet der Landtagswahlkampf in weiten Teilen zu einer Auseinandersetzung um die Bundespolitik.

So erinnerten Kommentatoren unmittelbar vor der Wahl daran, »daß am Sonntag nicht Willy Brandt und Rainer Barzel (der CDU/CSU-Fraktionsvorsitzende im Bundestag, T.S.), nicht Bundestag, Ostpolitik und Wirtschaftssystem zur Wahl stehen, sondern nur die Abgeordneten des baden-württembergischen Landtags sowie indirekt die nächste Landesregierung in Stuttgart. Die Landespolitik ist in diesem Wahlkampf zu kurz gekommen. Die Verhältnisse in Bonn, die waren nun einmal so, daß die Parteien es günstig oder nötig fanden, den Bundestagswahlkampf vorzuverlegen.«[4]

»Die Ostpolitik war ein dominierender Bestandteil der Wahlauseinandersetzungen, getragen von der Bonner Koalition. Der Fragestellung für oder gegen die Ostverträge suchte die CDU mit einem Frontalangriff auf die Wirtschafts- und Gesellschaftspolitik der SPD zu begegnen. Wurde der Opposition das rechte Verhältnis zu einer konstruktiven Friedenspolitik abgesprochen, so stellte sie die SPD als Inflations- und Sozialistenpartei an den Pranger. Es gehört zu den undelikaten Begleiterscheinungen dieses Wahlkampfes, daß sich Sozialdemokraten und Christdemokraten obendrein gegenseitig in die rechts- oder linksradikale Ecke abzudrängen suchten – nach der Devise: Haust Du meinen Juso, hau ich deinen NPD-Freund! Nichts fehlte aus der Wahlkampftrickkiste.«[5]

Die SPD forderte die Wähler auf, Willy Brandt ihre Stimme zu geben, »um Deutschlands Zukunft zu sichern«. Der CDU unterstellte sie »Panikmache, Neinsagerei, persönliche Diffamierung, aber keine politische Aussage über unsere Zukunft« und vor allem die Unterstützung durch die NPD.[6] Diese hatte, wohl nicht zuletzt aufgrund der geringen eigenen Erfolgsaussichten, fünf Wochen vor der Wahl »ihre Kandidaten überraschend zurückgezogen und statt dessen ihren Wählern empfohlen, im ›Kampf gegen die Ostverträge‹ die CDU mit ihrer Stimme zu unterstützen«.[7] Unmittelbar vor der Wahl erinnerte man die Wähler daran, daß in Baden-Württemberg am 23. April eine wichtige Entscheidung falle. »Nicht nur für unser Land, sondern für Deutschland und die ganze Welt. Für alle, die Frieden und Entspannung wollen.«[8]

Demgegenüber hielt die CDU der SPD die steigende Inflation vor. »Die SPD ist daran schuld.« Außerdem seien die öffentlichen Finanzen heillos zerrüttet und die von der SPD versprochenen Reformen gescheitert. »Immer stärker wird die SPD von Radikalen unterwandert.«[9] Viele Bürgeraktionen, die so zahlreich wie noch nie in einem Landtagswahlkampf für die CDU aktiv waren und vor allem altliberale Wähler anzusprechen versuchten, wurden noch deutlicher. »Soll unser Land so rot nun werden? Die Jusos, gefürchtete Hätschelkinder ihrer eigenen SPD, greifen nach der Macht. Sozialisierung, Vergesellschaftung der Produktionsmittel, Diktatur der Funktionäre: Das ist ihre Zukunft. Soll das unser Schicksal werden?«[10]

Zwischen diesen beiden Polen versuchte sich die FDP zu behaupten. »Die absolute Mehrheit einer Partei in unserem Lande wäre ein Unglück. Alleinherrschaft der CDU bedeutet Gefährdung der Friedenspolitik und eine rückständige Kulturpolitik. Alleinherrschaft der SPD bedeutet sozialistische Experimente und Gleichmacherei.«[11] Um die FDP als dritte Kraft zu erhalten, entstand sogar eine Initiative »Warum wir dieses Mal die F.D.P. wählen«, der unter anderem der Tübinger Politologe Theoder Eschenburg, der ehemalige Präsident der Deutschen Arbeitgeber-Verbände, Constantin Paulssen, und der frühere Kultusminister, Gründer und ehemalige Ehrenvorsitzende der CDU, Wilhelm Simpfendörfer, angehörten.[12]

Allerdings sahen Beobachter in diesem heftigen Wahlkampf, bei aller Kritik an den Entgleisungen, auch Vorteile. Das Engagement prominenter Persönlichkeiten nütze dem Ansehen der Parteien und die Polarisierung mobilisiere die Wähler in einem für Landtagswahlkämpfe un-

geahntem Ausmaß. Außerdem wisse der Wähler dieses Mal bereits bei der Stimmabgabe, welche zwei möglichen Regierungen zur Wahl stünden, entweder eine CDU-Alleinregierung unter Hans Filbinger oder eine SPD/FDP-Regierung unter Walter Krause. Eine Alternative gab es nicht, da keine weitere Partei Aussicht auf ein Mandat und sich die FDP bereits verbindlich auf eine Koalition mit der SPD festgelegt hatte.[13]

Mit der Bundestagswahl am 28. September 1969 endete in Bonn die Große Koalition. Nachfolger von Bundeskanzler Kiesinger wurde mit einer sozialliberalen Koalition Willy Brandt, hier auf dem Stuttgarter Schriftstellerkongress 1970 neben Literaturnobelpreisträger Heinrich Böll, einem der heftigsten Kiesinger-Kritiker, und Günter Grass.

Bei den Wahlen zum Baden-Württembergischen Landtag am 23. April 1972 erreichte die CDU eine klare absolute Mehrheit. Garant dieses Wahlerfolges war Ministerpräsident Hans Filbinger, der in seine Regierung erstmals nach dem Zweiten Weltkrieg eine Frau aufnahm: Ministerin Annemarie Griesinger.

Angesichts der grundsätzlichen Fragen, die den Wahlkampf bestimmten, verstieg sich ein Kommentator unmittelbar vor der Wahl zu der Aussage: »Es ist daher keine Floskel, wenn gesagt wird, daß sich die Augen der Welt an diesem Sonntag auf Baden-Württemberg richten.«[14] Andere versuchten dagegen, die eigentliche Bedeutung der Wahl hervorzuheben. »Da der Wähler direkt darüber befinden kann, wer in Stuttgart die Regierungsgeschäfte weiterführt oder übernimmt, sollte er seine Wahl auch nach dieser Entscheidungsmöglichkeit ausrichten. Es wird ein Landtag gewählt, nicht der Bundestag. Waren schon die Spitzenpolitiker überfordert, als sie über Ostpolitik debattierten, müssen es die zu wählenden Abgeordneten erst recht sein. Sie sind kompetent für Landespolitik und dafür kann ihnen der Auftrag auch nur gegeben werden.«[15]

Allerdings hielt es mancher Beobachter auch für möglich, daß die Parteien am Wahlabend feststellen müssen, »daß es des Aufwands nicht bedurft hätte«.[16] Unter bundespolitischen Gesichtspunkten war dem so. Es gab nämlich, trotz des prognostizierten Kopf-an-Kopf-Rennens einen klaren Sieger und zwei Gewinner,

also keinen Verlierer. Bei einer außergewöhnlichen Wahlbeteiligung von 80%, ein Wert, der vorher und nachher nie erreicht worden war, erzielte die CDU mit beinahe 53% zum ersten Mal im Land eine klare absolute Mehrheit. Sie steigerte sich gegenüber der letzten Landtagswahl um über 8% und gegenüber dem schon sehr guten Bundestagswahlergebnis von 1969 nochmals um über 2%. Einziger Wermutstropfen war, daß ausgerechnet Ministerpräsident Filbinger seinen Freiburger Wahlkreis gegen den bisherigen SPD-Justizminister Schieler verlor. Die CDU gewann vor allem in ehemaligen liberalen Hochburgen, wie in Hohenlohe, im Nordschwarzwald oder im Remstal, wo der neue sozialliberale Kurs der FDP auf Ablehnung stieß. Sie profitierte teilweise auch von ehemaligen NPD-Wählern. Regional konnte sie vor allem in Nord- und Südwürttemberg um jeweils etwa 10% zulegen. Erstmals gelang es der CDU bei dieser Wahl, auch bei den Männern mit beinahe 51% ein ähnliches Ergebnis zu erzielen wie bei den Frauen mit 55%.

Aber auch die SPD wuchs um über 8% und konnte ihre Wahlschlappe von 1968 wieder wettmachen und ebenfalls ihr Bundestagswahlergebnis von 1969 leicht übertreffen. Selbst die Freien Demokraten, die gegenüber 1968 über 5% Verluste erlitten, konnten dem Ergebnis noch etwas positives abgewinnen. Gegenüber der Bundestagswahl von 1969 konnten auch sie leichte Gewinne verbuchen. Der Absturz in die Bedeutungslosigkeit war abgewendet.[17]

Für die meisten Kommentatoren war der alte und neue Ministerpräsident die wesentliche Ursache für den in dieser Höhe überraschenden CDU-Erfolg. »Filbinger war und ist für Baden-Württemberg, wie auch schon eine Umfrage des Bundespresseamtes von Ende März ergab, die der Mentalität der Bevölkerung dieses Landes offenbar angemessene Vaterfigur. Hinzu kommt, daß er im Gegensatz zu seinem Vorgänger Kiesinger, welcher doch immer der Bundes-, ja Weltpolitik verschrieben blieb, eine ernsthafte Bezogenheit auf die landespolitischen Probleme ausstrahlt.« Filbinger habe damit »seine bisher keineswegs unumstrittene Position in seiner eigenen Partei gefestigt«.[18]

Eine weitere wesentliche Ursache für den Wahlerfolg der Union sah man darin, daß der innenpolitische Kurs der sozial-liberalen Koalition in Bonn im Lande nicht ankomme. Baden-Württemberg »mag vielleicht nicht ganz typisch sein, da es vielleicht noch empfindlicher als andere Regionen auf sogenannte linke Parolen reagiert, aber dennoch wäre es verkehrt, den Zuwachs der CDU über das Bundestagswahlergebnis hinaus nicht als Reaktion auf eine innenpolitische Lage zu werten, die von Unsicherheit und Mißtrauen geprägt ist«.[19] »Im Land der Häuslesbauer nimmt man offensichtlich laufende Preissteigerungen nicht so auf die leichte Schulter, wie in Bonn angesichts weltweiter Inflationsgewöhnung erwartet worden war. Und ebenso scheint man hierzulande Wert darauf zu legen, daß Reformen nicht nur in großzügigen Programmen angekündigt und versprochen, sondern auch gehalten werden.«[20]

Das Wahlergebnis hatte landespolitisch sehr direkt und bundespolitisch eher indirekt langfristige Konsequenzen. Die CDU hatte sich zur ›Baden-Württemberg-Partei‹ entwickelt. Das strategische Potential der Partei war schon vor der Wahl auf über 50% geschätzt worden. »Man muß unterstellen, daß ungeachtet der vergrößerten Mobilität der Wähler dieser stark konservativ bestimmte Grundzug Baden-Württembergs auch in Zukunft für die Politik in diesem Land und für das Wählerverhalten ausschlaggebend sein wird.«

Entsprechend schlecht sah die Perspektive des Kommentators für die SPD aus, die »in ihrem

prozentualen Anteil am Wählerpotential gerade dort angelangt ist, wo sie 1964 schon einmal stand: Nämlich bei jenen 37 Prozent, die offenbar eine Art von Schallmauer für sie darstellen. Das muß angesichts des hohen Industrialisierungsgrades und der ausgewogenen Sozialstruktur in diesem Land eine Partei besonders irritieren, die sich selbst im Bündnis mit dem gesellschaftlichen Fortschritt wähnt und die dennoch in dem voller Zukunftschancen steckenden Baden-Württemberg nicht vom Fleck kommt.«[21] An dieser für die Sozialdemokraten ernüchternden Feststellung hat sich seitdem nichts geändert. Im Gegenteil: in den nachfolgenden Landtagswahlen konnte die SPD diese 37% von 1964 und 1972 nie mehr erreichen.

Die meisten Kommentatoren waren sich darin einig, daß sich für Bonn aus dem Wahlergebnis

Die Gleichberechtigung der Frau, nicht nur in der Politik, wurde Ende der sechziger Jahre zu einer immer aktueller werdenden Frage. Hier, auf dem Plakat von Klaus Staeck 1976, ist sie Gegenstand der politischen Satire.

wenig herauslesen lasse. »Ein Votum gegen die Politik der Bundesregierung kann man daraus nur schwer machen (allerdings auch keines dafür).«[22] Und ein anderer Kommentator meinte: »So offenkundig die Bundespolitik den Wahlkampf bestimmt hat, so wenig kann aus dem Wahlergebnis für Bonn herausgelesen werden.« Allerdings sah man in dem Ergebnis eine Stärkung des CDU-Oppositionsführers in Bonn, Rainer Barzel. »Das Wahlergebnis hat überdies den Unionsparteien erneut bestätigt, daß ihre Chancen bei kommenden Bundestagswahlen gar nicht schlecht stehen.«[23]

Mit dem »Rückenwind«, vor allem durch die Wahlen in Baden-Württemberg, wollte Rainer Barzel »jetzt aufs Ganze gehen«. Einen Tag danach, am 24. April 1972, beschloß die CDU/CSU-Bundestagsfraktion erstmals in der Geschichte der Bundesrepublik ein konstruktives Mißtrauensvotum zu beantragen. Mit Hilfe von abtrünnigen SPD- und FDP-Abgeordneten glaubte Barzel, die für die Wahl zum Kanzler notwendigen 249 Stimmen zu erhalten. Zur allgemeinen Überraschung erhielt er jedoch nur 247 Stimmen, das heißt mindestens zwei Mitglieder der eigenen Fraktion verweigerten ihm die Zustimmung. Daraufhin einigte man sich auf vorgezogene Neuwahlen im Herbst, die sehr stark von den Ostverträgen und dem gescheiterten Mißtrauensvotum geprägt waren. Die SPD konnte die CDU/CSU erstmals im Bundestag überflügeln. Auch im Land konnten SPD und FDP leichte Gewinne von 2,4% bzw. 2,7% erzielen. Die CDU behauptete aber mit einem leichten Rückgang auf 49,8% ihre führende Stellung in Baden-Württemberg knapp.[24] Allerdings war mit dieser Wahl die sozialliberale Koalition in Bonn auf lange Zeit stabilisiert, und die Unionsparteien verblieben noch weitere zehn Jahre im Bund in der Opposition.

Der Ölpreisschock von 1973 und die wirtschaftliche Entwicklung

Der wirtschaftliche Aufschwung nach 1948/49 in der Bundesrepublik und besonders auch in Baden-Württemberg hing in hohem Maße mit der Verfügbarkeit von ausreichender und billiger Energie zusammen. Dabei wurde die Kohle zusehends vom Erdöl verdrängt. Damit einher ging allerdings eine steigende Abhängigkeit von der ungestörten und ständigen Einfuhr von Rohöl, während man bei Kohle auf große heimische Bestände zurückgreifen konnte. Die deutsche Kohle war jedoch zunehmend nicht mehr konkurrenzfähig, weder gegenüber ausländischer, im Tagebau und damit sehr billig gewonnener Kohle noch gegenüber Erdöl, das in scheinbar unbegrenzten Mengen und zu äußerst günstigen Preisen zur Verfügung stand.

Die Weltrohölförderung hatte sich zwischen 1950 und 1970 mehr als vervierfacht[25] bei praktisch gleichbleibenden Preisen.[26] So lag der Preis für ein Barrel Rohöl (etwa 159 Liter) zwischen 1961 und 1970 bei etwa 1,80 $ und damit auf dem Niveau der unmittelbaren Nachkriegszeit, obwohl im selben Zeitraum die Lebenshaltungskosten in allen Industriestaaten deutlich angestiegen waren. Noch im Oktober 1973 lag der Preis bei etwa 3 $. So wuchs der Verbrauch von Mineralölen in Baden-Württemberg in nicht einmal zehn Jahren, zwischen 1965 und 1973, um etwa 50%.[27]

Über viele Jahrzehnte war der Weltrohölmarkt von den großen Erdölgesellschaften, den sogenannten sieben Schwestern, kontrolliert worden, die den Erdölförderländern den Preis praktisch diktierten. Nach dem Zweiten Weltkrieg begannen die Förderländer zunehmend Einfluß auf die Preisgestaltung zu gewinnen und übernahmen nach und nach auch die Kontrolle über

die Ölfelder. 1960 wurde schließlich die OPEC, die Organisation erdölexportierender Staaten, gegründet, in der sich die größten Förderländer, vor allem aus dem Nahen Osten, zusammenschlossen.[28] Auf Preis und Produktionsmenge hatte dies zunächst keinen Einfluß. Auch der erste Versuch, das Erdöl als politische Waffe einzusetzen, nämlich als Israel im Sechs-Tage-Krieg 1967 seinen arabischen Nachbarn eine demütigende Niederlage zugefügt hatte, scheiterte kläglich.

Zu Beginn der siebziger Jahre überschnitten sich zwei Entwicklungen. Zum einen begann man in den Industriestaaten über die Endlichkeit der natürlichen Ressourcen nachzudenken, angestoßen durch den Bericht von Dennis Meadows an den Club of Rome über »Die Grenzen des Wachstums«[29]. Zum anderen nahm die Auseinandersetzung zwischen den Erdölgesellschaften und den Förderländern über einen gerechten Anteil der Produzenten an den erzielten Preisen zu.

Die besonders importabhängige Bundesrepublik hatte bereits im September 1973 ein Energieprogramm vorgelegt, das erstmals der sicheren Energieversorgung zentrale Bedeutung beimaß, während man bis dahin lediglich die preiswerte Versorgung als ausschlaggebend betrachtete. Die Hauptpunkte des Programms sind bis heute aktuell:

»– Diversifizierung der Energieversorgung bei den Energieträgern, d.h. Steigerung des Versorgungsanteils von Erdgas, Kernenergie und Braunkohle auf Kosten des Öls.

– Diversifizierung der Energieversorgung bei den Lieferländern, d.h. Steigerung der Importe aus anderen westlichen Ländern, z.B.

Wirtschaftswachstum, Landschafts- und Energieverbrauch gehören eng zusammen, wie hier an Ulmer Vororten sichtbar wird. Böfingen wird in den 60er Jahren noch großzügig landwirtschaftliche Flächen verbrauchend gebaut.

aus den Niederlanden und aus der Sowjetunion.

– Bedarfsgerechter Ausbau der Energieversorgungsanlagen im Inland und die Lösung des Zielkonflikts Umweltschutz/sichere Energieversorgung.

– Intensivierung der Energieforschung, insbesondere zur Erschließung neuer Energiequellen und rationelleren Verwendung von Energie.«[30]

Der Ausbruch des Yom-Kippur-Kriegs im Oktober 1973 zwischen Israel, Ägypten und Syrien führte zu einer Eskalation der Ereignisse. Mitte Oktober beschlossen die arabischen erdölexportierenden Staaten den Boykott aller mit Israel befreundeten Länder, wie z.B. der USA und der Niederlande, sowie eine monatliche Reduzierung der Fördermenge um 5%. Darauf war der Westen nicht vorbereitet. Innerhalb von 14 Tagen stieg zum Beispiel der Heizölpreis

in Stuttgart um zehn Pfennig. Die Kommentare paßten sich dem Kriegsgeschehen im Nahen Osten an. »Der Krieg an der Ölfront wird wohl erst dann voll und für lange Zeit entbrennen, wenn die Schlacht zwischen Israeli und Arabern auf den militärischen Schauplätzen geschlagen ist. Selbst eine Art Notwehr des Westens zur Sicherung seines Ölbedarfs kann heute nicht mehr ganz aus dem Gedankenkreis möglicher Konsequenzen verbannt werden.«[31]

Allerdings verursachten die leichte Verknappung des Erdölstromes, der angedrohte Boykott der arabischen Förderländer und vor allem die Unsicherheit über die zukünftige Entwicklung große Unruhe unter der Bevölkerung. »Die knapper werdenden Energiequellen, die bedeutsamer gewordene Rolle des Erdöls für die Energieversorgung und das wachsende Bewußtsein arabischer Staaten darüber, welche Macht ihnen in die Hände gegeben ist, sorgen

Der Stadtteil Wiblingen aus den 70er Jahren besteht aus eng zusammengedrängten Hochhäusern.

Große Teile der Gesamtfläche des Industriegebietes Donautal müssen als Parkplätze genutzt werden.

gemeinsam dafür, daß unter den Verbrauchern der Industrieländer Sorge, Furcht und sogar Panik um sich greifen. Dafür besteht von der Sache her kein Anlaß.«[32]

So berechtigt die Mahnungen vor übertriebenen Sorgen waren, so wenig griffen sie angesichts ständiger Meldungen über anstehende Kontingentierungen bei Heizöl und einer Knappheit bei Benzin. »Bonn rüstet für die große Mineralölkrise«, lautete eine Schlagzeile An-

fang November.[33] Gleichzeitig bereitete die Regierung die Bevölkerung darauf vor, daß Heizöl und Benzin knapp würden. So wurden die gesetzlichen Voraussetzungen für die Sicherstellung der Energieversorgung lebenswichtiger Einrichtungen geschaffen. »Dieses Gesetz soll der Bundesregierung die Handhabe geben, durch Verordnungen den Verbrauch an Benzin, zum Beispiel durch Sonntagsfahrverbote, und an Heizöl einzuschränken.«[34] In

Baden-Württemberg schlug der CDU-Fraktionsvorsitzende Lothar Späth einen »Finanz-Notfonds« des Landes vor, da sich jetzt schon Sorge und Angst »vor allem bei Rentenempfängern und einkommensschwachen Bürgern angesichts der steigenden Ölpreise« ausbreiten würden. »Es dürfe nicht dazu kommen, daß den einkommensschwachen Bevölkerungskreisen ein ›eiskalter Winter‹ bereitet werde.«[35] Gleichzeitig versuchten vor allem die europäischen Regierungen, aber auch Japan, durch die geforderten proarabischen Äußerungen beziehungsweise durch eine Distanzierung von der israelischen Politik das Wohlwollen der Araber und damit ausreichende Öllieferungen zu gewinnen. Obwohl die Erklärungen der Außenminister-Konferenz der Europäischen Gemeinschaft von arabischer Seite begrüßt wurden, gingen die Vorsorgemaßnahmen in Deutschland weiter. Am spektakulärsten und am nachhaltigsten in Erinnerung geblieben war das Sonntagsfahrverbot für vier Sonntage vom 25. November bis einschließlich 16. Dezember. Dazu kam eine allgemeine Geschwindigkeitsbegrenzung auf Autobahnen und Landstraßen auf 100 bzw. 80 km/h. Damit erhoffte man sich eine Benzineinsparung um 10% des bisherigen Gesamtverbrauchs.[36]

Allgemein ging man davon aus, daß es einen grundlegenden Wandel in den Lebensverhältnissen geben werde. »Denn diese Krise ist keine vorübergehende Erscheinung, kein momentaner Engpaß, der dann zu Ende ist, wenn sich die Israeli von der Wüste Sinai und den Golanhöhen zurückziehen. Die Ölquellen Arabiens werden nie mehr sprudeln wie zuvor, das Ende der Vorräte ist abzusehen. Entgegen allen Warnungen haben wir aus dem vollen gelebt ... Das Fahrverbot beendet abrupt ein Freizeitverhalten, wie es sich in den vergangenen Jahren eingeschliffen hat.«[37]

Das Sonntagsfahrverbot wurde, nicht zuletzt dank strenger Kontrollen durch die Polizei, weitgehend eingehalten, was angesichts des schlechten Wetters vielen auch nicht schwerfiel. Die Städte füllten sich, zu Fuß, mit Bussen und Straßenbahnen, erst am Nachmittag, »und dann war er auch schon zu Ende, der erste Tag des Fahrverbotes, das offenbar noch von vielen mehr als Attraktion denn als schmerzliche Beschränkung aufgefaßt worden ist. Hoffentlich bleibt ihnen die Ernüchterung erspart.«[38] Am Freizeitverhalten der Menschen hat sich, entgegen aller Befürchtungen, nichts wesentliches verändern müssen. Im Gegenteil. Seit den frühen siebziger Jahren sind die individuelle Mobilität und der Tourismus, am Wochenende und in den Ferien, aber auch der KFZ-Bestand noch deutlich angewachsen, und die Tourismusbranche gilt als eine der Wachstumsbranchen der Zukunft.

Im nachhinein wissen wir, daß es während der Krise keine Verknappung von Erdöl gab. »Die Versorgung war genauso wie während der nächsten Wochen vollkommen gesichert. Das Eintreten einer Mangelsituation wurde von der Bundesregierung, den Mineralölkonzernen und der Bevölkerung falsch antizipiert, denn sie trat niemals ein ... Die Krise spielte sich mithin nicht in den Heizöl- oder Benzintanks ab, sondern in den Köpfen. Aber gerade deshalb zeitigte sie ein positives Umdenken, das sich in Energiesparmaßnahmen niederschlug. Was die Bevölkerung ... freiwillig an Einsparungen vornahm, hätte mit demokratischen Mitteln seitens der Regierungen niemals durchgesetzt werden können. Der scheinbare äußere Druck bewirkte im Herbst 1973 mehr als alle Vernunft.«[39]

Es gab also im Herbst 1973 keine Ölkrise, sondern eine Ölpreiskrise. Es stand genügend Rohöl zur Verfügung, aber dieses kostete innerhalb eines Jahres statt ca. 2,60 $ pro Barrel im Januar 1973 nun ca. 10,80 $ im Januar 1974. Neun Jahre später mußten die westlichen Industrienationen für das Barrel sogar 34 $ bezahlen, ohne daß es zu ähnlichen Reaktionen gekommen war.

Die Ölpreiskrise fiel mit einer Krise des Weltwährungssystems zusammen. So hatte das Jahr 1973 wirtschaftlich mit einem kräftigen Aufschwung außerordentlich gut begonnen. »Gleichzeitig kam es, verstärkt durch Devisenzuflüsse aus dem Ausland und Änderungen von Währungsparitäten, zu den höchsten Preissteigerungen seit Kriegsende, die Bundesregierung und Bundesbank in der Folge zu einer ungewöhnlich scharfen Restriktionspolitik veranlaßten. Die Bremswirkung dieser Maßnahmen zeigte sich in der zweiten Jahreshälfte vor allem in der Bauwirtschaft und in der Konsumgüterindustrie.«[40] Die Inflation hatte nach 6,5% im Jahr 1972 ein Jahr später 7,9% erreicht.

Auch in Baden-Württemberg gab es aufgrund der guten Auftragslage zunächst im Frühjahr 1973 einen kräftigen Aufschwung der Industrieproduktion. »Von der im Herbst beginnenden allgemeinen konjunkturellen Abkühlung – nicht zuletzt durch die erwarteten Auswirkungen der Energiekrise und der Verteuerung der Rohstoffe – waren besonders der Fahrzeugbau, die Textil- und Bekleidungsindustrie und die Leder- und Schuhbranche betroffen.«[41] 1974 verschärfte sich die Krise noch und machte sich auch zunehmend am Arbeitsmarkt bemerkbar. Baden-Württemberg hatte mit seinem großen Anteil an mittleren und kleineren Betrieben besonders unter der Krise zu leiden und erreichte nur noch eine Steigerung des Bruttoinlandsprodukts von 0,1%.[42]

Im folgenden Jahr kam es zum bis dahin größten Einbruch der Industrieproduktion. In den Jahren 1974/75 gab es für manche Beobachter die erste Weltwirtschaftskrise seit dem Ende des Zweiten Weltkriegs.[43] So sank die Industrieproduktion in Baden-Württemberg um rund 9%. Das Bruttoinlandsprodukt ging preisbereinigt um etwa 4% zurück. Besonders betroffen waren die elektrotechnische, feinmechanische und optische Industrie, die zudem unter einem Strukturwandel zu leiden hatte. »Die außerordentlich niedrige Kapazitätsauslastung vieler Branchen hinterließ auch in Baden-Württemberg deutliche Spuren: am Arbeitsmarkt sank der Beschäftigungsstand nochmals erheblich ab, die Erwerbslosenquote lag am Jahresende bei 3,5% nach 1,4% Ende 1974, die Zahl der Kurzarbeiter hat sich mehr als verdreifacht. Die Insolvenzen stiegen der Zahl und dem Umfang nach sprunghaft an. Mit Sonderprogrammen und gezielten Liquiditätshilfen unterstützte die Landesregierung unsere mittelständische Industrie.«[44]

Erst im darauffolgenden Jahr setzte eine deutliche konjunkturelle Erholung ein, »ohne daß jedoch dadurch der starke Einbruch in der Rezession voll ausgeglichen werden konnte«.[45] Vor

Im Herbst 1973 gab es keine Ölkrise, sondern eine Ölpreiskrise. Verhängt wurden mehrere sonntägliche Fahrverbote. Hier wandern Mitglieder des Schwäbischen Albvereins über ein neues Autobahnteilstück der Strecke Weinsberg-Möckmühl (Sonntag, 9. Dezember 1973).

allem der Arbeitsmarkt erholte sich kaum. Die Zeiten der Vollbeschäftigung waren vorbei. Die Zahl von nur etwas mehr als 18.000 Arbeitslosen 1973 wurde seither mit Abstand nie wieder erreicht, unabhängig von der konjunkturellen Entwicklung. Nur noch 1978 bis 1980 lag ihre Zahl unter 100.000. Inzwischen schwankt sie um 300.000 im Jahresdurchschnitt, womit Baden-Württemberg, neben Bayern, nach wie vor die geringste Arbeitslosenzahl in der Bundesrepublik aufweist.

Zunächst rechnete man nach dem Ausbruch der sogenannten Ölkrise noch mit einem weiteren Anstieg des Ölverbrauchs. Das Stuttgarter Wirtschaftsministerium ging Ende 1973 noch von einem Wachstum von 4,5% bis 1985 aus, ließ allerdings die Annahme bereits von einem Wirtschaftsforschungsinstitut überprüfen.[46] Tatsächlich sank der Mineralölverbrauch in diesem Zeitraum um nahezu ein Viertel.[47] Gleichzeitig setzte man verstärkt auf andere Energieträger, zu diesem Zeitpunkt vor allem auf Atomkraft. »Die Kernspaltung als Energiequelle wird noch wenig genutzt.«[48]

Ende des Jahres kündigte das baden-württembergische Wirtschaftsministerium an, 1974 mit etwa 20 Gemeinden Verhandlungen aufzunehmen, um neun neue Standorte für Kernkraftwerke festzulegen, die bis zum Jahr 2000 in Betrieb genommen werden würden. Drei davon sollten bereits bis 1985 fertiggestellt sein. »Die meisten Aussichten 1985 ein neues Kernkraftwerk auf ihrer Gemarkung zu besitzen, haben die Gemeinden Schwörstadt (Hochrhein), Wyhl (Kreis Emmendingen), Kirchgartshausen (bei Mannheim) und Dietenheim (Alb-Donau-Kreis).«[49]

Demgegenüber wies Ministerpräsident Filbinger in seiner Neujahrsansprache darauf hin, daß man nicht über seine Verhältnisse leben dürfe

und jetzt an Grenzen gekommen sei, die sich nicht nur aus der jetzigen Energiekrise ergäben, »sondern auch aus der Knappheit der übrigen Rohstoffe und aus der Notwendigkeit, die Umwelt zu schützen. Entscheidend sei es deshalb, ›nicht nur die Inflation des Geldes, sondern auch die Inflation der Ansprüche‹ zu bekämpfen ... Der Schock der Energiekrise und die Gefahr eines wirtschaftlichen Rückschlags könnten heilsam sein, wenn sie zum Umdenken führten. ›Jetzt ist die Stunde, wo wir uns auf die Tugenden unserer Väter wieder besinnen sollten‹ ... Die Geschichte Baden-Württembergs sei ein Beweis dafür, wie ein ehemals armes Land durch die Genügsamkeit und den Fleiß seiner Bürger zu einer hohen wirtschaftlichen Blüte aufgestiegen sei.«[50]

Grundsätzliche Fragen warf der 1973 zum SPD-Landesvorsitzenden gewählte Erhard Eppler, zu diesem Zeitpunkt Minister für wirtschaftliche Zusammenarbeit in Bonn, angesichts der Energiekrise auf. Er hob auf den Begriff der Lebensqualität ab, die durch den Energiemangel sogar verbessert werden könnte. »Wer vom wirtschaftlichen Wachstum ausgeht, wird fragen: Wieviel Energie brauchen wir, damit ein Wachstum von 5% möglich wird? Und wieviele Kernkraftwerke sind dazu in Baden-Württemberg nötig? Ich würde fragen: Wieviel Energie läßt sich einsparen, ohne daß die Lebensqualität (dazu gehört sicher auch der Arbeitsplatz) dadurch gefährdet wird? Und wie muß eine Wirtschaft und Gesellschaft aussehen, die mit knapper und teurer Energie die Bedürfnisse der Menschen befriedigen muß?«[51]

Die zu Beginn der siebziger Jahre aufgeworfenen, durch die Ölpreis- und Wirtschaftskrise verschärften Fragen sind auch heute noch aktuell und harren in vielen Teilen noch der Antwort.

Berufsverbote

Mit dem Beginn der Großen Koalition und der damit einhergehenden endgültigen Integration der Sozialdemokraten in Politik und Gesellschaft der Bundesrepublik, dem Kampf gegen die Notstandsgesetze, der Radikalisierung der Studenten und der beginnenden Entspannungspolitik entstanden links von der SPD neue Gruppierungen, vor allem die im September 1968 gegründete Deutsche Kommunistische Partei. Sie bestritt zwar, eine Nachfolgeorganisation der 1956 verbotenen KPD zu sein, berief sich in ihrem Parteiprogramm aber ebenfalls auf Marx, Engels und Lenin, forderte die Aufhebung des KPD-Verbots und die Anerkennung der DDR.

Die heftigen Auseinandersetzungen um die neue Ostpolitik, das heißt die faktische Anerkennung der durch den Zweiten Weltkrieg geschaffenen deutschen Grenzen im Osten und damit eine Entkrampfung der Beziehungen mit den Ostblockstaaten einschließlich der DDR, hatten natürlich auch Konsequenzen im Innern: »daß die Öffnung gegenüber dem Osten keine Öffnung gegenüber dem Kommunismus im Gefolge haben würde, mußte – ob es einem gefiel oder nicht – noch einmal und noch einmal betont werden, bis schließlich Worte nicht mehr reichten. Der Extremistenerlaß ist ohne die Ostpolitik und die Schlacht, die um sie geführt wurde, nicht zu verstehen.«[52]

Die konkrete Entstehung des sogenannten Radikalenerlasses schilderte der damalige Bundeskanzler Brandt in seinen Erinnerungen. »Vor diesem Hintergrund meinten die Innenminister der Länder und deren Regierungschefs, dem ›Marsch durch die Institutionen‹, von der radikalen Studentenopposition verkündet, begegnen zu müssen. Es sollte stärker auf die Verfassungstreue von Angehörigen des Öffentlichen Dienstes geachtet werden. Vom Prinzip her nichts Neues, vielmehr eine Frage, wie geltendes Recht angewendet würde. Aus der Initiative der sozialdemokratischen Innensenatoren von Hamburg und Berlin entstand ein gemeinsamer Text der Länderchefs: ›Grundsätze über die Mitgliedschaft in extremen Organisationen‹. Dem schloß ich mich an, als die Ministerpräsidenten am 28. Januar 1972 im Kanzleramt tagten. Von einer ›Federführung‹ war keine Rede. Der Mitverantwortung wich ich nicht aus.«[53]

Die Kernsätze dieses Beschlusses lauteten: »Nach den Beamtengesetzen in Bund und Ländern darf in das Beamtenverhältnis nur berufen werden, wer die Gewähr dafür bietet, daß er jederzeit für die freiheitliche demokratische Grundordnung im Sinne des Grundgesetzes eintritt.« Außerdem »sind Beamte verpflichtet, sich aktiv innerhalb und außerhalb des Dienstes für die Erhaltung dieser Grundordnung einzusetzen.«[54] Diese demokratische Selbstverständlichkeit schien Anfang der siebziger Jahre, als »in verstärktem Maße extremistische Organisationen und Gruppierungen der ›Neuen Linken‹«[55] auftraten, für alle Regierungschefs in der Bundesrepublik nicht mehr gegeben zu sein. Sie stießen dabei auf Verständnis in der Öffentlichkeit. »Zwar ist es jedermann freigestellt, zu denken, was ihm beliebt. Es kann aber nicht angehen, daß diejenigen, die dem Staat dienen und ihn von Amts wegen zu verteidigen haben, nicht müde werden, eben diesen Staat zu unterminieren.«[56]

Nach den Erfahrungen in der Weimarer Republik, als die Feinde der Republik in Verwaltung, Justiz, Universitäten, Militär und Schulen ungestört arbeiten und damit ganz wesentlich zum Untergang der ersten deutschen Demokratie und zum reibungslosen Funktionieren des Dritten Reiches beitragen konnten, war es die schon im Grundgesetz verankerte Vorstellung einer ›wehrhaften Demokratie‹, die es ermöglicht, »Verfassungsgegner vom öffentlichen Dienst fernzuhalten«.[57]

Soweit waren und sind sich alle Demokraten einig. Umstritten war, wie man die Verfassungsgegner aufspüren könne und was einen Bewerber für den öffentlichen Dienst zum Verfassungsgegner mache. Dazu beschloß die baden-württembergische Landesregierung am 2. Oktober 1973 den sogenannten Schiess-Erlaß, benannt nach dem damaligen Innenminister Karl Schiess, ohne »das angekündigte Rahmengesetz des Bundes abzuwarten und das bundeseinheitliche Verfahren nicht durch eine Extratour zu gefährden«.[58]

Danach mußten vor der Einstellung eines Bewerbers in den Öffentlichen Dienst die Einstellungsbehörden beim Innenministerium »unter Angabe der Wohnanschriften des Bewerbers mindestens aus den letzten fünf Jahren« anfragen, »ob Tatsachen bekannt sind, die Bedenken gegen die Einstellung begründen«. Unter Einschaltung des Verfassungsschutzes sollten so alle Bewerber überprüft werden. »Die Auskünfte sind auf Tatsachen zu beschränken, die gerichtsverwertbar sind.« Die grundlegenden Prinzipien der demokratischen Grundordnung wurden ebenso festgelegt wie die von jedem Bewerber zu unterschreibende Erklärung. Darin mußte man sich zu diesen Prinzipien ausdrücklich bekennen. Außerdem wurde auf die Konsequenzen bei einem Verstoß hingewiesen, daß man nämlich mit einer Entfernung aus dem Dienst rechnen müsse.[59]

An den Hochschulen und in den Gewerkschaften regte sich Protest, dem sich die SPD in -

Baden-Württemberg galt bei den Auseinandersetzungen um den sogenannten Radikalenerlaß zwar als eine der »Berufsverbots-Hochburgen«, verhängte aber bei weitem nicht so viele Berufsverbote wie andere Bundesländer mit wesentlich geringeren Einwohnerzahlen (1976).

Baden-Württemberg weitgehend anschloß. Da sich jedoch die SPD-geführten Bundesländer ganz ähnlich wie der Südwesten verhielten, verlor dieser Protest sehr viel von seiner moralischen Glaubwürdigkeit. Besonders umstritten war der Umgang mit Mitgliedern der DKP, die einerseits als Partei bei Wahlen kandidieren konnte, also nicht wie die KPD als verfassungsfeindlich verboten war, deren Mitgliedschaft aber häufig ausreichte, um nicht mehr die Gewähr dafür zu bieten, sich jederzeit zur freiheitlich demokratischen Grundordnung zu bekennen.

Auf zwei weitere Probleme machte im Rückblick Willy Brandt, einer der Mitverantwortlichen des Radikalenerlasses, aufmerksam, nämlich den deutschen Beamtenbegriff und die internationale Aufmerksamkeit, die dieses Verfahren angesichts der jüngsten deutschen Geschichte erregte. »Daß für Lehrer, Postler und Eisenbahner gelten soll, was für Bedienstete in sicherheitsrelevanten Bereichen erforderlich ist, war schwer verständlich zu machen. François Mitterand«, den Führer der französischen Sozialisten und späteren Staatspräsidenten seines Landes, »konnte ich 1976 nur mit Mühe davon abhalten, einem ›Komitee zur Verteidigung der bürgerlichen und beruflichen Rechte in der BRD‹ noch mehr Lautstärke zu geben, als es schon hatte.«[60]

In der Öffentlichkeit artikulierte sich durchaus Widerspruch, so in einer Erklärung von Konstanzer Professoren, die eine Aushöhlung demokratischer Grundrechte befürchteten »in der auf die sogenannten Radikalenerlasse gegründeten Ausforschungs-, Beurteilungs- und Ablehnungspraxis. Die unmittelbare Folge ist ein erheblicher Einschüchterungseffekt in den Berufsfeldern des öffentlichen Dienstes.« Ministerpräsident Filbinger widersprach den Vorwürfen heftig, indem er auch auf die bisherigen Folgen des Schiess-Erlasses verwies. Demnach waren zwischen Oktober 1973 und Januar 1975 ca. 48.000 Personen überprüft worden. »In 348 Fällen (0,7%) wurden Erkenntnisse mitgeteilt, in lediglich 22 Fällen (0,05%) kam es zu Ablehnungen von Bewerbern bzw. Entlassungen von Bediensteten.« Sein Antwortbrief an die Konstanzer Professoren schloß er mit einem Hinweis auf die Weimarer Republik. »Erst die Aushöhlung des Staatsapparates durch Feinde der Demokratie hat dann zu jener totalitären Bürokratie geführt, die Sie sich in völliger Mißachtung der historischen Zusammenhänge mit den Behörden dieses Landes zu vergleichen nicht scheuen.«[61]

Im Mai 1975 billigte das Bundesverfassungsgericht die inzwischen eingeführte Praxis. »Die politische Treuepflicht – Staats- und Verfassungstreue – fordert mehr als nur eine formal korrekte, im übrigen uninteressierte, kühle, innerlich distanzierte Haltung gegenüber Staat und Verfassung; sie fordert vom Beamten insbesondere, daß er sich eindeutig von Gruppen und Bestrebungen distanziert, die diesen Staat, seine verfassungsmäßigen Organe und die geltende Verfassungsordnung angreifen, bekämpfen und diffamieren. ... Ein Stück des Verhaltens, das für die hier geforderte Beurteilung der Persönlichkeit des Bewerbers erheblich sein kann, kann auch der Beitritt oder die Zugehörigkeit zu einer politischen Partei sein, die verfassungsfeindliche Ziele verfolgt – unabhängig davon, ob ihre Verfassungswidrigkeit durch Urteil des Bundesverfassungsgerichts festgestellt ist oder nicht.«[62]

Allerdings vermuteten nicht wenige, wie zum Beispiel der Philosoph Ernst Bloch in Tübingen, daß in erster Linie unbequeme Kritiker mundtot gemacht werden sollten. »Das Ziel ist klar: An die Stelle des kritischen Bürgers soll der duckmäuserische Untertan treten.«[63] Das Urteil des Bundesverfassungsgerichts hatte insofern zur Unklarheit beigetragen, als es den Begriff der verfassungsfeindlichen Organisationen und Parteien einführte, ohne dies an ein Verbot durch eben dieses Gericht zu knüpfen. »Eben diese politische und richterliche Unentschiedenheit führt aber zu der schlechten, um nicht zu sagen verfassungswidrigen Praxis, daß Verwaltungsbehörden und Gerichte nach ihrem Ermessen über die Verfassungswidrigkeit von Parteien und Organisationen entscheiden können.«[64]

Die heftigen politischen Auseinandersetzungen um den sogenannten Radikalenerlaß gerade in Baden-Württemberg, das als eines der »Berufsverbots-Hochburgen« galt, darf allerdings den Blick darauf nicht verstellen, daß ganz offensichtlich die öffentliche Rhetorik nur teilweise mit den Fakten übereinstimmte, worauf eine sehr kritische Darstellung der Geschichte und Statistik der Berufsverbote in der Bundesrepublik hinwies. »Die CDU Baden-Württembergs verhängte bei weitem nicht so viele Berufsverbote wie die Länder Bremen, Hamburg und Berlin mit wesentlich geringeren Einwohnerzahlen.«[65]

Mit der Abschwächung der gesellschaftlichen Kontroversen in der Bundesrepublik sowie dem blutigen Scheitern des Terrorismus Ende der siebziger Jahre entschärfte sich auch der Konflikt über die Berufsverbote ein wenig. Aber erst die Auflösung des Ostblocks Ende der achtziger Jahre machte den Radikalenerlaß de facto überflüssig, nachdem er bereits vorher kaum mehr angewandt worden war. Die Regelanfrage beim Verfassungsschutz entfiel, und am 26. September 1995 erklärte der Europäische Gerichtshof für Menschenrechte in einem Einzelfall das Berufsverbot für eine Lebenszeitbeamtin für unzulässig. Das Urteil hatte allerdings keine direkten Auswirkungen auf das Land. Zu diesem Zeitpunkt, Ende 1994, hatte es 42 Entlassungen und 242 Ablehnungen von Bewerbern »aufgrund mangelnder Verfassungstreue« in Baden-Württemberg gegeben.[66] Anfang September 2000 erhielt schließlich einer der prominentesten Betroffenen des Schiess-Erlasses, der Tübinger Anton Brenner,[67] vom Oberschulamt die Nachricht, »dass er eingestellt werden solle«.[68]

Unbestritten und nach wie vor wichtig bleibt, daß sich eine Demokratie gegen ihre Feinde wehren muß und sie nicht auch noch in den öffentlichen Dienst aufnehmen darf. Ob dazu allerdings der 1972 von allen politischen Parteien gemeinsam eingeschlagene Weg des sogenannten Radikalenerlasses notwendig war, ist zumindest im nachhinein zweifelhaft, gerade wenn man die geringe Zahl der tatsächlich Betroffenen mit dem enormen bürokratischen Aufwand von hunderttausenden von Überprüfungen und dem damit verbundenen Eindruck von »Schnüffelei und Einschüchterung«[69] vergleicht.

Der Kampf um Wyhl

Der wirtschaftliche Aufschwung des Landes in den fünfziger und sechziger Jahren, aber auch die wachsende Mobilität und der gestiegene Lebensstandard bedingten einen rasanten Anstieg des Energie- und Stromverbrauchs. So stieg der Stromverbrauch im Land zwischen 1950 und 1973, dem Jahr des Ölpreisschocks, um mehr als das Siebenfache.[70] Der Anteil der Mineralöle am Primärenergieverbrauch lag 1973 bei nahezu 72%,[71] das heißt die Energieversorgung des Landes hing weitgehend von einem Rohstoff ab, der zudem überwiegend aus einem politisch instabilen Gebiet wie dem Nahen Osten stammte.

Der Ölpreisschock machte diese Abhängigkeit auf einen Schlag Politik und Öffentlichkeit klar. Das Bestreben in der Energiepolitik richtete sich deshalb schwerpunktmäßig auf eine Reduzierung der Abhängigkeit vom Erdöl. Angesichts des Rohstoffmangels und der fortschrittlichen Technologie setzte man besonders in Baden-Württemberg, aber auch in der übrigen Bundesrepublik auf die Kernenergie. Ende 1973 ging die Landesregierung von einem Bedarf von neun neuen Kernkraftwerken aus, die bis zum Jahr 2000 in Betrieb genommen werden sollten, davon drei bis 1985. Allerdings hatten die Erfahrungen mit dem Demonstrationskraftwerk in Obrigheim die Energiewirtschaft davon überzeugt, daß die Stromproduktion in Kernkraftwerken auch ohne öffentliche Subventionen profitabel war. So beteiligte sich das Badenwerk 1969 am Kernkraftwerk Philippsburg, dessen erster Block 1979 fertiggestellt wurde.

Zwei Jahre später, im Juni 1971, stellte das Badenwerk einen Antrag auf eine Standortgenehmigung für ein Kernkraftwerk in Breisach. Sehr schnell bildeten sich danach Bürgerinitiativen gegen das Projekt, die sich bereits Anfang 1972 zusammenschlossen. In Breisach erhoben vor allem die Winzer Einspruch. Ökologische Bedenken standen im Vordergrund. Man befürchtete von den Kondensdämpfen aus den geplanten Kühltürmen Schäden für den Weinbau und die eigene Gesundheit. »Die Angst, ein reiches Weinbaugebiet in ein ›Ruhrgebiet‹ zu verwandeln, löste einen so großen Protest aus, daß die Kraftwerksbetreiber, zu denen auch das Badenwerk gehörte, sich nach einem neuen Standort umsahen: Wyhl.«[72] Bereits Mitte 1973 entschied man sich dann für Wyhl statt Breisach als neuen Standort.

Dies löste erste Protestdemonstrationen im Kaiserstuhl aus. Ein Jahr später kam es zur Zusammenarbeit mit elsässischen Bürgerinitiativen, die sich gegen ein Bleiwerk in Marckolsheim wehrten. Die dortige Besetzung des Bauplatzes »ist die Generalprobe für die Platzbesetzung im gegenüberliegenden Wyhler Wald«.[73] Das nur wenige Kilometer südlich von Wyhl auf der französischen Rheinseite geplante Kernkraftwerk Fessenheim war nicht mehr zu verhindern. Gleichzeitig wurde in Kaiseraugst, in der Nähe von Basel auf der schweizerischen Rheinseite, ebenfalls ein Atomkraftwerk projektiert, das allerdings nicht realisiert wurde.

Trotz der Proteste leitete das Wirtschaftsministerium in Stuttgart im September 1974 das Genehmigungsverfahren ein, und Ministerpräsident Filbinger erklärte am Ende des Jahres, daß es am Bau des Kernkraftwerks keinen Zweifel gebe. Anfang 1975 kam es dann zu einem Bürgerentscheid in Wyhl, bei dem sich eine knappe Mehrheit von 55% für den Bau des Kernkraftwerks aussprach, nicht zuletzt in Er-

Spezialkulturen sind für die baden-württembergische Landwirtschaft besonders wichtig: Weinbau (hier in Württemberg), Obstverkauf bei Markdorf am Bodensee und die berühmten Bühler Zwetschgen.

Im September 1974 wurde das Genehmigungsverfahren für ein Kernkraftwerk in Wyhl am Kaiserstuhl eingeleitet. Südbadische und elsässische Bürgerinitiativen bildeten sich sofort zum Schutz ihrer Heimat und ihrer Weinberge, besetzten den Bauplatz und formierten sich zum Widerstand.

Mit dem Einsatz von Wasserwerfern wurde vergeblich versucht, den Widerstand zu brechen. Hans Filbingers starres Festhalten an Wyhl wurde 1978 von seinem Nachfolger Lothar Späth nicht fortgesetzt. Die Prognosen für den Energieverbrauch führten zu einem Überdenken der bisherigen Standpunkte. Endgültig – nach Tschernobyl im April 1986 – verzichtete die Landesregierung im Dezember 1987 auf den Bau des Kernkraftwerks Wyhl.

wartung großer Gewerbesteuereinnahmen. Danach erteilte Wirtschaftsminister Eberle eine Teilerrichtungsgenehmigung, Gelände wurde erworben und mit dem Abholzen begonnen. Mitte Februar fand die erste Platzbesetzung statt, die aber von der Polizei schnell geräumt wurde. Am 23. Februar 1975 kam es zu einer großen Kundgebung am Bauplatz und zur Erstürmung des Bauplatzes. Dort wurde sehr schnell ein sogenanntes Freundschaftshaus errichtet, in dem die Volkshochschule Wyhler Wald entstand. Diese hielt in den nächsten beiden Jahren über 200 Veranstaltungen vor allem zu Themen des Umweltschutzes ab, nach der Räumung des Platzes im November in den umliegenden Dörfern.

Für Ministerpräsident Filbinger, der den Besetzern vier Wochen Zeit gab, den Platz wieder zu räumen, waren die Kernkraftgegner Radikale und Extremisten, obwohl die Zusammensetzung der Bürgerinitiativen dem deutlich widersprach. Der Widerstand gegen das Kernkraftwerk in Wyhl mobilisierte große Teile der Bevölkerung, so wurden über 89.000 Einwendungen erhoben,[74] und das in einer eher konservativen Region, in der die CDU bei Landtagswahlen über dem Landesdurchschnitt liegende Ergebnisse erzielt hatte.

Nachdem sich die Regierung auf den Bau des Kernkraftwerks Wyhl festgelegt hatte, erhoben Landwirte, die in unmittelbarer Nähe zum geplanten Kernkraftwerk lebten, vor der Platzbesetzung am 21. Februar 1975 Klage gegen die erste Teilerrichtungsgenehmigung. »Sie rügen zum einen in formell-rechtlicher Hinsicht, daß ihnen im Rahmen des Verwaltungsverfahrens nicht in dem gebotenen Maße rechtliches Gehör gewährt worden sei. Sie beanstanden zum anderen in materiell-rechtlicher Hinsicht, daß die angegriffene Genehmigung nicht hätte erteilt werden dürfen, weil es an dem erforderlichen Schutz gegen schädliche Umwelteinwirkungen fehle, die durch das geplante Vorhaben verursacht werden könnten.«[75] Damit spielte sich der Kampf um das Kernkraftwerk zukünftig auf zwei Ebenen ab, nämlich auf der politischen und auf der juristischen.

Nachdem das Freiburger Verwaltungsgericht im März 1975 einen Baustopp angeordnet hatte, versuchte die Landesregierung die Bevölkerung von dem Projekt zu überzeugen. Allerdings war die Atmospäre schon äußerst angespannt, so daß es kaum noch zu sachlichen Debatten vor Ort kam. Mitte Oktober hob der Mannheimer Verwaltungsgerichtshof den Baustopp auf. Allerdings verzichtete die Landesregierung auf eine polizeiliche Räumung des besetzten Geländes und erklärte ihre Bereitschaft zu Verhandlungen mit den Kernkraftgegnern. Am 31. Januar 1976 kam es zur sogenannten »Offenburger Vereinbarung«. Danach sollten zu den strittigen Punkten Gutachten eingeholt werden. Die Kernkraftwerk Süd als zukünftige Betreiberin des Kernkraftwerkes verzichtete auf Schadensersatzansprüche. Alle Strafverfahren sollten eingestellt werden. Die Bürgerinitiativen verpflichteten sich zur Gewaltlosigkeit und zur Räumung des Bauplatzes.[76] Allerdings war dieses Abkommen unter den Bürgerinitiativen umstritten, und erst die Weigerung der Landesregierung, erneut zu verhandeln, führte schließlich zur Annahme.

Die eingeholten Gutachten wurden, wie nicht anders zu erwarten, völlig unterschiedlich eingeschätzt. Während die Landesregierung damit die Offenburger Vereinbarung für erfüllt hielt, widersprachen die Bürgerinitiativen vehement. Schließlich wartete man auf die Entscheidung des Verwaltungsgerichts in Freiburg. Zur Überraschung der Kraftwerksbetreiber und der Landesregierung verkündete das Gericht am 14. März 1977, daß die am 22. Januar 1975 erteilte Erste Teilgenehmigung für den Bau des Kernkraftwerks Süd Block I aufgehoben wird.[77]

Inzwischen hatte sich aber die Lage auf dem Energiemarkt grundlegend gewandelt. Während Ministerpräsident Filbinger noch in einer Regierungserklärung vom Februar 1978 festgestellt hatte, daß ohne den Bau des Kernkraftwerks Wyhl »zu Ende des Jahrzehnts die ersten Lichter ausgehen«,[78] gab es 1978 Strom im Überfluß. Allerdings hielt die Landesregierung daran fest, »daß ohne den Bau weiterer Kernkraftwerke die Energieprobleme der Zukunft nicht gelöst werden können«. Man sah auch keine Möglichkeit, auf ein Kernkraftwerk in Wyhl zu verzichten. »Es sei denn, wir verzichten in einigen wichtigen Industrien auf zusätzliche Arbeitsplätze, weil wir dann die notwendige Energie nicht zu günstigen Preisen anbieten können.«[79]

Allerdings hatte die Regierung Filbinger unter anderem »durch ihr starres Verhalten gegenüber massiven Protesten starker Umweltschutzgruppen im Vorfeld des geplanten Kernkraftwerkes bei Wyhl« »deutliche Abnutzungserscheinungen« sichtbar werden lassen.[80] Der 1978 neu ins Amt gekommene Ministerpräsident Lothar Späth hielt an Wyhl zunächst fest, wie er in seiner Regierungserklärung vom 24. Juni 1980 ausführte. »Ohne eine gesicherte Rohstoff- und Energieversorgung gibt es keine sicheren Arbeitsplätze. Wer die Schaffung und Erhaltung von Arbeitsplätzen als vorrangige landespolitische Aufgabe bejaht, muß auch ja sagen zur Nutzung der Kernenergie ... Die Landesregierung hält deshalb an ihrem Entschluß fest, im Rahmen der Zielsetzung des Energieprogramms das Kernkraftwerk in Wyhl zu bauen, wenn das Urteil des Verwaltungsgerichtshofes dies zuläßt.«[81]

Der Ton zwischen Regierung und Bürgerinitiativen hatte sich schon 1978 wesentlich versachlicht. In seiner ersten Regierungserklärung hatte Späth nämlich bereits verkündet, daß die Landesregierung mehr Bürgernähe wolle. »Zahlreiche Bürgerinitiativen und spontane Aktionen sind ein Zeichen dafür, daß wir mehr miteinander reden müssen. Spüren wir doch täglich den Wunsch vieler Bürger, mit uns, den Politikern, nicht auf Umwegen, sondern direkt zu sprechen.«[82]

Am 30. März 1982 wies der Verwaltungsgerichtshof Baden-Württemberg die Klagen gegen die erste Teilerrichtungsgenehmigung ohne Einschränkung ab. Trotz der Befriedigung über diesen juristischen Sieg änderte diese Entscheidung nichts an der Auffassung von Späth, »daß es sich bei Entscheidungen über Art und Umfang der friedlichen Nutzung der Kernenergie in erster Linie nicht um juristische, sondern um fundamental politische Fragen handelt«. Dementsprechend wollte er weitere Entscheidungen erst nach ausführlichen Gesprächen mit allen Beteiligten treffen.[83]

Die Reaktorkatastrophe von Tschernobyl im April 1986, »aber auch die Feststellung, daß die tatsächliche Zuwachsrate beim Energieverbrauch deutlich hinter den Prognosen zurück-

blieb, hat ein Überdenken bisheriger Standpunkte bewirkt ... So wurde im Dezember 1987 der endgültige Verzicht auf den Bau des Kernkraftwerkes Wyhl der Öffentlichkeit mitgeteilt und darauf hingewiesen, daß entsprechend dem aktuellen Energieverbrauch die Energieversorgung bis zur Jahrtausendwende gesichert ist.«[84]

Das Atomkraftwerk in Wyhl wurde also sowohl wegen des Widerstandes von großen Teilen der betroffenen Bevölkerung als auch wegen der veränderten Situation auf dem Energiemarkt schließlich nicht gebaut. Trotzdem stellten die Erfahrungen des Widerstandes gegen das Kernkraftwerk in Wyhl einen Einschnitt in der bundesrepublikanischen Geschichte dar. Wyhl »wird zu einem wichtigen Anstoß für die Bürgerbewegung gegen die Kernkraft, die in den folgenden Jahren die Bundesrepublik verändert. Bürgerinitiativen treten als neue Erscheinungen des politischen Lebens überall auf den Plan, mit den Grünen entsteht eine neue parteipolitische Formation. Das Thema Umweltschutz tritt in den folgenden Jahren auch in der Politik der ›Altparteien‹ in den Vordergrund.«[85]

Wyhl war aber auch ein Beispiel für die, wenn auch langsame, Lernfähigkeit des politischen Systems in einer Demokratie und für die Fähigkeit, Bürgerängste ernst zu nehmen, wenn sich die Betroffenen entsprechend engagieren. Darauf wies Ministerpräsident Späth bereits 1982 in seiner Regierungserklärung zum Thema »Wyhl« hin. »Meine Damen und Herren, wenn Wyhl ein Symbol ist, dann ist Wyhl ein Symbol dafür, welches Maß an Umsicht, Vorsorge, Argumentationsbereitschaft und Geduld der Rechtsstaat aufzubringen in der Lage ist ... Und ich bin trotz allem, was in diesem Zusammenhang an Unbequemem zu sehen ist, als Demokrat stolz darauf, daß unsere Demokratie dies leistet.«[86]

Die Landtagswahl von 1976

Gegenüber den Landtagswahlen von 1972 hatte sich die politische Situation der Bundesrepublik 1976 grundlegend geändert. Bundeskanzler Brandt war 1974 über die Enttarnung seines engen Mitarbeiters Günter Guillaume als DDR-Spion gestürzt. Sein Nachfolger wurde der bisherige Finanzminister Helmut Schmidt, Vizekanzler und Außenminister der bisherige Innenminister Hans-Dietrich Genscher, nachdem der bisherige Außenminister Walter Scheel am 15. Mai 1974 zum Bundespräsidenten gewählt worden war.

An die Stelle des Reformoptimismus der frühen Brandt-Ära war allgemeine Ernüchterung eingekehrt. Die alle Industriestaaten treffende Wirtschaftskrise mit dem damit einhergehenden Anstieg der Arbeitslosigkeit und dem Rückgang der Steuereinnahmen reduzierte den Spielraum für Reformen drastisch. Zunehmende gesellschaftspolitische Auseinandersetzungen durch Arbeitskämpfe, aber auch die terroristischen Aktivitäten prägten ein Gefühl der Unsicherheit. Die CDU/CSU hatte sich nach ihrer desaströsen Wahlniederlage 1972 wieder gefangen und konnte dank zahlreicher gewonnener Landtagswahlen den Bundesrat dominieren und die Politik der Bundesregierung damit ganz wesentlich beeinflussen.

In Baden-Württemberg war Ministerpräsident Filbinger konkurrenzlos. »Seine Persönlichkeit, seine Rolle als Landesvater, seine Stellung als Landesvorsitzender und als stellvertretender Bundesvorsitzender der CDU waren auch außerhalb von Wahlkampfzeiten unumstritten.«[87] Mit der überraschenden Wahl von Lothar Späth zum Fraktionsvorsitzenden der CDU 1972, er besiegte den bisherigen Fraktionsvorsitzenden Ganzenmüller deutlich, gewann die Fraktion ein eigenes Profil gegenüber der Landesregierung. »Das Spannungsverhältnis zwischen Landesregierung und CDU-Fraktion ist seit dem 6. Landtag von Baden-Württemberg (1972-1976, T.S.) ein ›wesentliches Element südwestdeutscher Landespolitik‹. Das Ausmaß der Publizität, das die Landespresse dem Wechselspiel von Regierung und Fraktion zuwandte …, enthüllte gleichzeitig die bemerkenswerte Schwäche der Opposition von SPD und FDP.«[88]

Alle politischen Beobachter gingen davon aus, »daß die allein regierende CDU, die bei der letzten Landtagswahl am 23. April 1972 52,9% der Stimmen und 65 der 120 Landtagssitze erhielt, gute Aussichten hat, auch dieses Mal wieder die absolute Mehrheit zu erringen«.[89] Obwohl es im Unterschied zu 1972, als die Landtagswahl zu einer Testwahl für die Ostpolitik hochstilisiert wurde, keine grundlegenden Fragen gab, die es zu entscheiden galt, polarisierte Ministerpräsident Filbinger den Wahlkampf, in dem er von einer Entscheidung zwischen Freiheit und Sozialismus sprach.

Dabei blickte, wie ein Kommentator ironisch anmerkte, die Welt »nicht auf Badener und Schwaben, sie wird am Ergebnis nicht ablesen, ob und inwieweit Freiheit und Sozialismus vereinbar sind, auch der Kurs Europas wird an diesem Sonntag kaum beeinflußt werden«.[90] Es ging ausschließlich um die Frage, wer Baden-Württemberg die nächsten vier Jahre regieren würde.

Besonders hilfreich für die CDU war der Zustand der SPD, vor allem in den Bundesländern. »Fürwahr, ohne parteipolitische Brille muß konstatiert werden, daß keine der derzeitigen sozialdemokratisch geführten Länderregierungen dieser Bundesrepublik das Verlangen fördern könnte, sich auch so regieren zu lassen … Es mag viele Gründe geben, nicht für die Kandidaten der Regierungspartei des Landes zu stimmen, die Aussicht, daß eine sozialliberale Mannschaft es besser machen würde, ist nicht darunter.«[91] In diese Richtung zielte auch der Wahlkampf der CDU. »Zufrieden mit sich und ganz und gar unzufrieden mit Bonn, so gab sich die baden-württembergische CDU. Genau besehen hat sie gar nicht gegen die anderen Parteien in Baden-Württemberg argumentiert. Sie hat vielmehr so kräftig auf die Bonner Regierung und auf die Koalitionen von SPD und FDP in anderen Bundesländern losgedroschen – in einer Zeitungsanzeige sogar mit dem Ausdruck ›Säutreiber‹ –, daß die Sozialdemokraten sich nur noch mit dem Rücken zu ihren mit Schulden belasteten Reformruinen – manchmal geradezu hilflos – verteidigen konnten.«[92]

Die FDP hatte es zudem der CDU leicht gemacht, einen ›Lagerwahlkampf‹ zu führen, als sie entgegen der Warnungen führender Parteivertreter auf ihrem Parteitag im November 1975 beschlossen hatte, nur mit der SPD zu koalieren. Dies wurde sehr heftig kritisiert. »So gesehen ist für viele Wähler und vielleicht sogar für den die morgige Wahl entscheidenden Teil schon am 8. November vorentschieden worden, welche Parteien sie am 4. April 1976 nicht wählen.«[93] Dabei befand sich der sozialdemokratische Wunschkandidat der Liberalen nicht nur im Bund, sondern auch in Baden-Württemberg in einer schwierigen Situation. Als Spitzenkandidat trat der im Februar 1973 zum Landesvorsitzenden gewählte Entwicklungshilfeminister unter Willy Brandt, Erhard Eppler, an, der im Konflikt mit Bundeskanzler Schmidt zurückgetreten war und innerhalb seiner Partei als Linker galt. Zudem hielt man ihn für verschlossen und warf ihm vor, »er finde keinen Kontakt zum Bürger«.[94]

Eppler glaubte selbst nicht daran, »daß die SPD 1976 die Regierung übernehmen werde«.[95] »Als Filbinger 1976 seine Kampagne ›Freiheit statt Sozialismus‹ startete, meinte und traf er zuerst einmal die Sozialdemokratie des Südwestens, vor allem mich, mit dem ja, wie in allen Zeitungen zu lesen stand, auch der neue Kanzler nicht zufrieden war … Gegen eine übermächtige Union bei distanzierter Zurückhaltung einer sozialdemokratisch geführten Bundesregierung war keine Wahl zu gewinnen.«[96] Deshalb war auch niemand am Abend des 4. April 1976 überrascht, daß es zu keinem Machtwechsel in Stuttgart gekommen war. Trotzdem setzte das Ergebnis die Beobachter in Erstaunen. »CDU-Supersieg: Städte in ihrer Hand. Sensation: FDP schwach wie noch nie«[97] oder »Rekordergebnis für die CDU«[98] lauteten die Schlagzeilen. Mit 56,7% hatte die baden-württembergische CDU das bis dahin beste Wahlergebnis der Partei in der gesamten Bundesrepublik seit 1949 erreicht, die SPD hatte über 4% verloren und war auf 33,3% gesunken, während die FDP ihr bis dahin schlechtestes Landtagswahlergebnis mit 7,8% zu beklagen hatte. Nicht einmal ihr Spitzenkandidat und bisheriger Fraktionsvorsitzender Peter Brandenburg schaffte den Wiedereinzug ins Stuttgarter Parlament. Die CDU hatte 69 von 70 Direktmandaten gewonnen. Nur in einem Mannheimer Wahlkreis konnte sich die SPD behaupten. In allen Altersgruppen, bei Männern und bei Frauen war die CDU stärkste Partei geworden, wobei sie mit dem zunehmendem Alter der Wähler immer besser abschnitt. Außerdem konnte sie bei Frauen noch mehr Stimmen gewinnen als bei Männern. Bei der SPD war es gerade umgekehrt. Mit zunehmendem Alter verlor die SPD an Zustimmung und bei den Frauen fand sie etwas weniger Anklang als bei den Männern. Nur bei den Jungwählern zwischen 18 und 24 Jahren konnten SPD und FDP zusammen einen leichten Vorsprung vor der CDU erzielen.[99]

Inwieweit das vergleichsweise schlechtere Abschneiden der CDU bei Frauen unter 35 Jahren in einem Zusammenhang mit der damals sehr heftigen Kontroverse um den Abtreibungsparagraphen 218 stand, dessen Abschaffung die baden-württembergische CDU ablehnte, kann nur vermutet werden. Im Parlament waren die Frauen immer noch sehr schwach vertreten. Ganze sechs weibliche Abgeordnete gab es im siebten Landtag (drei für die CDU, zwei für die SPD und eine für die FDP), fünf aus Nordwürttemberg und eine aus Nordbaden. Die südlichen Landesteile hatten keine Frau in den Landtag gewählt. Immerhin amtierte seit 1972 mit Annemarie Griesinger die erste Ministerin in Baden-Württemberg.

Es war, darin bestand Übereinstimmung bei allen Kommentatoren, »Filbingers Sieg«.[100] Er wird »als eine Art Triumphator in die Stuttgarter Villa Reitzenstein zurückkehren, von der aus er seit nun schon zehn Jahren mit wachsender Stärke regiert. Die Siegerpose braucht er gar nicht erst zu erlernen. Sie ist ihm längst zur zweiten Natur geworden. In einer Ein-Mann-Show, die allenfalls den Vergleich mit der Rolle von Franz Josef Strauß in Bayern zu scheuen hätte, gelang Filbinger ein Ausbau der CDU-Vormacht in Baden-Württemberg, der die Verfestigung der Herrschaftsstrukturen auf unabsehbare Zeit voraussagen läßt.«[101]

Besonders schmerzen mußte die SPD, daß die CDU alle Mandate, bis auf eines, in den Großstädten des Landes gewonnen hatte, teilweise erstmals seit Gründung des Landes, wie zum Beispiel in Heilbronn. »Daß gerade in den Ballungszentren und Großstädten die CDU mehr als fünf Prozent hinzugewonnen hat, ihr somit also ein tiefer Einbruch bei den Arbeitnehmern

gelungen ist, mag beweisen, daß Hans Filbingers Kampfalternative ›Demokratischer Staat oder sozialistische Gesellschaft‹ keineswegs mißverstanden wurde. Es hat sich vielmehr offenbar der Eindruck verhärtet, daß die CDU im Land Baden-Württemberg jedenfalls, die bessere, die klarere, die überzeugendere Konzeption vertritt ... Warum sollen die Wähler die Pferde wechseln, wenn es ihnen, selbst in Zeiten allgemeinen Tiefstandes, vergleichsweise besser geht als anderen? Zu dem landesbezogenen Wohlergehen schlägt das Angebot von Führungspersönlichkeiten noch eindeutig zugunsten der CDU aus. Die SPD hat eben keinen Mann anzubieten, der Hans Filbinger auch nur annähernd in der Repräsentation typisch baden-württembergischer Tugenden gleichkäme.«[102]

Nur in den Gebieten um das geplante Kernkraftwerk Wyhl, im Wahlkreis Emmendingen, mußte die CDU einen leichten Rückschlag hinnehmen. Hier verlor sie gegen den Landestrend über 2%, erreichte aber mit 51,5% immer noch eine deutliche absolute Mehrheit. Ebenfalls gegen den Landestrend konnte die FDP 5% hinzugewinnen, da sich ihr Kandidat und spätere Landtagsabgeordnete Hans Erich Schött aktiv in den Bürgerinitiativen gegen das Kernkraftwerk Wyhl engagiert hatte.

Auf der anderen Seite konnte die CDU in zwei südwürttembergischen Wahlkreisen (Biberach und Bodenseekreis) sogar zwei eigene Bewerber in den Landtag schicken. Spitzenreiter war allerdings der Wahlkreis Wangen mit 78,2% der Stimmen für die Regierungspartei. Über die Verhältnisse im ländlichen Südwürttemberg schrieb eine Zeitung, daß der CDU-Wiederbewerber »von vornherein als unangefochtener Sieger in einer Art von Naturschutzgebiet der Christdemokraten« feststand.[103]

Demgegenüber hatte die SPD am Durchschnittswähler vorbeiargumentiert, wie die

›Südwest Presse‹ kritisch anmerkte. »Ihr ›intellektualisierter‹ Wahlkampf in Sprache und Thematik hat den Entwicklungsprozeß der SPD zur Volkspartei nicht gefördert, ihn eher von ihr entfernt. Sie hat vor allem ihre Antenne zum Arbeiter verloren … Das ist in einem hochindustrialisierten Land wie Baden-Württemberg für die SPD alarmierend.«[104] Manche Kommentatoren sprachen von einem miserablen Zustand der baden-württembergischen SPD und sahen in der Niederlage auch »ein starkes Mißtrauen gegen die sozialdemokratischen Stadtvereine …, denn ›dort sitzen die Linken‹ und die Linken sind, Freiheit her, Sozialismus hin, dem durchschnittlichen Baden-Württemberger ein Greuel«.[105]

Entsprechend war die Stimmung in der Landtagsfraktion. Der neue Fraktionsvorsitzende Erhard Eppler, der selbst nur mühsam einen Sitz

»Unfehlbar?« fragte Hans Küng 1970, just zum hundertsten Jahrestag der päpstlichen Unfehlbarkeitserklärung. 1979 entzog die römische Glaubenskongregation dem in Tübingen lehrenden Schweizer Kirchenkritiker und Reformtheologen die kirchliche Lehrbefugnis.

im Landtag erreicht hatte, sprach in seinen Erinnerungen sogar von einem »geliehenen Selbstbewußtsein«. »Die CDU war so lange die dominierende Partei gewesen, sie hatte so lange schon den größeren Teil der veröffentlichten Meinung hinter sich, daß sie das Land als eine Art ererbten Besitz behandelte und es schon als Ausweis ihrer Großmut verstand, daß sie die Opposition reden ließ. Das blieb nicht ohne Wirkung auf manche Sozialdemokraten. Sie hielten es für tröstlich, ja waren stolz darauf, wenn sie bei der Union als passable Leute galten nach dem Motto: ›Er ist zwar ein Sozialdemokrat, aber ein umgänglicher, anständiger Kerl.‹«[106]

Ganz andere Probleme sahen die Journalisten auf die CDU zukommen. So würde nicht unter allen »CDU-Mannen« eitel Begeisterung über den einmaligen Sieg herrschen, denn »Filbinger werde nun im Kabinett noch stärker sein und vollends von seiner Partei kaum mehr an die Leine zu nehmen«.[107] Vielleicht war dies auch ein Grund, daß Lothar Späth entgegen anderslautender Vermutungen nach der Wahl nicht in die Regierung eintrat, sondern Fraktionsvorsitzender blieb. Ein Kommentator mahnte die Partei, daß sie der überzeugende Wahlerfolg nicht dazu verleiten dürfe, »noch weiter nach rechts abzudriften. Ihrem Anspruch, eine Volkspartei zu sein, kann die CDU nämlich auf Dauer nur genügen, wenn sie auch das liberale Element, das in der Partei zweifellos vorhanden ist, gelten läßt.«[108]

Unbestritten war, daß ein starker Mann noch stärker geworden war. »Als Landes-Souverän kommt ihm kaum einer gleich.« Neben Kohl, dem CDU-Parteivorsitzenden, und dem bayerischen Ministerpräsidenten und CSU-Vorsitzenden Franz Josef Strauß war Filbinger nun unumstritten der stärkste Mann in der Union. »Gegen ihn und den stämmigen Bayern geht

Der Architekt Frei Otto und sein »Institut für leichte Flächentragwerke« in Stuttgart erproben und entwickeln neue architektonische Formen. Das Zeltdach des Münchener Olympiastadions, das Frei Otto zusammen mit seinem Stuttgarter Kollegen Günther Behnisch 1972 verwirklichte, hat bis heute nichts von seiner konstruktiven und ästhetischen Faszination verloren.

nichts bei der CDU/CSU. Die Unionsfestung auf der Südschiene, unterhalb der Mainlinie, ist am Sonntag zum Bollwerk geworden.« Der Kommentator vermutete sogar, daß Filbinger 1979 Ambitionen auf das Amt des Bundespräsidenten habe und dieses Amt mit Hilfe der CSU, die den 1974 gegen Scheel unterlegenen CDU-Kandidaten und späteren Bundespräsidenten Richard von Weizsäcker ablehne, tatsächlich erreichen könne. Filbinger widersprach diesen Gerüchten wenig später nachdrücklich und kündigte eine erneute Kandidatur als Ministerpräsident bei der Landtagswahl 1980 an.

An diesen Spekulationen über die Zukunft von Filbinger ist vor allem interessant, wen man für potentielle Nachfolger hielt: »Lothar Späth, zur Zeit noch CDU-Fraktionsführer im Landtag. Manfred Rommel, Stuttgarts OB und, so sagt man, Filbingers Favorit, oder der ehrgeizige Erwin Teufel, Parlamentarischer Staatssekretär im Ministerium für Ernährung, Landwirtschaft und Umwelt – dieser jedoch nur bei Ämterteilung im Parteivorsitz.«[109] Der erzwungene Rücktritt Filbingers, gerade einmal zwei Jahre nach seinem triumphalen Wahlsieg, stellte die Nachfolgefrage sehr viel schneller, als dies noch 1976 vermutet werden konnte.

Braucht das Land ein Landesbewußtsein?
Stauferausstellung und Heimattage

Bei den Auseinandersetzungen um den Südweststaat prallten im wesentlichen zwei verschiedene Argumentationsebenen aufeinander. Die Befürworter des Südweststaates verwiesen in erster Linie auf rationale Gründe, größere Wirtschaftskraft, größere Verwaltungseinheiten, größere Bedeutung des neuen Landes im föderalen System der Bundesrepublik. Die Altbadener argumentierten dagegen in erster Linie mit Werten wie Tradition, Baden als liberales Musterland, und Heimat, genauer gesagt dem drohenden Verlust von Heimat. Die rationalen Argumente setzten sich schließlich 1951 knapp durch. In den folgenden Jahren, vor allem beim 10-jährigen Landesjubiläum, aber auch beim Wahlkampf vor der Baden-Abstimmung 1970 dominierten die wirtschaftlichen Erfolgszahlen des Landes. Diese Zahlen hatten inzwischen auch die Badener überzeugt, die nun, 18 Jahre nach der ersten, etwas mühsamen Gründung des Landes, mit breiter Mehrheit für den Erhalt dieses »Modells deutscher Möglichkeiten« (Theodor Heuss) eintraten.

Mit der Abstimmung, und darin waren sich alle Beobachter einig, war die Landesintegration abgeschlossen, zumindest die äußerliche. Die von der CDU 1976 immer wieder gewählte Anrede »Liebe Baden-Württemberger« »bringt diese Tatsache auf den kürzestmöglichen Nenner«.[110] Ein Baden-Württemberg-Gefühl gab es allerdings noch nicht. So berichtete Elisabeth Noelle-Neumann 1977, daß die Demoskopie noch heute »volkstümliche Vorstellungen über die Unterschiede zwischen Badenern und Württembergern« bestätigen würde, ob es nun um den Haus- und Grundbesitz, um Arbeit und Freizeit oder um das Interesse von Politik geht,

das bei den Württembergern deutlich ausgeprägter war als bei den Badenern.[111]

Mit der Verwaltungs- und Gemeindereform in den frühen siebziger Jahren verschwanden die alten Landesgrenzen völlig, ohne daß es zu größeren Auseinandersetzungen gekommen wäre. Wirklich strittig blieben bis heute nur einige wenige Gemeindezusammenlegungen. Dabei ging es aber kaum um die alte Frage Baden oder Württemberg. Gleichzeitig hatten aber die weltwirtschaftlichen Probleme Anfang/Mitte der siebziger Jahre eine ausschließliche Orientierung eines baden-württembergischen Selbstverständnisses am wirtschaftlichen Erfolg zunehmend in Frage gestellt.

Der 25. Geburtstag des Landes 1977 bot nun die Möglichkeit, sich der gemeinsamen Traditionen, auch schon vor 1952, zu vergewissern. Mit der Stauferausstellung, die auch im Ausstellungsbereich mit ihren über 700.000 Besuchern Geschichte schrieb und den Beginn großangelegter Ausstellungsprojekte in der Bundesrepublik markierte, sollte an die gemeinsame Vergangenheit weiter Teile des heutigen Baden-Württembergs errinnert werden.

In seinem Vorwort zum Ausstellungskatalog schrieb Ministerpräsident Filbinger unter der Überschrift »Vom Sinn der Ausstellung«: »Das deutsche Herzogtum Schwaben umfaßte in seinem Kern einen Großteil der beiden späteren Länder Baden und Württemberg ... Die drei staufischen Löwen seines Herzogswappens sind in das Landeswappen von Baden-Württemberg übernommen worden ... Das Jubiläum des vereinten Landes Baden-Württemberg rückt die geglückte Staatsbildung im deutschen Südwesten mit ihren politischen, geschichtlichen und kulturellen Voraussetzungen verstärkt ins Bewußtsein der Allgemeinheit. Was lag näher, als sich zu diesem Anlaß auch auf die großen gemeinsamen Überlieferungen dieses südwestdeutschen Raums aus der staufischen Ära zu besinnen und den Versuch zu wagen, einen Bogen zu schlagen zwischen einer großen Vergangenheit und unserer Gegenwart.«[112]

Gleichzeitig wollte die Landesregierung in einer Zeit, als man in einigen Bundesländern an die Abschaffung des Schulfaches Geschichte dachte, deren Bedeutung, ja Notwendigkeit hervorheben. »Die Beschäftigung, die existentielle Auseinandersetzung mit Kräften und Konstellationen der Vergangenheit ... bereichert uns, verhilft uns zu Maßstäben, lehrt uns das Unwesentliche und Ephemere der Tageshektik vom Wesentlichen und bleibend Wertvollen unterscheiden und schärft Blick und Verantwortungsbewußtsein für die Aufgaben der Gegenwart und die Gestaltung der Zukunft.«[113]

Auf diese Bedeutung der Ausstellung, gegen den herrschenden Verlust an geschichtlichem Verständnis anzugehen, den Bundespräsident Scheel in seiner Eröffnungsrede beklagt hatte, wurde auch in der Presse hingewiesen. Wenn man die Besucher wieder neugierig mache »auf das, was gewesen ist, und auf das, wie es gewesen ist, dann ist durch die Ausstellung etwas Wichtiges geschehen, dann wird nämlich der heutigen Generation Mut gemacht, sich auch historisch zu begreifen. Die Gegenwart bleibt karg ohne das Bewußtsein, in unauflösbaren Traditionen zu stehen.«[114]

Allerdings gehe es, wie Ministerpräsident Filbinger immer wieder betonte, »nicht um eine unangebrachte Heroisierung von Herrschaftsgestalten und schon gar nicht um einen neuen ›Staufer-Mythos‹, sondern darum, ›in historisch-kritischer Sicht eine wichtige Geschichtsepoche mit all ihrem Glanz, aber auch all ihrer

Problematik darzustellen und ihren vielschichtigen Folgewirkungen nachzuspüren«.[115]

Die vielfältigen Festivitäten zum sogenannten Stauferjahr provozierten aber auch manchen Spott, so zum Beispiel von Thaddäus Troll, der beschrieb, wie dem Fürst von Beutelsbach die staufischen Ahnen erschienen seien. So habe ihm Kaiser Heinrich VI. das Szepter überreicht, »das dich machet zum Richter über alle, so anderen Glaubens sind: Protestanten, Schwaben, Kriegsdienstverweigerer, Kernkraftwerksgegner und Sozialdemokraten«. Alle Herrscher gemeinsam hätten ihn aber aufgefordert: »Gehe hin, tritt das Erbe der Staufer an und mache Eingeborene und Reigschmeckte zu Staufern.« Deshalb gelte von nun an »handelt und wandelt ... nicht mehr als Schwaben, Franken, Alemannen und Pfälzer, nicht mehr als Blitzschwab, Gelbfüßler, Knöpflesschwab und Allgäuer, sondern seid eins als Staufer wie euer Herr und König«. Nur wenige würden zu sich

Anläßlich des 25. Geburtstages von Baden-Württemberg wurde 1977 in Stuttgart die Ausstellung »Die Zeit der Staufer« veranstaltet.
Sie wurde mit über 700.000 Besuchern zu einem phänomenalen Publikumserfolg.
Hier der Katalog mit dem »Cappenberger Barbarossakopf« auf den Umschlagseiten.

selbst sagen »Je staufer der Rummel, desto filbinger der Nutz.«[116]

Gerade in einem Bundesland, das sich in einem so rasanten wirtschaftlichen, gesellschaftlichen und technologischen Wandel befand, war die Vergewisserung der eigenen Herkunft, der Vergangenheit zumindest des Raumes, in dem man lebte und arbeitete, besonders wichtig. »Ob Mensch, ob Volk, ob Kontinent: wenn sie nicht wissen, wo sie herkommen, wie sollen sie wissen, wo sie hingehen? Und gilt dies nicht mit besonderer Sorge in unserer Zeit technischer und politischer Umwälzungen von globalen Ausmaßen?«[117]

In einem Lob auf das Bundesland bezeichnete Ralf Dahrendorf, der 1960 als Soziologieordinarius nach Tübingen gekommen war, Baden-Württemberg als das Kalifornien der Bundesrepublik: »Eine durch Klima und Landschaft begünstigte Region, in der Menschen Arbeit finden, gut verdienen und zugleich ihre Freizeit in

Riesenerfolge feierte auch das Württembergische Staatstheater. Hier und gegenüberliegende Seite Bilder aus »Faust I« und »Faust II«, Regie: Claus Peymann (1977).

angenehmer Weise verbringen können.« Außerdem habe aber Baden-Württemberg noch seine Geschichte. Die Heidelberger Universität feierte schon ihren 100., die Tübinger Universität wenigstens ihren 15. Geburtstag, während Kolumbus nach Amerika segelte. Und als in Kalifornien nach Gold geschürft wurde, gab es im Südwesten schon Schiller und Hegel, Uhland und Hauff. »Baden-Württembergs unwiderstehliche Anziehungskraft liegt darin, daß es die offenen Grenzen der modernen Welt mit der geprägten Gestalt einer historischen Landschaft verbindet. Gibt es das überhaupt noch einmal in der Welt?«[118]

Die Bilanz nach 25 Jahren gemeinamer Zeit fiel allgemein sehr positiv aus. »Es gibt heute keine ernstzunehmende Stimme mehr, die dieses Land nicht als einen ›Glücksfall‹, als ›Muster‹ oder ›Modell‹ (und was der schönen Worte noch mehr sind) bezeichnet. Die Badener und die Württemberger, die Schwaben und Alemannen haben es längst verstanden, über den Schatten landsmannschaftlicher Ressentiments zu springen und sie weit hinter sich zu lassen.«[119] Mißtöne gab es allerdings beim Staatsakt zum Landesgeburtstag in Stuttgart. Das sozialliberale Bonner Kabinett war nicht vertreten, und auch die Stuttgarter Opposition von SPD und FDP glänzte durch Abwesenheit. »Warum? Darauf gibt es zur Stunde keine Antwort«, formulierte ein etwas ratloser Kommentator. Im Unterschied zu Carl Herzog von Württemberg fehlte auch das markgräfliche Haus Baden. Der Herzog fragte denn auch: »Warum sollte ich nicht kommen? ... Ich bin ein Bürger dieses Landes und freue mich über den Geburtstag.«[120]

In umfangreichen Beilagen gedachten zahlreiche Zeitungen der Entstehung, der Leistungen und Errungenschaften des Landes in den Jahren seit 1952. Dabei überwogen zurecht die positiven Urteile. Allerdings gab es zum ersten Mal bei einem runden Geburtstag gerade auch in wirtschaftlicher Hinsicht »keine rosigen Aussichten« vor allem bei der Arbeitslosigkeit. Davon betroffen waren besonders Männer und Frauen ohne abgeschlossene Berufsausbildung. »Wegen der besonderen Schwierigkeiten dieser von der Arbeitslosigkeit hauptsächlich betroffenen Gruppe und wegen der Stärke der in den nächsten Jahren ins Erwerbsleben eintretenden Geburtsjahrgänge, wird die Arbeitslosenzahl in der nächsten Zeit kaum entscheidend zu reduzieren sein. Hier liegt für den Südweststaat wie für die gesamte Bundesrepublik für die nächsten Jahre die größte und schwierigste Aufgabe auf gesellschaftlichem und ökonomischem Gebiet.«[121]

Aber auch einige nachdenkliche Kommentare waren zu lesen, so zum Beispiel über die Zukunft des Landtags, der durch »die Unzahl parlamentarisch unkontrollierter Bund-Länder-Verabredungen« »zu einer Institution minderen Ranges herabgestuft« worden sei. »Der Landtag aber ist die Stätte der politischen Auseinandersetzungen, auch die Stätte der politischen Entscheidung. Er ist vom Austrocknen bedroht. So bleibt unser dringendster Wunsch am Geburtstag des Landes Baden-Württemberg, daß alle, die hier Verantwortung tragen, auch alles daran setzen, um die Gewichte zwischen Landtag, Regierung und Verwaltung wieder ins Gleichgewicht zu bringen, weil es dem Land nicht bekommt, wenn die Verwaltung die Regierung und die Regierung den Landtag erdrückt: Badener und Württemberger wollen seit jeher starke Landtage und keine Monarchen.«[122]

Zur selben Zeit versuchte die Landesregierung mit der Veranstaltung von Heimattagen ein breiteres Interesse an der Heimat Baden-Württemberg zu schaffen. Dazu wandelte man den Tag der Heimat am zweiten Septembersonntag

Die Köpfe im Württembergischen Staatstheater. Von links: Schauspieldirektor Claus Peymann, Dramaturgin Vera Sturm, Oberspielleiter Alfred Kirchner. Dahinter: Dramaturg Dr. Uwe Jens Jensen, Chefdramaturg Hermann Beil.

im Jahr, der schon seit längerer Zeit zur Erinnerung an die im Zweiten Weltkrieg verlorengegangenen »ostdeutschen Provinzen« begangen worden war, in einen »Heimattag Baden-Württemberg« um. Unmittelbar nach dem Krieg hatte man an diesem Sonntag den »Gedenktag für die Opfer des Faschismus« gefeiert. Mit dem Kalten Krieg erinnerten nur noch die Kommunisten daran, die 1956 verboten worden waren. Die Breitenwirkung des Tages der Heimat war gering geblieben, wie ein Kommentator beklagte. »Mehr und mehr geriet auch dieser Tag zur Pflichtübung.«[123]

Die Landesregierung wollte deshalb die Erinnerung an die verlorene Heimat mit einer Stärkung des Heimatbewußtseins im Land verbinden. Deshalb kündigte Ministerpräsident Filbinger im August 1978 einen »Heimattag Baden-Württemberg am Tag der deutschen Heimat« am 10. September in Konstanz an. Eine Reihe von Veranstaltungen würden »Heimatbewußtsein und Brauchtumspflege der Menschen sowohl aus Baden-Württemberg als auch aus Mittel- und Ostdeutschland widerspiegeln. Sie werden an das gemeinsame Werk der einheimischen Bevölkerung wie der Heimatvertriebenen erinnern, ohne das der Aufbau des Landes Baden-Württemberg und der Bundesrepublik Deutschland nicht denkbar gewesen wäre.«[124] Demgegenüber wurde auf dem ersten Heimattag sehr viel stärker auf die Binnenintegration als Aufgabe verwiesen. »Ein Hauptbestreben war es hierbei, die Heimatverbände beider Landesteile zu integrieren.«[125] In einer Bilanz der Heimattage ging der Konstanzer Oberbürgermeister Helmle noch weiter: »Der Heimattag sollte das Zusammenwachsen unseres jungen Bundeslandes Baden-Württemberg fördern. Das ist sicher wichtig, denn nach 25 Jahren tun sich die Bürger noch schwer, schon einen eigenen Heimatbegriff zu entwickeln. Das Land Baden-

Württemberg war ja zunächst eine politische Gründung. Nun sollte der Heimattag Ausdruck der Integrationskraft unseres Landes sein.«[126] Auf einen anderen Aspekt wies der damalige Kultusminister Roman Herzog in seiner Eröffnungsrede hin. »Der Heimatgedanke erfahre heute eine Reprise ... Heimatvereine, heimatgeschichtliche und kulturgeschichtliche Tätigkeiten seien en vogue. In einer Zeit, in der immer mehr Menschen berufliche Tätigkeiten ausübten, deren Zusammenhänge sie nicht mehr verstünden, in einer Zeit der ungesicherten Existenz beginne eine neue Phase des Nach-Innen-Horchens, eine Rückbesinnung auf das kulturelle und historische Erbe, auf die Heimat.«[127]

Es ging also bei den ersten Heimattagen immer um das ganze Land. Allerdings konnte sich dieses Konzept nicht durchsetzen. Bereits Anfang 1985 zeigte sich eine starke Tendenz der Verbände, »den Regionalisierungsgedanken zu befürworten. Dieses Gedankengut ist stark in Süd-Baden und schwächer in Nord-Baden vertreten ... Im Regierungsbezirk Tübingen sind ebenfalls Bestrebungen zu einer Regionalisierung vorhanden, am wenigsten bis jetzt in Stuttgart«.[128]

1986 präsentierten sich dann die Heimattage »in neuer Form«. Die eigentlichen Veranstaltungen wurden von einer Woche auf ein Wochenende reduziert. Außerdem ging die Trägerschaft von einem landesweiten Arbeitskreis auf einen jeweils federführenden Arbeitskreis in einem der vier Regierungsbezirke über. Erstmals bei der Buchener Heimattagen »wird sich auch nicht mehr das gesamte Land, sondern eine Landschaft, in Buchen das Frankenland, mit verschiedenen Veranstaltungen vorstellen«.[129]

Aus einer Präsentation des Landes war eine Präsentation von einzelnen Regionen geworden. »Keine Frage«, so ein bitterböser Kommentar, »die Landesregierung hat ihre baden-württembergischen Heimattage in einer stillen Beerdigung dritter Klasse zu Grabe getragen. Was jetzt davon übriggeblieben ist, verdient nicht einmal aus der Entfernung betrachtet diesen Namen.« Auch wenn die Heimattage ein auf Gesangsvereinsebene degeneriertes Folklorefestival geworden sei, wäre es eines Versuchs wert gewesen, eine gemeinsame kulturelle Klammer um das Land zu legen. »Dazu gehört aber Engagement und Begeisterung und letztendlich auch eine harte Hand an der Spitze der Organisation, die die Brauchtümler und Kulturseparatisten gegebenenfalls in ihre Schranken verweist. Mithin eine vertane Chance des Landes, ein Zusammengehörigkeitsgefühl zwischen Wertheim und Meersburg mitzugestalten.«[130]

Von Südbaden aus wurde aber auch dieses Konzept abgelehnt. 1992 sagten die südbadischen Veranstalter die Heimattage in Freiburg kurzfristig ab. Inzwischen gibt es eine landesweite Ausschreibung der Heimattage, die nicht mehr an einen turnusmäßigen Wechsel zwischen den einzelnen Regierungsbezirken gebunden ist und die große Zahl von Bewerbungen zeigt, daß diese regionale Ausrichtung der Heimattage Baden-Württemberg nach wie vor von Interesse ist. Allerdings ist das ursprüngliche Ziel, ein baden-württembergisches Landesbewußtsein zu schaffen, mit dieser Form der Heimattage nicht zu erreichen.

Gefahr für die parlamentarische Demokratie: Die RAF

Zur größten Herausforderung der zweiten deutschen Demokratie wurde der Kampf gegen den Terrorismus, dessen Schwerpunkt in den siebziger Jahren lag, auch wenn es seitdem immer wieder Morde gab. So erschossen 1981 unbekannte Täter den hessischen Wirtschaftsminister Heinz Herbert Karry. Fünf Jahre später wurden der Siemens-Vorstand Karl-Heinz Beckurts und sein Fahrer Eckart Groppler bei München durch eine Bombe der sogenannten Roten-Armee-Fraktion getötet und der Leiter der Politischen Abteilung des Auswärtigen Amtes und enge Mitarbeiter von Bundesaußenminister Hans-Dietrich Genscher, Gerold von Braunmühl, erschossen. 1989 sprengten RAF-Terroristen den Wagen mit dem Vorstandsvorsitzenden der Deutschen Bank, Alfred Herrhausen, in die Luft, und zwei Jahre später wurde der Präsident der Treuhandanstalt, Detlev Karsten Rohwedder, erschossen. Diese brutalen Morde stellten aber nicht mehr, wie in den siebziger Jahren, das gesamte politische System in Frage.

Der Terrorismus der siebziger Jahre wies zwei zeitliche Schwerpunkte auf, nämlich die Jahre 1972 und 1977. Mit dem Scheitern der Studentenrevolte radikalisierte sich ein sehr kleiner Teil der Aktionisten, der der Gesellschaft den Kampf ansagte. Mit der Gefangenenbefreiung von Andreas Baader 1970 in Berlin, der 1968 zusammen mit Gudrun Ensslin, einer schwäbischen Pfarrerstochter, und zwei weiteren Komplizen Brandsätze in zwei Frankfurter Kaufhäusern gelegt hatte, entstand die sogenannte Baader-Meinhof-Gruppe, die sich noch im selben Jahr 1970 in palästinensischen Lagern an Waffen ausbilden ließ. Durch mehrere Überfälle auf Banken und Behörden verschafften sich die Terroristen Geld und Formulare für Pässe und

Personalausweise, aber auch für Führerscheine und Kraftfahrzeugpapiere.

Die Terroristen nannten sich selbst Rote-Armee-Fraktion (RAF). Sie wollten mit dem Aufbau »einer militärisch straffen, disziplinierten Kerntruppe ... den bewaffneten Kampf gegen das etablierte System und die bestehende Staatsgewalt aufnehmen ... Die Auseinandersetzung sollte nicht länger improvisiert ..., sondern ernsthaft, nach allen Regeln militärischer Strategie und Taktik, auf der Grundlage sorgfältiger Planung und kalt kalkulierter Vorbereitung«[31] geführt werden.

Die terroristischen Gewalttaten in der Bundesrepublik nahmen stetig zu. So gab es 1968 drei Aktionen und 1969 vier. Aber bereits 1970 waren es 21 und 1971 sogar 29. Die Staatsmacht wußte zunächst keine Antwort auf diese Anschläge, weil »sich die Terroristen inmitten eines breiten, schützenden Umfelds von nachsichtiger Duldung, verständnisvoller Sympathie, ja aktiver Unterstützung aufhielten, so daß es ihnen immer wieder gelang, der Verhaftung auszuweichen«. Sie profitierten von der Anonymität großstädtischer Hochhaussiedlungen, aber auch von der Verschiebung des Rechtsempfindens, »die eine Folge lautstarker Inanspruchnahme von ›rechtsfreien Räumen‹, also ständiger, bewußter Normübertretungen war – und die die Grenze zwischen Erlaubtem und Unerlaubtem hatte verschwimmen lassen«.[132]

Die RAF tötete zunächst deutsche Polizisten und amerikanische Soldaten, die Schußwechseln und Bombenanschlägen in Frankfurt und Heidelberg zum Opfer fielen. Die USA waren aufgrund des Vietnam-Krieges und der Unterstützung Israels im Nahen Osten, aber auch als Zentrum des sogenannten Imperialismus und des Kapitalismus der Hauptfeind, die Bundesrepublik nur eine Kolonie der Vereinigten Staaten.

Die Anschläge und die anfängliche Hilflosigkeit der Polizei löste in Teilen der Medien und der Öffentlichkeit Hysterie und Panik aus, die schließlich Bundeskanzler Brandt Anfang 1972 zu einer öffentlichen Stellungnahme veranlaßte. Darin bekräftigte er, daß die freiheitliche Demokratie nicht als schlapper Staat mißverstanden werden dürfe. Jede Gewaltanwendung werde entschlossen und mit allen rechtlichen Mitteln geahndet. Außerdem warnte er vor der Unterstützung von Gewalttätern und würdigte die Arbeit der Polizeibeamten. Schließlich bedauerte Brandt, »wenn Erwägungen der Vernunft verdächtigt werden ... Gegen Gewalt und Haß helfen nicht Kopflosigkeit und sterile Aufgeregtheit, sondern sachliche Information, nüchterne Bewertung und angemessenes Handeln«.[133]

Mit der Verhaftung des harten Kerns der RAF, Andreas Baader, Hoger Meins, Jan-Carl Raspe, Gudrun Ensslin und Ulrike Meinhof, im Juni 1972 schien der Staat den Terrorismus besiegt zu haben. Trotzdem verabschiedete der Bundestag noch kurz darauf drei verfassungsändernde Gesetze zur inneren Sicherheit. Wenige Wochen später wurde die Bundesrepublik auch vom internationalen Terrorismus zum Tatort gemacht. Mitglieder der palästinensischen Terrororganisation »Schwarzer September« überfielen bei den Olympischen Spielen in München die Unterkunft der israelischen Mannschaft, nahmen neun Geiseln und töteten zwei Sportler. Bei einer gescheiterten Befreiungsaktion starben alle Geiseln, fünf Terroristen und ein Polizist. Drei überlebende Terroristen wurden verhaftet, aber wenige Wochen später durch die Entführung einer Lufthansa-Maschine freigepreßt.

Die Hoffnung von 1972 auf ein Ende des Terrorismus trog. 1974 wurde der Präsident des Berliner Kammergerichts Günter von Drenkmann erschossen, als er sich einem Entführungsversuch widersetzte. Außerdem ermordete die »Bewegung 2. Juni«, benannt nach dem Todestag von Benno Ohnesorg 1967, einen angeblichen Verräter in Berlin, wobei die Rolle des Verfassungsschutzes ungeklärt blieb. Im darauffolgenden Jahr bekam der Terrorismus eine neue Dimension. Der CDU-Spitzenkandidat für die Wahlen zum Berliner Abgeordnetenhaus, Peter Lorenz, wurde Ende Februar 1975 entführt und erst nach der geforderten Freilassung inhaftierter Terroristen auf freien Fuß gesetzt. Die ausgeflogenen Terroristen beteiligten sich später wieder an Anschlägen in der Bundesrepublik.

Zwei Monate später stürmten sieben deutsche Terroristen die Botschaft der Bundesrepublik in Stockholm, um die Freilassung der Führungsgruppe der RAF zu erzwingen. Dabei ermordeten die Besetzer den Botschaftsrat Heinz Hillegaart und den Militärattaché von Mirbach. Bei der Erstürmung des Gebäudes durch schwedische Sicherheitskräfte wurden zwei Terroristen getötet und der Rest verhaftet und später an die Bundesrepublik ausgeliefert.

Mit der Verlegung der führenden RAF-Terroristen Baader, Ensslin, Meinhof und Raspe in den neu gebauten Hochsicherheitstrakt der Haftanstalt Stuttgart-Stammheim und mit dem Beginn des Prozesses gegen sie Mitte 1975 wurde Baden-Württemberg in ganz besonderem Maße von den Folgen des Terrorismus betroffen. Dabei fand dieser Prozeß unter äußerst schwierigen Bedingungen statt, da einerseits enorm starke Sicherheitsvorkehrungen getroffen worden waren, andererseits die Verteidiger der Angeklagten mit Verfahrensanträgen, vor allem aber mit der teilweise konspirativen Zusammenarbeit mit den Angeklagten kaum erträgliche Rahmenbedingungen schufen und den Prozeß in die Länge zogen.

Am 9. Mai 1976 erhängte sich Ulrike Meinhof in ihrer Zelle, was zahlreiche Demonstrationen und Ausschreitungen auslöste. Gleichzeitig wurde der ungerechtfertigte Vorwurf erhoben, Ulrike Meinhof sei ermordet oder zumindest durch die Isolationshaft in den Tod getrieben worden. So erklärte eine mit Franzosen, Dänen, einem Griechen, einem Iren und einem Deutschen besetzte »Internationale Untersuchungskommission zum Tode Ulrike Meinhofs«, die Ergebnisse der eigenen Untersuchungen würden den Schluß nahe legen, »daß sich Ulrike Meinhof nicht selber erhängen konnte« und daß es beunruhigende Indizien gebe, »die auf das Eingreifen eines Dritten im Zusammenhang mit diesem Tod hinweisen«.[134]

Die strengen Haftbedingungen, die angesichts der fortbestehenden Gefahr durch den Terrorismus verständlich waren, wurden als Folter bezeichnet. Es gab zahlreiche Veröffentlichungen von Unterstützern dazu, wobei die Wortwahl den Eindruck erwecken sollte, daß die RAF-Terroristen Kriegsgefangene des von ihnen bekämpften Staates seien. So wurde in einer Broschüre über das Problem der Zwangsernährung bei Gefangenen im Hungerstreik Mitte der achtziger Jahre vom »kriegsmäßigen Charakter« der Zwangsernährung gesprochen. In einem Spendenaufruf bat man für »die Verteidigung der Gefangenen aus der RAF und aus dem Widerstand« um dringend benötigtes Geld.[135]

Mit den 1976 verabschiedeten Antiterrorgesetzen – neuer Straftatbestand der »Bildung terroristischer Vereinigungen«, Überwachung der Kommunikation zwischen Angeklagten und Verteidigern, Befürwortung von Straftaten in Schriften und deren Verbreitung wird unter Strafe gestellt – reagierte der Staat einerseits auf die Herausforderungen des Terrorismus, setzte sich aber andererseits dem Vorwurf aus, den liberalen Rechtsstaat zu unterhöhlen.

1977 erreichte der Terrorismus seinen Höhepunkt in der Bundesrepublik. Am Gründonnerstag, dem 7. April, erschossen zwei RAF-Terroristen von einem Motorrad aus den Generalbundesanwalt Siegfried Buback, seinen Fahrer Wolfgang Göbel und den Polizisten Georg Wurster auf offener Straße in Karlsruhe, als der Wagen an einer Ampel hielt. In einem typischen Bekennerschreiben, das wie alle diese Schreiben nach Anschlägen und Morden von einem massiven, mörderischen Realitätsverlust zeugte, ›rechtfertigte‹ ein sogenanntes »Kommando Ulrike Meinhof« die »Hinrichtung« Bubacks. »Buback war direkt verantwortlich für die Ermordung von Holger Meins (im Hungerstreik gestorben, T.S.), Siegfried Hausner (beim Überfall auf die deutsche Botschaft in Stockholm umgekommen und früheres Mitglied des Sozialistischen Patientenkollektivs in Heidelberg, T.S.) und Ulrike Meinhof. Er hat in seiner Funktion als Generalbundesanwalt – als zentrale Schalt- und Koordinationsstelle zwischen Justiz und den westdeutschen Nachrichtendiensten in enger Kooperation mit der CIA und dem NATO-Security-Committee – ihre Ermordung inszeniert und geleitet.«[136]

Die Öffentlichkeit verurteilte einhellig die feigen Morde. Allerdings mischte sich in die Kommentare auch die Sorge, daß der Staat ›überreagieren‹ könne. »Es ist jetzt nicht die Zeit über die Bahren der Ermordeten hinweg um Gesetzesverschärfungen zu streiten. Es gilt das besonnene Wort des baden-württembergischen Ministers Hahn: ›Unser Rechtsstaat hat genügend Mittel, um mit dem Terrorismus fertig zu werden. Wir müssen sie nur gebrauchen.‹«[137]

In einer Zeitung warnte man vor der Aushöhlung des Rechtsstaates. »Der Kampf gegen den

Terror muß auch in Zukunft ohne Verzicht auf rechtsstaatliche Grundsätze und ohne Verstoß gegen Grundrechte geführt werden.«[138] Es sollte möglich sein, »den liberalen Rechtsstaat zu bewahren wie den Nachtwächterstaat zu vermeiden«.[139] Auf überhaupt kein Verständnis stieß der Parteienstreit über die Schlußfolgerungen aus dem Mord. »Nicht der Bürger hat den Sinn für Ausgewogenheit der Mittel verloren, nicht er zeigt Anzeichen von Hysterie. Beides trifft eher auf die Parteien zu, ihnen stünde Besinnung am Grabe Bubacks an, um zur Geschlossenheit im Kampf gegen die Terroristen zurückzufinden.«[140]

Diese Geschlossenheit der Demokraten sollte sich wenige Monate später im sogenannten deutschen Herbst auf eindrucksvolle Weise bestätigen, als alle politischen Parteien eng und vertrauensvoll zusammenarbeiteten. Zunächst wurden Ende April die RAF-Anführer in Stuttgart zu lebenslanger Haft verurteilt. Weitere RAF-Mitglieder erhielten in Kaiserslautern und Düsseldorf ebenfalls lebenslange Haftstrafen. Ende Juli scheiterte der Entführungsversuch des Vorstandssprechers der Dresdner Bank, wobei Jürgen Ponto ermordet wurde.

Am 5. September 1977 entführte ein RAF-Kommando den Arbeitgeberpräsidenten und Spitzenmanager von Daimler-Benz, Hanns-Martin Schleyer. Dabei töteten die Täter kaltblütig die drei Polizisten Reinhold Brändle, Roland Pieler und Helmut Ulmer sowie den Fahrer Schleyers Heinz Marcisz. Im Austausch gegen Schleyer wurde die Freilassung aller führenden RAF-Terroristen gefordert. Die Mordanschläge und die Entführung richteten sich, wie Bundeskanzler Schmidt Mitte September 1977 vor dem Bundestag ausführte, »gegen unsere freiheitliche Ordnung im Ganzen, gegen jede menschliche Ordnung überhaupt, und sie richten sich damit gegen jeden einzelnen von uns«.[141] Um einen

Kontakt zwischen den Gefangenen und den Entführern zu unterbinden, verhängte die Regierung eine Kontaktsperre, die vom Bundesgerichtshof für rechtens erklärt wurde.

Die Verhandlungen mit den Entführern zogen sich in die Länge. Daraufhin entführten palästinensische Terroristen am 13. Oktober 1977 die Lufthansa-Maschine ›Landshut‹ auf dem Flug von Mallorca nach Frankfurt. Sie forderten in erster Linie ebenfalls die Freilassung von 11 RAF-Terroristen. Am 16. Oktober erschossen die Luftpiraten den Flugzeugkapitän Schumann in Aden. Einen Tag später landete die Maschine in Somalia, wohin die inhaftierten Terroristen auch ausgeflogen werden wollten. In der Nacht vom 17. auf den 18. Oktober 1977 befreite eine Sondereinheit des Bundesgrenzschutzes, die GSG 9, die Passagiere und Besatzungsmitglieder der Landshut, ohne daß unter ihnen Tote zu beklagen waren. Drei der vier Terroristen kamen bei dem Sturm auf die Maschine um.

Wenige Stunden nach der geglückten Befreiung begingen Andreas Baader, Gudrun Ensslin und Jan-Carl Raspe in Stammheim Selbstmord. Einen Tag danach teilten die Entführer mit, daß man die Leiche des ermordeten Arbeitgeberpräsidenten Schleyer im Kofferraum eines Autos im elsässischen Mühlhausen finden könne. Damit waren auch die Versuche der Familie Schleyer gescheitert, durch Lösegeldzahlungen die Freilassung zu erreichen. Zuvor schon hatte das Bundesverfassungsgericht den Antrag auf eine einstweilige Anordnung abgelehnt, mit der die Familie die Bundesregierung zwingen wollte, den Forderungen der Entführer nachzugeben. Die Freilassung der Terroristen hätte aber mit Sicherheit, wie schon bei der Freipressung von Gefangenen bei der Lorenz-Entführung, zu neuen Anschlägen und Morden geführt. Außerdem wäre der Staat damit erpressbar geworden.

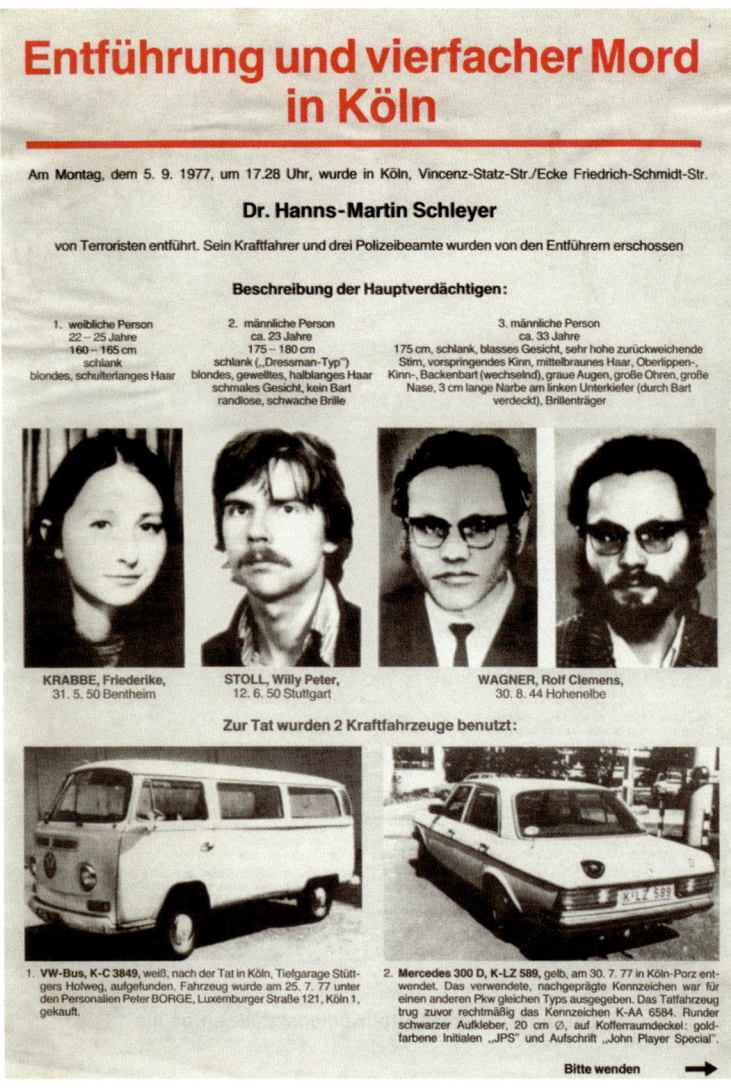

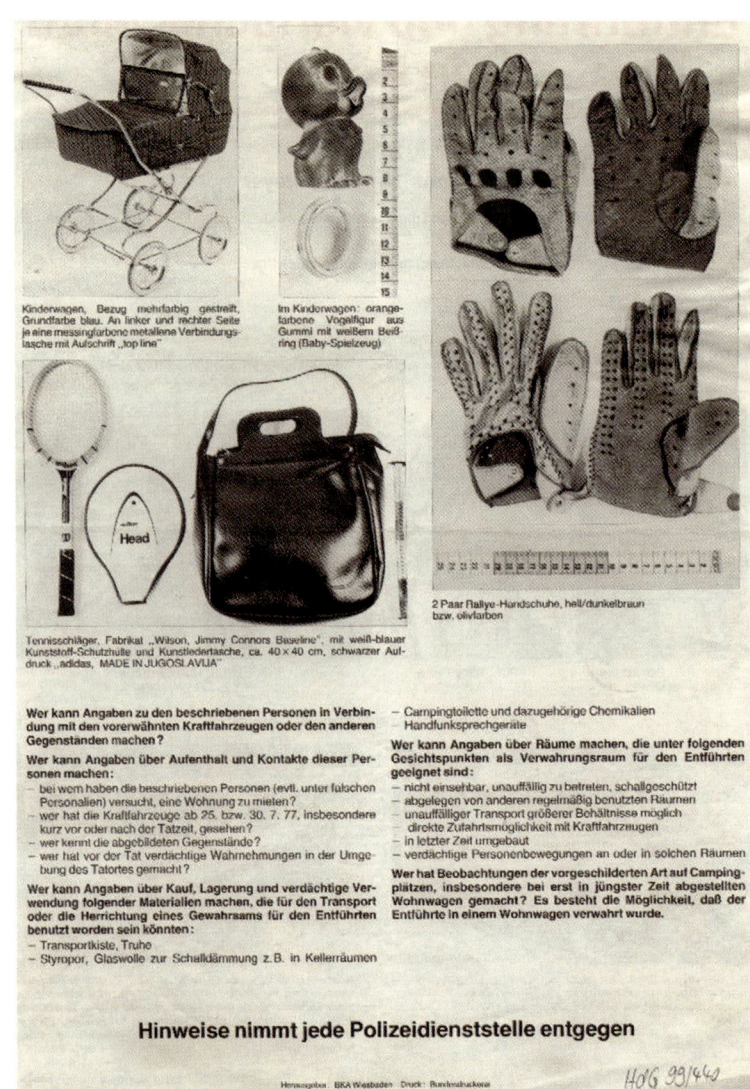

Fahndungsplakat.

Gleichzeitig ist ein Gemeinwesen auch für den Schutz von Leib und Leben seiner Bürger verantwortlich. Diesen unauflöslichen Zwiespalt, in dem sich die Bundesregierung befand, machte Bundeskanzler Schmidt in einer Regierungserklärung vor dem Bundestag deutlich. »Unausweichlich befanden wir uns damit im Bereich von Schuld und Versäumnis.«[142]

In die Erleichterung über das glückliche Ende der Flugzeugentführung mischte sich Entsetzen über die Ermordung Schleyers, aber auch ungläubiges Staunen über die Vorgänge in Stammheim. Dort waren die Gefangenen trotz Kontaktsperre ganz offensichtlich auf dem Laufenden über die Entführungen, und zudem hatten sich Baader und Raspe erschossen. Es befanden sich also im Hochsicherheitstrakt eingeschmuggelte Waffen. Später fand man sogar noch Sprengstoff. Ein Kommentar hatte die Überschrift »Versager in Stuttgart«.[143] »Das Vertrauen, das Bonn bei den Bürgern und im Ausland für den Rechtsstaat zurückgewonnen hat, ist in Stuttgart zu einem großen Teil wieder verspielt worden.«[144] Dies war für die Landesregierung insofern peinlich, weil sie sich immer sehr nachdrücklich für rigide Haftbedingungen stark gemacht hatte. Im Frühjahr war bereits bekannt geworden, daß seit 1975 Gespräche zwischen Mandanten und Verteidigern ohne ausreichende Rechtsgrundlage abgehört worden waren.

Die politischen Auseinandersetzungen um die Vorfälle in Stammheim verschärften sich zusehends, nachdem auch der persönlich integre Justizminister Traugott Bender die politische Verantwortung übernommen und zurückgetreten war. Innenminister Karl Schiess, »der wegen der Vorgänge um Wyhl und wegen seiner ›Geschwätzigkeit‹ in Sachen Terroristenfahndung bundesweiten Wirbel ausgelöst hatte«,[145] geriet ebenfalls in die öffentliche Schußlinie. Die Versuche, auch Ministerpräsident Filbinger verantwortlich zu machen, waren allerdings nicht sonderlich überzeugend, wenn auch verständlich, nachdem er immer wieder SPD und FDP öffentlich zur Rede stellte, »was sie gegen die Neue Linke getan hätten, die dieses Klima der Diskreditierung unseres Staates geschaffen habe«. Es sei »eine geistige und moralische Krise, die den terroristischen Wahnsinn hat entstehen lassen, eine Perversion des Denkens, die ihren Ausgang von marxistischen Ideologien genommen hat«.[146]

Ganz ähnlich hatte zur selben Zeit Hermann Lübbe, von 1966-1970 Staatssekretär in Nordrhein-Westfalen und seit 1971 Professor für Philosophie und Politische Theorie in Zürich, argumentiert. Für ihn war der »Terror-Ausbruch kein Malheur wider Erwartung« … »und, in unserer gegenwärtigen Situation, auch keine Spätgeburt aus faschistischem Ungeist, vielmehr die wirkliche, wenn auch nicht notwendige Extremfolge fortschreitenden Verzichts vieler Politiker, die demokratisch legitimierte Autorität dieses Staates gegen diejenigen geltend zu machen, die ihm diese Legitimität im Namen einer ganz anderen Demokratie mit Worten und Taten bestreiten«.[147]

Demgegenüber äußerte Hans-Dietrich Genscher, in der Hauptphase des Terrorismus zunächst Innen- und dann Außenminister in Bonn, Verständnis für das Aufbegehren der 68er-Generation gegen ihre Eltern. Das lag »einmal an deren unbefriedigenden Antworten auf die Frage, wie sie sich im Dritten Reich verhalten hatten … Hinzu kam der wachsende Materialismus der bundesrepublikanischen Gesellschaft, gegen den sich viele Jüngere wehrten … Bei allem Verständnis habe ich jedoch von Anbeginn an darauf bestanden, daß es keinen Unterschied zwischen Gewalt gegen Sachen und gegen Personen gebe.«[148]

Das Krisenmanagement der Landesregierung war nicht besonders gut, wie auch eine der Regierung nahestehende Zeitung kritisch bemerkte. »Eine dem Parlament näherliegende Selbstverständlichkeit hat sich die Regierungsfraktion unverständlicherweise versagt: Die sofortige Einsetzung eines Untersuchungsausschusses.«[149] Außerdem kam es noch zu einer heftigen Debatte des Stuttgarter CDU-Oberbürgermeisters Manfred Rommel mit seinen Parteifreunden in Stadt und Land über die Beer-

Der neuerliche gemeine und hinterlistige Mordanschlag erfüllt die Landesregierung mit Bestürzung und tiefer Trauer. Dabei haben die baden-württembergischen

Polizeihauptmeister **Reinhold Brändle**

Polizeimeister **Roland Pieler**

Polizeihauptwachtmeister **Helmut Ulmer**

ihr Leben verloren. Ihnen, die im Einsatz für den Rechtsstaat und die Freiheit unserer Mitbürger gestorben sind, gilt das Gedenken der Landesregierung ebenso wie dem

Fahrer **Heinz Marcisz**

Das Schicksal dieser unschuldigen Opfer ist uns Verpflichtung, unser Gemeinwesen mit allen Kräften zu verteidigen.

Die Landesregierung Baden-Württemberg

Bei der Entführung von Dr. Hanns-Martin Schleyer wurden sein Fahrer und drei Polizeibeamte ermordet.

digung der toten Terroristen. Deren Angehörige hatten ein gemeinsames Grab gewünscht, was Rommel bewilligte. Dies löste einen Streit aus, der vor allem im Ausland zu Irritationen führte. Rommel blieb aber bei seiner Entscheidung, die er in zahlreichen Interviews bekräftigte. »Ich bin sehr besorgt: Es herrschen langsam kein Anstand und kein guter Geschmack mehr in diesem Land ... Irgendwo muß jede Feindschaft enden. Und für mich endet sie in diesem Fall beim Tod.«[150] Die Beerdigung selbst wurde zu einem Medienspektakel, das ein Großaufgebot der Polizei überwachte, und zu einer »makabren Manifestation des Ungeistes: Kampfreden noch am offenen Grab, Applaus für all die leeren Phrasen, wütende Racheschwüre mit hochgerissener geballter Faust«.[151]

Die Aufgeregtheit dieser Monate spiegelte sich auch in den Auseinandersetzungen um den Stuttgarter Schauspieldirektor Claus Peymann wider. Dieser hatte einen Bittbrief der Mutter von Gudrun Ensslin um eine Spende für Zahnbehandlungen der in Stammheim inhaftierten Gefangenen am Schwarzen Brett des Theaters ausgehängt und selbst 100 DM gestiftet. Als dieser Vorgang, erst Wochen später, unmittelbar vor der Entführung von Hanns Martin Schleyer, durch eine anonyme Anzeige bekannt wurde, erhob sich ein Sturm der Entrüstung. Zwar konnte unter anderem Manfred Rommel die von seinen Parteifreunden geforderte fristlose Entlassung Peymanns verhindern. Aber im Juli 1977 einigte man sich darauf, dessen bis 1979 laufenden Vertrag nicht zu verlängern.

Mitte Oktober 1977, auf dem Offenburger Landesparteitag der CDU, fand Filbinger, der dort sein bestes Wahlergebnis als Parteivorsitzender erzielte, wieder zu alter Kampfeslust zurück. Allerdings gab es schon Spekulationen über eine geplante Regierungsumbildung, und viele Delegierte waren besorgt über den Zustand der Partei. Einem Journalisten gegenüber äußerte ein Teilnehmer des Parteitages, »politisch gesehen sei ›die Moral der Truppe‹ in 6 Monaten nur noch halb so viel wert, wenn das Problem der notwendigen Regierungsumbildung weiterhin auf die lange Bank geschoben würde«.[152] Allerdings weigerte sich Filbinger, unter Druck das Kabinett umzubilden. Das Thema sollte ihn allerdings in den nächsten Monaten nicht mehr verlassen.

1978: Das Jahr der Rücktritte

Nach seinem überwältigenden Wahlsieg von 1976 und dem großen Erfolg des Stauferjahres 1977 schien Filbinger, der führende Vertreter des christlich-konservativen Flügels der bundesrepublikanischen CDU, unangreifbar zu sein. Dann geriet die CDU im Winter 1977 in eine schwere Krise, wie ein journalistischer Beobachter feststellte: »Damals zeigten sich in der Regierung Filbinger erstmals deutliche Abnutzungserscheinungen. Sie wurden sichtbar durch ihr starres Verhalten gegenüber massiven Protesten starker Umweltschutzgruppen im Vorfeld des geplanten Kernkraftwerks bei Wyhl, bei der Aufdeckung offenbar mangelhafter Sicherheitsvorkehrungen in den Terroristenhaftanstalten Stammheim, ... in dem Durchboxen der Universitätsgesetze mit der Abschaffung der ›Verfaßten Studentenschaften‹ und bei dem umstrittenen Änderungsgesetz des Kommunalwahlgesetzes, dessen Verfassungsmäßigkeit von der SPD-Opposition mit Erfolg bestritten wurde.«[153]

Der Druck auf Filbinger, sein Kabinett zu verjüngen, nahm zu. Im Februar 1978 schied Innenminister Karl Schiess aus, der im Zuge der Terroristenfahndungen 1977 und der Vorgänge in Stammheim schon länger in der öffentlichen Kritik stand. Seine Nachfolge übernahm der bisherige Fraktionsvorsitzende Lothar Späth. Zum Fraktionsvorsitzenden wählten die CDU-Landtagsabgeordneten den bisherigen Staatssekretär für Umweltschutz, Erwin Teufel. Dagegen weigerte sich Kultusminister Hahn, zurückzutreten. Erst als Filbinger das bisherige Ministerium in ein Ministerium für Kultus und Sport und ein Ministerium für Wissenschaft und Kunst teilte und Hahn damit entscheidend schwächte, trat dieser verbittert am 11. Mai 1978 zurück.

»Filbingers großer Irrtum war, daß er glaubte, seinen Führungsanspruch gegenüber den jungen, nachdrängenden Kräften in der Fraktion künftig dadurch beweisen zu müssen, daß er sich mit jüngeren Leuten im Kabinett umgab. Er handelte ohne Rücksicht auf die aktuelle politische und geistige Situation und ignorierte, daß er damit die hoffnungsvollen Ansätze einer neuen Bildungspolitik vor aller Augen zerstörte. Das Argument, das er mir gegenüber anbrachte, es sei am besten, mitten im Erfolg auszuscheiden. Dies konnte jedoch niemanden überzeugen. Gern sprach er bei solchen Gelegenheiten von der Notwendigkeit eines Figurenopfers.«[154]

Sehr kritisch kommentierte Hahn auch die Teilung des Kultusministeriums, die ja primär erfolgt war, um ihn loszuwerden. »Die Teilung in zwei Ministerien führte im übrigen dazu, daß beide sich sehr schnell voneinander weg entwickelten und damit der Gedanke der Gesamtkonzeption faktisch aufgegeben war, wie überhaupt die Verwaltungsaufgabe nun an die Stelle der konzeptionellen Bildungspolitik trat.«[155]

Die Nachfolge Hahns als Kultusminister trat der spätere Bundespräsident Roman Herzog an, während der bisherige Freiburger Rektor Helmut Engler das Wissenschaftsministerium übernahm.

In der Zwischenzeit war Filbinger selbst unter Beschuß geraten. Mitte Februar 1978 hatte der Schriftsteller Rolf Hochhuth in der ›Zeit‹ eine Passage aus seiner Erzählung »Eine Liebe in Deutschland«[156] vorab veröffentlicht, in der er Filbinger scharf attackierte: »Ist doch der amtierende Ministerpräsident dieses Landes, Dr. Filbinger, selbst als Hitlers Marinerichter, der sogar noch in britischer Gefangenschaft nach Hitlers Tod einen deutschen Matrosen mit Nazi-gesetzen verfolgt hat, ein so ›furchtbarer Jurist‹ gewesen, daß man vermuten muß – denn die Marinerichter waren schlauer als die von Heer und Luftwaffe, sie vernichteten bei Kriegsende die Akten – er ist auf freiem Fuß nur dank des Schweigens derer, die ihn kannten.«[157]

Der Artikel löste öffentlich zunächst kaum Reaktionen aus, führte aber zu zahlreichen journalistischen Recherchen zu Filbingers Vergangenheit als Marinerichter. Anfang Mai teilte Filbinger der überraschten Öffentlichkeit mit, daß er gegen Hochhuth und die ›Zeit‹ auf Unterlassung geklagt habe. Gleichzeitig berichtete er von dem Fall eines Fahnenflüchtigen Anfang 1945, bei dem er als Anklagevertreter weisungsgebunden die Todesstrafe beantragt habe. Das Stuttgarter Landgericht erklärte, daß nur Teile der Äußerungen von Hochhuth zurückgenommen werden müßten. Die Aussage, Filbinger »sei ein ›furchtbarer Jurist‹ gewesen, könne allerdings nicht verboten werden«.[158]

In den folgenden Wochen und Monaten löste eine Enthüllung die nächste ab. Während Filbinger und die CDU, die sich zunächst völlig solidarisch mit ihrem Vorsitzenden zeigte, von einer »Kampagne der extremen Linken«[159] sprachen, forderten die politischen Gegner sehr schnell den Rücktritt des Ministerpräsidenten. »Sein Verbleiben im Amt sei für die deutsche Demokratie nicht länger tragbar«, erklärte die SPD, nachdem sie sehr lange mit einer Reaktion gewartet hatte.[160]

Immer wieder betonte Filbinger, daß er an keinem weiteren Todesurteil beteiligt gewesen sei beziehungsweise nach Kriegsende in deutschen Internierungslagern nicht mehr nach Nazi-Recht geurteilt habe, und immer wieder belegten Recherchen, daß er sich nicht oder falsch erinnert hatte. Anfang Juli erklärte der Ministerpräsident gegenüber Journalisten, es gebe,

auch nach tagelanger Prüfung, keinerlei »Erinnerungspunkte bezüglich eines weiteren Urteils«.[161] Als vier Wochen später ein weiteres Todesurteil bekannt wurde, an dem Filbinger als Anklagevertreter mitgewirkt hatte, begann die letzte Phase der Auseinandersetzung.

Die CDU, besorgt um das eigene Ansehen und irritiert über das Verhalten Filbingers, der jede individuelle Schuld nach wie vor heftig bestritt, begann sich nun vom Ministerpräsidenten abzusetzen und seinen Rücktritt zu betreiben. Auch wohlmeinende Kommentatoren sprachen von der »letzten Chance vor dem Abbruch«. »Die Freunde haben mit ihm gesprochen, sie haben ihn gebeten, von sich aus einen Schlußstrich unter einen Fall zu ziehen, in dem ein hochangesehener Mann jählings durch das eigene Verhalten in die Krise stürzte.«[162]

Der Druck aus der eigenen Partei wuchs immer mehr, und am 7. August trat Filbinger schließlich von seinem Amt zurück. Er sah sich allerdings nach wie vor als Opfer und räumte nur taktische Fehler ein. Der Rücktritt sei »Folge einer Rufmord-Kampagne, die in dieser Form bisher in der Bundesrepublik Deutschland noch nie vorhanden war. Es ist mir schweres Unrecht getan worden ... Ein freiheitlicher Rechtsstaat, in dem die persönliche Ehre mit Füßen getreten werden kann, ruiniert sich selbst.«[163]

Gegen den Begriff der ›Rufmord-Kampagne‹ wandten sich zahlreiche Journalisten, vor allem aus Baden-Württemberg. So schrieb die ›Schwäbische Zeitung‹ dazu: »An allem ist etwas Wahres. Sicherlich war es manchem Filbinger-Jäger ein Waidvergnügen, einen konservativen Politiker zu treffen. Gewiß sollte ein Mann der Öffentlichkeit nicht leichter enthehrt werden können als der einfache Bürger. In vielen Hetzbriefen ist die Menschenwürde Hans Filbingers eindeutig verletzt worden. Und das Stuttgarter Gericht hat eine Urteilsbegründung verfaßt, die sich durch eine erhabene, objektive Unfairneß auszeichnet. An all diesem ist Wahres, aber der Ministerpräsident wäre verteidigt und gehalten worden, hätte er nicht selbst die Verteidiger ohne Rückendeckung gelassen.«[164] Kurz und prägnant formulierte es der Kommentator der ›Badischen Zeitung‹: »Nicht die Taten des Marinerichters Filbinger, so umstritten sie sein mögen, haben zum Sturz geführt, sondern die unbegreiflichen Reaktionen des Ministerpräsidenten.«[165]

Noch zehn Jahre danach beharrte Filbinger auf seiner These von der ›Rufmord-Kampagne‹. »Die linksindoktrinierten bundesdeutschen Medien hatten bei ihrem publizistischen Großeinsatz ein leichtes Spiel mit der Verfälschung der Wahrheit. Nur wenige Menschen hatten eine fundierte Kenntnis davon, was sich am Ende des Krieges tatsächlich abspielte. Die meisten verfügten verständlicherweise nur über die Erfahrungen und Einsichten, die sie selbst hatten machen können. Diese Bewußtseinslage wurde ausgenutzt, um gegen mich Stimmung zu machen. Er, der liberal-konservative Christdemokrat, sollte denunziert werden als Vertreter von Durchhalteparolen.«[166]

Dabei räumten selbst seine Verteidiger noch im Rückblick ein, daß er sich in den Monaten seines Abbaus merkwürdig reaktiv verhalten habe. Er »lief hinter den Ereignissen her, statt sie maßgeblich mitzugestalten bzw. durch eine öffentliche Generalabrechnung mit seiner Vergangenheit die Vorwürfe aus dem Wege zu räumen.« Allerdings wurde auch der Vorwurf erhoben, daß eine Vergangenheitsbewältigung wie im Falle Filbinger nichts anderes sei, »als ein brauchbares Instrument der aktuellen politischen Auseinandersetzung«.[167]

Vielleicht ist Filbinger aber auch zum Verhängnis geworden, daß ihm viele Menschen nicht mehr abnahmen, daß er sich an die selbst ge-

setzten Maßstäbe hielt. So hatte er 1972 in einem programmatischen Buch geschrieben, daß es die Jugend mit dem Staat schwerer habe, als die mittlere und ältere Generation. Hier räche sich »der Verlust des Nationalbewußtseins als Folge der von den Nationalsozialisten ausgelösten deutschen Katastrophe und der Abbruch der historischen Kontinuität. Wir müssen dieser Jugend Brücken des Verständnisses bauen. Wir tun es am besten, indem wir glaubhaft die ethischen Werte der Demokratie vorleben und das verschollene Geschichtsbewußtsein wieder aufbauen. Denn die Geschichte mit ihren von menschlicher Bosheit verdunkelten aber auch von menschlicher Größe hellerleuchteten Kapiteln ist und bleibt die große Lehrmeisterin der Politik.«[168]

Der frühere Bundeskanzler Willy Brandt, der das Kriegsende in Norwegen im Kampf gegen die deutschen Truppen erlebt hatte, berichtete in seinen Erinnerungen über die Besatzer und erwähnte dabei auch kurz den späteren baden-württembergischen Ministerpräsidenten: »Einer von ihnen ist der Marine-Richter Hans Filbinger, dem weniger anzulasten war als vielen anderen und der dann doch Jahre danach an seiner Selbstgerechtigkeit scheitert.«[169]

Dabei vergaßen viele Beobachter auch beim Rücktritt des Ministerpräsidenten dessen unbestrittene Verdienste um das Land nicht. »Immerhin ist in der fast zwölfjährigen Regierungszeit Hans Filbingers Baden-Württemberg das industriereichste und wirtschaftsstärkste Bundesland geworden, ist Baden-Württemberg das gastarbeiterreichste, das an Arbeitslosen ärmste Land geblieben und ist Baden-Württemberg als Modell eines gesunden Bundeslandes in ganz Europa, ja sogar in Übersee bekanntgeworden. Hans Filbinger hat Großes als Ministerpräsident geleistet.«[170] Ein anderer Kommentator meinte sogar: »Ohne die von ihm während der letzten

Nach fast zwölfjähriger Regierungszeit mußte Dr. Hans Filbinger am 7. August 1978 zurücktreten. Neuer Ministerpräsident wurde Lothar Späth, hier 1979 mit dem neuen Fraktionschef Erwin Teufel bei Beratungen über die Neubesetzung des CDU-Landesvorsitzes.

Wochen betriebene Selbstdemontage wäre Filbinger zweifellos mit Fug und Recht als der erfolgreichste, gewissenmaßen ›beste‹ Ministerpräsident Baden-Württembergs gefeiert worden.«[171] So aber wurde es sehr schnell ruhig um ihn, obwohl er zunächst noch Landesvorsitzender der CDU blieb. Mit dem Ausscheiden aus dem Landtag 1980 endete die politische Karriere von Hans Filbinger.

Schon vor dem Rücktritt Filbingers begannen die Spekulationen um seine Nachfolge, wobei sich sehr schnell zwei Kandidaten herauskristallisierten, nämlich Innenminister Lothar Späth und der Stuttgarter Oberbürgermeister Manfred Rommel. Bald schon galt Späth als Favorit, da er von der Fraktion unterstützt wurde, die den Ministerpräsidenten auswählte. Rommel dagegen hatte seinen Rückhalt mehr in der Partei und in der Öffentlichkeit. Späth setzte sich schließlich in der Fraktion durch, auch weil es keinen Nachfolgekandidaten für den Stuttgarter Oberbürgermeistersessel gab. Der ›Wahlkampf‹ verlief in so ruhigen, sachlichen Bahnen, daß auch der Unterlegene unbeschadet aus der Auseinandersetzung hervorging. »Mit Feuer und Engagement kämpften die Matadore für den jeweiligen Favoriten. Mahler und Wörner für Rommel, Weiser und Palm für Späth. Aber bei aller Leidenschaft wurde die Sache fair und sauber ausgetragen – ein Lehrstück für Parteien und Fraktionen, wie man auch bei wichtigsten Personalentscheidungen miteinander umgehen kann und soll.«[172]

Allerdings unterschätzten manche Kommentatoren den neuen Ministerpräsidenten ebenso wie zwölf Jahre zuvor Hans Filbinger. »Viele Bürger im Land mögen etwas enttäuscht sein, Manfred Rommel wäre die volkstümlichere Wahl gewesen, sein Name hätte größere Erwartungen geweckt. Die Gegner der Union, Sozialdemokraten und – noch mehr – die Liberalen verspüren Erleichterung, weil Lothar Späth nicht heller glänzt als die eigenen Spitzenleute, sie sehen wieder die Chance einer Konkurrenz.« So erwartete man vom neuen Spitzenmann eher Sachlichkeit als Zukunftsträume. »Wenn den Entwerfern, den Universitätsgründern und den Reformschöpfern ein Mann aus der Verwaltungslaufbahn folgt, ein kühler Manager, einer, der dafür sorgt, daß die Werke Bestand haben, daß wir nicht mehr unternehmen, als wir uns leisten können, muß dies nicht von Schaden sein. Jeder Mann zu seiner Zeit, vielleicht ist es die Zeit für Lothar Späth.«[173]

Kapitel VI

Geplant in der Regierungszeit
von Hans Filbinger, gebaut
nach dem Entwurf des
englischen Stararchitekten
James Stirling in der
Ära Lothar Späth:
Die Staatsgalerie in Stuttgart.

Eingerichtet im behaglichen bundesrepublikanischen Winkel 1978 - 1991

Umwelt als Thema: Die Landtagswahl von 1980

Nach dem erzwungenen Rücktritt von Ministerpräsident Filbinger gelang es seinem Nachfolger Lothar Späth sehr schnell, sich allgemein Anerkennung zu verschaffen. »Was immer gegen den Ministerpräsidenten an Kritik vorgebracht werden mag, er ist ein guter Verwalter, er hat das Steuer des Landes in schlechten Tagen übernommen und es so sicher geführt, daß aus der Krise eines Mannes weder eine Parteikrise noch gar eine Regierungskrise wurde.«[1]

Selbst sein landespolitischer Kontrahent von der SPD, Erhard Eppler, räumte in seinen Erinnerungen ein, daß Späth ein sehr viel unangenehmerer Gegner war als sein Vorgänger. »Nicht nur, daß er der eigentliche Held der Landespresse geworden war, nicht nur, daß er vor allem für die Schwaben im mittleren Neckarraum das Idealbild des Aufsteigers verkörperte – so wie Späth hätten viele gerne sein mögen –, der quirlige Technokrat war viel schwerer zu fassen als Filbinger. Ziemlich unbelastet durch politische Grundsätze, vermochte er sein Handeln so plausibel als Ausfluß eines schwäbisch-gesunden Menschenverstandes darzustellen, daß es nicht leicht war, gegen ihn eine Alternative in der Sache aufzubauen.«[2]

Es verwundert deshalb auch nicht, daß der Wahlkampf allgemein als »laue Tour« empfunden worden war, denn der sportliche Reiz eines Rennens sei sehr gering, »bei dem nach über-einstimmender Meinung der Sieger schon vor dem Start feststeht«.[3] So war der Wahlkampf der Union ganz auf Lothar Späth abgestellt. Selbstbewußt verkündete die seit acht Jahren allein regierende CDU in Anzeigen: »Das ist keine Frage: Späth oder Eppler. Der eine spricht mit dem Bürger. Der andere über den Bürger hinweg. Der eine bekämpft Mißstände. Der andere nimmt sie für das Ganze. Der eine bewältigt Probleme. Der andere redet sie herbei. Der eine hält es mit der Praxis. Der andere mit linker Theorie. In Baden-Württemberg regiert die CDU. Mit Ministerpräsident Lothar Späth. Der eine.«[4]

Selbst Erhard Eppler erklärte vor der Wahl, er rechne damit, daß die CDU die größte Partei im Stuttgarter Landtag bleiben werde, was angesichts eines Abstandes von mehr als 23% zur SPD nahezu selbstverständlich war, und auch die Behauptung der absoluten Mehrheit schien ihm wahrscheinlich, doch werde die CDU »vom hohen Roß herunter kommen müssen«. Er erwartete zudem eine deutliche Verringerung des Abstandes seiner SPD zur Regierungspartei.[5]

Dieses Ziel glaubte Eppler mit einer ökologisch orientierten Politik zu erreichen. In der Anzeige einer Bürgerinitiative für ihn hieß es unter anderem: »Ökologische Politik in seinem Sinne ist eine zukunftsorientierte Politik des sozialen Ausgleichs zwischen Gesellschaft, Umwelt und

Die Wissenschaftsstadt
Oberer Eselsberg in Ulm mit
Universität, Fachhochschule,
Sciencepark Daimler Benz,
Klinikum und Bundeswehr-
krankenhaus (1997).

Natur. Diese Politik schließt auch und gerade eine aktive Friedenspolitik ein. Beide Aufgaben, Erhaltung des Friedens und Erhaltung der natürlichen Lebensgrundlagen gehören zusammen.«6

Trotz dieser klaren Aussagen vermuteten einige Kommentatoren, daß die Bürger klare Stellungnahmen zu den bewegenden Themen vermißten. Nur wenige Monate zuvor war die Sowjetunion in Afghanistan einmarschiert, was der Westen im Sommer mit dem Boykott der Olympischen Sommerspiele in Moskau beantwortete. In Teheran hatten Anfang November 1979 fanatisierte Anhänger des Ayatollah Khomeini die amerikanische Botschaft gestürmt und das Personal gefangengesetzt, um die Auslieferung des kurz zuvor gestürzten Schahs zu erzwingen. Die im April 1980 gescheiterte Befreiungsaktion der USA trug maßgeblich zur Abwahl des amerikanischen Präsidenten Carter bei. In der Bundesrepublik hatte die Nominierung des bayerischen Ministerpräsidenten Franz Josef Strauß zum Kanzlerkandidaten der Union für die Bundestagswahl 1980 zu einer deutlichen Polarisierung geführt.

Aber auch diese innenpolitische Frage spielte im Wahlkampf keine Rolle, da sowohl Späth als auch Eppler die Bundespolitik im Wahlkampf klein hielten. Einerseits fiel es vielen Wählern schwer, »sich nach der Nominierung des Kanzlerkandidaten Strauß noch voll mit dieser Partei zu identifizieren: Späth wäre ja schon recht, wenn er nur nicht diesen Strauß in den Sattel gehoben hätte«. Aber bei der SPD sah es nicht viel besser aus. »Denn so wie Späth seinen Strauß im Keller hat, muß der klassische SPD-Wähler mit dem Konflikt zwischen Eppler und dem Bundeskanzler (Helmut Schmidt, T.S.) zurechtkommen. Gleichgültig wie der Bürger zur Kernenergie oder zur Raketenrüstung steht, wird er in der SPD immer auf Klüfte stoßen, die

Die Universität 1 der Wissenschaftsstadt. Im Vordergrund eine Plastik von Niki de Saint Phalle (1997).

In der kreativen und zukunftsorientierten Atmosphäre der Wissenschaftsstadt fühlte sich ein »Macher« wie Lothar Späth selbstverständlich wohl. Hier der Ministerpräsident mit dem Uni-Maskottchen der Wissenschaftsstadt Ulm, der Eselin Niki, bei der Grundsteinlegung des Klinikums im Juli 1979.

es ihm erschweren, aus vollem Herzen für die Sozialdemokraten zu votieren.«[7] Im gesamten Wahlkampf hätten die Parteien viel weniger danach getrachtet, »möglichst viele Stimmen für sich zu gewinnen, sondern waren vor allem daran interessiert, die Wähler des gegnerischen Lagers von den Urnen fernzuhalten«.[8]

Die spannendste Frage des Wahlkampfes war, ob es einer neuen Gruppierung gelingen würde, erstmals in der Bundesrepublik in das Parlament eines Flächenstaates einzuziehen, nämlich den Grünen. Kommentatoren sprachen von einer Testwahl für die neue Gruppierung. »Gelingt ihnen der Sprung in den Landtag, womit politische Beobachter eher nicht rechnen, so wäre das nicht nur als Niederlage der etablierten Parteien zu bewerten, sondern für die Grünen auch das Signal, zur Bundestagswahl aufzubrechen.«[9]

In den siebziger Jahren hatte das Bewußtsein stark zugenommen, daß die Grenzen der bisherigen Form des Wachstums erreicht seien, ja vielleicht sogar das Ende des Wachstums generell. Gleichzeitig wuchs die Angst vor der Nutzung der Kernenergie. Obwohl Erhard Eppler in Baden-Württemberg eine stark ökologisch geprägte und kernkraftkritische Politik betrieb, dominierte unter Bundeskanzler Helmut Schmidt die klassische Wachstums- und Energiepolitik. Viele jüngere und aktive Mitglieder der SPD fühlten ihre Anliegen in der Partei nicht mehr vertreten. »Die ›große Politik‹ aber war von völlig anderen Themen bestimmt, und auch unsere Partei, die SPD, konzentrierte sich eben nicht auf die Frage, wie wir unsere Gesellschaft so umgestalten könnten, daß ein menschenwürdiges (Über-)Leben auch noch für spätere Generationen gesichert wäre. Dafür war der sogenannte ›Atom-Parteitag‹ in Hamburg 1977, bei dem der Weg der Atomenergie festgeschrieben wurde, ein besonders bedauerliches Anzeichen.«[10]

Nicht wenige, wie zum Beispiel einer der Mitbegründer der Grünen in Baden-Württemberg, Wolf-Dieter Hasenclever, zogen daraus die Konsequenzen. »Um zu erreichen, daß Schluß gemacht wird mit dem Unsinn der herrschenden Wachstumsideologie und daß in der Umweltkrise endlich gehandelt wird, müssen wir (und mit uns und nach uns viele andere) uns dazu durchringen, eingefahrene politische Wege zu verlassen und neue mit zu entwickeln.«[11] Damit begründeten Hasenclever und seine Frau Ende 1977 ihren Austritt aus der SPD.

In Baden-Württemberg orientierten sich einige dann an der ›Aktionsgemeinschaft Unabhängiger Deutscher‹ (AUD), die bereits einen ökologischen Schwerpunkt hatte und eine atomwaffenfreie Zone und eine umfassende Abrüstung in Mitteleuropa forderte. Allerdings spielten ökologische Fragen nicht nur bei ehemaligen SPD-Anhängern eine Rolle, sondern es gab auch

An der Kandidatenkür zum neuen Ministerpräsidenten war 1978 auch der Stuttgarter Oberbürgermeister Manfred Rommel beteiligt. Die alte Schreibmaschine, auf der er seine Reden schreibt, ist ein Erbstück seines Vaters (1979).

zahlreiche Menschen aus dem christlich-konservativen Lager, die sich um die Zukunft der Schöpfung Sorgen machten, wie zum Beispiel der CDU-Bundestagsabgeordnete Herbert Gruhl. Dies führte ganz zwangsläufig zu Spannungen. »Der schärfste Gegensatz im Vorfeld der Gründung der Grünen war der zwischen ›konservativ‹ und ›links‹.«[12] Trotzdem kam es im September 1979 zur Gründung des Landesverbandes in Baden-Württemberg.

»Eine öko-bürgerliche Mehrheit war von Beginn an gegeben, was dem Landesverband sicher viel Streit ersparte und die Mobilisierung der Kräfte auf den ersten Landtagswahlkampf leichter machte. Vielleicht war der Anfang der Partei unbefangen und naiv (...), aber er war sicherlich gut organisiert. Und alle noch so unterschiedlichen Gruppierungen einte die Erfahrung, daß sie allein keine wirksamen Mittel zur politischen Intervention entwickelt hatten.«[13]

Für das Selbstbewußtsein der Grünen war die erste Europa-Wahl am 10. Juni 1979 von großer Bedeutung. Bei einer allerdings sehr geringen Wahlbeteiligung von knapp unter 60% erreichten sie immerhin 4,5% der Stimmen, im Regierungsbezirk Freiburg sogar schon 5,9%.[14] »Grüne Spitzenergebnisse gab es offensichtlich überall da, wo in der Verantwortung der Etablierten auffällige Umweltsünden begangen worden waren, wo die Bevölkerung wegen des Baus von Atomkraftwerken besorgt war und wo Bürgerinitiativen sich besonders aktiv einsetzten.«[15]

Obwohl auch die baden-württembergischen Kreistagswahlen das Anwachsen der Grünen erkennen ließen, war die Überraschung der Wahl der Einzug von sechs grünen Abgeordneten in den Landtag. Die meisten Zeitungen titelten

In den späten siebziger Jahren formierten sich »Die Grünen« zur Partei und beteiligten sich erstmals an den Landtagswahlen 1980 (Wahlplakat 1980).

deshalb auch: »Großer Erfolg für die Grünen bei der Wahl«[16] oder »Sechs ›Grüne‹ ziehen in den Landtag«.[17] Diese Überraschung überdeckte den Erhalt der absoluten CDU-Mehrheit, bei allerdings leichten Verlusten, den leichten Anstieg der FDP nach jahrzehntelanger Talfahrt und den überraschenden Rückgang der SPD.

Hinter dem Einzug der Grünen ins Landesparlament verbarg sich, nach Ansicht der meisten Kommentatoren, »ein Stück Protest gegen die bisher in den Parlamenten vertretenen Parteien, und dieser Protest kommt vor allem von der jungen Generation. Nichts wäre falscher, als das Signal von Baden-Württemberg mit dem Hinweis auf die oft wirren Vorstellungen und das sektiererische Gehabe der Grünen gering zu veranschlagen. Alarmierender als das Erscheinen einer neuen und völlig unerprobten Gruppierung im Landtag ist die Tatsache, daß ein erheblicher Teil der jetzt 18- bis 24jährigen den anderen Parteien offenbar gar nicht mehr die Fähigkeit zutraut, sich ihrer Probleme anzunehmen.«[18]

Diese Einschätzung des Journalisten wurde von der repräsentativen Landtagswahlstatistik bestätigt. Während die Grünen insgesamt mit 5,3% nur knapp die 5%-Hürde überspringen konnten, errangen sie bei den 18- bis 24jährigen beinahe 16% der Stimmen. Ihre Hochburgen lagen in den Universitätsstädten, allen voran Freiburg (12,3%), und innerhalb der Regierungsbezirke ebenfalls in Freiburg (7,1%).[19]

Selbst in CDU-nahen Zeitungen gewann man dem Einzug der Grünen ins Parlament durchaus positive Seiten ab. »Wären die Grünen erfolglos geblieben, hätten sich die alten Parteien auch in alten Bahnen weiterbewegt. Der Erfolg des Neulings schreckt sie doch soweit auf, daß sie nicht mehr erhaben über die Störenfriede hinwegsehen. Das Parlament könnte an den Grünen gewinnen.«[20] Allerdings genügten die sechs Abgeordneten der Grünen nicht, um eine Fraktion zu bilden. Damit wäre die parlamentarische Arbeit nachhaltig behindert worden. Schließlich erhielten sie einen ›Gruppenstatus‹, der ihnen die wesentlichen Rechte einer Fraktion einräumte.

Einerseits blieb den Grünen unverständlich, warum man ihnen nicht den Fraktionsstatus zugestanden hatte. »Auf der anderen Seite trug die ›günstige politische Wetterlage‹ und ›eine doch recht tief verwurzelte liberal-demokratische Tradition im Südwest-Staat‹ … zu dem insgesamt für uns befriedigenden Verhandlungsergebnis bei. So waren die Arbeitsbedingungen für uns im Landtag schließlich vernünftig gestaltet – ganz im Gegensatz zu denen unserer grünen Kollegen in Bremen, denen die dort mit absoluter Mehrheit regierende SPD unter anderem die wichtige Mitgliedschaft in den Ausschüssen verwehrt hatte.«[21] Damit begann der parlamentarische Siegeszug der Grünen, auch wenn sie bei der Bundestagswahl 1980 aufgrund der Polarisierung zwischen Helmut Schmidt und Franz Josef Strauß nochmals an der 5%-Hürde scheiterten.

Einigkeit herrschte darüber, daß es einen Wahlsieger und zwei Gewinner bei der Landtagswahl gegeben hatte. »Der Sieger heißt – trotz allem – CDU, die Gewinner sind die Liberalen und die Grünen und, wie man's dreht und wendet, Verlierer dieser Landtagswahl 1980 sind die Sozialdemokraten.«[22] Ihr Spitzenkandidat Erhard Eppler legte bereits am nächsten Tag den Fraktionsvorsitz nieder, wenig später auch den Landesvorsitz. Mit dem Ausscheiden aus dem Landtag am 30. Juni 1982 endete seine landespolitische Karriere. »Daß ausgerechnet Erhard Eppler der große Verlierer der ›grünen‹ Landtagswahl war, ist eine der Paradoxien, wie sie der Wählerwille gelegentlich zustandebringt.« Die Grünen hatten damit »dem Mann

die politische Basis entzogen, der wie kein anderer in der Bundesrepublik mit dem Umsetzen ökologischer Gedanken in konkrete Politik ernst machen wollte«.[23]

Eppler scheiterte an dem Versuch, ökologische mit klassischer sozialdemokratischer Politik in Einklang zu bringen. »So mußte er als Stimmensammler scheitern. Die jungen Intellektuellen trauten ihm nicht zu, seine Haltung in der SPD durchzusetzen, sie wählten grün, die Arbeiter bei Bosch und Daimler mochten die Wachstumskritik nicht hören und wählten CDU. Dazu kam, daß Eppler das Bodenständige fehlt, das halt auch dazugehört, will man Erfolg haben in Baden-Württemberg: Erhard Eppler hat mit einem nicht leugbaren intellektuellen Hochmut nicht nur Genossen geärgert, sondern auch das Wahlvolk verprellt.«[24]

Eppler selbst sah sich auch als Opfer einer Allianz »zwischen einem Fünftel der Fraktion und vier Fünftel der Landespresse«. Selbstkritisch räumte er in seinen Erinnerungen ein, den Mitgliedern der Landespressekonferenz zu erkennen gegeben zu haben, »daß ich sie nicht für die Crème der deutschen Publizistik hielt. Ich war das Bonner Niveau gewohnt … Auch wenn es stimmt, daß mir in der Landespresse nur wenige bedeutende Köpfe begegnet sind … so ist es doch für einen Politiker unverzeihlich, wenn er sich seine Enttäuschung über Presseleute anmerken läßt.«[25]

Eppler blieb nach seinem Rückzug aus der Landespolitik eine wichtige politische Persönlichkeit der Bundesrepublik, als Vorsitzender der SPD-Grundwertekommission, aber auch als Analytiker, Vordenker und Sprachrohr der Ökologie- und der Friedensbewegung. Er selbst meinte sogar, daß er vielleicht am mächtigsten war, »als ich kein Minister, kein Landesvorsitzender, kein Oppositionsführer mehr war«.[26] So beschrieb er in seinen Erinnerungen seinen siegreichen Kontrahenten Lothar Späth auch nicht ohne Respekt als »einen jungen, agilen Ministerpräsidenten ... dem das politische Handwerk sichtbar Spaß machte, einen ebenso umgänglichen wie umtriebigen Politmanager, nicht ohne den Charme des Pfiffigen, den man im Schwäbischen ›Schlaule‹ nennt, über dessen Tricks man sich freut, dem man aber nichts wirklich Böses zutraut.«[27]

Wahlsieger Späth definierte seine Aufgaben für die nächsten Jahre bereits unmittelbar nach der Wahl in einem Interview: »Es wird darauf an- kommen, unsere innere Stabilität weiter zu fe- stigen, damit wir angesichts der krisenhaften Weltlage im Lande Baden-Württemberg in Frie- den und Freiheit arbeiten und leben können. Wir müssen daher alles tun, um unsere Wirt- schaftskraft zu erhalten, die Arbeitsplätze zu si- chern, die Energielücke zu schließen.«[28] In den folgenden Jahren sollte aber auch die weltpoli- tische Entwicklung Baden-Württemberg in be- sonderem Maße betreffen, da die Raketenstand- orte für die Nachrüstung in erster Linie in Baden-Württemberg lagen.

NATO-Doppelbeschluß: Mutlangen und Heilbronn

Bereits im Sommer 1977 wies Bundeskanzler Schmidt auf die sowjetische Aufrüstung mit SS-20-Mittelstreckenraketen hin, die in den laufenden amerikanisch-sowjetischen Abrüstungsverhandlungen nicht berücksichtigt wurden. Die USA teilten die deutschen Sorgen zunächst nicht. In einer Rede vor dem Internationalen Institut für Strategische Studien in London forderte Schmidt daraufhin öffentlich am 28. Oktober 1977, »die eurostrategischen Nuklearwaffen und ebenso die konventionellen Streitkräfte in die von beiden Supermächten angestrebte Rüstungsbegrenzung von SALT II einzubeziehen«. Obwohl Schmidt nicht das Ziel verfolgte, »auf die sowjetische Vor-Rüstung mit einer westlichen Nach-Rüstung zu antworten«, galt diese Rede »als die eigentliche Geburtsstunde des sogenannten Doppelbeschlusses«.[29]

Der Doppelbeschluß umfaßte »einerseits die Entscheidung für die Stationierung amerikanischer Mittelstreckenraketen – der Pershing II und Marschflugkörper Cruise Missiles – und andererseits ein Verhandlungsangebot (an die Sowjetunion, T.S.) über die schrittweise oder auch gänzliche Beseitigung der nuklearen Mittelstreckenraketen, die sogenannte ›Nulllösung‹«. »Der sogenannte NATO-Doppelbeschluß wurde«, so der damalige Bundesaußenminister und FDP-Vorsitzende Hans Dietrich Genscher in seinen Erinnerungen, »zur schwersten Prüfung für die von Helmut Schmidt und mir getragene Regierung«.[30]

Von Anbeginn stemmten sich Teile der SPD gegen diesen Beschluß. »Ganz offensichtlich befürchtete man in der SPD, daß die Nachrüstung ein Scheitern der Entspannungspolitik nach sich ziehen könnte. Damit deutete sich der spätere Scheidungsgrund der SPD-FDP-Koalition

schon an.«[31] Diese Probleme wurden bereits unmittelbar nach dem NATO-Doppelbeschluß so gesehen, der sehr mühsam zustandegekommen war. »Man stelle sich nur einmal vor, daß sich – was mehr als wahrscheinlich ist – die Rüstungskontrollverhandlungen über den Vierjahreszeitraum hinziehen, der bis zur Produktions- und Stationierungsreife der neuen NATO-Waffen vergehen wird. Dann müssen bei uns, in England, Italien, Holland und Belgien tatsächlich Abschußbasen festgelegt werden – Trommelfelder für Agitation und Demonstration. Wo wird die SPD dann stehen?«[32]

Dabei bestand über den Verursacher des Doppelbeschlusses kein Zweifel. »Die NATO-Minister haben einen Beschluß gefaßt, der ihnen von der Gegenseite mehr oder weniger aufgezwungen worden ist.«[33] Manchen schien er sogar dringend geboten zu sein. »Der NATO-Doppelbeschluß ist im Grunde die einzige Chance, Moskau in neuen Verhandlungen zu Zugeständnissen zu bewegen. Würde die ›Raketenlücke‹ in einigen Jahren noch größer, wäre der Westen in einer noch ungünstigeren Verhandlungsposition. Freilich, die NATO-Entscheidung hat einen bedenklichen Nebenaspekt: Der Widerstand einiger kleiner NATO-Partner zeigt, daß es Moskau gelungen ist, den Spaltpilz in das westliche Bündnis zu pflanzen. Das wird uns in den achtziger Jahren noch viel Kopfzerbrechen machen.«[34]

In der Tat prägten die Auseinandersetzungen um die Nachrüstung die bundesdeutsche Innenpolitik in der ersten Hälfte der achtziger Jahre. »Das stark angewachsene Protestpotential gegen das Wettrüsten von NATO und Warschauer Pakt verschaffte sich Anfang der achtziger Jahre in den größten Massendemonstra-

Am 12. Dezember 1979 hatten die Nato-Mitgliedsstaaten in Brüssel (hier Außenminister Genscher zu Beginn der Verhandlungen) den sogenannten Nato-Doppelbeschluß gefaßt. Nach dem Scheitern der Verhandlungen mit der UdSSR begann 1983 die Aufstellung der »Pershing II« sowie von Marschflugkörpern in der Bundesrepublik.

berg (Mutlangen bei Schwäbisch Gmünd und Heilbronn) und einer direkt an der Grenze zu Bayern (Neu-Ulm). Dadurch war der Südwesten von den Auseinandersetzungen in besonderem Maße betroffen. Allerdings fiel die Betroffenheit in der Bevölkerung sehr unterschiedlich aus, wie ein Bericht aus Schwäbisch Gmünd von Ende April 1981 zeigte. Einerseits gab es Leserbrieffehden, Diskussionen im Gemeinderat, eine überfüllte Veranstaltung mit einem Friedensforscher. »Dennoch – die meisten Gmünder werden von dem Reizwort Atomraketen nicht eben aufgewühlt. Vor allem die ältere Generation nimmt die Stationierung von Raketen als notwendiges Übel hin – wenn sie überhaupt etwas davon weiß. ›Eine qualifizierte Diskussion gibt es selten – nur Stammtischgespräche‹, meint einer, der die Stadt seit Jahren kennt.«[36]

Dagegen waren die Auseinandersetzungen um die Nachrüstung auf dem wenige Tage später stattfindenden Landesparteitag der SPD in Aalen umso heftiger. Der scheidende Landesvorsitzende Eppler kündigte an, daß er, »da er nun nicht mehr integrierend wirken müsse", mit aller Macht gegen den NATO-Doppelbeschluß kämpfen werde. »Es gibt inzwischen für mich Fragen, die sich irgendwann einmal nicht mehr für Kompromisse eignen.«[37] Damit stellte er sich diametral gegen die SPD-geführte Bundesregierung unter Helmut Schmidt.

»Die südwestdeutsche SPD ließ in Aalen freilich nicht nur bei der Nachrüstungsdebatte klar erkennen, daß sie ein linker Landesverband und fast so etwas wie die härteste Opposition der Regierung Schmidt/Genscher ist. Sie entschied sich beispielsweise dezidiert gegen Waffenlieferungen nicht nur an Chile, sondern auch an Saudi-Arabien, und sie beauftragte, um nur ein Beispiel herauszugreifen, den Landesvorstand, eine parteiübergreifende Initiative für

tionen in der Geschichte der Bundesrepublik Gehör. Im Oktober 1981 kamen in der Bundeshauptstadt Bonn 300.000 und im Jahr darauf erneut eine halbe Million zumeist junger Demonstranten zusammen, um gegen die Nachrüstung mit atomaren Mittelstreckenraketen auf dem Gebiet Westdeutschlands zu protestieren. Initiator war eine von Spitzenpolitikern der Grünen mitbegründete Bürgerinitiative (›Krefelder Appell‹), die sich Anfang der achtziger Jahre zur locker organisierten Friedensbewegung ... gewandelt hatte.«[35]

Zwei der drei Standorte für die amerikanischen Pershing II-Raketen lagen in Baden-Württem-

›Frieden und internationale Zusammenarbeit‹ zu gründen, die sich gewiß bald des Zulaufs von ungeliebten Interessenten zu erwehren haben dürfte. Ähnliche Probleme freilich, so läßt Aalen vermuten, wird die SPD mit den baden-württembergischen Wählern so schnell kaum haben.«[38]

In der Bundespolitik bahnte sich inzwischen eine Wende an. Es gab zwischen SPD und FDP zunehmende Konflikte in der Wirtschafts- und Finanzpolitik sowie in der Sicherheitspolitik. Zwar war es Schmidt 1981 noch einmal gelungen, die SPD von einem Nein zur Nachrüstung abzuhalten, aber seine Stellung innerhalb der eigenen Partei wurde immer schwächer. Mitte September 1982 kam es zum endgültigen Bruch der Koalition. Ende September schlossen CDU/CSU und FDP eine Koalitionsvereinbarung, und am 1. Oktober 1982 wurde Bundeskanzler Schmidt durch ein konstruktives Mißtrauensvotum gestürzt und Helmut Kohl zum neuen Bundeskanzler gewählt.

In der öffentlichen Meinung gab man die Hauptschuld am Scheitern der Koalition der FDP und dem alten und neuen Außenminister Hans Dietrich Genscher, der sich in seinen Erinnerungen jedoch vehement dagegen verwahrte. »Der Kölner Parteitag der SPD nach der Wende hat allerdings schonungslos deutlich gemacht, wo die SPD wirklich stand: Der ehemalige Kanzler konnte für seine außen- und sicherheitspolitischen Positionen nur noch vier Prozent der Delegierten gewinnen! Die SPD hatte sich auch in der außen-, sicherheits- und bündnispolitisch zentralen Frage des NATO-Doppelbeschlusses längst von den Grundlagen der zwischen SPD und FDP vereinbarten Regierungspolitik entfernt.«[39] Die neue Koalition stand eindeutig hinter dem NATO-Doppelbeschluß von 1979.

Bei den vorgezogenen Bundestagswahlen am 6. März 1983 standen wirtschaftspolitische Maßnahmen und die Sanierung der Staatsfinanzen im Vordergrund. Die Frage der Nachrüstung beschäftigte zwar viele Menschen, aber sie bestimmte ganz offensichtlich nicht das Wahlverhalten. Die neue Koalition gewann die Wahl, wobei die CDU deutlich zulegen konnte, während die FDP ebenso deutliche Verluste hinnehmen mußte wie die SPD. Die Grünen zogen erstmals mit 5,6% in den Bundestag ein. Symptomatisch war das Wahlergebnis in Mutlangen, dem geplanten Standort für die Pershing-II-Raketen. Hier konnten sich die Befürworter der Nachrüstung, CDU und FDP, zusammen leicht verbessern, während die Gegner der Nachrüstung, SPD und Grüne, zusammen etwas verloren.[40] Wie sich in den folgenden Monaten zeigte, polarisierte und mobilisierte das Thema Nachrüstung, entschied aber keine Wahlen.

Nachdem die Abrüstungsverhandlungen keine Fortschritte gebracht hatten, stand am Ende des Jahres die Entscheidung über die Stationierung der Mittelstreckenraketen in der Bundesrepublik an. Im Vorfeld dieser Entscheidung kam es

Auf dem Weg zum US-Military-Areal bei Mutlangen, das als Raketenbasis dienen soll, endet die öffentliche Straße.

zu einigen besonders spektakulären Maßnahmen der Friedensbewegung in Baden-Württemberg. Vom 1. bis 3. September 1983 wurde in Mutlangen die Zufahrt zum US-Depot blockiert. Anlaß war der 44. Jahrestag des Überfalls von Hitler-Deutschland auf Polen und damit der Beginn des Zweiten Weltkriegs. Eine hohe Presseaufmerksamkeit erhielt diese Aktion durch Teilnahme zahlreicher Prominenter, wie des früheren Berliner Bürgermeisters Heinrich Albertz, der Theologin Dorothee Sölle, des saarländischen SPD-Vorsitzenden Oskar Lafontaine und des ehemaligen baden-württembergischen SPD-Vorsitzenden Erhard Eppler, des Schriftstellers Heinrich Böll, des Tübinger Rhetorikers Walter Jens oder des Zukunftsforschers Robert Jungk.

Dabei konnten die Blockierer durchaus mit Verständnis für ihr Verhalten rechnen. »Deutschland liegt inmitten der irrsinnigsten Waffenansammlung, die Europa bisher gesehen hat. Das Vertrauen, die Politik könne mit den wirklich lebenswichtigen Themen der Menschheit fertigwerden, ist spürbar geschwunden.«[41] Man

räumte auch den oft zynischen Umgang mächtiger Politiker mit Fragen der Abrüstung ein. Nachhaltig zurückgewiesen wurde aber der Vorwurf der Friedensbewegung, der Nachrüstungsbeschluß sei nicht legitimiert. »... es gibt kein einziges überzeugendes Argument zum Beweis dafür, daß die Vorbereitung des NATO-Doppelbeschlusses und die Zustimmung der Regierung dazu nicht nach ›Gesetz und Recht‹ erfolgt seien. Das Gegenteil ist nachweisbar richtig. Nicht Willkür hat regiert. Vielmehr sind alle Entscheidungen auf legalem Weg getroffen und durch den in Wahlen klar artikulierten Volkswillen eindeutig legitimiert worden.«[42]

Völlige Übereinstimmung bestand unter Nachrüstungsbefürwortern wie Nachrüstungsgegnern in dem Wunsch, den Frieden zu bewahren. Eine Kriegspartei gab es in der Bundesrepublik nicht. Strittig war der Weg, den Frieden zu erhalten. Durch ein Gleichgewicht des Schreckens, meinten die einen, durch Abrüstung, notfalls auch einseitig, die anderen. Das Mißtrauen gegen die Sowjetunion war weit verbreitet, zumal die Sowjetunion in diesen Tagen einen zivilen südkoreanischen Jumbo-Jet abgeschossen hatte, der in ihren Luftraum geraten war. Deshalb konnte der Friedenswille nicht einseitig sein. »Den Frieden kann auch nicht gewinnen, wer nach der Freiheit schon nicht mehr fragt. Wir verdanken sie nicht der Sowjetunion, die bis heute jede freiheitliche Regung in der DDR, in Ungarn, in der CSSR und in Polen unterdrückt, sondern vor allem den USA. Auch wenn es nicht mehr in die anti-amerikanische Friedens-Landschaft zu passen scheint: Die Amerikaner haben ... Westeuropa die Freiheit zurückgegeben und sie garantieren bis heute die Unabhängigkeit unseres Staatswesens, das nur in Frieden und Freiheit Zukunft hat.«[43]

Immer wieder wurde betont, wie wichtig das

Auf die Minute genau 44 Jahre nach Beginn des Zweiten Weltkriegs begann um 5.45 Uhr am 1. September 1983 die dreitägige Blockade des US-Militärdepots in Mutlangen auf der Schwäbischen Alb. Mit von der Partie Nobelpreisträger Heinrich Böll sowie Bundestagsabgeordnete (Petra Kelly und Gerd Bastian).

gegenseitige Verständnis sei, trotz aller grundlegenden Meinungsverschiedenheiten. »Es kommt also zuerst darauf an, daß der Anhänger der Nachrüstung im Demonstranten gegen die Nachrüstung den ernstlichen Friedenswillen erkennt und anerkennt. Und es kommt genauso darauf an, daß der Demonstrant gegen die Nachrüstung im Befürworter der Stationierungspolitik den ernstlichen Friedenswillen erkennt und anerkennt.«[44]

Immerhin setzte der Ablauf der Blockade in Mutlangen, bei der sich die Polizei völlig zurückhielt und die Demonstranten friedlich blieben, ein Signal für den erwarteten heißen Herbst: »Der Staat bewies Toleranz und Flexibilität gegenüber der Friedensbewegung; die Demonstranten andererseits zeigten ein hohes Maß an Besonnenheit. Die Scharfmacher auf beiden Seiten hatten diesmal keine Chance.«[45]

Diese Besonnenheit bewährte sich auch wenige Wochen später, als am 23. Oktober 1983 die seit April minutiös geplante, 108 Kilometer lange Menschenkette zwischen Stuttgart und Ulm gebildet wurde, parallel zur großen Kundgebung der Friedensbewegung auf der Hofgartenwiese in Bonn. Die Menschenkette kam ohne jeden Zwischenfall zustande. CDU-Landesregierung und Friedensbewegung lobten »das gute Verhältnis von Demonstranten und Polizei«. Nach Auffassung von Ministerpräsident Späth hatte die Demokratie gewonnen. Ganz ähnlich sahen es die Kommentatoren. »Spätestens seit dem Wochenende gehört die Bundesrepublik zu jenen westlichen Demokratien, in denen sogar Großdemonstrationen wie selbstverständlich ablaufen ... Es wäre gut, wenn sich nun auch künftig sagen ließe, die Bundesrepublik habe an politischer Kultur gewonnen, die manche schon wegen des ›heißen Herbstes‹ in Gefahr sahen.«[46]

Trotz dieser beeindruckenden Proteste be-

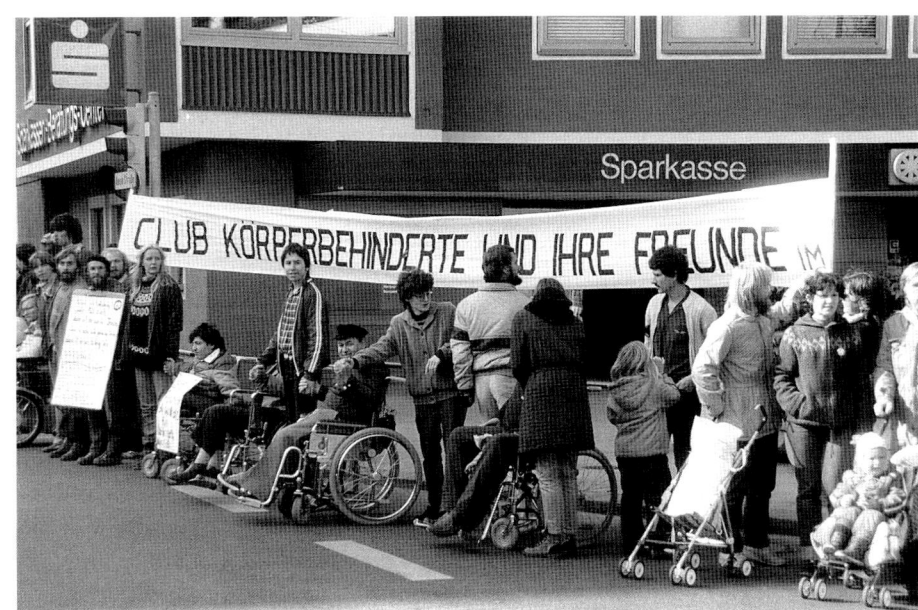

schloß der Bundestag am 22. November 1983 in namentlicher Abstimmung, den Beginn der Stationierung einzuleiten. Allerdings wurde erst zwei Jahre später die Aufstellung der 108 Pershing-II-Raketen in der Bundesrepublik abgeschlossen. »Demnach sind an den drei deutschen Standorten bei Mutlangen, Heilbronn und Neu-Ulm jetzt jeweils 36 Pershing-II-

Wer gehen oder fahren konnte, traf sich – wie hier in Ulm – am 23. Oktober 1983 zur Bildung einer Friedenskette.

Raketen mit einer Reichweite von 1800 Kilometer und je einem Atomsprengkopf stationiert.«[47]

Auch nach dem Stationierungsbeschluß kam es zu heftigen Protesten. So trafen sich Mitte Dezember 1983 zahlreiche westdeutsche Schriftsteller in Heilbronn, um über ihren Beitrag zum Frieden zu reden. In vielen, meist sehr gut besuchten Veranstaltungen trugen sie ihr Anliegen vor. Allerdings stieß vor allem Günter Grass mit seinem Aufruf, generell den Wehrdienst zu verweigern, und mit seiner Absicht, »Wehrkraftzersetzung« zu bewirken, auf entschiedenen Protest nicht nur bei den großen Parteien. Damit habe er demonstriert, »wie nahe auch der politisch empfindsame Schriftsteller der politischen Entgleisung sein kann«.[48] Andere bezeichneten Grass und seine Kollegen gar als Brandstifter. »Nach dem Scheitern der ›Friedensbewegung‹ in der Raketenfrage, nach dem Ausbleiben des von manchem Verängstigten befürchteten nuklearen Infernos, versuchen Grass und Freunde nun, den inneren Frieden im Lande zu unterminieren. Nichts anderes ist es doch, wenn Hunderttausende diskriminiert und Streitkräfte über den Rand des Grundgesetzes hinaus geschoben werden.«[49]

Allerdings verlief die Auseinandersetzung um die Nachrüstung im Land nicht konfliktfrei. Besonders umstritten war die Beteiligung von Schülern und Lehrern an der Friedensbewegung. Das Kultusministerium unter Minister Gerhard Mayer-Vorfelder verfolgte hier einen sehr restriktiven Kurs, der nicht überall auf Verständnis stieß. Der baden-württembergische Innenminister Roman Herzog untersagte den Gemeinderäten im Land im Mai 1983, über die Raketenstationierung zu diskutieren. Der Verwaltungsgerichtshof Baden-Württemberg sah dies im Juni 1984 völlig anders und erlaubte die Beratung über die Raketenstationierung.

Der neue Innenminister Schlee zog daraufhin den »Maulkorb-Erlaß«[50] zurück. »Herzogs Niederlage«[51] stieß allgemein auf Zustimmung. »Es ist ein Unding, gewählten Volksvertretern – auch auf der kommunalen Ebene – von oben herab vorzuschreiben, worüber sie reden dürfen und worüber nicht.«[52]

Nach der Stationierung der Mittelstreckenraketen in der Bundesrepublik machte sich in der Friedensbewegung Resignation breit. Allerdings führten spektakuläre Ereignisse wie der Brand einer Pershing-II-Rakete am 11. Januar 1985 auf der Waldheide in Heilbronn, bei der drei amerikanische Soldaten starben und 16 verletzt wurden, dazu, daß viele Menschen nach wie vor Angst vor den Raketen hatten. Es kam jedoch nur in Mutlangen dauerhaft zu zivilem Widerstand, indem das dortige Pershing-II-Depot ständig blockiert wurde. Die Demonstranten wurden wegen Nötigung zu einer Geldstrafe verurteilt. Viele weigerten sich, diese zu zahlen, und gingen dafür ins Gefängnis. Das Bundesverfassungsgericht lehnte eine Beschwerde gegen diese Urteile mit vier gegen vier Richterstimmen ab. Das Unbehagen hatte auch das oberste deutsche Gericht erreicht. Inzwischen legten die Prozesse die zuständigen Amtsgerichte nahezu lahm, zumal jeder Prozeß eine entsprechende öffentliche Resonanz fand.[53]

Am 11. März 1985 hatte das Zentralkomitee der Kommunistischen Partei der Sowjetunion Michail Gorbatschow zum neuen Generalsekretär gewählt, nachdem zuvor innerhalb weniger Jahre zwei Generalsekretäre, Andropow und Tschernenko, gestorben waren. Gorbatschow leitete mit den Schlagworten Perestroika (Umbau von Wirtschaft und Gesellschaft) und Glasnost (Transparenz der politischen Entscheidungsprozesse) umfassende Reformen der Sowjetunion ein. In der Außenpolitik kam Be-

Vor dem mutmaßlichen Standort von Pershing II-Raketen auf der Waldheide in Heilbronn trafen sich am 16. Dezember 1983 rund fünfzig Frauen und Männer des öffentlichen Lebens.

wegung in die festgefahrenen Abrüstungsver-handlungen. Ende 1987 wurde schließlich eine Einigung über den gegenseitigen Abbau der Mittelstreckenraketen, die doppelte Nullösung, erzielt. »Der NATO-Doppelbeschluß konnte nun auch in seiner abrüstungspolitischen Ziel-setzung verwirklicht werden. Weltweit wurden die atomaren Mittelstreckenraketen kürzerer wie längerer Reichweite beseitigt.«[54]

Am 1. September 1988 verließen die ersten Pershing-II-Raketen die Waldheide in Heil-bronn, »begleitet von ›Zugabe‹-Rufen der Zu-schauer … Nach dem Abtransport der letzten US-Raketen im April 1990 ist Heilbronn ›atom-waffenfrei‹.«[55] Damit hatten die Nachrüstungs-befürworter und die Nachrüstungsgegner ihr Ziel erreicht. Aber bei der Friedensbewegung herrschte auch Enttäuschung. »Wir haben un-ser Ziel erreicht. Ansonsten sind wir geschei-tert. Nur mit Mühe können wir uns daran erin-nern, daß wir mal so Sachen wie Soziale Ver-teidigung bei uns einführen wollten, gewaltfrei und von unten.«[56]

Mai/Juni 1984: Der Kampf um die 35-Stunden-Woche

In der Gewerkschaftsbewegung hatte man nach 1945 – wie in vielen anderen Bereichen auch – die Konsequenzen aus den Erfahrungen der Weimarer Republik gezogen, als die verschiedenen Gewerkschaften, sozialistische, kommunistische, christliche, um nur die wichtigsten zu nennen, keine einheitliche Linie verfolgten, ja sich teilweise bekämpften und damit ihre Einflußmöglichkeiten entscheidend schwächten. Nach dem Zusammenbruch des Nationalsozialismus gehörten aktive Mitglieder der Weimarer Gewerkschaftsbewegung zu den wichtigen Männern der ersten Stunde.

Nur wenige Monate nach der Verkündung des Grundgesetzes entstand am 1. August 1949 die Industriegewerkschaft Metall (IG Metall) als Einheits-, nicht als politische Richtungsgewerkschaft. Sie hatte innerhalb des wenige Wochen später gegründeten Deutschen Gewerkschaftsbundes (DGB) die meisten Mitglieder und gehört bis heute zu den einflußreichsten Arbeitervertretungen. Zu Beginn der Bundesrepublik unterstützten die Gewerkschaften nachhaltig die Sozialisierungsforderungen der SPD. Es gelang ihnen 1950, zumindest die paritätische Mitbestimmung in der Montanindustrie zu bewahren.

»Mit der Verabschiedung des Betriebsverfassungsgesetzes 1952 und dem erfolglosen Eintreten für die SPD im Bundestagswahlkampf 1953, begannen die Gewerkschaften, sich resigniert aus gesellschaftspolitischen Themen zurückzuziehen.«[57] »Seit Mai 1955 akzeptierte der DGB die privatwirtschaftliche Ordnung in der Bundesrepublik und erhob den Anspruch, im Rahmen dieser Ordnung die materielle und soziale Lebenslage der Lohnabhängigen zu schützen und zu verbessern. Die Hoffnung, durch lohn- und sozialpolitische Erfolge eine Ausgangsbasis für emanzipatorische Initiativen schaffen zu können, gab er aber nicht auf.«[58]

In den »langen fünfziger Jahren« (Abelshauser), den Jahren des sogenannten Wirtschaftswunders zwischen 1950 und 1965, gelang es den Gewerkschaften, die Einkommen der Arbeiter und Angestellten deutlich zu steigern. So wuchs der Bruttowochenverdienst in Baden-Württemberg zwischen 1950 und 1960 bei Männern von 68 auf 130 DM und bei Frauen von 40 auf 82 DM.[59] Die von den Gewerkschaften entwickelte ›aktive Lohnpolitik‹ »sollte nicht nur Einkommensverbesserungen zum Ausgleich der Preissteigerungen, sondern einen höheren Anteil der Arbeitnehmer am Sozialprodukt nach sich ziehen … In den Tarifkämpfen der Metallindustrie in Nordwürttemberg/Nordbaden und Bayern sollte das Konzept der aktiven Lohnpolitik erprobt werden. Dabei begann sich die Vorreiterrolle Nordwürttembergs/Nordbadens abzuzeichnen, die sich in den folgenden Jahren durchsetzte und bis heute fortbesteht.«[60] Zu dieser Vorreiterrolle trug neben dem relativ hohen Organisationsgrad vor allem die überdurchschnittlich gute wirtschaftliche Entwicklung Baden-Württembergs bei, die es den Unternehmen leichter machte als in anderen Gebieten der Bundesrepublik, höhere Lohnzuwächse zu verkraften.

1956/57 führte der Streit um die Lohnfortzahlung im Krankheitsfalle in Schleswig-Holstein zum längsten Arbeitskampf in der Metallindustrie. Wenige Jahre später führten die Auseinandersetzungen um Lohn- und Gehaltserhöhungen 1963 in Nordwürttemberg/Nordbaden und Südwürttemberg/Hohenzollern zum bisher schwersten Arbeitskampf in der Metallindustrie der Bundesrepublik mit etwa 350.000 Betroffenen. Große öffentliche Aufmerksamkeit erregte der Streik vor allem, »weil mit ihm die erste Aussperrung seit Kriegsende verbunden war«.[61]

Bereits einen Tag nach Streikbeginn sperrten die Arbeitgeber unter Führung von Hanns Martin Schleyer die Arbeitnehmer in allen Betrieben mit über 100 Beschäftigten aus. Schließlich schaltete sich Bundeswirtschaftsminister Ludwig Erhard ein. Er konnte nach zwei Wochen Streik und Aussperrung einen Kompromiß erreichen. Es wurde eine stufenweise Lohnerhöhung und eine »fristgerechte Verkürzung der Arbeitszeit auf einundvierzigeinviertel Stunden bei vollem Lohn- und Gehaltsausgleich ab 1. Januar 1964«[62] vereinbart. Während die IG Metall in diesem Streik, der sie immerhin fast 25 Millionen DM gekostet hatte, einen Erfolg sah,

Beim Kampf um die 35-Stunden-Woche waren die Arbeitnehmer des ganzen Landes auf den Beinen. Hier: Kundgebungen in Stuttgart und in Karlsruhe (1984).

der außerdem gezeigt habe, »daß der Arbeitnehmer jederzeit bereit ist, für sein gutes Recht zu kämpfen«,[63] fiel das Ergebnis einer wissenschaftlichen Untersuchung ambivalenter aus.

So verlor die IG Metall in Nordwürttemberg/Nordbaden nach den Auseinandersetzungen entgegen dem allgemeinen Trend etwa 8000 Mitglieder. »Der Streik und vor allem die Aussperrung scheinen in Kreisen der organisierten gewerblichen Arbeitnehmer Zweifel an der Kampfkraft der IG Metall hervorgerufen zu haben.«[64] Gleichzeitig erreichte nämlich die reformerische IG Bau, Steine, Erden ohne jede Auseinandersetzung dieselben Lohnerhöhungen. Dies hatte auch Konsequenzen für das DGB-Grundsatzprogramm von 1963, bei dem die IG Metall ihre wirtschaftspolitischen Vorstellungen nicht durchsetzen konnte. Die tarifpolitische Niederlage von 1963 hatte auch dazu geführt, daß der IG Metall-Vorsitzende Otto Brenner gesellschaftspolitisch resignierte, das heißt seine entsprechenden Vorstellungen für nicht durchsetzbar hielt.[65]

Wichtiger als das Ergebnis war jedoch, »daß die Verbände ihren Kampf unentschieden abbrachen, sich auf einen Kompromiß einigten und frei, ohne gesetzlichen Zwang sich der institutionalisierten, zum Brauch gewordenen befriedenden Autorität des ›Staates‹ beugten«.[66] Die Tarifautonomie hatte sich bewährt und trug zum wirtschaftlichen Erfolg und zum gesellschaftlichen Frieden in der Bundesrepublik bei. »Das Verhältnis von IG Metall und Gesamtmetall zueinander wurde durch den Konflikt nicht dauerhaft verändert. Er führte ... weder zur Radikalisierung noch zur tarifpolitischen – der Ton liegt auf tarifpolitisch – Resignation der IG Metall, wenn auch kurzfristig beide Tendenzen sichtbar geworden sind.«[67]

In der folgenden Periode der wirtschaftlichen Prosperität gelang es völlig unspektakulär, die

40-Stunden-Woche, zentraler Bestandteil gewerkschaftlicher Forderungen seit 1955, im Jahr 1966 einzuführen. Anfang der siebziger Jahre erreichten die Gewerkschaften den Einstieg in die vermögenswirksamen Leistungen, zusätzliche Urlaubstage und eine Erhöhung des Urlaubsgeldes, die Absicherung des 13. Monatsgehaltes und einen verbesserten Kündigungsschutz für ältere Arbeitnehmer. Teilweise wurden diese Erfolge und die in zwei Jahren sogar zweistelligen Lohnerhöhungen, bei einer allerdings relativ hohen Inflationsrate, auch durch die verstärkte Konfliktbereitschaft der Arbeitnehmer ermöglicht. »Die Statistiken des DGB verzeichnen in den 70er Jahren doppelt so viele Streiks wie in den zwei Jahrzehnten zuvor ... Im internationalen Vergleich lagen die deutschen Gewerkschaften in punkto Streiks und Ausfalltage jedoch immer noch im unteren Drittel.«[68]

Nicht alle Streiks brachten einen vollen Erfolg. So lag der Abschluß nach dem Streik mit nachfolgender Aussperrung in Nordwürttemberg/Nordbaden 1971 unter dem von den Arbeitgebern abgelehnten Schlichterspruch. Dagegen konnte die IG Metall 1973 mit Schwerpunktstreiks in Stuttgarter Großbetrieben verbesserte Arbeitsbedingungen durchsetzen. In den folgenden Jahren, als die Verteilungsspielräume zunächst durch die wirtschaftliche Krise, aber auch durch die ansteigenden Arbeitslosenzahlen geringer wurden und die Einführung neuer Technologien eine radikale Veränderung der Arbeitswelt einzuleiten begannen, verschärften sich die tarifpolitischen Gegensätze. Allerdings kam es zu keinen langwierigen Auseinandersetzungen.

Zwar hatte Baden-Württemberg an dem wirtschaftlichen Aufschwung seit 1976 in der Bundesrepublik einen überdurchschnittlichen Anteil, aber 1981 sank das reale Bruttoinlandspro-

dukt wieder leicht.[69] Im darauffolgenden Jahr ging das reale Bruttoinlandsprodukt im Land erneut zurück, wenn auch geringfügig weniger als im Bundesdurchschnitt.[70] Am Ende des Jahres, nach dem Regierungswechsel in Bonn, kam es zu einer Steigerung der Inlandsnachfrage und einer Stimmungsverbesserung in der Wirtschaft Baden-Württembergs. Diese konjunkturelle Belebung wirkte sich in den Folgejahren in einem realen Zuwachs des Bruttosozialprodukts von 1,0 bzw. 2,6% aus, »der Anteil von Baden-Württemberg (am Bundesergebnis, T.S.) blieb mit 16% auch 1984 unverändert«.[71]

Allerdings profitierte der Arbeitsmarkt nur wenig von diesem Aufschwung. »Die Lage am Arbeitsmarkt stabilisierte sich gegen Ende des Jahres 1983. Zwar stieg die Zahl der Arbeitslosen zum Jahresende 1983 auf rund 234.000 weiter an; sie lag damit aber nur um 2,2% höher als im Dezember 1982, während der Abstand in der Jahresmitte noch rund 30% betragen hatte.«[72] Damit hatte sich die Zahl der Arbeitslosen in Baden-Württemberg innerhalb von zehn Jahren, zwischen 1973 und 1983,

von etwa 18.000 auf über 230.000 mehr als verzehnfacht.[73]

Die IG Metall setzte sich deshalb für eine Verkürzung der Wochenarbeitszeit auf 35 Stunden ein, weil sie sich davon den größten beschäftigungspolitischen Effekt erhoffte. Allerdings mußte die IG Metall unter den eigenen Mitgliedern große Überzeugungsarbeit leisten, »da die Mehrzahl der Arbeitnehmer nach wie vor für eine kürzere Lebensarbeitszeit eintritt. Vor die Alternative gestellt, ob den Gewerkschaftsmitgliedern eine Verkürzung der Wochenarbeitszeit, eine Herabsetzung des Rentenalters oder ein verlängerter Jahresurlaub ›persönlich lieber‹ wäre, gaben 54 Prozent der Befragten dem früheren Rentenbezug den Vorrang; nur 23 Prozent sprachen sich für die kürzere Wochenarbeitszeit aus.«[74] Die Arbeitgeber lehnten diesen Vorschlag als »schädlich und unvernünftig« rundweg ab und kündigten eine unnachgiebige Haltung an. Sie warfen der IG Metall vor, »jeden Kontakt zu den wirtschaftlichen Realitäten« zu verlieren.[75] Die Zeichen für die Tarifrunde 1984 standen also auf Sturm.

Lieblingsbeschäftigung von Lothar Späth: Topmanagertreffen im Staatsministerium (1988).

Vor den Tarifverhandlungen 1984 fanden in Baden-Württemberg Landtagswahlen statt. »Dem Wahlkampf fehlte es an Pfeffer«,[76] wie ein Kommentator bissig bemerkte. Die entscheidende Frage schien schon vorher beantwortet. »Ein Machtwechsel ist in Stuttgart sogar völlig undenkbar.«[77] Offen blieb nur noch, ob und, wenn ja, wie hoch die absolute Mehrheit von Lothar Späth ausfallen und wer dritte Kraft im Land werden würde. Das Wahlergebnis löste keine größere Überraschung aus. »Lothar Späth behauptet absolute Mehrheit. Grüne jetzt drittstärkste Partei in Baden-Württemberg. SPD hält Ergebnis von 1980. Stimmenverluste der CDU und der FDP.«[78]

Der Rückgang der CDU hielt sich mit 1,5% in Grenzen, wobei die Verluste in Südwürttemberg und Nordbaden am höchsten ausfielen, während sie in Nordwürttemberg mit 0,5% am geringsten waren. In einzelnen Umlandbezirken von Stuttgart wie zum Beispiel Böblingen oder Leonberg konnte die CDU sogar hinzugewinnen und damit absolute Mehrheiten der Stimmen erringen. Selbst in Stuttgart verlor die SPD mehr als die CDU. Dagegen konnten die Sozialdemokraten in Mannheim gegenüber 1980 deutlich besser abschneiden als die Christdemokraten.[79] Angesichts dieser Ergebnisse hatte die Feststellung von 1980 sicherlich weiterhin Gültigkeit, daß die Arbeiter bei Bosch und Daimler CDU wählten.[80]

Der Kampf um die Einführung der 35-Stunden-Woche fand also in einem Gebiet statt, in dem noch wenige Wochen zuvor die SPD bei den Landtagswahlen eher schwach abgeschnitten hatte. Dabei war die IG Metall in Nordwürttemberg/Nordbaden mit der SPD sehr eng verbunden. Franz Steinkühler, der charismatische langjährige Bezirksvorsitzende, war unter Erhard Eppler stellvertretender Landesvorsitzender der Sozialdemokraten gewesen.

Die Metall-Tarifverhandlungen 1984 scheiterten erwartungsgemäß. Die Gewerkschaft konnte ihre Mitglieder mobilisieren, zunächst in Nordwürttemberg/Nordbaden, später auch in Hessen. Mit 13.000 Streikenden in ausgewählten Betrieben der Zuliefererindustrie versuchte die IG Metall ab dem 14. Mai, mit geringem eigenen Aufwand sehr schnell große Wirkung zu erzielen, da die Automobilindustrie nur geringe Lagerbestände besaß und deshalb auf ständige Lieferungen angewiesen war. Auch das Tarifgebiet war klug gewählt. »Hier sitzen viele Unternehmer mit blendender Auftragslage, die um des lieben Friedens und der Produktion willen einen teuren Kompromiß eher vertragen können als ihre Kollegen in anderen Gebieten. In strukturschwächeren Regionen mag es einige geben, denen wäre etwas Streik statt Kurzarbeit ganz recht. Bei bundesweiten Verhandlungen wäre viel mehr die Gesamtlage der Branche – einschließlich Stahlwerken – zu berücksichtigen.«[81]

Sehr schnell zeigte sich aber, daß die Arbeitgeber dieses Mal nicht bereit waren, einzulenken. »Sie haben offenbar erkannt, daß sie früher aus mangelnder Solidarität oft zu schnell nachgegeben haben und damit bei den Gewerkschaftsführern das Gefühl entstehen ließen, sie könnten alles erreichen, wenn sie es nur entschlossen genug forderten. Dieses Bewußtsein wollen die Arbeitgeber jetzt korrigieren. Insofern ist dieser Tarifstreit in der Tat ein Politikum. Es geht um nichts geringeres als um die Rolle und das Selbstverständnis der Gewerkschaften.«[82]

Schon nach kurzer Zeit kam es deshalb zu massiven Aussperrungen, vor allem in der Automobilindustrie. Zur weiteren Zuspitzung trug bei, daß umstritten war, ob Arbeitnehmer, deren Betriebe außerhalb des Streikgebiets aufgrund von Lieferengpässen die Produktion eingestellt hatten, Unterstützungen durch die Bundesanstalt für Arbeit in Nürnberg erhielten oder nicht. Damit stellte sich nämlich die Frage, welche Rolle die Bundesanstalt im Streik spielte. Bezahlte sie Unterstützungen, nahm sie den Druck von der Gewerkschaft, den Streik möglichst schnell zu beenden. Zahlte sie keine Unterstützung, förderte sie die Arbeitgeber, da die davon betroffenen Arbeitnehmer auch keine Streikgelder von der Gewerkschaft erhielten. Die Bundesregierung Kohl hatte sich hinter die Arbeitgeber gestellt, und die Bundesanstalt bezahlte zunächst nicht. Einzelne Urteile von Landessozialgerichten widersprachen dieser Entscheidung.

Sehr schnell wurde klar, daß eine Lösung nur möglich war, »wenn die IG Metall eine Formel findet, um von ihrer Grundsatzforderung herunterzukommen, ohne als Verlierer dazustehen«.[83] Dies galt umgekehrt aber auch für die Arbeitgeber, die die 40-Stunden-Woche ebenfalls zur Grundsatzfrage erklärt hatten.

Nach sechs Wochen Streik und Aussperrung, in der Druckindustrie gab es parallel dieselben Auseinandersetzungen, wurde der Konflikt zunehmend zum öffentlichen Ärgernis. Die Folgen des Streiks müßten »in Beziehung gesetzt werden zum Gegenstand des Streits und zu dem für die Öffentlichkeit schon lange erkennbaren Kompromißspielraum. Das Mißverhältnis zwischen beiden wird von Woche zu Woche größer. Es beginnt nun die Dimension eines nationalen Ärgernisses anzunehmen ... Schon jetzt ist der Schaden dieses Arbeitskampfes beträchtlich. Ungeschoren kommt keiner von denen davon, die die kräftezehrende Machtprobe zu verantworten haben.«[84]

Bereits am 19. Juni hatten unter Vorsitz des früheren Bundesverteidigungsministers und ehemaligen Vorsitzenden der Baugewerkschaft,

Der Ministerpräsident zwischen zwei Rennfahrern mit ihren Boliden aus Baden-Württemberg: Jochen Maas mit einem Sauber-Mercedes und Hans-Joachim Stuck mit dem Porsche 962 c, die am 29. Mai 1988 in Hockenheim an den Start gingen.

Georg Leber, in Ludwigsburg die Schlichtungsgespräche begonnen. Aber erst eine Woche später konnte Leber nach einer 21-stündigen Marathonsitzung seinen Lösungsvorschlag der Presse vorstellen, nachdem Kurt Biedenkopf als Schlichter bei dem Streik in der Druckindustrie gescheitert war. »Der Gewerkschaft ›gibt‹ Leber, garniert mit ansehnlichen Lohnerhöhungen, den Einstieg in die Verkürzung der Wochenarbeitszeit mit Lohnausgleich (38,5 Stunden, T.S.), den Arbeitgebern ›beschert‹ er unter diesen für sie schmerzlichen Begleitumständen den Einstieg in die betriebliche Flexibilisierung der Wochenarbeitszeit mit allen Chancen, per Betriebsvereinbarung die Anpassung der Arbeitsleistung an den produktionstechnischen Wandel voranzutreiben.«[85]

Als politisch sensationell wurde die Stärkung der Betriebsräte empfunden, sowohl gegenüber den Unternehmensleitungen als auch gegenüber der Gewerkschaft. »Der Einheitsschuh, in den bisher nach den Tarifabschlüssen der Mittelständler wie der Weltkonzern schlüpfen mußte, ist ausgelatscht. Lebers Schlichterspruch weist weit über den aktuellen Arbeitskampf hinaus.«[86] Trotz der harten Auseinandersetzung erhielt die IG Metall für ihre Zustimmung zum Schlichterspruch eine deutliche Unterstützung ihrer Basis. Knapp 55% stimmten dem Kompromiß zu, etwa 32% lehnten ihn ab. »Ein allzu knappes Ergebnis hätte die Gewerkschaftsführung schwächen können. Aber sie braucht Autorität, will sie erfolgreich die kommenden Auseinandersetzungen bestehen. Und sie braucht Autorität, will sie gegenüber den Unternehmern weiterhin einen berechenbaren, verantwortungsbewußten Gesprächspartner darstellen.«[87]

Damit hatte »der härteste Arbeitskampf der Nachkriegszeit sein Ende gefunden. Das Tor zur 35-Stunden-Woche ist aufgestoßen – nach sieben Wochen bitteren Arbeitskampfes«, so die Einschätzung der IG Metall.[88] Die Druckindustrie schloß sich kurze Zeit später im wesentlichen diesem Ergebnis an. Trotz der Härte des Konflikts hatte sich die Tarifautonomie wieder einmal bewährt. In Baden-Württemberg, wo die Auseinandersetzungen schwerpunktmäßig stattgefunden hatten, verhinderten die Arbeitskämpfe ein überdurchschnittliches Wachstum des Bruttosozialprodukts, »so daß der nominale Zuwachs 1984 auf gleicher Höhe wie im gesamten Bundesgebiet liegt«.[89]

In den folgenden Jahren gelang es der IG Metall, ohne Streiks die 35-Stunden-Woche in verschiedenen Schritten durchzusetzen. Am 1. Oktober 1995 trat die 35-Stunden-Woche mit vollem Lohnausgleich in Kraft.[90] Allerdings mußten dafür bei den Lohnerhöhungen Abstriche in Kauf genommen werden. Umstritten ist bis heute der arbeitsmarktpolitische Effekt dieser Maßnahme. Die Arbeitslosenzahl stieg in Baden-Württemberg von 1984 bis 1999 von etwa 217.000 auf etwa 324.000, die Arbeitslosenquote von 5,6% auf 7,3%. Die Quote gehörte damit nach wie vor, nach Bayern, zu den niedrigsten der Bundesrepublik.

Die Zahl der Beschäftigten stieg zwischen 1985 und 1999 um etwa 280.000 oder etwas über 8%, nachdem sie in den elf Jahren zuvor praktisch nicht angewachsen war. Allerdings nahm in erster Linie die Zahl der Teilzeitbeschäftigten zu, während die Zahl der Vollzeitbeschäftigten nur minimal anwuchs. Die Zahl der ausländischen Beschäftigten stieg zwar seit 1985 deutlich an, um etwa 20%, lag aber damit 1999 immer noch knapp 10% unter der Zahl von 1975.[91] Der Kampf gegen die Arbeitslosigkeit und die Schaffung neuer Arbeitsplätze sollte auch in den nächsten Jahre eine zentrale Aufgabe der Landespolitik bleiben.

Auf dem Weg in eine neue Gesellschaft?

Seit der Gründung des Landes Baden-Württemberg war der Südwesten grundlegenden sozialen Wandlungen ausgesetzt. 1950 war noch über ein Viertel der Erwerbstätigen in der Land- und Forstwirtschaft tätig. 20 Jahre später lag dieser Wert nicht einmal mehr bei 10%. Er sank bis 1999 weiter auf etwas über 2%. Der Arbeitsmarkt hatte den Verlust von 440.000 Arbeitsplätzen zu beklagen. Im selben Zeitraum hatte das produzierende Gewerbe eine Zunahme von über 0,9 Millionen Arbeitsplätzen zu verzeichnen, so daß nicht nur die in der Landwirtschaft freigesetzten Arbeitskräfte problemlos aufgenommen werden konnten, sondern auch noch weitere Arbeitskräfte im Ausland angeworben werden mußten. Umso dramatischer waren die Veränderungen im ländlichen Raum.

Der Bereich Handel und Verkehr hatte zwischen 1950 und 1970 zwar einen deutlichen Zuwachs zu verzeichnen, der aber ausschließlich in den fünfziger Jahren lag. Die sonstigen Wirtschaftsbereiche, das heißt vor allem die öffentlichen und privaten Dienstleistungen, hatten ihre Beschäftigungszahl um 400.000 und damit um über 80% gesteigert. Ihr Anteil lag 1970 bereits über 20%.

Zwischen 1970 und 1980 verlor die Landwirtschaft nochmals nahezu 200.000 Arbeitsplätze, die aber nicht mehr vom produzierenden Gewerbe aufgefangen werden konnten. Hier gingen in diesem Jahrzehnt erstmals dauerhaft Arbeitsplätze verloren, und zwar über 130.000. Handel und Verkehr hatten nur einen mäßigen Zuwachs an Beschäftigten zu verzeichnen. Nur im Dienstleistungsbereich wurde noch eine nennenswerte Anzahl von neuen Arbeitsplätzen geschaffen, nämlich nahezu 340.000. Die

Arbeitslosigkeit wurde in den Krisen der siebziger Jahre – zum ersten Mal wieder seit Mitte der fünfziger Jahre – zu einem dauerhaften Problem.

Zwischen 1980 und 1990 entstanden im Lande zwar über 500.000 neue Arbeitsplätze, mehr als 60% dieses Zuwachses entfielen aber auf die Jahre 1989/90, hatten ihre Ursache also im Wiedervereinigungsboom. Nur deshalb gab es auch im produzierenden Gewerbe einen leichten Anstieg der Beschäftigten. In der Landwirtschaft war nochmals ein Rückgang von beinahe einem Drittel zu beklagen, während Handel und Verkehr um ein Fünftel zulegten. Allein bei Dienstleistungen entstanden etwa 400.000 neue Arbeitsplätze. Beim Regierungsantritt von Lothar Späth arbeiteten noch nahezu 52% der Beschäftigten in Baden-Württemberg im produzierenden Gewerbe, weniger als 30% im Dienstleistungsbereich. Bei seinem Rücktritt hatte sich die Situation verändert. Nur noch 47% arbeiteten im produzierenden Gewerbe, und der Abstand zu den Dienstleistungen mit 34% hatte sich beinahe halbiert.

In den neunziger Jahren setzte sich diese Entwicklung fort. Landwirtschaft und produzierendes Gewerbe verloren weiter an Arbeitsplätzen, während Handel und Verkehr sowie die sonstigen Dienstleistungen stark hinzugewannen. 1999 standen 1,98 Millionen Arbeitsplätzen im produzierenden Gewerbe bereits 1,81 Millionen Arbeitsplätze in den sonstigen Dienstleistungen gegenüber. Zwar spielte damit der produzierende Sektor in Baden-Württemberg bundesweit immer noch eine überdurchschnittliche Rolle, aber der rasante Wandel zur Dienstleistungsgesellschaft hatte auch den Südwesten erfaßt. Besonders eindrücklich wird

Kurz nach Gründung des Landes Baden-Württemberg wurde Stuttgart zum sogenannten Winter-Bayreuth. Hier: Beethovens »Fidelio« unter der Regie des genialen Wieland Wagner mit Drehscheibe und Lichteffekten als Bühnenbild (1954).

die Veränderung, wenn man Landwirtschaft und produzierendes Gewerbe zusammenfaßt. 1950 arbeiteten noch nahezu drei Viertel aller baden-württembergischen Beschäftigten in diesen Bereichen; 1970 etwa zwei Drittel, 1990 gerade noch die Hälfte und inzwischen (1999) nur wenig mehr als 43%.[92]

Für diesen »Weg in die Informationsgesellschaft«[93] spielte der Computer die zentrale Rolle. Von großer Bedeutung waren aber auch die neuen Medien, die mit den technischen Entwicklungen in der Kabeltechnik ab Mitte der siebziger Jahre in den Bereich der Realisierbarkeit rückten. So hatte die Bundespost 1974 den Auftrag für die erste Kabelfernseh-Versuchsan-

lage in Nürnberg vergeben, und 1978 einigten sich die Ministerpräsidenten auf Kabelpilotprojekte in einigen Städten, darunter in Mannheim-Ludwigshafen.

Ende April 1981 sprach sich »Späth gegen medienpolitische Verzögerungen« aus.[94] »Deutlicher und schärfer als bisher« setzte sich der Ministerpräsident in seiner Regierungserklärung »für eine langfristige Aufhebung des Rundfunkmonopols der bestehenden Anstalten aus: Nach einer flächendeckenden Verkabelung der Bundesrepublik mit der neuen Lichtleitertechnik – damit ist Anfang der neunziger Jahre zu rechnen – sei dieses Monopol nicht mehr gerechtfertigt. Durch Wegfall des Frequenzmangels läßt sich die vom Bundesverfassungsgericht postulierte pluralistische Kontrolle der elektronischen Medien durch die Vielfalt des Angebots der Veranstalter herstellen. Es bedarf nicht mehr der binnenpluralen Kontrolle, wie sie gegenwärtig von den Aufsichtsgremien der Anstalten wahrgenommen wird.«[95]

Bei ihrer Medienpolitik erfreuten sich Späth und die CDU der Unterstützung durch die Presse, da die Zeitungsverleger in erster Linie in diesen neuen Markt drängten. Die ablehnende Haltung von SPD und Grünen wurde deshalb heftig attackiert. »Abgeschnitten vom Informationsstrang, wohl auch gebunden an die Bonner ›Medienverhinderungspolitik‹, verharren sie mit ihren überkommenen Argumenten zur Ablehnung des Landesmediengesetzes und zur Bewahrung der bestehenden Rundfunkordnung bei Themen, die eigentlich schon vorgestern über die Medienpolitik von übermorgen ausgetauscht worden sind.«[96] So kritisierte die ›Schwäbische Zeitung‹ die Medienpoltik der Landes-SPD.

Anfang 1984 hatte in der Bundesrepublik das Zeitalter des Privatfernsehens begonnen, als Radio Luxemburg mit RTL plus auf Sendung ging. Wenig später startete das Satellitenfernsehen, und Anfang 1985 sendete mit SAT 1 das erste kommerzielle Satellitenprogramm. Bereits ein halbes Jahr zuvor hatte das CDU-regierte Niedersachen das erste Landesmediengesetz in der Bundesrepublik verabschiedet, das die Zulassung von privaten Rundfunk- und Fernsehanbietern regelte.

In Baden-Württemberg passierte erst im Dezember 1985 das Landesmediengesetz den Landtag. »Nun kann die Zukunft also beginnen. Das baden-württembergische Mediengesetz, über das gut drei Jahre lang diskutiert worden ist, hat die letzte parlamentarische Hürde genommen.« Allerdings war man sich sofort im klaren, »daß das letzte Wort über die Medienzukunft in Baden-Württemberg nicht im Parlament gesprochen wurde: Der Süddeutsche Rundfunk und unter Umständen auch die SPD-

Opposition sind entschlossen, das Mediengesetz den Verfassungsrichtern in Karlsruhe vorzulegen.«[97] Bedenken gab es vor allem gegen das Verbot für den Süddeutschen Rundfunk (SDR), weitere Regionalprogramme zum Beispiel in Karlsruhe und Heilbronn anzubieten. Auch die Sicherung der Meinungsvielfalt bei den privaten Anbietern schien nicht ausreichend gewährleistet zu sein.

Gleichzeitig warnten Kommentatoren aber auch vor zu hohen Erwartungen und zu großen Ängsten. »Die Träume von sich fast schlagartig vervielfachenden Fernseh- und Hörfunkprogrammen werden genauso enttäuscht werden wie die Befürchtungen vom Niedergang der öffentlich-rechtlichen Rundfunkanstalten und ihrer nicht nur (aber auch) an Einschaltquoten orientierten Programme.« Vor einer Goldgräberstimmung wurde gewarnt und auch darauf

Wieland Wagner mit Anja Silja (1962), und Anja Silja mit Günther Rennert (1970).

hingewiesen, daß einige Interessenten »schlicht unseriös« seien. Gerechnet wurde nur mit einer größeren Anzahl von privaten Rundfunksendern. »Private Regional- oder Lokal-TV-Programme wird man in Baden-Württemberg wohl auf lange Zeit an einer Hand abzählen können.«[98] Daran hat sich, aufgrund der immensen Kosten, bis heute nichts geändert.

Das Medien-Urteil des Bundesverfassungsgerichts vom November 1986 bezog sich zwar auf das niedersächsische Landesmediengesetz, tangierte das baden-württembergische aber ebenfalls. Einerseits sah sich Späth durch das Karlsruher Urteil bestätigt, andererseits hielt die Opposition Änderungen für unumgänglich. Insgesamt stieß die Entscheidung auf breite Zustimmung. So gaben die Richter den öffentlich-rechtlichen Anstalten eine Bestandsgaran-

Mehrfach wurde das Große Haus in Stuttgart zur »Oper des Jahres« gewählt. Bühnenprobe für die Oper »Martha« von Friedrich von Flotow. Verantwortlich für Bühnenbild und Regie ist Vicco von Bülow, alias Loriot (1986).

tie, da sie für die Grundversorgung der Bundesbürger zuständig seien. Aber auch die privaten Sender erhielten grünes Licht für ihr werbefinanziertes Programm. »Unter dem Gesichtspunkt der Staatsferne des Rundfunks gehören Zulassung und Überwachung separater Veranstalter voll in die Hände unabhängiger Gremien ... in Baden-Württemberg etwa ... die ›Landesanstalt für Kommunikation‹.«[99] Im März 1987 schlossen die Ministerpräsidenten der Länder einen Staatsvertrag über die Neuordnung des Rundfunkwesens.

Der SDR erreichte in Karlsruhe, daß der Sender neue Regionalprogramme einrichten durfte. »Für diese Blamage«, so der damalige SDR-Intendant und frühere CDU-Landtagsabgeordnete Hans Bausch, »rächte sich die CDU-Fraktion, indem sie den von allen Ministerpräsidenten der Länder unterschriebenen Staatsvertrag für eine Erhöhung der Rundfunkgebühr blockierte, womit der Vertrag nicht in Kraft treten konnte.«[100] Inzwischen existiert das sogenannte duale Rundfunk- und Fernsehsystem aus öffentlich-rechtlichen und privaten Anbietern schon zwei Jahrzehnte und hat sich weitgehend eingespielt. Ob die Programmvermehrung allerdings zu einer Qualitätsverbesserung geführt hat, ist nach wie vor heftig umstritten.

Für Lothar Späth ergaben sich aus den Wandlungen der Industriegesellschaft aber noch viel grundlegendere Folgen. Die Dienstleistungsgesellschaft erfordere andere Qualifikationen als die klassische Industriegesellschaft: »Kreativität, Teamgeist, Denken in Zusammenhängen, Kommunikationsfähigkeit, Flexibilität im Sinne von fortwährender Lernbereitschaft.« Diese Fähigkeiten seien aber, so Lothar Späth, nur in der Auseinandersetzung mit Kunst und Kultur zu erwerben. »Kulturelles Engagement spricht den Menschen in seinem Denken, Fühlen und Handeln an, es fördert seine Urteils- und Kritikfähigkeit. Kulturelles Engagement führt zu geistiger Selbstbestimmung und persönlichem Bewußtsein. Damit wird Immunität gegen undifferenzierte Verallgemeinerungen, Außensteuerungen und Fremdbestimmungen gefördert und gestärkt. Kurzum: Kunst erzieht zur Individualität und zur Personalität.«[101]

Der Strukturwandel der Gesellschaft galt als »eine kulturelle Herausforderung ersten Ranges«, die mit wirtschaftspolitischen Instrumenten allein nicht gelöst werden könne, wie Lothar Späth in seiner Regierungserklärung nach seiner Wiederwahl 1988 vor dem Stuttgarter Landtag ausführte. Dazu sei »eine dynamische und infrastrukturell verstandene Kulturpolitik« notwendig. Er kündigte deshalb für die Landesregierung an, »die konzeptionelle Weiterentwicklung ihrer Kulturpolitik zu einem Schwerpunkt dieser Legislaturperiode« zu machen. Die Landesregierung werde sich auch von unkonventionellen Wegen und Maßnahmen nicht abhalten lassen. Langfristige Kulturkonzeptionen lassen sich nicht nach Vorgang erarbeiten, weil es dazu geschichtlich wenig Vorgänge gibt ... Wenn wir nicht nur auf dem Weg zu einer Informationsgesellschaft, sondern auch zu einer Kulturgesellschaft sein sollten, dann muß Baden-Württemberg auch insoweit ein Modell deutscher und europäischer Möglichkeiten werden.«[102]

Mit der Ernennung des Generalintendanten der Württembergischen Staatstheater Stuttgart, Wolfgang Gönnenwein, zum ehrenamtlichen Staatsrat für Kunst mit Stimmrecht in der Regierung und des bisherigen Abteilungsleiters für Kunst im Wissenschaftsministerium, Hannes Rettich, zum Kunstkoordinator setzte Späth auch ein organisatorisches Zeichen. »Außerdem sei diese Konstellation«, so Späth zu Rettich, »als eine Vorstufe für ein eigenes Kunstministerium gedacht.«[103] Angesichts der Zersplitterung

im Kunstbereich auf vier Ministerien keine fernliegende Vorstellung.

Rettich erarbeitete eine Kunstkonzeption, die im November 1989 der Öffentlichkeit vorgestellt wurde. Es handelte sich sowohl um eine Bestandsaufnahme des bereits Geleisteten als auch um Perspektiven, die »sicherlich nicht von heute auf morgen und nicht alle auf einmal realisiert werden«. Allerdings lasse sich an der Summe der Einzelentscheidungen für Projekte ablesen, »welcher Stellenwert der Kunst beigemessen wird. Denn hier werden die Prioritäten sichtbar, und damit ›wird die Wahrheit konkret‹«.[104] Betont wurden nochmals die bereits bewährten Prinzipien baden-württembergischer Kunstförderung, an denen sich die Landespolitik auch zukünftig ausrichten wolle, nämlich an den Prinzipien der Liberalität, der Pluralität, der Subsidiarität und der Dezentralität.[105]

Die Kunstkonzeption wurde in der Öffentlichkeit allgemein gelobt. Allerdings hatten die

»Lulu« von Alban Berg, inszeniert von Wieland Wagner mit Anja Silja und James Harpers von der Met in New York.

Großes Ballett in Stuttgart und Karlsruhe: »Romeo und Julia«; Inszenierung John Cranko. Balkonszene mit Marcia Haydée und Richard Cragun.

Die »Faust Symphonie« von Germinal Casado mit dem Ballett des Badischen Staatstheaters mit Marina Michalopoulou und Milosz Andrzejczak als Gretchen und Faust (1981).

weltpolitischen Veränderungen Ende der achtziger Jahre auch die baden-württembergische Landespolitik eingeholt. »Noch vor wenigen Monaten wäre die Debatte über die neue Kunstkonzeption der baden-württembergischen Regierung wohl anders gelaufen. Lothar Späth hätte ein paar mäzenatisch-kunstsinnige Worte verloren, die CDU-Fraktion leise wegen der hohen Kosten gegrummelt, die Opposition ein bißchen über die Allüren des Sonnenkönigs von der Solitude geschimpft – und dann wären die Widerstände schnell erlahmt. Nun blies der Hauch der Geschichte selbst in den Stuttgarter Landtag. Aber auch im Zeichen brandaktueller Probleme – Übersiedlerzustrom, Wohnungsnot, Hinwendung zur DDR mit Folgekosten – blieb der große Streit aus.«[106]

Der überzeugende Inhalt der Kunstkonzeption wurde aber auch durch den die Öffentlichkeit überraschenden Sinneswandel von Ministerpräsident Späth überdeckt, kein eigenes Kunstministerium einzurichten, das in der Bundesre-

publik einmalig gewesen wäre. Als Gründe nannte er die hohen Kosten und die Sorge, der Kunstbereich könne zu stark administriert und die Künstler zu stark gegängelt werden. Allerdings vermutete man Widerstand vor allem unter den betroffenen Kabinettskollegen und in der CDU-Fraktion. »Aber es ist offenkundig, daß er wieder einmal ein Opfer seiner Lieblingsbeschäftigung geworden ist: dem Jonglieren mit vielen Bällen, die er dann nicht unter Kontrolle bringt. Der Ministerpräsident pflegt bekanntlich nur allzu gern an bewährten Strukturen zu rütteln und verunsichert dabei vor allem auch die Amtsinhaber der Institutionen.«[107]

Das Scheitern Späths bei der Schaffung eines Kunstministeriums, das vorzeitige Ausscheiden von Rettich aus diesem Grund und das Strafverfahren gegen Wolfgang Gönnenwein – »mit dem er mit dem dubiosen Vorwurf der Haushaltsuntreue überzogen wurde«,[108] obwohl die Aufsichtsgremien von den finanziellen Proble-

Gegenüber vom Stuttgarter Staatstheater wird 1984 die Staatsgalerie eröffnet. Henry Moores »Liegende« am Eingang (März 1984).

Noch im alten Gebäude der Staatsgalerie läßt sich Tut Schlemmer vor dem »Triadischen Ballett« ihres Mannes interviewen (1977), das in der neuen Staatsgalerie dann an hervorragendem Platz neu inszeniert wird.

men wußten und Gönnenweins Vorgehen zumindest duldeten – können aber nicht die Verdienste des Ministerpräsidenten um den ›weichen Standortfaktor Kultur‹ schmälern. Bei der Vorlage der Kunstkonzeption holten ihn neue Prioritäten ein, wie die Öffnung der DDR, die Wohnungsnot oder andere soziale Fragen, und manche Journalisten unterstellten ihm, daß er deshalb nicht auf Museen verzichten wolle, »um sich auf diese Weise Denkmale zu setzen«.[109]

Zu Späths herausragenden Projekten gehörten, nach seiner eigenen Reihung in der Regierungserklärung vom 13. Dezember 1989, das Lan-

desmuseum für Technik und Arbeit in Mannheim, das Zentrum für Kunst und Medientechnologie (ZKM) mit der Hochschule für Gestaltung in Karlsruhe, die Akademie Schloß Solitude und die Errichtung einer Filmakademie. Bisher nicht errichtet wurden die geplante Theaterakademie, das Haus der Gegenwartskunst in Stuttgart, das aber in veränderter Form in Karlsruhe zur Ausführung kam, das Landesarchäologiemuseum und das Haus des Buches. Gefördert wurden aber auch die neu entstehenden soziokulturellen Zentren im Land. »Dies geschah nicht nur aus Gründen der kulturpolitischen Pluralität, sondern auch«, wie Hannes Rettich in seinen Erinnerungen schrieb, »weil ich vor allem beim jungen Publikum eine zunehmende Akzeptanz beobachtete.«[110]

Die bedeutendste Museumseröffnung in der Amtszeit von Späth ging noch auf Planungen unter der Regierung Filbinger zurück, nämlich der Neubau der Stuttgarter Staatsgalerie, der 1984 in der ganzen Museumswelt und beim Publikum für Furore sorgte, nicht zuletzt wegen der postmodernen Architektur des Briten James Stirling. Zum 50. Geburtstag des Landes, im Jahre 2002, wird der Gesamtkomplex des Stirlingschen Entwurfes mit der Fertigstellung der Musikhochschule und der Eröffnung des Hauses der Geschichte Baden-Württemberg der Öffentlichkeit übergeben werden. Damit nimmt auch die geplante Stuttgarter Kulturmeile Gestalt an.

»Der ›schwäbische Kultur-Sonnenstaat‹ (›Die Zeit‹) erregte Aufsehen« in der Republik,[111] und der Versuch Späths, die altschwäbische Alternative von ›Krombiere statt Kunst‹ aufzuheben, fand weit über alle Parteigrenzen hinaus Zustimmung und hat bis heute nichts von ihrer Bedeutung verloren: »In einer Gesellschaft, die so kompromißlos auf Funktionieren und Produzieren ausgerichtet ist, entscheidet Kultur über ihre Substanz, über ihre Leistungsfähigkeit: Kultur ist da nicht alles, aber ohne Kultur ist alles nichts.«[112]

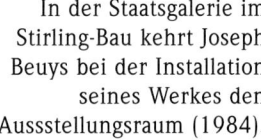

In der Staatsgalerie im Stirling-Bau kehrt Joseph Beuys bei der Installation seines Werkes den Aussstellungsraum (1984).

1986: Zerstört der Mensch seine Umwelt?

In den siebziger Jahren hatten wissenschaftliche Studien zu den »Grenzen des Wachstums«, aber auch die Ölpreiskrise von 1973 das Bewußtsein dafür geschärft, daß die Ressourcen der Erde nicht unbegrenzt sind und eigentlich einen schonenden Umgang erfordern. In den achtziger Jahren zeigten sich die katastrophalen Auswirkungen menschlichen Handelns auf die Natur in mehreren, Baden-Württemberg in besonderem Maße treffenden Entwicklungen und Katastrophen, die schließlich auch auf administrativer Ebene Konsequenzen nach sich zogen.

Bereits Mitte der siebziger Jahre hatte es erste Hinweise auf eigenartige Schäden bei Tannen im Schwarzwald gegeben. Wenige Jahre später wurde allgemein von einem Tannensterben berichtet. Der Vorsitzende des baden-württembergischen Landesnaturschutzverbandes, Günther Reichelt, erklärte Ende 1981 vor dem Landesbeirat für Umweltschutz, angesichts »der bereits eingetretenen Schäden könne er … nur noch den Ausdruck ›Waldsterben‹ gebrauchen … Hinsichtlich der großräumig eingetretenen Schäden müsse er darauf hinweisen, daß nicht nur die Tannen, sondern auch die Fichten und Kiefern betroffen seien … Ich bezeichnete das Waldsterben als ›Komplexkrankheit‹, bei der aber die Luftverschmutzung im Vordergrund stehe, und forderte schnelle Maßnahmen, die Verursacherquelle auszuschalten.«[113]

Innerhalb weniger Jahre verschlechterte sich die Situation in den Wäldern, vor allem im Schwarzwald, dramatisch. Ende 1986 legte Bundeslandwirtschaftsminister Ignaz Kiechle eine Waldschadenserhebung vor. »Von den Flächenländern ist Baden-Württemberg, trotz eines Schadensrückgangs von 1,1 Prozent, mit nes Schadensrückgangs von 1,1 Prozent, mit 65% am stärksten betroffen.«[114] Der drohende Verlust des Waldes, der nicht nur ökologisch und wirtschaftlich wichtig, sondern auch für das deutsche Selbstverständnis von großer Bedeutung ist, führte zu heftigen wissenschaftlichen und politischen Kontroversen. Ende 1983 verklagten Waldbesitzer die Bundesrepublik, »daß sie keine wirksamen Vorschriften erlassen habe, um nicht nur Menschen und Sachen, sondern auch Pflanzen zu schützen, wie dies im Bundesimmissionsschutzgesetz vorgeschrieben sei«.[115]

Auch wenn diese Klagen letztlich keinen Erfolg hatten, so rüttelten die Entwicklungen doch die Politik wach. Aus einem Thema der Grünen und Teilen der SPD wurde ein allgemeines Thema. So sahen einige Kommentatoren schon »Grüne Zeiten« anbrechen, als die südbadische CDU Ende 1983 eine »Grüne Charta« veröffentlichte, in der sie unter anderem »Mut zur öko-sozialen Marktwirtschaft« forderte. »Man sieht: Bewußtseinswandel ist, wenn der Wähler sie den Politikern nahelegt, möglich. Das läßt doch hoffen.«[116]

Das Waldsterben führte sogar zu einer politischen Premiere. Zum ersten Mal nahm ein Bundespräsident die Einladung einer Bürgerinitiative an. Richard von Weizsäcker sprach im Oktober 1986 auf einer Kundgebung gegen das Waldsterben auf dem Thurner bei St. Märgen. Dabei forderte er, »dem Erhalt der Natur Vorrang einzuräumen vor dem Streben nach dem größtmöglichen Wohlstand«. Allerdings teilte er nicht nur die Angst vor einer ökologischen Katastrophe, sondern warnte auch vor Resignation und ermunterte die Naturschützer. »Denn Weizsäckers moderne Kennedy-Botschaft lautet: Frage nicht nur, was der Staat für die Um-

Beim »Hirschsprung« im Höllental bei Freiburg warnten Studenten der Forstwirtschaft im Juli 1984 vor dem zunehmenden Waldsterben im Schwarzwald. Im April 1985 fand in Freiburg ein Aktionstag der »Initiative Schwarzwald« statt. Mehr als 5.000 Menschen forderten drastische Maßnahmen gegen das Waldsterben.

welt tut, sondern frage dich, was du für sie tun kannst.«[117]

In den folgenden Jahren wurde es um das Waldsterben ruhiger, weil die Schreckensszenarien der frühen achtziger Jahre, daß innerhalb weniger Jahre zum Beispiel der Schwarzwald völlig verschwinden würde, offensichtlich nicht eintraten. Dabei ist der Zustand des Waldes nach wie vor besorgniserregend. Mitte der neunziger Jahre war die Hälfte aller baden-württembergischen Tannen geschädigt. Bei der Eiche lag der Anteil der deutlichen Schäden bei 38%. »Die Eiche ist die Baumart, deren Zustand sich seit Beginn der Erhebungen am meisten verschlechterte.« »Als Fazit bleibt, daß sich der Kronenzustand aller Hauptbaumarten zwischen 1991 und 1994 in Baden-Württemberg ver-

schlechtert hat«, so das baden-württembergische Landwirtschaftsministerium in der Antwort auf eine Große Anfrage der CDU zu »Wald und Holz« Anfang 1997.[118]

Über die Ursachen gibt es inzwischen eine weitgehende Einigkeit, auch wenn die genauen Abläufe nach wie vor unbekannt sind. »Die wichtigsten Faktoren (für die Walderkrankung, T.S.) sind vom Menschen verursachte (anthropogene) Stoffeinträge aus der Luft und die damit verbundenen Veränderungen im Boden sowie die Witterung und der Schädlingsbefall.«[119]

Im Verlauf der achtziger Jahre nahmen die Investitionen im Umweltbereich vor allem bei der Energiewirtschaft sehr stark zu, da Kohlekraftwerke zu den größten Umweltsündern gehörten. Die Ausgaben für Luftreinhaltung, die

1975 - 1977 zwischen 1 und 2,3 Millionen DM schwankten, stiegen bis 1986 auf über 500 Millionen DM im Land und lagen auch noch in den Folgejahren bei weit über 100 Millionen DM.[120] Auch die Emissionen, die wohl maßgeblich zum Waldsterben beitragen, konnten teilweise deutlich gesenkt werden, vor allem beim Schwefeldioxid, weniger deutlich auch beim Kohlenmonoxid und beim Stickoxid. In fast allen Fällen trugen Kraftwerke und industrielle Fertigungsanlagen am meisten zum Rückgang bei, während der Verkehr, trotz Katalysatoren, mit Ausnahme von Kohlenmonoxid keinen Beitrag leistete. Beim Kohlendioxid sieht sogar die Gesamtbilanz sehr negativ aus. Hier stiegen die Emissionen zwischen 1975 und 1998 um über 12 Millionen Tonnen oder mehr als 17%.[121]

Inzwischen ist das Thema Waldsterben fast völlig aus den Medien verschwunden, obwohl die Schäden nach wie vor unübersehbar sind. Die Wälder wachsen so schnell wie nie zuvor, und neue Katastrophen wie BSE und MKS fesseln ebenfalls kurzzeitig Medien und Leser. Dabei bleibt ungeklärt, ob die unterschätzte Anpassungsfähigkeit der Bäume dauerhaft ist oder das starke Wachstum nur eine letzte Notfallmaß-

nahme darstellt. »Wenn wir also die Waldschäden großflächig am Zuwachs erkennen können, dürfte es für Maßnahmen zur Gesundung des Ökosystems ›Wald‹ bereits zu spät sein.«[122]

Mitte der achtziger Jahre wurde das Thema Waldsterben von einem sogenannten GAU, einem größten anzunehmenden Unfall, überlagert. Am 26. April 1986 kam es im ukrainischen Kernkraftwerk Tschernobyl zu einer durch menschliches Versagen ausgelösten Katastrophe, bei der ein Reaktorblock zerstört, die Umgebung verstrahlt und eine radioaktive Wolke freigesetzt wurde, die aufgrund des herrschenden Ostwindes nach Nord-, Ost-, Südost- und Mitteleuropa trieb, aber auch die übrigen Teile Europas nicht verschonte. Aufgrund der miserablen Informationspolitik der sowjetischen Regierung war man sich im Westen über den Umfang der Katastrophe zunächst nicht im klaren. Der räumliche Abstand von über 1500 Kilometern zum Unglücksort schien Sicherheit genug zu sein.

Die Luftmessungen von Radioaktivität in der Bundesrepublik lösten zunächst keine Unruhe aus. Am Abend des 30. April 1986 kam es im Bodenseeraum und in Oberschwaben zu heftigen Niederschlägen. Die Radioaktivität in der

Am 26. Dezember 1999 fielen dem Orkan »Lothar« in Baden-Württemberg rund 25 Millionen Festmeter Holz zum Opfer.

Während des Orkans »Lothar« entgleiste in Hausen vor Wald im Schwarzwald-Baar-Kreis sogar eine Diesellok der Deutschen Bundesbahn.

Die Folgen der Tschernobyl-Katastrophe vom 26. April 1986 erreichten auch Deutschland. Zwei Wochen nach dem Atomunfall in der Ukraine hatten sich zwar die Radioaktivitätswerte in der Luft wieder normalisiert, die Werte im Boden waren jedoch weiterhin besorgniserregend. Hier werden die Werte in einem Kohlrabifeld bei Allensbach am Bodensee gemessen.
Auf der Bodenseeinsel Reichenau mußte das Gemüse wegen radioaktiver Verseuchung vernichtet werden (Mai 1986).

Luft erreichte dadurch den Boden, die Pflanzen und die Gewässer. »Die auf diese Weise in der Bodensee-Region innerhalb weniger Stunden deponierte Radioaktivitätsmenge überstieg um ein Vielfaches den gesamten Radioaktivitätseintrag im Zeitraum der oberirdischen Kernwaffentests in den fünfziger und sechziger Jahren. Damit war eine neue Situation ohne historische Parallele eingetreten.«[123]

Da in Baden-Württemberg nur der südöstliche Landesteil von radioaktiven Niederschlägen in besonderem Maße betroffen war, kam es zunächst zu keiner klaren Haltung der staatlichen Behörden. Im Bodenseegebiet ging man deshalb mit Hilfe der Universität Konstanz eigenständig vor, wobei sich die Wissenschaftler selbst unsicher fühlten, da es vorher keine vergleichbaren Katastrophen gegeben hatte. Man entdeckte sehr schnell, daß die Pflanzen den radioaktiven Regen aufgenommen hatten und deshalb Belastungen aufwiesen, die sie für den menschlichen, aber auch tierischen Verzehr unbrauchbar machten. Nach einigem Hin und Her wurde am 5. Mai 1986 um 6 Uhr morgens vom Staatsministerium »der Vertrieb und Ver-

kauf von Freiland-Blattgemüse generell untersagt«.[124]

Bauern sollten die Kühe im Stall lassen und kein frisches Gras füttern. Die Milch wurde ständig untersucht. Eine Unzahl von Empfehlungen wurden herausgegeben, die sich nicht immer deckten. Dies trug dazu bei, »daß viele Menschen besonders unter dem Gefühl der Hilflosigkeit gegenüber der nicht unmittelbar wahrnehmbaren Strahlung litten«.[125] Diese Hilflosigkeit artikulierte sich auch in zahlreichen Interviews. »Ich muß mich bei jedem Lebensmittelhändler, bei jedem Großhändler, bei jedem Erzeuger von Lebensmitteln darauf verlassen, daß irgend einer einmal mit einem Becquerelzähler durch die Gegend gelaufen ist und gesagt hat: Das ist in Ordnung, und dann wird es verkauft. Das ist ja die Ohnmacht des Einzelnen, man muß sich ja buchstäblich darauf verlassen, was nun die Regierungskreise beziehungsweise wissenschaftlichen Kreise rausbringen und vorlegen.«[126]

Am 26. Mai 1986 kam es zu einer von den Grünen beantragten aktuellen Debatte im Stuttgarter Landtag. Für sie war die Kernenergie »ei-

ne Sackgassentechnologie. »Sie ist Ausdruck eines technologischen Extremismus, der, wie wir jetzt an Tschernobyl gesehen haben, offensichtlich nicht beherrschbar ist. Die Risiken dieser Technologie sind, unabhängig vom politischen System, zu groß. Diese Atomtechnologie ist den Menschen über den Kopf gewachsen.« Deshalb gehe es um den sofortigen Ausstieg aus der Kernenergie.[127]

Zwar räumte der Fraktionsvorsitzende der CDU, Erwin Teufel, ein, »daß unsere Verwaltung auf einen solchen Gefahrenfall aus dem Ausland nicht vorbereitet war, daß in den ersten Tagen große Informationslücken auftraten«. Aber in erster Linie kritisierte er die sowjetischen Verantwortlichen, »die den Kernreaktor von Tschernobyl genehmigt, errichtet und betrieben haben, ohne die technisch möglichen und nötigen und in anderen Ländern üblichen Sicherheitsstandards einzuhalten«.[128] Ein sofortiger Ausstieg aus der Kernenergie kam für ihn nicht in Frage, da es noch keine sinnvollen Alternativen gebe. Allerdings müsse jetzt erforscht und entwickelt werden, »was später in Serie genutzt werden soll. Die Zukunft gehört nicht der Kernkraft.«[129]

Ministerpräsident Späth wies auf den schon vorhandenen Energiemix in Baden-Württemberg hin, der aus Kernkraftwerken und optimierten Kohlekraftwerken bestand, und schlug einen »europäischen Energieverbund« vor, um nicht europaweit Energieüberschüsse zu produzieren. Für ihn gab es nach Tschernobyl zwei Aufgaben »für die Politik, nämlich nicht mit hektischen Patentrezepten gewissermaßen die Leute vorübergehend zu beruhigen, sondern ehrlichen Gewissens zu sagen, wo unsere Probleme sind, wo unsere Risiken sind, wo unsere Chancen sind, auch wo das Sicherungssystem ist, das Vertrauen rechtfertigt, und mit welcher Ernsthaftigkeit wir realistisch den Weg in eine noch

sicherere Energiezukunft gehen wollen«.[130] Am 3. Juni 1986 zog die Bundesregierung Konsequenzen aus dem Kompetenzwirrwarr nach der Reaktorkatastrophe und richtete ein neues Ministerium für Umwelt, Naturschutz und Reaktorsicherheit ein. Am Ende des Jahres wurde ein Strahlenschutzvorsorgegesetz erlassen, das die Zuständigkeiten beim Bund zusammenfaßte und den Ländern eigene Ratschläge nach einem Reaktorunfall untersagte. Allerdings gab es gegen diese Zentralisierung berechtigte Einwände. »Es kann nicht davon ausgegangen werden, daß die Öffentlichkeit sich mit einem Hinweis auf die Zuständigkeit des Bundesministers für Umwelt zufriedengeben wird, insbesondere dann, wenn z.B. bei Feiertagen Verzögerungen zu befürchten sind oder eine ausreichende regionale Differenzierung nicht zu erwarten ist. Kurz, die Fragesteller interessieren nicht die Durchschnittswerte für die Bundesrepublik von gestern, sondern die aktuellen Werte in der eigenen Gemeinde, um das individuelle Verhalten entsprechend einrichten zu können.«[131]

Zehn Jahre nach Tschernobyl sind die Folgen auch in Baden-Württemberg nach wie vor meßbar, zum Beispiel in der Milch. »Dabei zeigen die Ergebnisse des Jahres 1995, daß die Folgen der früheren oberirdischen Kernwaffentestexplosionen und des Unfalls in Tschernobyl zusammen weniger als ein Zehntel der Strahlenbelastung ausmachen, die durch das natürlich in der Milch vorkommende Radionuklid Kalium 40 hervorgerufen wird.«[132] Obwohl die Strahlenbelastung nur noch äußerst gering ist, sind die Folgen nach wie vor spürbar. Das Vertrauen in die Sicherheit der Kernkraftwerke wurde nachhaltig erschüttert. Dazu kamen und kommen die ungeklärten Fragen der Endlagerung des radioaktiven Mülls, aber auch Schlampereien und Sicherheitsmängel in den baden-württembegischen Atomkraftwerken. Inzwi-

Nach einer Explosion am 1. November 1986 brach im Schweizer Chemiekonzern Sandoz in Basel ein Großbrand aus. Fast 900 Tonnen hochgiftiger Chemikalien wurden in den Rhein geschwemmt, gefährdeten die Trinkwasserversorgung von rund 20 Millionen Rheinanliegern und vernichteten einen erheblichen Teil des Fischbestandes. Hier fischen Feuerwehrleute tonnenweise verendete Aale aus dem Rhein bei Iffezheim.

schen hat die Bundesregierung mit den Stromversorgern mittelfristig den definitiven Ausstieg der Bundesrepublik aus der Kernenergie beschlossen.

Aber nicht nur Umweltkatastrophen in weiter Ferne erschütterten das Land in diesem Jahr. Am 1. November 1986 geriet die Lagerhalle 956 des Sandoz-Werkes Schweitzerhalle in Basel in Brand und explodierte. Hochgiftige Pflanzenschutzmittel und andere gefährliche Verbindungen gelangten in die Luft und wenig später mit dem Löschwasser in den Rhein. Damit wurde das bisher größte Fischsterben im Rhein ausgelöst, die Wasserwerke in Ufernähe stellten die Wassergewinnung ein, und Menschen, vor allem Kinder, sollten mit dem Rheinwasser nicht in Berührung kommen.[133] Auch hier beruhigte die Politik zunächst, bis das wahre Ausmaß der Katastrophe sichtbar wurde. Dabei hatte die Sensibilität der Bevölkerung für Chemieunfälle nach dem Giftgasunfall von Bhopal in Indien 1984, bei dem etwa 2500 Menschen gestorben und unzählige Menschen erblindet waren, stark zugenommen.

In Baden-Württemberg stand vor allem Landwirtschaftsminister Weiser, der gleichzeitig für die Umweltpolitik des Landes zuständig war, im Zentrum der Kritik. »Weiser war nach der Reaktorkatastrophe im sowjetischen Tschernobyl sowie nach einer Serie von Chemieunfällen, die zu erheblichen Umweltverschmutzungen in Baden-Württemberg geführt hatten, vor allem wegen seiner Informationspolitik unter heftigen Beschuß geraten.«[134] Zunächst lehnte Späth die Bildung eines eigenen Umweltministeriums ab. Noch Anfang April hatte er sich schützend vor seinen Minister gestellt. »Die Umweltpolitik ist bei ihm in guten Händen.«[135]

Nachdem die CDU bei den Landtagswahlen in Rheinland-Pfalz Mitte Mai 1987 deutliche Verluste erlitten hatte, verkündete Späth die Bildung eines eigenen Umweltministeriums, bestritt aber, daß dieser Entschluß »auf eine wahltaktische Entscheidung« zurückgehe. Sie »habe nichts mit der rheinland-pfälzischen Landtagswahl zu tun gehabt«.[136] Allerdings hatten dort »frühere Unionswähler im ländlichen Raum aus Enttäuschung über die Landwirtschafts- und Umweltpolitik der CDU einen Denkzettel verpaßt«.[137] Ganz offensichtlich war Späth aber auch unter den Druck der eigenen Parteibasis geraten. »Um handlungsfähig und Herr der Lage zu bleiben, auch um Führungsstärke zu beweisen, muß Lothar Späth die Flucht nach vorn antreten, wenn er sich nicht am kommenden Sonntag dem Diktat des CDU-Landesparteitages unterwerfen will. Den Delegiertenbeschluß für ein eigenständiges Umweltministerium kann Lothar Späth nur mit einer vorauseilenden Entscheidung entkräften.«[137]

Am 1. Juli 1987 übernahm der bisherige Ettlinger Oberbürgermeister Erwin Vetter das neue Umweltministerium. An die Stelle des Landwirtschaftsministeriums trat das neue Ministerium für den ländlichen Raum, das alle Maßnahmen für diese Gebiete koordinieren sollte, um das Gefälle zwischen Stadt und Land nicht weiter wachsen zu lassen. Der hohe Stellenwert, den Umweltfragen inzwischen in der gesamten Bevölkerung, unabhängig von der jeweiligen Parteipräferenz, einnahmen, spiegelte sich nun auch in Baden-Württemberg in einem eigenen Ministerium.

Inzwischen ist das Umweltressort mit dem Verkehrsbereich zusammengelegt worden, und Umweltfragen spielen derzeit keine so dominierende Rolle mehr wie in den achtziger Jahren. Allerdings haben die Erfahrungen mit der BSE-Krise seit November 2000 gezeigt, daß die Medien und die Bevölkerung nach wie vor sehr sensibel auf Umweltprobleme reagieren. Gleichzeitig machten diese Vorgänge aber auch deutlich, wie schnell das öffentliche Interesse wieder von anderen Problemen überlagert wird, ohne daß es bereits grundlegende Veränderungen gegeben hatte. Die Meldungen über neue BSE-Fälle im Land regen kaum mehr jemanden auf. Die Bereitschaft, das eigene Verhalten und die Ernährungsgewohnheiten zu ändern, um die gewünschten Reformen für die Landwirte zu ermöglichen, sind kaum mehr spürbar. Ähnliches gilt für das Problem der globalen Klimaveränderung. Diese wird durchaus als Problem wahrgenommen, hat aber keine Auswirkungen auf das individuelle Verhalten. Der Satz des damaligen Bundespräsidenten Weizsäcker 1986 auf der Protestversammlung gegen das Waldsterben im Schwarzwald hat somit nichts von seiner Aktualität eingebüßt: »Frage nicht nur, was der Staat für die Umwelt tut, sondern frage dich, was du für sie tun kannst.«[139]

Am Rande Deutschlands, in der Mitte Europas?
Die Folgen der deutschen Einheit für den Südwesten

Das wichtigste Datum der deutschen Geschichte in der zweiten Hälfte des 20. Jahrhunderts ist der Fall der Berliner Mauer am 9. November 1989. Erstmals gelang es dem Volk in Deutschland, eine Diktatur ohne Unterstützung von außen oder im Gefolge einer Kriegsniederlage friedlich zu stürzen. Zu den Voraussetzungen dafür gehörten sicherlich die Veränderungen in Polen seit 1980 mit der Gründung der freien Gewerkschaft Solidarnocs, auch wenn das Kriegsrecht von 1981 die demokratische Entwicklung zunächst stoppte, vor allem aber die Wahl Michail Gorbatschows zum Generalsekretär der KPdSU im Jahre 1985. Seine Reformen weckten Hoffnungen. Gleichzeitig verstärkte die Unfähigkeit der altersstarrsinnigen SED-Führung unter Erich Honecker, auch in der DDR Reformen einzuleiten, den Druck im eigenen Land. Zunächst flohen zehntausende in die Botschaften der Bundesrepublik in Prag, Budapest und Warschau.

Am 11. September 1989 öffnete Ungarn seine Grenze nach Westen, und innerhalb von drei Tagen flohen 15.000 DDR-Bürger nach Österreich und weiter in die Bundesrepublik. Wenige Wochen später wurde mehreren tausend DDR-Bürgern in den westdeutschen Botschaften in Prag und Warschau die Ausreise in den Westen gestattet. Im Oktober 1989 feierte die DDR noch mit großem Pomp ihr 40-jähriges Bestehen. Dabei traten die Gegensätze zwischen Gorbatschow, der Reformen anmahnte, und der DDR-Führung, die grundlegende Reformen nach wie vor ablehnte, offen zutage.

Die Autorität der alten SED-Führung begann rapide zu schwinden. Die Sozialdemokratische Partei der DDR wurde 43 Jahre nach der Zwangsvereinigung mit der Kommunistischen Partei neu gegründet. Vor allem in Sachsen, in Leipzig und Dresden, gingen Hunderttausende auf die Straße, ohne daß es zu den befürchteten blutigen Auseinandersetzungen kam. Am 18. Oktober 1989 trat der SED-Generalsekretär Erich Honecker und wenige Wochen später die Regierung unter Willi Stoph und das gesamte SED-Politbüro zurück. Am 4. November 1989 demonstrierte etwa eine Million Menschen in Ostberlin, und am Abend des 9. November 1989 wurde die Mauer geöffnet.

Der Jubel war groß. Jeder Beobachter erkannte, daß er Zeuge eines für Deutschland und Europa epochalen Einschnittes wurde. Allerdings begannen sich in der Bundesrepublik sofort Befürchtungen breit zu machen. Ein Kommentator schrieb unter der Überschrift »Jubel und Sorge«: »Der atemberaubende Wandel im anderen deutschen Staat ist auch für Bonn eine große menschliche und politische Herausforderung. Niemand weiß, was offene Grenzen auf die Dauer bedeuten. Der Zustrom der Übersiedler ist groß. Er wird so lange nicht versiegen, wie in der DDR nicht wirklich eine umfassende Wende sichtbar ist. Bonn kann aber kein Interesse daran haben, daß die Strukturen des Ostberliner Staates zusammenbrechen. Je kritischer dort die Lage wird, um so mehr Menschen werden ihr Heil im Westen suchen, der auf einen solchen Zustrom nicht vorbereitet ist. Deutschland kann sicher nicht in der Bundesrepublik ›wiedervereinigt‹ werden.«[140]

Zwar wurde zu diesem Zeitpunkt bereits von »einer deutschen Revolution« gesprochen, mit einer staatlichen Wiedervereinigung rechnete aber noch niemand. »Die neue Zeit der Deutschen, die nun anbricht, wird nicht leicht sein. Und die Deutschen, trotz des Wandels wohl noch auf kaum vorhersehbare Dauer getrennt in zwei Staaten und gebunden in zwei Paktsystemen, können ihren guten Ablauf nicht allein bestimmen, sondern nur im Verbund der Verbündeten.«[141]

In der Presse wurde auch sehr schnell darauf hingewiesen, daß »das glücklichste Volk auf der Welt«[142] Opfer dafür bringen muß. »Mit der Anteilnahme am Bildschirm kommen wir nicht mehr davon. Fernseher einschalten, Herz ausschalten? Augen auf, Türen zu? ... Fällt es uns so schwer, das Dach über unserem Kopf zu teilen? Vor 40 Jahren, unter weitaus schwierigeren Umständen, war das kein unüberwindliches Problem.«[143] Auf die grundlegende Perspektive wies ein anderer Kommentator hin, der auch die historische Verantwortung einbezog. »Die unerwartete Bewegung, die in die deutsche Frage gekommen ist, verlangt zunächst gewaltige finanzielle Beiträge, um das zu leisten, was die Deutschen im anderen Teil Deutschlands zu Recht fordern können. Beide deutsche Teile sind Teil der gemeinsamen deutschen Geschichte. Wenn das so ist, dann dürfen die Deutschen in der DDR den Krieg nicht alleine verloren haben. Jetzt wird unser Beitrag eingefordert. Wir wollen ihn freudig leisten.«[144] Fest stand für alle Beobachter, daß ein millionenfacher Exodus aus der DDR nicht nur zu einem wirtschaftlichen und gesellschaftlichen Kollaps im Osten Deutschlands führen, sondern auch den Westen deutlich überfordern würde. Die Lösung konnte nur sein, die Lebensbedingungen in der DDR so zu verbessern, daß die Menschen in ihrer Heimat eine Perspektive sahen und deshalb zuhause den Aufbau vorantreiben wollten.

Bereits vor der Maueröffnung nahmen die Kontakte zwischen Baden-Württemberg und der DDR zu. Im Juni 1989 verhandelte Kultusminister Engler über eine Partnerschaft zwischen den Universitäten in Stuttgart und Karl-Marx-Stadt, das heute wieder Chemnitz heißt. Mitte September kam der SED-Bezirkschef von Dresden nach Stuttgart und wurde dort offiziell empfangen, obwohl in Bonn niemand großes Interesse an ihm zeigte.[145] Modrow galt als Kopf einer Reformgruppe innerhalb der SED und wurde nach dem Mauerfall Ministerpräsident der DDR.

Lothar Späth, der lange Zeit als möglicher Nachfolger von Helmut Kohl galt, als dessen Stern vor dem Mauerfall zu sinken drohte, hatte zahlreiche internationale Kontakte aufgebaut, aber auch schon vor der Wende zu Sachsen Beziehungen gepflegt. Am 10. Dezember 1989 vereinbarte er mit dem Dresdner Oberbürgermeister Berghofer bereits eine Regionalpartnerschaft zwischen dem Bezirk Dresden und dem Land Baden-Württemberg. Dabei stellte sich allerdings schnell heraus, daß für viele »gut gemeinte Vorhaben – etwa die Bildung von Gemeinschaftsunternehmen oder die Bereitstellung von Krediten« in der DDR schlicht noch die Rechtsgrundlagen fehlten.[146] Kurze Zeit darauf entschloß sich das Land, in einem gewissen Wettlauf mit Bayern, »seine Hilfe auf die gegenwärtigen DDR-Bezirke Dresden, Karl-Marx-Stadt und Leipzig in der ›Region Sachsen‹, die als solche allerdings noch nicht wieder konstituiert ist«, zu konzentrieren. Ende Januar 1990 formulierte Späth in Dresden, das »Ziel der baden-württembergischen Hilfe müsse es sein, die massive Abwanderung der Bürger aus der DDR zu stoppen«.[147]

Dazu wurden zunächst 20, kurze Zeit später insgesamt 60 Millionen DM zur Verfügung gestellt. Auf sächsischer Seite versprach man sich viel von dieser Zusammenarbeit. »Denn Späth und das Land Baden-Württemberg stehen jenseits der Elbe für Leistung und High-Tech.«[148] Das Land eröffnete in Dresden sehr schnell ein Kontaktbüro, in dem dann »auch die Vertretungen von Banken, der Stiftung Außenwirtschaft, der Handwerkskammern, der Industrie- und Handelskammern, vielleicht auch einzelner Firmen, Platz finden« sollten.[149]

Sehr schnell erkannte Späth bei seinen Besuchen in Sachsen aber auch, daß die Stimmung in der DDR nicht mit den ursprünglichen Vorstellungen in der Bundesrepublik übereinstimmte, so bei einem Besuch in Bischofswerda östlich von Dresden. »Mit Fahnen in Schwarz-Rot-Gold und den sächsischen Farben Weiß-Grün, mit Applaus für die Gäste und bitteren Parolen gegen eigene Amtsträger demonstriert der wahrscheinlich aktivste Teil der wirtschaftlich nicht verwöhnten Mittelstadt einen ungeheuren Erwartungsdruck, den auch Lothar Späth bei seiner improvisierten Rede von der Rathaustreppe zu spüren bekommt: Beifall nur für ›den gemeinsamen Weg zu Wohlstand und Einheit‹, Schweigen, gar vereinzelte Pfiffe bei Späths Appellen zu ›etwas Geduld‹ und dem Aufruf, ›nicht wegzulaufen‹.«[150]

Schon im Januar 1990 nahm der Druck der DDR-Bevölkerung stark zu, schnelle Lösungen für die wirtschaftliche Misere zu finden. Der Dresdner Oberbürgermeister Berghofer rechnete mit der baldigen Einheit.[151] Späth und Modrow forderten zur selben Zeit mehr Tempo bei den Verhandlungen zwischen Bundesrepublik und DDR.[152] Die Zeit drängte, wie ein baden-württembergischer Journalist aus Dresden berichtete. »Immer deutlicher wird ..., daß der wirtschaftliche Aufbau den Menschen zu schleppend geht. Sie hoffen – etwas diffus – auf eine schnelle Wiedervereinigung, in einem ersten Schritt zumindest auf eine gemeinsame Währung, als Ausweg aus der Not. Viele tun sich offenbar noch schwer damit, daß der ver-

langte wirtschaftliche Umbau auch klare Konsequenzen nach sich zieht, die befürchtete Freisetzung von bald einer Million Menschen ist ein deutliches Indiz dafür. Die Zahl der DDR-Bürger, die mit ihrer Geduld am Ende sind, wächst. Ein Patentrezept, sie zum Bleiben zu bewegen, gibt es nicht.«[153]

Vor allem der desolate Zustand der DDR-Wirtschaft übertraf die schlimmsten Erwartungen. Lothar Späth bezeichnete schon Anfang Februar 1990 die DDR-Regierung Modrow als eine Art Zwangsverwalter und forderte die bedingungslose wirtschaftliche Kapitulation der DDR. »Die Währungsunion hat überhaupt nur Sinn, wenn sie gleichzeitig mit der Wirtschaftsgemeinschaft verwirklicht wird. Das heißt, daß die DDR alle unsere maßgeblichen Wirtschafts- und Eigentumsgesetze übernimmt. Beides muß an ein und demselben Tag in Kraft treten. Alles andere bringt nicht die schnelle Wende und gibt den Leuten kaum Hoffnung.« Allerdings hatte Späth auch klare Vorstellungen, was mit dem umgetauschten Sparvermögen in der DDR geschehen solle. »Diesen 150 Milliarden Ost-Mark steht Vermögen an Gebäuden, Grundstücken und volkseigenen Betrieben gegenüber. Die 150 Milliarden sind mehr als gedeckt durch diese Sachwerte. Also kann man denen, die gespart haben, dieses Vermögen verkaufen.«[154]

Späth griff mit seinen wirtschafts- und währungspolitischen Vorstellungen die Bedenken der südwestdeutschen Unternehmer auf, die er von Beginn an für ein Engagement im Osten gewinnen wollte. »Als größte Hürde für einen zügigen Einstieg der baden-württembergischen Wirtschaft in das Land an der Oberelbe erwies sich das Währungsproblem ... ›Bevor nicht in der DDR in harter West-Währung investiert, entlohnt und verkauft wird, bleibt dieses Land ein Faß ohne Boden‹.« Auch für Gemeinschaftsunternehmen mit Partnern in Sachsen gab es klare Vorgaben. »›Wir beteiligen uns nur, wenn wir das Sagen haben‹, anders gesagt, wenn die Beteiligungen von mehr als den derzeit möglichen 49 Prozent erlaubt werden.«[155]

Der baden-württembergische Ministerpräsident stellte seine deutschlandpolitischen Vorstellungen in einer Regierungserklärung am 7. Februar 1990 im Stuttgarter Landtag vor. Allerdings konnte er deren wesentliche Punkte – »von der Konföderation, über die Wirtschaftsunion bis zur Ablösung der Ost- durch D-Mark« – als Meinung von Bundeskanzler Kohl am Vorabend vor seiner Erklärung bereits in der Presse lesen. Kohl hatte am 7. Februar 1990 erstmals von der Währungsunion gesprochen. »Eines der Kabinettsmitglieder hat zunächst die Bonner auf Späths Vorhaben hingewiesen und dann – auf mehrfachen Druck aus der engsten Umgebung von Bundeskanzler Helmut Kohl – ›um des lieben Friedens (zwischen Bonn und Stuttgart) willen‹ auch Einzelheiten aus Späths Regierungserklärung ausgeplaudert.«[156]

Allerdings übernahmen die Bonner einen der wichtigsten Ecksteine der baden-württembergischen Vorstellungen nicht, nämlich »die Schaffung von Eigentum in den Händen der DDR-Bürger (z.B. für Wohnungen, evtl. auch für Betriebe)«. Dies trug wesentlich zu den teilweise bis heute anhaltenden Problemen am Wohnungs- und Arbeitsmarkt bei, wie eine baden-württembergische ›Leihbeamtin‹ in Sachsen in einem Rückblick Mitte der neunziger Jahre beschrieb: »Anstelle von Eigeninitiative muß man sich wieder auf einen zögerlichen Staat verlassen, der zudem wenig Sinn für die dringend benötigte Industriepolitik (Schaffung von Schwerpunkten und industriellen Kernen) hat.«[157]

Einen ganz wesentlichen Beitrag leistete Baden-Württemberg zum Aufbau des Landes Sachsen beziehungsweise seiner drei Vorgängerbezirke. Bereits am 31. Januar 1990 war es

zu einem Partnerschaftsvertrag mit den drei Bezirksregierungen Dresden, Karl-Marx-Stadt und Leipzig gekommen. »Den Kern des Unternehmens bildeten elf, später zwölf paritätisch besetzte Fachkommissionen. Ihr Ziel war die Vorbereitung eigener sächsischer Ministerien nach der Landtagswahl Ende 1990, und das Bemühen, unbelastete sächsische Persönlichkeiten für diese Aufgaben zu finden und aufzubauen.«[158]

Am 22. Juli verabschiedete die Volkskammer der DDR, die im März 1990 zum ersten und einzigen Mal frei gewählt worden war, das »Ländereinführungsgesetz«. Es sah im wesentlichen die Einteilung der DDR in die fünf Länder Brandenburg, Mecklenburg-Vorpommern, Sachsen, Sachsen-Anhalt und Thüringen vor und stellte damit die Gebietseinteilung wieder her, die bis 1952 bestanden hatte. Am 14. Oktober 1990 fanden Landtagswahlen in allen fünf neuen Bundesländern statt. Dabei errang die CDU, die wie alle ostdeutschen Parteien massiv von ihren westlichen Parteifreunden unterstützt worden war, in Sachsen mit Kurt

Am 4. November 1990 wurde in Stuttgart Manfred Rommel als Oberbürgermeister wiedergewählt. Hier zusammen mit Lothar Späth und Staatsrat Professor Wolfgang Gönnenwein am Wahlabend. Späth hat bereits die Siegerpose eingenommen, Rommel wartet noch Wahlergebnisse ab.

Biedenkopf an der Spitze die absolute Mehrheit der Stimmen.

Die ostdeutschen Bundesländer übernahmen nicht nur das Wirtschafts- und Währungssystem der Bundesrepublik, sondern auch deren Verwaltungs- und Rechtssystem. Dafür fehlte aber den bisherigen Beschäftigten des öffentlichen Dienstes die entsprechende Qualifikation. Außerdem mußten zahlreiche, vor allem höhere Amtsträger wegen politischer Belastungen den Dienst quittieren. Aus diesem Grund kamen ab Mitte 1990 zunehmend Beschäftigte aus den westlichen Verwaltungen auf dem Wege der Abordnung in den Osten. Anfang 1993 waren »über 800 Landesbeamte aus Baden-Württemberg in Sachsen tätig und haben dort Schlüsselpositionen in den Ministerien, bei den Regierungspräsidien, in der Gerichtsbarkeit und bei der Polizei. Sie wirken zwar durch die Anleitung sächsischer Bediensteter in hohem Maße als Multiplikatoren, wegen der immer größer werdenden Anforderungen an die Verwaltungsverfahren müssen sie aber auch zunehmend Alltagsaufgaben bewältigen.«[159]

Am 1. Juli 1990 trat die Wirtschafts- und Währungsunion zwischen der Bundesrepublik und der DDR in Kraft. Gleichzeitig entfielen die Personenkontrollen an der innerdeutschen Grenze. Am 12. September 1989 wurde in Moskau der 2+4-Vertrag zwischen den vier Siegermächten des Zweiten Weltkriegs (USA, UdSSR, Großbritannien, Frankreich), der Bundesrepublik und der DDR geschlossen, der dem vereinten Deutschland seine volle Souveränität zurückgab und gleichzeitig dessen Einbindung in die europäischen Institutionen und die nordatlantische Verteidigungsgemeinschaft bestätigte. Die Bundesrepublik und die DDR anerkannten die von den Alliierten 1945 geschaffenen Grenzen. Die Oder-Neiße-Linie wurde zur völkerrechtlich verbindlichen Grenze zwischen Deutschland und Polen. Am 3. Oktober 1990 traten die fünf neuen ostdeutschen Bundesländer der Bundesrepublik bei. Deutschland war 45 Jahre nach dem Zweiten Weltkrieg wiedervereinigt. Die Bundesregierung unter Führung von Helmut Kohl und Hans-Dietrich Genscher hatte die einmalige historische Chance genutzt, die Wiedervereinigung in Frieden und Freiheit mit Zustimmung aller Nachbarn zu verwirklichen.

Die deutsche Einheit hatte auch direkte Auswirkungen auf den Südwesten. Zunächst profitierte das Land ebenfalls von dem Wirtschaftsboom, der durch die hohe Nachfrage in den neuen Bundesländern entstand. »Die ursprünglichen Erwartungen, daß sich das Wirtschaftswachstum in Baden-Württemberg 1990 fortsetzen könnte, haben sich trotz Golfkrise (im August 1990 hatte der Irak Kuwait überfallen und besetzt, im Januar/Februar 1991 befreite eine multinationale Truppe unter Führung der USA das Land wieder, T.S.), Dollarschwäche sowie nachlassender Konjunktur in den USA und einigen europäischen Ländern mehr als erfüllt. Nach einer Zunahme des realen Bruttoinlandsproduktes um 3,5% im Jahr 1989 erhöhte sich die Wachstumsrate 1990 auf 5%. Die konjunkturellen Impulse gingen überwiegend von der Inlandsnachfrage aus. Hierzu haben die starke Industriekonjunktur, der Boom in der Bauwirtschaft und die kräftige Verbrauchsnachfrage beigetragen.«[160] Allerdings hielt dieser Aufschwung nicht lange an, und ab Mitte 1992 brach die Konjunktur ein, was die Arbeitslosenzahlen sehr schnell in bis dahin unbekannte Höhen trieb.

Die Wiedervereinigung führte auch zu einer deutlichen Abrüstung. In Deutschland hatten sich jahrzehntelang NATO und Warschauer Pakt bis an die Zähne bewaffnet gegenübergestanden. Über 760.000 ausländische und über

650.000 deutsche Soldaten waren in der Bundesrepublik und der DDR stationiert. Fast alle ausländischen Soldaten sind inzwischen abgezogen, und die heutige Bundeswehr umfaßt nicht einmal mehr die Hälfte des Bestandes von Bundeswehr und Nationaler Volksarmee vor 1990. Allein in Baden-Württemberg wurde das Militärpersonal (Amerikaner, Franzosen, Kanadier, Bundeswehr) um über 75.000 Personen verringert. Die Militärs räumten durch Aufgabe und Reduzierung von Truppenstandorten eine Fläche von nahezu 8.000 Hektar.[161] Damit konnte vor allem in den Städten, die viele Kasernen vom Bund erwarben, die herrschende Wohnungsnot weitgehend beseitigt werden.

Der damalige Präsident des Deutschen Städtetages und Stuttgarter Oberbürgermeister Manfred Rommel beschrieb die berechtigte Euphorie nach dem Mauerfall in seinen Erinnerungen. »Es entstand eine Begeisterung, wie ich sie in unserer lamentierenden und nörgelnden Gesellschaft noch nie erlebt hatte. Diese Begeisterung hatte nichts mit Nationalismus zu tun. Sie speiste sich aus dem Glück, als welches es empfunden wurde, daß es den Eisernen Vorhang zwischen Ost und West nicht mehr gab und daß sich unseren Landsleuten, aber auch den östlichen Nachbarstaaten, neue, völlig unerwartete Chancen durch die wiedergewonnene Freiheit eröffnet hatten.«[162]

13. Januar 1991: Rücktritt von Lothar Späth

Bei den Landtagswahlen vom 20. März 1988 errang Lothar einen klaren Wahlsieg. Zwar mußte die CDU Einbußen von 2,8% hinnehmen und verlor die absolute Mehrheit der Stimmen, konnte aber im Stuttgarter Landtag mit 66 von 125 Sitzen allein weiter regieren. Alle übrigen Parteien hatten mehr oder minder stark verloren. Besonders die FDP näherte sich mit 5,9% gefährlich der Bedeutungslosigkeit. Dagegen hatten die Sonstigen mit zusammen 5,1%, darunter NPD und Republikaner, erschreckend zugenommen. »Die undemokratische Rechte mit rund zwei Prozent Anhängern ist zwar keine Gefahr für das demokratische Staatswesen, aber ihr Wiedererscheinen sollte wachsam machen. Die demokratischen Parteien müssen sich bewußt sein, daß nur ihr eigenes Ansehen die Extremen am Rande hält.«[163]

Dabei war das Umfeld für Späth nicht besonders gut gewesen. Die CDU/CSU/FDP-Bundesregierung unter Helmut Kohl verfügte über kein besonders hohes Ansehen. Von Schleswig-Holstein aus hatte die Barschel-Affäre die Republik erschüttert. Der CDU-Ministerpräsident hatte seinen SPD-Herausforderer Engholm bespitzeln und denunzieren lassen, dies aber später mit einem öffentlichen Ehrenwort bestritten. Er mußte schließlich zurücktreten und beging am 11. Oktober in Genf unter bis heute nicht ganz geklärten Umständen Selbstmord. Die neue Immunschwäche AIDS, die zu Beginn der achtziger Jahre in den USA erstmals erkannt worden war, beunruhigte die Menschen zunehmend. Ende 1987 wurde in Bonn eine nationale AIDS-Stiftung gegründet, die vor allem aufklären und eine weitere Ausbreitung der Krankheit verhindern sollte. Lothar Späth distanzierte sich im Wahlkampf deutlich von Bonn und betonte die eigenen Leistungen im Land. »... sein Wahlkampf war so angelegt, daß der widrige Bonner Einfluß von Baden-Württemberg möglichst ferngehalten werden und daß vor allem die Leistungen im Land zählen sollten. Daß Späth damit auch ein persönliches Risiko einging, haben die Wähler ebenso honoriert wie die Tatsache, daß er sich immer wieder selbstbewußt in Widerspruch zur Politik des Kanzlers gesetzt hatte.«[164] »Mit einem Wort: Die Wahlkampfstrategie Lothar Späths ist aufgegangen.«[165]

Späth, der damit die letzte absolute Mehrheit der CDU in den Ländern verteidigt hatte, galt vor allem den Kohl-kritischen Medien als ›Überflieger‹, »dem nun auch der Anflug auf das Bundeskanzleramt gelingen könne. Doch Späth zauderte und wagte die offene Herausforderung (von Helmut Kohl, T.S.) auf dem Bremer CDU-Parteitag im September 1989 nicht. Die Delegierten verwehrten ihm daraufhin den Einzug ins CDU-Bundespräsidium. Das ›Cleverle‹ war zum ersten Mal im Laufe seiner Bilderbuchkarriere im politischen Abseits gelandet.«[166]

Nach dem Mauerfall konnte er sich jedoch wieder politisch profilieren und zog auch erneut in das CDU-Bundespräsidium ein. Allerdings stieß sein Verhalten bei den Parteispendenprozessen auf wenig Verständnis in der Wirtschaft und in der Öffentlichkeit. »Bei dem Parteispendenprozeß gegen den ehemaligen Bosch-Chef Merkle machte Späth keine gute Figur. Das Gericht verzichtete auf Späths Vereidigung wegen des Verdachts der ›Mittäterschaft‹ bei der Merkle zur Last gelegten Steuerhinterziehung im Zusammenhang mit Parteispenden.«[167]

Am 28. Dezember 1998 berichtete der Südwestfunk erstmals über einen gemeinsamen Urlaub der Familien Späth und Lohr, dem damaligen Chef der SEL, der später zu einer Gefängnisstrafe verurteilt wurde, weil er Privatausgaben seiner Firma unter falschen Angaben in Rechnung gestellt und Steuern in großem Umfang hinterzogen hatte. Die Kosten der Reise waren von der SEL übernommen worden.[168] In den nächsten beiden Wochen häuften sich die Enthüllungen. Eine zunehmende Zahl von Reisen des Ministerpräsidenten wurde bekannt, die von Firmen oder befreundeten Industriellen bezahlt worden waren. Am 7. Januar 1991 verteidigte sich Späth gegen die Vorwürfe in einer großen Pressekonferenz, aber offene Fragen blieben, zumal der Ministerpräsident bereits einen Tag später seine Aussagen ergänzen mußte.

Zu diesem Zeitpunkt drohte eine lange Auseinandersetzung, da die Opposition einen Untersuchungsausschuß angekündigt hatte, der sich mit Späths Verhalten, aber auch mit der Rolle der baden-württembergischen Justiz bei der Aufklärung entsprechender Tatbestände befassen sollte. »Der angeschlagene Ministerpräsident muß also damit rechnen, daß er auf Monate hinaus unter Beschuß steht und, falls noch weitere Beispiele für unkorrektes Verhalten auftauchen, am Ende auf unwürdige Weise demontiert wird. Dem könnte er nur auf eine Art zuvorkommen – durch einen sauberen Abgang aus eigenem Entschluß.«[169]

Zunächst gab sich Späth aber noch kämpferisch. Drei Tage nach der Pressekonferenz erklärte er auf einem Neujahrsempfang in Biberach: »Sie können sich darauf verlassen, daß der Ministerpräsident des Landes auch diese Geschichte durchsteht.«[170] Auch die CDU stärkte ihm den Rücken und sprach von einer vorgezogenen Wahlkampfkampagne. Am 12. Januar berichtete der SPIEGEL von weiteren

Reisen, darunter in ein malaysisches Luxushotel, und deutete eine Verbindung von staatlicher Förderung von Firmeninteressen mit der Finanzierung von Reisen des Ministerpräsidenten durch eben diese Firmen an. Obwohl keine Beweise für diese Verquickung vorlagen und auch später nicht zum Vorschein kamen, trat Späth am 13. Januar 1991 zurück.

Auf einer dazu einberufenen Pressekonferenz erklärte er unter anderem: »Durch eine politisch motivierte Kampagne – bis hin zu Unterstellungen und sogar Verleumdungen – ist der Eindruck einer Verquickung privater und öffentlicher Interessen entstanden. Ich räume ein, daß man mir das eine oder andere ungeschickte Verhalten vorwerfen kann, keinesfalls aber Abhängigkeiten oder die Suche nach persönlichen Vorteilen. Es darf nicht die Gefahr entstehen, daß das Land oder Amt und Ansehen des Ministerpräsidenten Schaden nehmen. Um dieses zu vermeiden, habe ich mich zum Rücktritt entschlossen.«[171]

Auf einer Pressekonferenz am 13. Januar 1991 legte Ministerpräsident Späth sein Amt nieder. Das Bild läßt nur die Frage offen, ob er sich entspannt hinsetzt, um seinen freiwilligen Rücktritt zu erklären, oder ob er nach der Erklärung seines freiwilligen Rücktritts entspannt aufsteht. Sein bisheriger Stellvertreter Gerhard Weiser (rechts im Bild) führte die Amtsgeschäfte weiter.

Zwar räumte ein Kommentator ein, daß nicht alles fair war, »was den Ministerpräsidenten zum Rücktritt gezwungen hat«.[172] »Übrig bleibt dennoch, daß Lothar Späth die Grenzen, die zwischen politischer Funktion und industrieller Macht zu ziehen sind, nicht genügend beachtet hat. Übrig bleibt, daß dieser Ministerpräsident es zugelassen hat, daß seine Unbefangenheit bei wirtschaftlichen Entscheidungen in Zweifel gezogen werden konnte.«[173]

Manfred Rommel machte in seinen Erinnerungen auch auf das Kesseltreiben aufmerksam, das in solchen Situationen entsteht und nicht immer moralischen Ursprungs sei. »Wenn alles vorbei ist, schüttelt man den Kopf und wundert sich darüber, daß ein solcher, rational schwer begreiflicher Vorgang möglich war.« Rommel versuchte, Späth zum Bleiben zu überreden, hatte aber Verständnis dafür, »daß er die Nase voll hatte. Ich hätte wohl, wenn ich an seiner Stelle gewesen wäre, auch das Handtuch geworfen.«[174]

Dabei wurde sein Rücktritt von vielen mit nicht nur einem weinenden Auge gesehen. »Wer die Politik lange beobachtet, hat viele Politiker gehen sehen. Keinen sah man so ungern aus dem Amte scheiden wie Lothar Späth. Er regierte das Land fröhlich, unkompliziert und ungehemmt von Konventionen. Doch, wie man jetzt erfährt, der Staat braucht Ernsthaftigkeit auch, und er braucht auch Konvention. Es war Zeit für diesen Rücktritt, und zwar ganz unabhängig davon, was sich an den Vorwürfen bewahrheitet und was sich bei genauerer Betrachtung erledigen mag. Der Rücktritt wurde notwendig wegen der Ordnung des Landes.«[175]

Allgemeine Anerkennung zollten nahezu alle Kommentatoren seinem »noblen Abgang«. »Wenn Größe einen Politiker auszeichnet, dann zeigt sie sich auch darin, daß er den richtigen Zeitpunkt für seinen Rücktritt erkennt.

Diese Größe hat Lothar Späth bewiesen. Sie wird dazu beitragen, daß seine Leistungen für Baden-Württemberg nicht von den peinlichen Umständen einer zweitrangigen Verfilzungsaffäre verdunkelt werden.«[176]

Fast einhellig wurden seine Verdienste als Ministerpräsident hervorgehoben. Manchen galt er für die zurückliegenden achtziger Jahre gar als »Idealbesetzung: Prophet und Motor einer Öffnung Baden-Württembergs für die Herausforderungen der Weltmärkte, Sprachrohr eines selbständigen Föderalismus, Ideenspender und Animateur einer ansonsten eher trägen Veranstaltung namens Landespolitik. Späth wird fehlen – besonders denen, die sich gern an ihm gerieben und gemessen haben.«[177] »Späth erzeugte jene Atmosphäre von High-Tech, den politischen Überbau für das Land der Mittelständler und Tüftler. Er bastelte die Forschungslandschaft, die als vorbildlich gelten muß.«[178]

Gerühmt wurde auch seine Fähigkeit, die vielfältigsten Anregungen aus allen Bereichen der Gesellschaft in politische Aussagen umzumünzen. »Bevor die Gegner zur Erfolgskontrolle kamen, hatte er sie bereits mit zehn neuen Einfällen überschüttet. In den letzten beiden Jahren, das war nicht zu übersehen, hatte die Spontaneität nachgelassen.«[179]

Dieser Spontaneität und dem Vorwärtstreiben in Wirtschaft, Forschung, Kunst und Kultur stand ein konservatives Bewahren im schulischen Bereich gegenüber. Die Abkehr von dem Reformeifer der sechziger und frühen siebziger Jahre, die noch unter Kultusminister Hahn eingesetzt hatte, kam unter Kultusminister Mayer-Vorfelder voll zum Tragen. Sie traf auf eine häufig noch reformorientierte Lehrerschaft, was ganz zwangsläufig zu erheblichen Auseinandersetzungen führen mußte. Erwin Teufel hat die achtziger Jahre in einem Rückblick einmal als »besonders bewegte Phase baden-württembergischer Bildungspolitik« bezeichnet. Die Charakterisierung dieser Jahre als »Zeit der Konsolidierung und Stabilisierung« werde ihr aber kaum gerecht. »So sehr ein konservatives Element – verstanden als Bewahren des Bewahrenswerten und als behutsamer Umgang mit gewachsenen Strukturen und Überlieferungen – diese Phase prägte, so sehr war sie zugleich eine Epoche vielfältiger Veränderungen und Reformen. Das reicht von der Intensivierung der Zusammenarbeit zwischen Eltern und Schule bis zur Lehrplanrevision, von Korrekturen der Oberstufenreform bis zur Aufwertung der Hauptschule.«[180]

Unbestritten blieben im Rückblick Späths Einfallsreichtum und seine Originalität, während man bei seinem Amtsantritt 1978 eher geordnetes Verwalten von ihm erwartet hatte. Gerade Ausdauer schien ihm aber gefehlt zu haben. »Viele angefangene Dinge liegen am Weg: Die Landesbank, die Rundfunkfusion, die Kunstsammlungen, die schon für Baden-Württemberg gewonnen waren und dann ganz woanders landeten. Vielleicht hat die Sprunghaftigkeit auch seine Haltung zu der Umgebung geprägt« und letztlich ganz wesentlich zu seinem Rücktritt beigetragen. Allen diesen Mängeln zum Trotz habe er das Wohl des Landes in seiner zwölfjährigen Regierungszeit kräftig gemehrt. »Vieles, was anderwärts liegenblieb, hat er angeregt und in Bewegung gesetzt – in Technik, Forschung, Wirtschaft, in den Hochschulen, im Kulturleben, auch im Umweltschutz.«[181]

Späth blieb, wie erwartet, nach seinem Rücktritt, obwohl zunächst noch CDU-Landesvorsitzender, der Politik in Baden-Württemberg nicht mehr lange verbunden. Seine unbestrittenen wirtschaftlichen Kenntnisse und Fähigkeiten brachte er nun erfolgreich beim Aufbau in den neuen Bundesländern ein. Im Juni 1991

übernahm er den Vorsitz der Geschäftsführung der Jenoptik GmbH in Jena, ab Januar 1996 den Vorsitz des Vorstandes der Jenoptik AG. Damit trug er persönlich ganz maßgeblich dazu bei, die auch aus seiner Sicht einmalige historische Chance der deutschen Wiedervereinigung zu nutzen. Gleichzeitig setzte er seine medialen Möglichkeiten als Talkmaster im Privatfernsehen, als Buchautor und als gesuchter Vortragsredner ein.

So kritisch das Krisenmanagement zwischen den ersten Vorwürfen gegen Späth und dessen Rücktritt beurteilt wurde, so positiv würdigte man in der Presse die schnelle Nachfolgeregelung, wie schon beim Rücktritt Filbingers 1978. Der wieder ins Spiel gebrachte Stuttgarter Oberbürgermeister Manfred Rommel winkte sofort ab. Bereits einen Tag nach dem Rücktritt Späths stand somit schon sein Nachfolger fest. »Fraktionschef Teufel einziger Kandidat für Nachfolge Späths«. Er ist, »soviel steht jetzt schon fest, … in seiner Partei und Fraktion allererste Wahl.«[182]

Bereits am 22. Januar 1991 wurde er vom

Lothar Späth geht, Erwin Teufel kommt. Auf dem 30. Landesparteitag der CDU Baden-Württembergs am 2. März 1991 in Spaichingen begrüßen sich der alte und der neue Ministerpräsident.

Stuttgarter Landtag zum Ministerpräsidenten gewählt. Dabei erhielt er sogar mindestens fünf Stimmen aus dem Oppositionslager. »Einen beachtlichen Blitzstart hat Erwin Teufel hingelegt. Zunächst ließ er nach Späths Rücktritt intern erst gar keine Konkurrenz aufkommen. Dann schafft er bei der Wahl zum Ministerpräsidenten gleich das Kunststück, fünf Stimmen aus dem Oppositionslager zu holen. Selbst der damals noch über die Parteigrenzen hinaus beachtete Vorgänger schaffte dies 1988 nicht. Es ist müßig zu spekulieren, ob da bereits einige FDP-Abgeordnete das Eintrittsgeld für die von ihnen ersehnte Koalition im nächsten Jahr abgegeben haben. Teufel, der eine knappe absolute Mehrheit zu verteidigen hat, wird sich um Liebeswerbung wenig scheren.«[183]

Kapitel VII

Alt und neu harmonisch nebeneinander. Aufgrund eines Bürgerentscheids wurde in Ulm direkt neben dem gotischen Münster das hochmoderne Stadthaus des amerikanischen Stararchitekten Richard Meier gebaut (1994).

Am Rande Deutschlands, in der Mitte Europas

Der Aufstieg der Rechten – Die Landtagswahl von 1992

Die Euphorie über die Wiedervereinigung verflog schnell. Die Erwartungen an einen schnellen wirtschaftlichen Aufschwung in den fünf neuen Bundesländern trogen, da die wirtschaftliche Misere der DDR völlig unterschätzt worden war. Die finanziellen Lasten der Wiedervereinigung machten sich im Westen der Republik zunehmend bemerkbar. Da sie in ihrer Höhe und Dauer nicht abschätzbar waren, machte sich zunehmend Unmut breit. Der Zusammenbruch des Ostblocks und die Öffnung der Grenzen hatten aber auch noch einen weiteren Aspekt. Zunehmend kamen Menschen in die neue Republik, die sich eine wirtschaftliche Perspektive erhofften und Asyl beantragten. Im Unterschied zu den fünfziger und sechziger Jahren, als händeringend Arbeitskräfte gesucht wurden, gab es nun in der Bundesrepublik selbst eine nicht unerhebliche Arbeitslosigkeit.

Die Fremden trafen auf eine in Teilen verunsicherte Gesellschaft, die mit Haß- und Gewaltausbrüchen reagierte. Vom 17. bis 22. September 1991 kam es im sächsischen Hoyerswerda zu schweren Ausschreitungen Jugendlicher gegen Ausländerwohnheime, teilweise unter Beifall der Bevölkerung. In Saarlouis starben drei Asylbewerber, als ihr Wohnheim angezündet wurde. In den folgenden Wochen und Monaten beherrschten Ausschreitungen und Gewalttaten die Schlagzeilen.

Die Öffnung im Osten hatte aber auch einen Anstieg der Aussiedler verursacht. So kamen 1991 und 1992 über 450.000 Aussiedler in die Bundesrepublik, die zusätzliche Kosten und soziale Probleme verursachten, da sie häufig nur geringe Deutschkenntnisse besaßen und deshalb sehr schwer in die Schulen und in das Erwerbsleben integriert werden konnten.

Mit dem Ende des Kalten Krieges und dem Zusammenbruch des Warschauer Paktes hatte man gehofft, daß in Europa ein Zeitalter des Friedens beginnen werde. 1991 wurde man eines blutigen Besseren belehrt. Am 25. Juni 1991 erklärten die jugoslawischen Teilrepubliken Slowenien und Kroatien ihren Austritt aus dem Staatsverband und wurden im Frühjahr 1992 von der Europäischen Gemeinschaft als selbständige Staaten anerkannt. Daraufhin kam es zu militärischen Auseinandersetzungen, die in Slowenien sehr schnell endeten, aber in Kroatien und vor allem in Bosnien-Herzegowina zu blutigen Bürgerkriegen führten. Nachdem die Völkergemeinschaft jahrelang weitgehend tatenlos zugeschaut hatte, griff sie beim Ausbruch weiterer Kämpfe im Kosovo militärisch ein. Mit dem Sturz des serbischen Diktators Milosevic im Jahr 2001 und seiner Überstellung an das Internationale Kriegsverbrechertribunal in Den Haag scheinen die Balkankriege nach 10 Jahren zu Ende zu sein, ohne daß allerdings Frieden herrscht.

Wie backe ich für Baden-Württemberg den besten Kuchen und wie verteile ich ihn am gerechtesten? Ob Ministerpräsident Erwin Teufel so oder so ähnlich 1995 bei einer Jugendfete im Staatsministerium gedacht hat, weiß niemand.

Die Bürgerkriege führten zu einem starken Anschwellen der Flüchtlingsströme besonders nach Deutschland. Zehntausende suchten Zuflucht in Baden-Württemberg. Gleichzeitig entbrannte ein heftiger politischer Streit in Bonn über die Änderung des Asylrechts im Grundgesetz. Innerhalb dieser Rahmenbedingungen fanden am 5. April 1992 Landtagswahlen in Baden-Württemberg statt.[1] Den Wahlkämpfern wurde insgesamt ein weitgehender Verzicht auf rüde Töne attestiert. »Nein, eine hektische oder gar spektakuläre Wahlschlacht hat Baden-Württemberg in den zurückliegenden Wochen nicht erlebt. Insgesamt verlief das Buhlen um die Wählergunst und -stimmen im Südwesten eher undramatisch und unaufgeregt.«[2]
In den letzten vierzehn Tagen vor der Wahl kam es zu dramatischen Veränderungen. Kurz vor der Wahl meldete die Mannheimer For-

schungsgruppe Wahlen einen dramatischen Stimmenverlust für die CDU, der vor allem in den Hochburgen im zweistelligen Prozentbereich liegen könnte, und ein starkes Anwachsen der rechtsradikalen Republikaner. Die SPD werde von den Verlusten der CDU nicht profitieren. Vermutlich würde es nicht einmal für eine bürgerliche Koalition aus CDU und FDP reichen, die von den Liberalen kurz vor der Wahl propagiert worden war.[3] Baden-Württemberg stand »vor einer Überraschungs-Wahl«.[4]
Trotz dieser Warnungen unmittelbar vor dem Urnengang löste der Wahlerfolg der Republikaner einen Schock aus.[5] Die Zeitungen titelten: »Fiasko für CDU – Triumph der ›Republikaner‹«.[6] Die CDU hatte über 9% verloren und erhielt nicht einmal mehr 40% der Stimmen. Davon konnte die SPD aber nicht profitieren. Sie sank um nahezu 3% auf unter 30%. Beide Parteien erlitten den größten Rückgang in Nordwürttemberg, wo der große Gewinner der Wahl, die Republikaner, auch mit Abstand am besten abschnitt. Insgesamt erhielten sie beinahe 11% der Stimmen. Nur Südbaden erwies sich mit weniger als 7% als relativ resistent. Zu diesen 11% der Republikaner kamen auch noch 1,4% für die rechtsextremistische NPD und die Deutsche Liga. Jeder achte Wähler hatte sich in Baden-Württemberg für eine rechte Protestpartei entschieden. Angesichts dieser Zahlen rückte der Stimmengewinn der Grünen und die Stabilisierung der FDP knapp über der 5%-Hürde in den Hintergrund.[7]
Bei den gleichzeitig stattfindenden Landtagswahlen in Schleswig-Holstein hatte die ebenfalls allein regierende SPD unter dem Ministerpräsidenten und SPD-Bundesvorsitzenden Björn Engholm ebenfalls sehr hohe Verluste erlitten, die nicht der oppositionellen CDU zugutekamen. Vielmehr zog, als dritte Kraft, die rechtsextremistische DVU in den Kieler Land-

tag ein. Für viele Kommentatoren spiegelten die Wahlen in der Provinz eine »Krise der Parteienpolitik« wider. »In aller Schärfe sind, zumal im Südwesten, tiefe Risse sichtbar geworden, die vor allem auf eines verweisen: eine Krise der Parteiendemokratie (alt-)bundesrepublikanischer Ausformung ... Nur noch wenig mehr als Zweidrittel der Wähler geben ihre Stimme CDU oder SPD. Deren Anspruch, Volkspartei zu sein, gerät mehr und mehr zur Fiktion.«[8]

Dabei waren die rechtsextremen Erfolge nicht aus heiterem Himmel gekommen. Bereits bei den Europa- und Kommunalwahlen 1989 konnten die Republikaner große Erfolge erzielen und zogen sowohl in das Straßburger Europaparlament als auch in viele südwestdeutsche Gemeinderäte ein. Eine Untersuchung zu den, vergleichsweise geringen, Erfolgen in Freiburg wies bereits auf den wirtschaftlichen Strukturwandel als wesentliche Ursache für diesen Erfolg hin. »Vieles spricht dafür, daß die Republikaner sich in erster Linie zu einem Sammelbecken von ›Modernisierungsverlierern‹ entwickelt haben.«

»Diese Modernisierungsängste und Abkoppelungstendenzen vom allgemeinen Aufschwung während des Strukturwandels finden sich gleichermaßen bei Teilen der ländlichen Bevölkerung, die ihre wirtschaftlichen und lebensweltlichen Traditionen von einem rapide fortschreitenden Umbruch der bäuerlichen Existenzformen gefährdet sehen, wie auch bei städtischen Bevölkerungsgruppen. Hier verschmelzen Sorgen um die Zukunft des Arbeitsplatzes, drastische Knappheitssymptome auf dem Wohnungsmarkt und eine unmittelbare Konfrontation mit Ausländern und Aussiedlern im selben Wohnquartier zu einem Gefühl gesteigerter Bedrohung und münden in aggressive Ablehnung alles Fremden und Neuen.«[9]

Der Strukturwandel traf den Südwesten besonders hart. »Der wie wohl kein anderes Flächenland der Bundesrepublik auf Gedeih und Verderb, und keineswegs nur ökonomisch, mit der Welt verwobene Südweststaat muß zeitgleich die anhaltende konjunkturelle Schwäche in wichtigen europäischen und überseeischen Absatzländern bewältigen und sich dem von 1993 (mit der Schaffung des europäischen Binnenmarktes, T.S.) an dramatisch verschärfenden Wettbewerb der Wirtschaftsstandorte und Produkte, Ideen und Dienstleistungen stellen.«[10]

Zu diesen strukturellen Problemen, die ganz zwangsläufig zu Gewinnern und Verlierern führen mußten, kamen noch hausgemachte Probleme, die die beiden großen Parteien schwächten und den Republikanern Protestwähler zutrieben. »Dies gilt für diejenigen CDU-Politiker, die meinten, sich durch ein unverantwortliches Hochspielen von Asylproblemen profilieren zu können. Dies gilt genauso für SPD-Kampagnen gegen einen angeblichen Rentenbetrug oder sozialdemokratische Verschwörungstheorien über Bonner Geheimpläne zur Erhöhung von Steuern und Abgaben. Wenn demokratische Wett-

Die Europawahlen in Baden-Württemberg seit 1989					
	Wahlbeteiligung	CDU	SPD	GRÜNE	FDP	Republikaner
1989	58,4 %	42,0 %	29,1 %	10,0 %	7,2 %	8,7 %
1994	66,4 %	36,0 %	26,6 %	13,2 %	5,2 %	5,9 %
1999	40,6 %	50,9 %	26,1 %	9,8 %	4,9 %	3,3 %

Nach dem Rücktritt von Lothar Späth regierte Ministerpräsident Erwin Teufel vom 22. Januar 1991 bis zum 11. Juni 1992 allein mit der CDU. Nach den Landtagswahlen am 5. April 1992 schlossen CDU und SPD eine Große Koalition (vom 11. Juni 1992 bis zum 11. Juni 1996). Gleich nach Regierungsantritt reisten Ministerpräsident Erwin Teufel und sein Wirtschaftsminister Dr. Dieter Spöri nach Moskau (23. Juni 1992).

bewerber derart abstoßend miteinander umgehen, ist es da verwunderlich, wenn Bürger durch Wahlenthaltung oder auch durch Stimmen für Splittergruppen einfach Denkzettel verpassen wollen?«[11] Oder wie es ein anderer Kommentator lapidar und zutreffend beschrieb: »Die Stuttgarter Säcke wurden geschlagen, aber gemeint waren die Bonner Esel, um das etwas derb auszudrücken.«[12]

Es war eine Protestwahl. Die Republikaner gewannen am meisten in den sozialen Brennpunkten der Städte. »Beim Blick auf die Tabelle mit den Stadtteil-Ergebnissen ... (in Mannheim, T.S.) wird deutlich, daß die Republikaner mit den Themen Ausländer und Asylbewerber genau die Menschen ansprachen, die in ihrem unmittelbaren Lebensbereich mit einem hohen Ausländeranteil und Asylantenheimen konfrontiert sind.«[13] »Die Republikaner«, so Bürgermeister Wittwer aus Pforzheim, dem Wahlkreis

mit dem höchsten Republikaner-Anteil in Baden-Württemberg (18,5%), »seien mithin von all denen gewählt worden, ›die subjektiv gesehen nicht mehr zum Zug gekommen sind wegen all denen, die in der letzten Zeit zu uns gekommen sind‹.« Aus dem Hohenlohischen, wo die Republikaner in einzelnen Orten auch nahe an die 20% herangekommen waren, berichteten Bürgermeister, daß nirgendwo die Ewiggestrigen, wie noch 1968 bei der NPD, das Kommando übernommen hätten. »Der Stimmzettel sei zur Quittung umfunktioniert worden für eine verfehlte Asylpolitik ›und dafür, daß versucht wurde, dieses wichtige Thema unter den Tisch zu kehren‹.«[14]

Ein Nebeneffekt dieses Wahlergebnisses, das die meisten Wähler so wohl nicht angestrebt hatten, war die Schwierigkeit der Regierungsbildung. Ohne die CDU war keine Regierungsbildung möglich, da die vier demokratischen Parteien Verhandlungen mit den Republikanern ausschlossen. Weder eine bürgerliche Koalition aus CDU und FDP noch eine sogenannte Ampelkoalition aus SPD, Grünen und FDP verfügte über eine Mehrheit im Stuttgarter Landtag. Rein rechnerisch blieben nur eine große Koalition und eine schwarz-grüne Koalition.

Zwar schloß die CDU eine Koalition mit den Grünen nicht aus, und auch die Grünen zeigten sich bereit für Verhandlungen. Allerdings glaubten die meisten Beobachter, daß dies nur dazu diente, die SPD unter Druck zu setzen, deren Spitzenkandidat Spöri sich vor der Wahl vehement gegen eine Zusammenarbeit mit der CDU ausgesprochen hatte. »Eine Koalition der Verlierer wird das Land regieren, es soll sich niemand von den Umwegen verwirren lassen, auf denen in den nächsten Tagen einige Schwarze und einige Grüne zu sehen sind. Zwar eilten Rezzo Schlauch und Fritz Kuhn im Ernstfall schneller zur Regierungsbank als Nachbars Hund zum

Schappi, doch wird die beiderseitige Basis schwarz-grüne Experimente verhindern. Das Land kriegt, was seine Wähler wollten.«[15]

Andere hielten dagegen eine große Koalition für »die schlechteste Lösung«. »... da landauf, landab aber kein Notstand droht, auch keine die Verfassung gefährdende Krise in Sicht ist, scheint eine große Regierungskoalition als die teuerste Bündnisvariante durchaus entbehrlich zu sein. Streit und Hader wären ohnehin an der Tagesordnung, wenn CDU und SPD ihre ›ungeheuer großen Meinungs- und Programmunterschiede‹ einebnen müßten.«[16] Plausible Alternativen konnte der Kommentator allerdings auch nicht benennen.

So überraschte es auch nicht, daß bereits wenige Tage nach der Wahl die SPD die Bereitschaft für eine große Koalition signalisierte. »Angesichts der Unterschiede zwischen CDU und SPD, die ›nicht von Pappe sind‹, wäre eine große Koalition nach den Worten des SPD-Frak-

Im Mai 1994 erfolgte der Gegenbesuch. Hier der Fototermin auf der Freitreppe des Ludwigsburger Schlosses. Von rechts nach links: Bundesverkehrsminister Wissmann, Präsident Boris Jelzin, Ludwigsburgs Oberbürgermeister Henke, Ministerpräsident Teufel, darüber Wirtschaftsminister Spöri.

tionschefs allerdings keine ›Liebeshochzeit‹, sondern eine ›ausgesprochen schwierige Operation‹. Wenn die Sozialdemokraten dennoch zu Gesprächen bereit seien, dann deshalb, um gemeinsam mit den anderen Fraktionen, ausgenommen den Republikanern, politische ›Handlungsblockaden‹ zu überwinden und ›Defizite‹ aufzuarbeiten.«[17]

Die Verhandlungen zwischen CDU und Grünen scheiterten erwartungsgemäß, und nach einigen Wochen konnten sich CDU und SPD auf ein Regierungsbündnis verständigen. Auf Sonderparteitagen in Oberndorf und Balingen stimmten die Delegierten mehrheitlich dem ungeliebten Bündnis zu. Dieses sei, so der alte und neue Ministerpräsident, »eine ›Koalition der Vernunft‹, zu der es keine Alternative gebe. Teufel erklärte, nach der schweren Niederlage habe die Union ›das kleinste politische Übel‹ wählen müssen.« Diese Einschätzung teilten auch Altministerpräsident Filbinger und der Bonner CDU-Fraktionschef Wolfgang Schäuble. Bei der SPD waren die Widerstände noch größer. Der nach wie vor einflußreiche frühere Landesvorsitzende Erhard Eppler stellte die Situation drastisch dar. Nach »einem ›miesen Wahlergebnis‹ stehe die SPD jetzt ›vor einer miesen Alternative‹. Dennoch sei die Große Koalition die Option mit den geringeren Risiken, weil Neuwahlen den Rechtsradikalen ›gewaltigen Auftrieb‹ gäben. Die deutliche Mehrheit der Delegierten schloß sich dieser Meinung an. Beide Partner waren davon überzeugt, daß sie sich bei den Koalitionsvereinbarungen nicht verbogen hatten.«[18]

Das neue Kabinett unter Ministerpräsident Teufel und Wirtschaftsminister Spöri bestand aus 13 Ministerinnen und Ministern, von denen 8 der CDU und 5 der SPD angehörten. Neu geschaffen wurde das Ministerium für Frauen, Familie, Weiterbildung und Kunst, das aber in den vier Jahren seines Bestehens seine Daseinsberechtigung nicht nachweisen konnte und 1996 sang- und klanglos wieder verschwand.

Die Politiker in Bonn und Stuttgart verstanden die Signale der Wähler. »Die Demokraten müssen handeln«,[19] hatte ein Kommentator nach der Wahl geschrieben. Schließlich einigten sich Spitzenpolitiker von CDU, CSU, SPD und FDP auf eine Beschleunigung des Asylverfahrens und die Erleichterung des Abschiebeverfahrens. Gleichzeitig wurde durch die zunehmenden fremdenfeindlichen Anschläge, die vor allem von rechtsradikalen Jugendlichen ausgingen, die bis dahin schweigende Mehrheit mobilisiert. »Baden-Württemberg sagte eindrucksvoll Nein zu Fremdenhaß und Ausländerfeindlichkeit: An einem in Deutschland bislang beispiellosen landesweiten Aktionstag, zu dem der Landtag aufgerufen hatte, beteiligten sich letzten Donnerstag (21.1.1993, T.S.) nach Schätzungen weit mehr als eine Million Menschen. An der zentralen Kundgebung in der Stuttgarter Innenstadt nahmen allein mehrere zehntausend überwiegend jüngere Leute teil.«[20] Mit dem Kommunalwahlrecht für Staatsangehörige aus den EU-Ländern, aber auch mit der Einstellung von Polizisten aus anderen Herkunftsländern, die neben Deutsch auch noch ihre Muttersprache beherrschten, versuchte man darüber hinaus, die rechtmäßig in Baden-Württemberg lebenden ausländischen Mitbürger besser zu integrieren und gegenseitige Vorurteile abzubauen.

Wirtschaftliche Krise als Folge der Globalisierung

»Die Bilanz des Jahres 1993 fällt für die baden-württembergische Wirtschaft noch schlechter aus als in der bislang schärfsten Rezessionsphase der Nachkriegszeit Mitte der siebziger Jahre. Die Nachfrage- und Produktionsverluste bewegen sich in der Größenordnung von 7,7 und 8,7 Prozent. Mit einem Rückgang des realen Bruttoinlandsprodukts von 2,8% verzeichnete Baden-Württemberg den stärksten Konjunktureinbruch unter den alten Bundesländern. Vor allem der dramatische Beschäftigungsrückgang im Industriesektor ist besorgniserregend und in der Geschichte des Südweststaats ohne Beispiel. Die Zahl der Industriebeschäftigten lag im Dezember 1993 um gut 124.000 unter dem Stand des Vorjahresmonats.«[21]

Diese erschreckende Bilanz zog die Baden-Württembergische Bank in ihrem Geschäftsbericht 1993. Der Einbruch hatte sich bereits in den vorangehenden Jahren angedeutet. Zunächst hatte die vereinigungsbedingte Sonderkonjunktur die weltwirtschaftlichen Abschwächungen mehr als ausgeglichen und auch große strukturelle Mängel überdeckt. Nach dem Ausklingen des Wiedervereinigungs-Booms trafen eine konjunkturelle Abschwächung, zu der noch eine DM-Abwertung und eine Dollar-Schwäche hinzukamen, auf entscheidende strukturelle Mängel.

Die südwestdeutsche Wirtschaft und ihr wesentlicher Motor, die Region Stuttgart, hatten und haben ihre besonderen Stärken im Maschinen- und Fahrzeugbau. Allein der baden-württembergische Maschinenbau trug 1992 knapp 30% zum Umsatz des gesamten westdeutschen Maschinenbaus bei.[22] Beide Branchen waren und sind sehr exportabhängig, das heißt sie sind dem internationalen Wettbewerb in be-

sonderem Maße ausgesetzt. Eigene Schwächen, die in den achtziger Jahren nicht beseitigt worden waren, hatten nun schwerwiegende Konsequenzen.

»Die konjunkturelle Abkühlung ließ aber auch strukturelle Schwächen der Branche zutage treten, die in den Jahren zuvor von den positiven internationalen Rahmenbedingungen überdeckt wurden. So ist die Fertigungstiefe mit 55% bis 60% im internationalen Vergleich hoch. Viele Unternehmen haben zudem eine sehr breite Palette an Zuliefererfirmen. Technologische Führerschaft und Produktqualität gehören eindeutig zu den Pluspunkten der heimischen Produzenten. Allerdings verlieren sie in der Innovationsgeschwindigkeit, also der Fähigkeit, neue Produkte rasch am Markt einzuführen, zunehmend an Boden. Die japanische Konkurrenz benötigt von der Entwicklung bis zur Marktreife eines Produkts nur etwas mehr als die Hälfte der Zeit der baden-württembergischen Hersteller. Auch ein Ausweichen auf Sondermaschinen und Hochpreisprodukte ist nicht ohne Risiko.«[23]

Der Umsatz des Maschinenbaus sank von 1991 auf 1992 um 2%, der Auslandsumsatz war von 1990 bis 1992 um 10% zurückgegangen, und mehr als 10.000 Beschäftigte, oder mehr als 3%, hatten innerhalb eines Jahres ihren Arbeitsplatz verloren.[24] Das produzierende Gewerbe insgesamt konnte von 1991 auf 1992 noch eine leichte Steigerung der Bruttowertschöpfung erreichen, wies aber im nächsten Jahr einen Rückgang von beinahe 10% auf. Der 1992 erreichte Wert konnte im übrigen erst 1998 wieder übertroffen werden.[25]

Obwohl die Bruttowertschöpfung im produzierenden Gewerbe im Jahr 2000 beinahe 14% höher lag als 1992, war die Zahl der Beschäftigten im selben Zeitraum um über 250.000 oder um fast 14% zurückgegangen. Anders ausgedrückt: Mit immer weniger Beschäftigten wurde immer mehr produziert. In den Krisen- und Umbruchjahren 1991 bis 1994 verdoppelte sich die Zahl der Arbeitslosen in Baden-Württemberg von etwa 159.000 auf etwa 333.000. Mit Schwankungen eher nach oben als nach unten verharrte seitdem die Arbeitslosigkeit auf diesem hohen Niveau. Damit wies Baden-Württemberg nach Bayern aber nach wie vor die niedrigste Arbeitslosenquote in der Bundesrepublik auf.[26] Auf die tiefgreifende Krise deutete auch die Entwicklung der Beschäftigtenzahlen hin. Sie sank innerhalb von zwei Jahren um etwa 135.000 und übertraf erst 1999 den Wert von 1992 erneut.[27] Allerdings war dies kein völlig neues Phänomen der baden-württembergischen Wirtschaftsgeschichte. Bereits im Gefolge der Ölpreiskrise von 1973 dauerte es mehr als 10 Jahre, bis 1984 die Zahl der Erwerbstätigen den Wert von 1973 erstmals wieder übertraf.[28]

Auf diese Tatsache wies auch Ministerpräsident Erwin Teufel hin, als er in seiner Regierungserklärung zur Wirtschaftspolitik am 22. September 1993 aus einer Regierungserklärung von Hans Filbinger 19 Jahre zuvor zitierte: »Bislang hatte Baden-Württemberg einen wirtschaftlichen Vorsprung vor den anderen Bundesländern. Dieser Vorsprung schrumpft zusehends. Schon seit Monaten nimmt die Zahl der Arbeitslosen bei uns stärker zu als im Bundesdurchschnitt. Und schlechter als im Bundesdurchschnitt entwickelt sich auch die Industrienachfrage.«[29]

Damit wollte Teufel die Krise nicht kleinreden, da sie erstmals die Kernbranchen des Landes, nämlich Maschinenbau, Fahrzeugbau und die Elektrotechnik, erfaßt hatte, sondern er wollte Mut machen, »daß unsere Wirtschaft Krisen ge-

meistert hat und aus Krisen gestärkt und mit besserer Infrastruktur und höherer Produktivität hervorgegangen ist. Und warum sollte uns dies nicht auch diesmal gelingen?«[30] Er wies allerdings auch auf die Gefahren hin, die sich aus gescheiterten Veränderungsbemühungen ergaben: »Die Uhrenindustrie ist nur noch ein Schatten ihrer selbst. Die Fotoindustrie ist zusammengebrochen, die Unterhaltungselektronik ist zusammengebrochen, die Computerindustrie ist in wesentlichen Teilen zusammengebrochen, was die eigenständige Fertigung anlangt. Wenn dies in den klassischen Industrien unseres Landes passiert, wird Baden-Württemberg nicht mehr das Land sein, das wir kennen. Hier steht ganz außerordentlich viel auf dem Spiel.«[31]

Neben den strukturellen Mängeln in einzelnen Branchen räumte der Ministerpräsident auch Fehler der Landespolitiker ein, die nämlich »in den achtziger Jahren im Zeichen guter Konjunktur in die vollen gegangen sind und weiter Schulden gemacht haben ... Unsere Haushaltspolitik basierte auf der Annahme, es ginge wirtschaftlich immer weiter aufwärts und wir könnten weiter aus dem vollen schöpfen.« Allerdings kritisierte er auch die Tarifpartner, »daß sie noch Anfang der neunziger Jahre meinten, mehr verteilen zu können, als vorher erwirtschaftet wurde«.[32]

Der Schuldenstand des Landes war in den fünfziger Jahren bei etwas über 2 Milliarden DM praktisch konstant geblieben. In den sechziger Jahren wuchsen die Schulden schon deutlicher auf knapp vier Milliarden DM. Das darauffolgende Jahrzehnt mit seinen wirtschaftlichen Problemen führte zu einer Schuldenexplosion. Ende 1980 stand das Land bereits mit 18 Milliarden DM in der Kreide, und die darauffolgende Dekade, auf die der Ministerpräsident in seiner Regierungserklärung anspielte, führte zu einer weiteren Verdoppelung der Schuldenlast auf nun über 37 Milliarden DM. Ende 1992 hatte sie bereits 42,5 Milliarden DM erreicht.[33] Der Schuldendienst fraß einen immer größeren Teil des Landeshaushaltes und schränkte die Handlungsmöglichkeiten der Landespolitik zunehmend ein.

Die Große Koalition versuchte, mit großen Einsparanstrengungen die Neuverschuldung zu reduzieren, was angesichts der wirtschaftlichen Probleme und der hohen Folgekosten der deutschen Einheit kaum einzulösen war. Auch in den Folgejahren wuchsen die Ausgaben stärker als die Einnahmen. Der Schuldenstand des Landes, der Ende 1996 bei 53,4 Milliarden DM lag, hat Ende 1999 dann beinahe 60 Milliarden DM erreicht. Damit war die Verschuldung Baden-Württembergs pro Kopf der Bevölkerung, nach Bayern, immer noch die niedrigste unter den alten Bundesländern.[34] Das von der CDU-FDP-Koalition gesetzte Ziel, im Jahr 2006 keine zusätzlichen Schulden mehr zu machen, ist angesichts der aktuellen wirtschaftlichen und politischen Probleme vermutlich nur schwer zu erreichen.

Die Sparbemühungen der Großen Koalition wurden aber durchaus positiv bewertet, wie sich bei der Vorlage des Nachtragshaushaltes für 1995/96 zeigte. In Landtag und Öffentlichkeit gab es Zustimmung. »Das Land nimmt trotz schwerster finanzieller Belastungen nicht mehr Schulden auf, als bislang geplant. Im Gegensatz zu allen anderen Bundesländern ist es in Baden-Württemberg sogar gelungen, die neuen Kredite seit 1992 nach und nach zu verringern. Die Investitionen liegen immer noch deutlich höher als die Ausgaben für den Schuldendienst. Damit hat die große Koalition ihr wichtigstes Ziel erreicht.«[35] Zur selben Zeit konnte Finanzminister Mayer-Vorfelder »mit einem lachenden und einem

weinenden Auge« bekannt geben, daß der Südwesten erstmals wieder seit 1991 mit seiner Finanzkraft im Länderfinanzausgleich den ersten Platz belege. »Zwar habe Baden-Württemberg in den ersten neun Monaten dieses Jahres die höchste Zuwachsrate bei den Steuereinnahmen zu verzeichnen, jedoch gleichzeitig mit 332 Mark je Einwohner die höchsten Pro-Kopf-Zahlungen im Länderfinanzausgleich erbracht.«[36]

Um dies zu erreichen, mußte es einschneidende Veränderungen vor allem in der Wirtschaft, aber auch beim Land geben. Die Wirtschaft mußte der sich verschärfenden Standortkonkurrenz entgegentreten. »Mit der Verwirklichung des europäischen Binnenmarktes und der Öffnung der Grenze nach Mittel-, Ost- und Südosteuropa sind dort neue Konkurrenten im Standortwettbewerb entstanden, aber auch in vielen Schwellenländern Südostasiens. Die Stärken dieser Länder, die sie in vollem Umfang ausspielen, sind niedrige Lohnkosten, Marktnähe, flexible und motivierte Arbeitskräfte.«[37] Ministerpräsident Teufel wies zum Beispiel auf die Herausforderung der Unternehmen, »wie noch nie in der Nachkriegszeit«, durch die Kostenvorteile japanischer Unternehmen hin, die etwa 30% betrugen. »Die wichtigsten Gründe: geringere Lohnkosten, effizientere Organisationsformen, eine Optimierung des Produktionsprozesses und die Nutzung der Kostendegression durch große Absatzmengen. Alle Rationalisierungsreserven müssen nun auch bei uns konsequent genutzt werden, um Kosten zu sparen und wettbewerbsfähiger zu werden.«[38] Aber auch das Land hatte einige Hausaufgaben zu machen. Dazu gehörte die Verbesserung der Verkehrsinfrastruktur, die allerdings, nicht zuletzt wegen der Abhängigkeit vom Bund, nicht im gewünschten Maße gelang. Zwar konnten der Flughafen Stuttgart nach langen Kämpfen ausgebaut und die Regionalflughäfen gestärkt werden, aber die Verbesserung der Bahnverbindungen durch »Stuttgart und Mannheim 21« oder die Hochgeschwindigkeitstrasse Stuttgart–Ulm sind bisher ebensowenig begonnen worden, wie der sechsspurige Ausbau der Autobahn 6 zwischen dem Walldorfer Kreuz und der Landesgrenze bei Crailsheim, obwohl diese Autobahn durch die Öffnung der Grenzen eine weit überdurchschnittliche Steigerung des Verkehrsaufkommens aufweist. Ähnliches gilt für den dreispurigen Ausbau der Rheintaleisenbahn.

Die größten Schwierigkeiten im Land hatte zu Beginn der neunziger Jahre die Region Stuttgart, bis dahin wirtschaftlicher Motor des Landes. »Die Bruttowertschöpfung stagnierte und die Erwerbstätigkeit ging zurück. In keiner anderen Region Baden-Württembergs sank die Beschäftigung so stark wie in der Region Stuttgart. Manche Beobachter glaubten schon, in der Industrieregion Mittlerer Neckar das wirtschaftliche Krisengebiet der kommenden Jahrzehnte zu erkennen – geprägt durch veraltete Industriestrukturen und hohe Arbeitslosigkeit.«[39]

Zu den Schwierigkeiten der Region trugen auch die überholten Verwaltungsgrenzen bei, die den neuen Planungs- und Koordinierungsaufgaben nicht mehr gewachsen waren. Ende November 1992 verlangten die Unternehmen im Mittleren Neckarraum »ein neues Konzept für die politische Verwaltung der Region, um im europaweiten Wettbewerb besser bestehen zu können«.[40] Anfang Februar 1994 verabschiedete die Große Koalition, nach der Überwindung erheblicher Widerstände, das »Gesetz über die Stärkung der Zusammenarbeit in der Region Stuttgart«. Die Landeshauptstadt und die fünf umliegenden Kreise Böblingen, Esslingen, Göppingen, Ludwigsburg und Rems-Murr wählten am 12. Juni 1994 erstmals direkt die neue Regionalversammlung, die am 19. Oktober zu ihrer ersten Sitzung auf dem Killesberg zusammentrat.

Dabei wies Ministerpräsident Teufel auf die Hauptaufgabe der neuen Region hin, nämlich die Stärkung des Wirtschaftsraums Mittlerer Neckar. Das große Augenmerk, das die Landesregierung auf die Region Stuttgart legte, stieß nicht überall im Land auf Zustimmung. Von einem drohenden Kraken sprach man, »der alles an sich rafft, wonach ihm gelüstet im Land … Wenn die neue Institution allerdings zur Gesundung des mittleren Neckarraumes beiträgt und dies nicht auf Kosten anderer tut, kann sie nur begrüßt werden: Denn wenn's der Region Stuttgart schlecht geht, kränkelt das ganze Land.«[41]

Vor einer mehr als gesetzgeberischen Förderung der Region Stuttgart wurde aus Südwürttemberg gewarnt, »denn sonst könnte es sein, daß der Steuerzahler in naher Zukunft noch weitere ›vierte Verwaltungsebenen‹ in Mannheim, Karlsruhe, Freiburg und Ulm bezahlen muß. Solche regionalen ›Maßanzüge‹ sind einfach zu teuer.«[42]

Im November 1995 wird das Vorprojekt von »Stuttgart 21« der Öffentlichkeit vorgestellt. In der Mitte der Chef der Deutschen Bundesbahn, Heinz Dürr. Daneben rechts: Bundesverkehrsminister Wissmann und Ministerpräsident Teufel. Daneben links: Verkehrsminister Schaufler und Manfred Rommel, Oberbürgermeister von Stuttgart.

Andere dagegen begrüßten es, »daß dieser zentrale Raum enger zusammengebunden wird, um endlich vernünftige Planungen und Ordnungen durchzusetzen«. Die Veränderungen sollten sogar noch weiter gehen. »Jetzt ist es Zeit, eine Verwaltungsreform zu vollenden, die als Gemeinde- und Kreisreform am Anfang der siebziger Jahre begann und rasch ins Stocken kam, als es an die höheren Ränge des Landes ging. Wenn der Landtag daran geht, die Verhältnisse im Raum Stuttgart zu ordnen, dann wird sich bei der Beratung bald herausstellen, daß diese Reform nur der Beginn für die Neuordnung des ganzen Landes sein kann, wenn das Land in Ordnung bleiben soll.«[43] Zu dieser Neuordnung ist es allerdings bis heute nicht gekommen.

Ende 1995 zogen Ministerpräsident Teufel und Wirtschaftsminister Spöri eine positive Bilanz zum Wirtschaftsstandort Baden-Württemberg. Dazu gehörten unter anderem der Ausbau der Forschungsinfrastruktur, technologische Verbundprojekte, die Stärkung des Dienstleistungssektors, Maßnahmen zur Erschließung der strategisch wichtigen Auslandsmärkte oder die Stärkung der Region Stuttgart.[44] Das Ergebnis dieser Bemühungen konnte sich durchaus sehen lassen: »Daß Baden-Württemberg durch die Rezession nicht auf das Niveau eines Entwicklungslandes zurückgefallen, sondern nach wie vor als Standort attraktiv ist, zeigt sich unter anderem daran, daß von den Auslandsinvestitionen in Deutschland 1993 rund 40 Prozent und 1994 sogar 45 Prozent hierhergeflossen sind, der Rest in die übrigen Länder der Republik.«[45]

Als ein Grund für die Krise wurden von der Industrie auch immer wieder die hohen Lohnkosten genannt. So forderte die Industrie- und Handelskammer Stuttgart Ende 1995 die Beteiligten am Wirtschaftsprozeß zu mehr Selbst-

kritik auf. »Längst sei nicht mehr die zusätzliche Mehrung von Wohlstand, sondern die Sicherung der Arbeitsplätze vorrangiger Wunsch der Bevölkerungsmehrheit. Darauf hätten sich die Gewerkschaften und manche Politiker viel zu spät eingestellt … Der rapide Wandel in der Region Stuttgart mit ihren international viel zu hohen Arbeitskosten lasse nur noch wenig Zeit zur Problemlösung.«[46]

Allerdings waren die Bruttostundenverdienste der Arbeiter im produzierenden Gewerbe in Baden-Württemberg in den neunziger Jahren, vor allem in der zweiten Hälfte, sehr moderat gestiegen. So wuchs der Bruttostundenverdienst in den fünfziger Jahren um mehr als das Doppelte. Noch etwas besser verliefen die sechziger Jahre. In den siebziger Jahren, der durchschnittliche Bruttostundenverdienst lag 1980 bei 13,41 DM, wurde, bei allerdings hoher Inflationsrate, eine leicht geringere Steigerung als in der Dekade davor erreicht. Der Lohnzuwachs in den achtziger Jahren betrug nicht einmal mehr die Hälfte der vorausgegangenen Jahrzehnte und ging in den neunziger Jahren nochmals deutlich zurück. Von 1995 bis 2000 stieg der Bruttostundenverdienst gerade noch um 12,8% auf jetzt 29,19 DM. Auch der Rückgang der bezahlten Wochenarbeitszeit fiel seit 1950 in den neunziger Jahren am geringsten aus.[47]

Insgesamt gelang vielen Betrieben die Anpassung an die neuen Wettbewerbsbedingungen. So wurde zum Beispiel aus dem Übernahmekandidat Porsche inzwischen das renditestärkste Automobilunternehmen der Welt. Gleichzeitig sank aber die Bedeutung des verarbeitenden Gewerbes. Der Umbau in die Dienstleistungsgesellschaft machte große Fortschritte, gerade auch in der Region Stuttgart. »Das Ausmaß der Umwälzungen wird an der Zusammensetzung der Bruttowertschöpfung in der Region

Stuttgart deutlich. Im Jahr 1990 wurde die Wertschöpfung in der Region annähernd zu gleichen Teilen im Produktionssektor und im Dienstleistungssektor erzielt. Innerhalb des Produktionssektors trug das Verarbeitende Gewerbe den Löwenanteil zur Wertschöpfung bei und war mit einem Anteil von 42,4% an der gesamten Wertschöpfung der Region der stärkste Wirtschaftsbereich. Sechs Jahre später haben sich die Verhältnisse tiefgreifend gewandelt: Nicht mehr das Verarbeitende Gewerbe ist der wertschöpfungsstärkste Wirtschaftsbereich (mit 33,1%, T.S.), sondern die sogenannten Dienstleistungsunternehmen mit einem Anteil von 37,2% an der regionalen Wirtschaftsleistung. Dieser Bereich umfaßt das Versicherungs- und Kreditgewerbe, das Gesundheitswesen, das Bildungswesen, die Wohnungsvermietung, das Gastgewerbe und die übrigen Dienstleistungen.«[48]

Nach wie vor spielt jedoch das verarbeitende Gewerbe in Baden-Württemberg eine herausragende Rolle, und am Ende der neunziger Jahre konnten auch stolze Zuwächse gerade im Exportgeschäft erzielt werden. Dabei hatte vor allem die zu Beginn der neunziger Jahre noch als zukünftige Krisenbranche erwartete Automobilindustrie mit ihren Zulieferern außergewöhnliche Erfolge. Insgesamt ist Baden-Württemberg in besonderem Maße mit der Weltwirtschaft verwoben und leidet deshalb unter weltwirtschaftlichen Abschwüngen stärker als andere Bundesländer. So berichtete das Statistische Landesamt im Herbst 2001, daß der »Wachstumseinbruch in den USA ... die Südwestwirtschaft stärker als andere Bundesländer« trifft.[49] Allerdings war das wirtschaftliche Wachstum im Land im Regelfall auch bei Aufschwüngen entsprechend höher.

Insgesamt profitierte Baden-Württemberg von der Öffnung der Märkte in Europa und zunehmend weltweit. Schon 1993 hatte Ministerpräsident Teufel betont, daß die »starke Einbindung unserer Wirtschaft in die internationale Arbeitsteilung ... eine wichtige Quelle unseres Wohlstands« ist.[50] »Aber die Gewinner der Globalisierung genießen still, während die Verlierer laut nach Hilfe vom Staat rufen.«[51] Zwar gibt es keine Umkehr auf dem Weg der Globalisierung, und die weltweite Konkurrenz zwingt Unternehmen und Politik zu ständigen Anpassungen und Verbesserungen. Doch belasten die Folgen der Globalisierung, nämlich die hohen Kosten für die Arbeitslosigkeit, die Sozialhilfe oder den vorgezogenen Ruhestand, die Öffentliche Hand so stark, daß ihre notwendige Handlungsfähigkeit im Infrastruktur-, Bildungs- und Forschungsbereich zunehmend eingeschränkt wird.

Ist die SPD noch eine Volkspartei? –
Die Landtagswahl von 1996

Die Große Koalition der Verlierer, wie ein Journalist das Regierungsbündnis aus CDU und SPD ab 1992 genannt hatte, sorgte vor allem beim kleineren Partner für nachhaltige Verunsicherung. Noch im Herbst 1993 meldete die ›Schwäbische Zeitung‹, daß sich »Baden-Württembergs SPD ... in der großen Koalition in Stuttgart unwohl« fühle.[52] Zwei Jahre später, kurz vor der Landtagswahl, wurde die Koalition nur noch als »Ehe auf Abruf« bezeichnet. »Es war eine nüchterne Notgemeinschaft, zustande gekommen aufgrund eines unerfreulichen Ergebnisses der Landtagswahl 1992. Nach zwanzig Jahren härtester Auseinandersetzung zwischen Regierungs- und Oppositionspartei fanden sich beide, nolens volens, plötzlich im Regierungsbett wieder. Rückblickend muß man sagen, sie haben sich redlich bemüht, das Beste daraus zu machen. Aber der Elan war bald dahin.«[53]

Allerdings gebe es, so der Journalist, trotz aller Scheidungsabsichten bereits wieder Verlobungsgerüchte. Dies hing mit dem erwarteten oder befürchteten Wahlausgang zusammen. Die CDU strebte wieder die Alleinherrschaft an, akzeptierte aber auch eine kleine Koalition mit der FDP, und die SPD hatte sich auf ein rot-grünes Bündnis festgelegt, aber die Demoskopen versahen alle Pläne mit einem dicken Fragezeichen. So sahen die Umfrageinstitute im März 1996 die CDU bei 40 bis 44%, die SPD bei 30,5 bis 33% und die Grünen bei 12 bis 14%. Für die FDP, die sie bei 5% erwarteten, und die Republikaner, die angeblich knapp unter 5% lagen, stand eine Zitterpartie ins Haus.[54] Unter diesen Umständen waren alle Konstellationen denkbar, von einer absoluten Mandats-

mehrheit der CDU bis zu einer rot-grünen Regierungsmehrheit. Nicht wenige rechneten deshalb mit einer unfreiwilligen Fortsetzung der Großen Koalition, so wie einige Spitzenmanager aus der Region Stuttgart, die Ende 1995 gefragt worden waren, wer ein Jahr später die Landesregierung stellen werde. Nur der Vorsitzende des Verbandes der Metallindustrie Baden-Württemberg, Dieter Hundt, tippte auf eine CDU-FDP-Koalition,[55] die nach einer Änderung der Landesverfassung und einer Verlängerung der Legislaturperiode auf fünf Jahre dann bis 2001 regieren würde.

Der Wahlkampf wurde sehr unterschiedlich beurteilt. Die Schuld an der zunehmenden Wahlverdrossenheit gaben nicht wenige den Politikern selbst, die sich darüber endlich einmal ernsthafte Gedanken machen sollten. »Was viele Wähler aber in die Flucht schlägt, ist etwas anderes: erkennbare Unglaubwürdigkeit. Wenn Reden und Handeln der Wahlkämpfer zu offensichtlich auseinanderklaffen, wenn die Halbwertzeit von Versprechungen auf wenige Wochen schrumpft, wenn Regierungsmitglieder Geld ausgeben, das sie nicht haben, oder vorgeben, Arbeitsplätze zu schaffen, obwohl sie darüber nicht verfügen, und wenn gezielt verleumdet und gelogen wird, dann wird Wahlkampf zum Dummenfang.«[56]

Andere sprachen dagegen von einem vergleichsweise fairen Wahlkampf, der auch das Weitermachen nach dem Wahltag erleichtern werde, und vom längsten Wahlkampfmarathon in der 44-jährigen Geschichte des Südweststaats. Doch »hatten alle Parteien – auch im Vergleich zum emotional stark aufgeheizten ›Asylwahlkampf‹ 1992 – diesmal wirklich volle

Nach den Landtagswahlen am 24. März 1996 wurde zwischen CDU und FDP eine kleine Koalition vereinbart. Im November 1996 besuchte Erwin Teufel mit einer Wirtschaftsdelegation Südafrika.
Der südafrikanische Präsident Nelson Mandela führt Ministerpräsident Teufel durch den Innenhof des Regierungspalastes in Pretoria.

Säle: Das Interesse der Bürger an den landespolitischen Akteuren war schon lange nicht mehr so groß.«[57]

Da gleichzeitig auch in Rheinland-Pfalz und Schleswig-Holstein gewählt, also jeder fünfte bundesdeutsche Wahlberechtigte an die Urnen gerufen wurde, blieb die Landtagswahl auch im Land nicht von bundespolitischen Einflüssen verschont. Dazu kam der Reformstau in Bonn und der polarisierende Politikstil des neuen SPD-Parteivorsitzenden Oskar Lafontaine. Mancher Beobachter sprach sogar von einer »Dominanz bundespolitischer Konfliktthemen«. »Gelegentlich konnte der gutwillige Wahlberechtigte den Eindruck gewinnen, nicht die Herren Teufel und Spöri, sondern der Bundeskanzler (Helmut Kohl, T.S.) wolle auf seine alten Tage noch Ministerpräsident in Stuttgart werden.«

Während die CDU im Wahlkampf das Schreckgespenst einer rot-grünen Koalition an die Wand malte, die FDP um ihr landes- und bundespolitisches Überleben bangte und die Grünen für eine konsequente ökologische Politik eintraten, setzten die Sozialdemokraten zunächst auf die wirtschaftspolitische Kompetenz ihres Spitzenkandidaten und baden-württembergischen Wirtschaftsministers Spöri. Allerdings überzeugte seine Zusage, neue Arbeitsplätze zu schaffen, kaum jemanden. Wenige Wochen vor der Wahl griffen Spöri und der SPD-Landesvorsitzende Maurer für viele Beobachter überraschend noch vermeintlich populäre Themen auf, nämlich einen Zuzugsstop für Aussiedler und die Verschiebung der gemeinsamen europäischen Währung.

Die öffentliche Resonanz war verheerend. »Nur einen thematischen Ausrutscher hat es gegeben: die von der SPD ohne Not losgetretene Aussiedler-Kampagne. Wenn die rechtsradikalen Republikaner wieder in den Landtag einziehen sollten, dann hätte dies auch mit dem Schüren von Ängsten, Sozialneid und Fremdenfeindlichkeit durch Sozialdemokraten zu tun.«[58]

Spöri wehrte sich gegen die Vorwürfe vehement. Er wolle damit einen Teil der Protestwähler zurückgewinnen, »die 1992 wegen des Asylproblems den Republikanern in den Landtag halfen. Nie mehr werde er den Fehler machen, die Sorgen und Nöte der Menschen zu ignorieren, begründete der Sozialdemokrat seine Forderung nach Verschiebung der europäischen Währungsunion. Erst relativ spät legte er mit dem Aussiedlerthema nach. ›Das ist von den Menschen an mich herangetragen worden, wohin ich auch kam‹, verteidigt sich der Heilbronner Abgeordnete gegen die Populismus-Vorwürfe der Konkurrenz von CDU bis Grün.«[59]

Das Wahlergebnis löste angesichts der demoskopischen Vorhersagen große Überraschung aus. Nur bei CDU und Grünen lag das Ergebnis in den erwarteten Grenzen. Die SPD war sechs Prozent überschätzt, die FDP und die Republikaner jeweils über 4% unterschätzt worden, was den problemlosen Einzug der Liberalen und der Rechtsradikalen in den Landtag bedeutete. Den Grünen-Politiker Rezzo Schlauch veranlaßte dies zu der Aussage: »Es ist sinnvoller, Schamanen oder das Orakel von Delphi anzurufen, als sich auf die Demoskopen zu verlassen.«[60]

Ungläubiges Erstaunen rief dann noch die Aussage des Instituts für Demoskopie in Allensbach hervor, man habe wieder besseres Wissen nicht mitgeteilt, daß das Institut die Republikaner wieder im Landtag sehe, um deren Chancen nicht zu erhöhen. »Ob die Vorhersagen der Meinungsforschung Wahlergebnisse überhaupt beeinflussen können, ist eine offene Frage, das Beispiel der vor den Landtagswahlen weit unterbewerteten Republikaner beweist eher das Gegenteil. Doch erwarten wir mündige Bürger von den Umfragern, daß sie mit uns nicht wie mit den letzten Doofies umgehen, sondern mit eigentlich selbstverständlichem Respekt. Vergackeiern können wir uns nämlich selber.«[61]

Die Landtagswahl in Baden-Württemberg hatte vier Gewinner und einen großen Verlierer. Die CDU konnte sich von ihrem schweren Rückschlag 1992 leicht erholen und 1,7% hinzugewinnen. Die Grünen erzielten mit 12,1% und einem Zuwachs von 2,6% das beste Ergebnis in einem Flächenstaat, und die »noch zur Jahreswende für mausetot erklärt(e)«[62] FDP steigerte sich gar um 3,7% auf 9,6%. Selbst die Republikaner zählten zu den Siegern. Bei einem Rückgang von 1,8% gelang ihnen mit 9,6% eine von vielen nicht erwartete souveräne Rückkehr in den Stuttgarter Landtag. Dagegen verlor die SPD völlig überraschend 4,3% und erreichte nur noch 25,1% der Stimmen.

In einzelnen Wahlkreisen in Oberschwaben rutschte sie unter 15%. Im Wahlkreis Biberach kamen die Sozialdemokraten mit 14,4% nur noch knapp vor den Republikanern (10,9%) und den Grünen (10,3%) auf den zweiten Platz.[63] Im Wahlkreis Freiburg I übertrafen die Grünen (23,0%) sogar die SPD (21,1%), die damit auf den dritten Platz zurückfiel.[64] Im ganzen Land konnten die Sozialdemokraten nur noch ihre traditionelle Hochburg Mannheim I als Direktmandat behaupten. Allerdings schrumpfte auch dort der Abstand zur CDU

Die »Stadt Wien«, das heißt die Ulmer Schachtel, passiert auf der Donau das Parlament in Budapest.

von 14% 1992 auf etwas über 6% vier Jahre später.[65] Die CDU hatte zwar ihr Wahlziel verfehlt, eine eigene Mehrheit zu erringen, aber sie hatte, wie Ministerpräsident Teufel in der Wahlnacht glücklich verkündete, »das Joch der Großen Koalition abgeschüttelt«.[66] Es gab eine klare Mehrheit für eine CDU-FDP-Koalition im Land.

»Kann ein Spitzenkandidat sein Wahlziel klar verpassen und dennoch triumphieren? Erwin Teufel kann es, und keiner kann es ihm verdenken. Für den alten und neuen Ministerpräsidenten Baden-Württembergs und seine Wähler ist das Land seit gestern wieder dort, wo es seit Jahrzehnten hingehört: unter den Fittichen der

CDU und in Sicherheit vor rot-grünen Experimenten.«[67] Dabei war unter Analysten der Wahl auch unstrittig, daß die FDP ihren Wahlsieg vor allem Gegnern einer rot-grünen Koalition zu verdanken hatte, die der CDU eine absolute Mehrheit nicht zutrauten. »Das bürgerliche Lager hat die Wahl gewonnen«,[68] kommentierte Michael Sieber, Mitglied des Fraktionsvorstandes der CDU, in ersten Stellungnahmen das Ergebnis.

Die schlimmste Wahlniederlage der SPD im Land galt allen Beobachtern ausschließlich als Folge eines völlig verfehlten Wahlkampfes. »Das katastrophale Ergebnis der Sozialdemokraten ist nicht das Resultat einer recht soliden

Arbeitsleistung in der vor vier Jahren aus der Not geborenen Koalition mit der CDU, sondern die Quittung für einen ebenso vordergründigen wie unglaubwürdigen Wahlkampf. Wer, wie Spitzenkandidat Dieter Spöri, mit der Forderung nach einer Verschiebung der europäischen Währungsunion und einem Aufnahmestopp für deutsch-stämmige Aussiedler aus dem Osten populistisch um die Gunst der Wähler buhlt, besorgt das Geschäft rechtsradikaler Parteien. Die vollmundige Kampagne der Sozialdemokraten wird deshalb als einer der größten Flops in die Geschichte des bundesdeutschen Wahlkampfs eingehen.«[69]

Selbst der frühere SPD-Landesvorsitzende Erhard Eppler, der gegen Hans Filbinger und Lothar Späth noch weit über 30% erreicht hatte, kritisierte die Betonung des Aussiedlerthemas und der Währungsunion heftig. »Es gibt Formen von Wahlkampf, die sind unter dem Niveau der Partei Willy Brandts. Ich weiß nicht, ob ich mich gefreut hätte, wenn sie dafür nicht bestraft worden wäre.«[70]

Ihr Wahlkampf hatte nicht nur der SPD selbst geschadet, sondern vor allem die Rechtsradikalen stark gemacht. »Genau dies konnte ja vor genau vier Jahren besichtigt werden: Damals machte die CDU das Asylproblem zur Wahlkampagne und bewirkte doch nur, daß die Republikaner mit 15 Abgeordneten in den Landtag einzogen. Daß sie heute, kaum geschwächt, ins Landesparlament zurückkehren, obwohl sie dort vor allem durch Unkenntnis, Dilettantismus und Ausländerfeindlichkeit aufgefallen sind, hat die SPD maßgeblich mitzuverantworten.«[71]

Selbst die Republikaner räumten ein, daß nicht nur ihre Landtagsarbeit bei der Wahl belohnt worden sei. »Man habe von der Aussiedler-Debatte und der Euro-Skepsis der Sozialdemokraten profitiert ... ›Wir hätten diese Themen

nicht so gut unter die Leute gebracht‹.«[72] Dabei hatte sich die Wählergruppe der Rechtsradikalen seit 1992 kaum geändert, wie eine Beobachtung des Mannheimer Ergebnisses ergab. »Es sind Menschen, die unter der gegenwärtigen Wirtschaftsrezession besonders leiden. Viele von ihnen wenden sich von den etablierten Parteien ab. Entweder wählen sie gar nicht oder die Randpartei der Republikaner.«[73] Ganz ähnlich sahen es die Wahlforscher, die drei Gründe für den Erfolg der Rechten ausmachten, nämlich »die Thematisierung der Aussiedler durch die SPD, die Kurden-Krawalle der letzten Woche sowie der Verdruß über Steuerlast und andere Folgen der Wirtschaftsprobleme.«[74]

Der SPD-Spitzenkandidat Dieter Spöri, der auch sein Direktmandat in Heilbronn verloren hatte, zog sofort die Konsequenzen aus dem Wahldebakel seiner Partei, die seit 1972 in jeder Landtagswahl Verluste hinnehmen mußte und von 37,6% kontinuierlich auf nun 25,1%

Während des 1. Donaugipfels am 22. Februar 2001 in Ulm besuchen Ministerpräsident Teufel, Bundeskanzler Schüssel (Österreich), Ministerpräsident Orbán (Ungarn) und Ministerpräsident Stoiber das Donauschwäbische Zentralmuseum.

gesunken war. Er »habe die Wahl auf eine so überaus enttäuschende Weise verloren, daß er sich nun ›anderen Bereichen‹ zuwendet. Und auch für Spitzenämter der SPD werde er nicht mehr zur Verfügung stehen, also auch nicht für den des Stuttgarter Oberbürgermeisters.«[75] »Spöris Desaster« war »Dörings Triumph«. Denn ihm, dem FDP-Landesvorsitzenden, gebührte in erster Linie der Erfolg. »Schließlich war der Wahlkampf, in dem er sich ein mörderisches Pensum zugemutet hatte, eine einzige große Ein-Mann-Schau gewesen.«[76] Im nachhinein überraschte das Ergebnis doch nicht so sehr: »Baden-Württemberg ist ein konservativ-liberales Land, ein Industrieland, das vom Auto lebt; ausgerechnet in diesem Land, ausgerechnet in Zeiten einer dramatischen wirtschaftlichen Krise sollte es eine Mehrheit für Rot und Grün geben? Bemerkenswert und durchaus überraschend am Sieg von CDU und FDP ist allerdings, daß er zustande kam, obwohl auch die rechtsradikalen ›Republikaner‹ wieder in den Landtag einziehen und dies mit einem alles andere als schlechten Ergebnis. Die Fortsetzung der Großen Koalition, die verbraucht und verschlissen war, ist dem Land trotzdem erspart geblieben. Es gibt eine klare Mehrheit und klare Verhältnisse – das ist alles andere als eine Selbstverständlichkeit.«[77] Die Grünen im Land waren trotz ihres großen Erfolges weiter von der Macht in Stuttgart entfernt denn je, da die Sozialdemokraten noch mehr verloren hatten, als sie hinzugewinnen konnten. Dies schien auch das bundespolitische Signal zu sein, das von den Landtagswahlen in Baden-Württemberg, Rheinland-Pfalz und Schleswig-Holstein für Bonn auszugehen schien. Wann wollen die Sozialdemokraten »eigentlich Wahlen gewinnen, wenn ihnen dies nicht einmal dann gelingt, wenn 4,3 Millionen keinen Job haben, wenn Rentner an der Sicherheit ihrer Altersversorgung zweifeln, wenn die Zukunft der Bundesrepublik als Wirtschaftsstandort düster und die öffentlichen Finanzen zerrüttet erscheinen?«[78]

Ganz ähnlich sah es die ›Schwäbische Zeitung‹. »Die SPD kann von der Schwäche der CDU nicht profitieren, die FDP ist wieder da, und Rot-Grün ist für die Wähler eher Schrecken denn Hoffnung. Jetzt wird vieles davon abhängen, ob in Bonn endlich wieder regiert wird.«[79] Zweieinhalb Jahre später, bei der Bundestagswahl am 27. September 1998, hatte sich das Bild auch im Land grundlegend geändert. CDU und FDP, die bei der Landtagswahl 1996 mit 50,9% die absolute Mehrheit übertroffen hatten, sanken zusammen auf 46,6%. Die SPD konnte dagegen um mehr als 10% zulegen und sogar die Verluste der Grünen auffangen, so daß Rot-Grün selbst im »konservativ-liberalen« Baden-Württemberg auf 44,8% kam. Die Republikaner erreichten nur noch 4%.[80]

In Berlin kam es zum Machtwechsel. Erstmals in der Geschichte der Bundesrepublik wurde eine amtierende Regierung abgewählt. An die Stelle von Helmut Kohl, der 16 Jahre die Geschicke der Bundesrepublik geprägt, ganz wesentlich zum Gelingen der deutschen Einheit und der europäischen Integration beigetragen hatte, schließlich aber am innenpolitischen Reformstau und einer weitverbreiteten Kanzlermüdigkeit gescheitert war, trat eine Koalition aus Sozialdemokraten und Grünen unter Bundeskanzler Gerhard Schröder und Außenminister Joschka Fischer.

In Baden-Württemberg einigten sich CDU und FDP erwartungsgemäß. Damit waren die Liberalen, die das Land in seiner Anfangszeit ganz wesentlich geprägt hatten, nach 30 Jahren Opposition wieder in der Regierung. Der Start der neuen Koalition verlief etwas holperig. Ministerpräsident Teufel verfehlte im ersten Wahlgang die notwendige absolute Mehrheit, stellte sich aber sofort einem weiteren Wahlgang, bei dem er dann gewählt wurde, allerdings wieder nicht von allen Abgeordneten der Regierungsfraktionen.

Die ›Abweichler‹ wurden übereinstimmend in der CDU-Fraktion vermutet. »Wie es in CDU-Kreisen hieß, stimmten eigene Abgeordnete aus Unmut über Teufels Kabinettsbildung gegen ihn. Er habe bei der Berufung der Minister und Staatssekretäre nicht genügend Landtagsabgeordnete der CDU berücksichtigt.« Auch Teufel selbst machte seine Personalpolitik für die Niederlage im ersten Wahlgang verantwortlich. »Er habe eine Wende beabsichtigt und deshalb Frauen in mehrere Ämter berufen, sagte Teufel

nach der Vereidigung seines Kabinetts. Außerdem habe er junge Leute in die Regierung geholt. ›Und dafür habe ich offensichtlich einen Preis bezahlt.‹«[81]

Nach der Wahl gab es noch Zweifel, ob der alte und neue Ministerpräsident »die Reformen angehen wird, die notwendig sind und die die große Koalition nicht geleistet hat«.[82] Zu den »alten Aufgaben« der »neuen Koalition« zählten »zum Beispiel die seit Jahren nur schleppend vorangekommenen Fusionen von Energieunternehmen, Banken oder Rundfunksendern«.[83] Alle Versuche, bereits in den achtziger Jahren hier weiterzukommen, waren gescheitert. Der wiedergewählte Ministerpräsident nahm nun einen neuen Anlauf.

Die innere Landesgründung?
Fusionen zur Stärkung des Standortes

Die weltpolitischen Veränderungen am Ende der achtziger Jahre und die gewandelten wirtschaftlichen Rahmenbedingungen im Gefolge der europäischen Integration und der Globalisierung führten zu Beginn der neunziger Jahre zu einer schweren ökonomischen Krise in Baden-Württemberg. Dazu kam eine Konjunkturkrise, die »vor allen Dingen von einer weltweiten Nachfrageschwäche, einer Veränderung der Währungsparitäten und einem Zusammenbruch der Ostmärkte herrührte«, wodurch »natürlich das Exportland Nummer eins, Baden-Württemberg, besonders stark betroffen« war. Konjunkturell werde das Land sicherlich nicht zurückfallen, wie Ministerpräsident Teufel Mitte der neunziger Jahre betonte: »Aber die Strukturprobleme bleiben.«[84]

Der langjährige SDR-Intendant hatte in einem Beitrag zum 40-jährigen Bestehen des Landes geklagt, es falle nicht leicht, »der Rundfunkpolitik Baden-Württembergs Beifall zu zollen ... Die kurz vor Gründung des Südweststaats gesetzlich verankerte Rundfunkordnung, die freilich erst nach der Gründung des Landes in Kraft getreten ist, besteht nach wie vor, als sei das Land nicht gegründet worden. Baden-Württemberg hat es versäumt, Rang, Ruf und Namen über die Landesgrenzen hinaus mit Hilfe der publizistischen Medien zu Ansehen und zu Gewicht zu verhelfen.«[85]

Baden-Württemberg leistete sich zu diesem Zeitpunkt als einziges Bundesland den Luxus zweier Rundfunkanstalten, den SDR in Stuttgart und den SWF als Zweiländeranstalt zusammen mit Rheinland-Pfalz in Baden-Baden. Damit hatten die Besatzungsgrenzen rundfunkpolitisch auch noch fast 50 Jahre nach Kriegsende

Bestand. Der SDR bediente die ehemals amerikanisch besetzten Teile Nordwürttemberg und Nordbaden, der SWF die ehemaligen Länder der französischen Zone Baden, Rheinland-Pfalz und Württemberg-Hohenzollern. Die Autobahn Karlsruhe-Stuttgart-Ulm bildete nach wie vor die rundfunkpolitische Grenze des Landes.

Verschiedene Anläufe zu einer Neugliederung der Rundfunklandschaft scheiterten an den jeweiligen Eigeninteressen. Zustande kam zunächst nur eine enge Kooperation zwischen SDR und SWF. Im Herbst 1996 kam Bewegung in die Fusionsfrage. Am 9. Oktober begannen die beiden Ministerpräsidenten Erwin Teufel und Kurt Beck einen »diskreten Poker um Geld, Standorte und Arbeitsplätze«.[86] Bereits Mitte April 1997 gingen Beobachter davon aus, daß »mindestens 80 bis 90 Prozent schon ausbaldowert sind«.[87]

Am 15. April 1997 paraphierten die beiden Ministerpräsidenten in Mannheim den Staatsvertrag, dem die Koalitionsfraktionen aus CDU und FDP in Stuttgart und aus SPD und FDP in Mainz bereits zugestimmt hatten. »Erwin Teufel und Kurt Beck haben – mit nicht gering zu achtender Unterstützung der Intendanten Hermann Fünfgeld und Peter Voß – einen ziemlich guten Kompromiß zustande gebracht, auch wenn nicht alle von der Senderfusion Betroffenen zufrieden sein werden.«[88]

Geknistert habe es bei der Unterzeichnung nur einmal, wie berichtet wurde, »als ein Medienschaffender die Behauptung wagte, die Badener hätten in dem großen Deal verloren. Das wollte Teufel nun wirklich nicht auf sich sitzen lassen.«[89] Zwar kam der Intendant mit zwei weiteren Geschäftsführern nach Stuttgart, aber Baden-Baden erhielt ebenfalls drei Geschäftsführer. Außerdem sollten die beiden länderübergreifenden Radioprogramme sowie das überregionale TV-Gemeinschaftsprogramm in Baden-Baden produziert und verantwortet werden. Aufgewertet wurde der Standort Mainz, der nun ebenfalls ein Landesrundfunkhaus und einen deutlichen Personalzuwachs erhielt.

Trotzdem gab es Proteste in Baden-Baden, aber auch in Stuttgart, wo SPD und Grüne kritisierten, daß der Vertrag keinen Beitrag zur Stärkung des Medienstandortes darstelle. Andere kritisierten, daß nach fast zehnjährigen Verhandlungen nur ein kleiner Wurf gelungen sei. »Baden-Baden bleibt Hauptstandort für die Produktion, Stuttgart hat noch mehr Verwaltung an sich gezogen und mit dem Sitz des Landessenders die Landespolitik vollends vereinnahmt. Mainz hat sich vom Landesstudio zum Landessender aufgewertet. Doch im großen und ganzen bleibt alles, wie es war.«[90]

Bei aller Kritik an einzelnen Regelungen, der Festschreibung der Programme zum Beispiel oder auch des großen Einflusses der Politik auf die Gremien, überwogen die positiven Stimmen zur Schaffung der zweitgrößten Rundfunkanstalt im Rahmen der ARD. »Hut ab. In Zeiten, in denen sich gar nichts mehr zu bewegen scheint, verdient Respekt, wer eine Reform nicht bloß notwendig findet, sondern sie auch zügig auf den Weg bringt. Erwin Teufel und Kurt Beck ... ist nach nur sechs Monaten gelungen, was seit Jahrzehnten unerledigt auf der Tagesordnung stand: die Neuordnung der aus der Besatzungszeit stammenden Rundfunklandschaft im Südwesten. Der gestern in Mannheim abgezeichnete Staatsvertragsentwurf kann – bei aller Kritik an Details wie dem aufgeblähten Rundfunkrat – als ein schlüssiges Konzept für einen neuen, starken öffentlich-rechtlichen Sender angesehen werden.«[91]

Am 15. April 1997 unterzeichneten Ministerpräsident Erwin Teufel und Kurt Beck, der Ministerpräsident von Rheinland-Pfalz, in Mannheim den Staatsvertrag für die neue Zwei-Länder-Anstalt Südwestrundfunk: SWR. Entstanden ist der SWR aus der Fusion des Süddeutschen Rundfunks Stuttgart mit dem Südwestfunk Baden-Baden. Seither steht auch der Stuttgarter Fernsehturm im Dienst der neuen Rundfunk-Anstalt.

Hilfreich für die Verhandlungen waren sicherlich auch die Vorarbeiten der beiden Intendanten. Dazu kam, daß, wie eine Zeitung schrieb, »Alter und Lebensplanung der beiden Akteure« den Durchbruch erleichtert hätten. »Wenn schon einer gehen muß, dann fusioniert es sich leichter in Sichtweite des Ruhestandes (von Hermann Fünfgeld, T.S.), als wenn beide noch Karriere machen wollten.«[92] Die heftigsten öffentlichen Auseinandersetzungen gab es um den Erhalt von SWF 3 und SDR 3, der aber nicht möglich war. Erster Intendant des neuen Senders wurde Peter Voß, der bisher den SWF geführt hatte.

Nicht alle Erwartungen an die Senderfusion sind schon in Erfüllung gegangen. Erreicht wurde aber die Überwindung der rundfunkpolitischen Trennung im Land. Damit sollte auch medienpolitisch, wie Ministerpräsident Teufel in seiner Regierungserklärung am 23. April 1997 im Stuttgarter Landtag ausführte, »aus dem Trennungsstrich zwischen Baden und Württemberg ein Bindestrich« werden. Programmatisch, und weit über den Rundfunkbereich hinausweisend, fügte er hinzu: »Diese Neugründung ist ein Leitprojekt für die weitere Entwicklung Baden-Württembergs. Wir sind ein Land mit einer reichen Geschichte und mit großen Traditionen. Unser gemeinsames Staatswesen ist jedoch erst 45 Jahre jung. Es gilt, seinen inneren Zusammenhalt weiter zu stärken.«[93]

Nur wenige Monate nach der geglückten Senderfusion gelang dem Ministerpräsidenten ein neuer Coup, die Fusion der beiden Stromkonzerne im Land, nämlich Badenwerk und Energieversorgung Schwaben. Noch vier Jahre zuvor war dasselbe Vorhaben gescheitert, die beiden Partner heillos zerstritten. »Der Ministerpräsident, wahrlich kein publikumswirksamer Promotor einer dynamischen ›Baden-Württemberg AG‹, hat im Duett mit seinem Finanzminister auf die eigenen Stärken gesetzt – Beharrlichkeit, Solidität und Fleiß. Ohne sie wäre der Zusammenschluß zum viertgrößten Energiekonzern in Deutschland wohl nicht wahr geworden.« Allerdings hatten sich inzwischen die Marktverhältnisse grundlegend geändert, die regionalen Strommonopole aus der Zeit des Dritten Reiches fielen und die Liberalisierung des europäischen Strommarktes stand vor der Tür. »Am Ende führte weniger höhere Einsicht, sondern der brutale Druck des Markts zum Ziel. Hätte nicht die EU-Kommission in Brüssel … dafür gesorgt, daß es in diesem Geschäft künftig harten Wettbewerb geben wird, wären die heillos zerstrittenen Parteien kaum zusammengekommen.«[94]

So würden Badenwerk und EVS die Unternehmungen des jeweils anderen, sei es beim Transportwesen, bei der Telekommunikation oder bei der Müllverbrennung, mit Mißtrauen beäugen. »Gerhard Goll, Badenwerkschef und der wahrscheinlich Erste Vorstandsvorsitzende der EBW, verzieht das Gesicht ins Säuerliche, wenn er sagt: ›Jeder akzeptiert das Erbe des anderen‹.«[95] Auch diese Fusion wurde dadurch erleichtert, daß der Vorstandsvorsitzende der EVS, Wilfried Steuer, aus Altersgründen ausschied. Das neue Energieunternehmen war fast ausschließlich in öffentlicher Hand. Etwa 25% der Aktien hielt das Land, 34% gehörten dem Zweckverband Oberschwäbische Elektrizitätswerke, der Landeselektrizitätsverband Württemberg, der Gemeindeelektrizitätsverband Schwarzwald Donau und die Technischen Werke der Stadt Stuttgart besaßen jeweils 10%, der Badische Elektrizitätsverband kam noch auf 6% und freie Aktionäre gerade auf etwa 5%.

»Mit der Energiefusion wird ein weiterer Anachronismus im Land beseitigt. Schon ein Blick auf die Landkarte zeigt: Die Trennung zwischen Baden und Württemberg ist wirtschaftlich unsinnig. Doch auch 45 Jahre nach Gründung des Südweststaats existieren Animositäten zwischen den Landesteilen. Noch heute existieren getrennte Sparkassenverbände, was unnötig ist. Die Bildung einer großen Landesbank ist bisher gescheitert. Es gibt noch dicke Bretter zu bohren.«[96]

Allerdings war zu diesem Zeitpunkt schon klar, daß selbst das neue, größere Energieunternehmen »auf Dauer am Markt Probleme« bekommen und einen Partner benötigen würde.[97] Ministerpräsident Teufel kündigte deshalb bei der Fusion auch schon an, daß man den Verkauf der Landesanteile vorbereite. Eine Privatisierung komme allerdings nur in Frage, »wenn sie für das Unternehmen und das Land ›strategische und strukturelle Vorteile‹ erwarten lasse(n)«.[98]

Während weitgehende Einigkeit darüber herrschte, daß die neue EnBW einen starken Partner benötigte, gingen die Meinungen über den konkreten Partner weit auseinander. Vorstandschef Goll und Ministerpräsident Teufel favorisierten den französischen Strommonopolisten EdF, während der CDU-Fraktionsvorsitzende dies zunächst ablehnte und einen Zusammenschluß mit den großen kommunalen Energieproduzenten im Land bevorzugte. Aus kartellrechtlichen Gründen kamen die deutschen Stromriesen wie RWE und VIAG kaum mehr in Frage. Schließlich setzte sich Goll mit seinem Credo durch: »Energiefragen können heute nur grenzüberschreitend – Landes- und Nationengrenzen überschreitend – gelöst werden.«[99] Er hatte dabei die Unterstützung von Wirtschaftsminister Döring und vor allem von Ministerpräsident Teufel, der nach hartem Ringen auch die CDU-Fraktion von seinem Kurs überzeugen konnte. Die EdF erhielt den Landesanteil von etwas über 25% für 4,7 Milliarden DM, sicherte Ba-

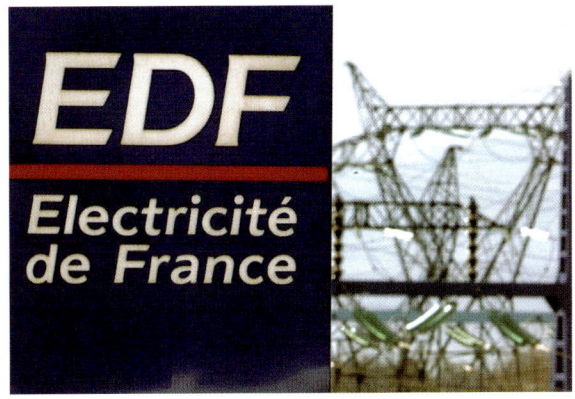

Am 7. Februar 2001 genehmigte die EU-Kommission in Brüssel den Einstieg des französischen Stromriesen EDF beim baden-württembergischen Energieversorger EnBW.

den-Württemberg aber zu, die EnBW nicht zu übernehmen und die Standorte im Land zu erhalten.

Natürlich stieß diese Entscheidung auf Kritik. Die ›Südwest Presse‹ überschrieb ihren Bericht über die entscheidende Sitzung der CDU-Fraktion mit den Worten: »Der Verkauf des Landesanteils an der Energie Baden-Württemberg … macht der Landesregierung wenig Freude und schafft ihr keine Freunde.«[100] Die Kommunen fühlten sich ebenso überfahren wie die Vertreter alternativer Energieformen. »Teufel mag zu den Gewinnern gehören, die alternative Stromerzeugung nicht. Wasserkraft am Hochrhein, Sonnenenergie, Windräder im Schwarzwald, Deponiegas: Alles wird bald überrollt von einer Welle billigen Atomstroms, der nun legal nach Deutschland fließt, während der Markt auf der anderen Rheinseite trotz aller Mahnungen aus Brüssel abgeschottet bleibt.«[101] Allerdings waren alle Argumente gegen die EdF als Käufer nicht mehr durchschlagend, »weil alle anderen Bieter sich aus dem Rennen verabschiedet hatten«.[102]

Zusätzlicher Streit entbrannte um die Verwendung der Mittel. Um Steuern aus dem Verkauf zu sparen, wurde eine ›Landesstiftung Baden-Württemberg‹ gegründet. »Dort würden rund 2,5 Milliarden Mark dauerhaft angelegt … Die Summe soll einen jährlichen Zinsertrag von

150 Millionen Mark für gemeinnützige Zwecke abwerfen ... Vom geplanten Erlös von 4,7 Milliarden Mark werde eine Milliarde für eine neue ›Zukunftsoffensive Junge Generation‹ bis zum Jahr 2006 bereit gestellt, bekräftigte Teufel gestern. Diese werde Investitionen in die schulische und berufliche Ausbildung, in die Weiterbildung, in die Hochschulen und Berufsakademien, in die Wissenschaft und Forschung beinhalten. Mit 900 Millionen Mark sollen die Schulden der bisherigen ›Landesholding‹ für die EnBW-Anteile getilgt werden.«[103]

Demgegenüber forderte die Opposition im Stuttgarter Landtag, den gesamten Betrag zur Schuldensenkung zu verwenden und die dadurch eingesparten Tilgungsmittel für Projekte zu verwenden, die dann nicht einmal gemeinnützig sein mußten. Allerdings wären dann hohe Steuern an den Bund fällig gewesen beziehungsweise der Vertragsabschluß mit der EdF hätte verschoben werden müssen mit dem Risiko eines Scheiterns. Die Befürchtungen bezüg-

Für den guten Ruf von Baden-Württemberg sorgen auch die Sportler. In Leverkusen gratulieren die Stuttgarter Spieler am 16. Mai 1992 Guido Buchwald (rechts ganz unten), der soeben das Siegtor geschossen hat: Der VfB Stuttgart ist am Ende der Bundesligasaison Deutscher Fußballmeister.

lich der Landesstiftung faßte der Grünen-Fraktionsvorsitzende Fritz Kuhn in die Worte, sie »werde eine ›vorparlamentarische Dauereinrichtung für Wohltaten‹ und der Landtag müsse ›die Grausamkeiten besprechen‹, also Sparbeschlüsse fassen«.[104]

Nachdem die kartellrechtliche Prüfung durch die Europäische Union in Brüssel Anfang 2001, noch vor der Landtagswahl, erfolgreich abgeschlossen worden war, ging der Verkauf vollends über die Bühne, und die ›Landesstiftung Baden-Württemberg‹ nahm ihre Tätigkeit auf, wobei die Summe der Anträge schon nach wenigen Monaten den jährlich zur Verfügung stehenden Betrag weit überschritt.

Die baden-württembergische Bankenlandschaft war ursprünglich verhältnismäßig kleinstrukturiert »mit einem starken Anteil öffentlich-rechtlicher Institute«.[105] Ähnlich wie in den neunziger Jahren führte Ende der sechziger Jahre der industrielle Strukturwandel zu ersten Überlegungen in der Landespolitik, eine große und leistungsfähige öffentlich-rechtliche Bank zu gründen, was damals aber eher auf Zweifel und Kritik stieß. Bei den privaten Banken gab es vergleichbare Überlegungen. »Im allgemeinen waren es Sorgen um die eigene Zukunft, die private Geldinstitute seit Beginn der siebziger Jahre zu Fusionen veranlaßte.«[106]

Nach verschiedenen gescheiterten Anläufen blieb als einziges Ergebnis der Neuordnungspläne für die südwestdeutsche Bankenlandschaft in den siebziger Jahren die Gründung der Baden-Württembergischen Bank AG (BW-Bank). »Sie entstand 1977 aus der Fusion der Badischen Bank AG, der Württembergischen Bank AG sowie der Handelsbank Heilbronn. Obwohl das Land Baden-Württemberg Aktien an diesem Kreditinstitut hält, hat die BW-Bank nicht den Status eines öffentlich-rechtlichen, sondern eines privaten Kreditinstituts. Als re-

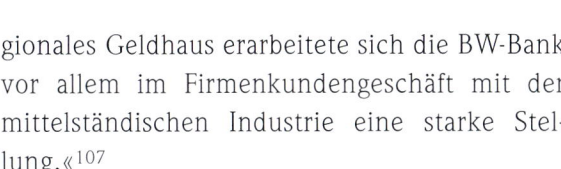

gionales Geldhaus erarbeitete sich die BW-Bank vor allem im Firmenkundengeschäft mit der mittelständischen Industrie eine starke Stellung.«[107]

In den Filialbereichen der drei Regionalbanken hatte es kaum Überschneidungen gegeben. Alle drei Institute waren gesund, hatten einen guten und festen Kundenstamm, genossen beträchtliche Reputation und erzielten solide Ergebnisse. All dies trug zu der geglückten Fusion bei, die auch von der Landespolitik nachhaltig unterstützt worden war. Der »Aufstieg der Baden-Württembergischen Bank zur bedeutendsten Regionalbank mit Sitz in Baden-Württemberg und damit zu den zehn größten privaten Geschäftsbanken in der Bundesrepublik zählend, bestärkten offenbar Ministerpräsident Späth darin, seine weiter gesteckten bankpolitischen Ziele in Angriff zu nehmen.«[108]

Schon damals schaute man nach Bayern, das mit einer straff geordneten Struktur der öffentlich-rechtlichen Kreditinstitute eine schlagkräf-

tigere Wirtschaftsförderung realisieren konnte als Baden-Württemberg. Die verschiedenen Fusionsmodelle, BW-Bank mit Landesgirokasse oder die beiden Spitzeninstitute der Sparkassen mit der Landeskreditbank scheiterten allesamt. »Die Sparkassen in beiden Landesteilen befürchteten, daß eine große Landesbank ihnen ihre Pfründe streitig machen würde, die Städte Mannheim und Karlsruhe befürchteten einen Bedeutungsverlust gegenüber Stuttgart.«[109]

Mitte Juni 1986 waren die Fusionspläne allesamt gescheitert. Übrig blieb immerhin 1988 die Fusion der badischen und württembergischen Landesbank zur Südwestdeutschen Landesbank.

Auch die erneuten Bankenfusionspläne Mitte der neunziger Jahre scheiterten an der Uneinigkeit in der Großen Koalition. Umso größer war die Überraschung in der Öffentlichkeit, als Ministerpräsident Teufel am 19. Januar 1998 bekanntgab, daß es nach monatelangen Geheimverhandlungen gelungen war, die L-Bank, die

Was 1960 begann, setzen die »Schwarzwald-Adler« fort: Georg Thoma, seither großartiges Vorbild aller Buben aus dem Südschwarzwald, gewinnt 1960 die Goldmedaille in der Nordischen Kombination.

In Furtwangen präsentieren sich die deutschen Mannschafts-Weltmeister im Skispringen am 28. Februar 1999 ihren Fans: Martin Schmitt, Sven Hannawald, Dieter Thoma und Christof Duffner.

Südwest LB und die Landesgirokasse zum 1. Januar 1999 zur Landesbank Baden-Württemberg zusammenzuschließen. Damit entstand nach der Bilanzsumme (430 Milliarden DM 1997) die sechstgrößte Bank in Deutschland mit über 9.000 Mitarbeitern. Beim Ertrag nahm sie sogar den vierten Platz unter den deutschen Banken ein.

»Teufels Coup«,[110] bei dem nun zusammenwuchs, »was schon lange zusammen sein sollte«,[111] stieß auf breite Zustimmung. »Sage noch einer, die Politik erschöpfe sich in Sonntagsreden. Zumindest die Landespolitik beweist das Gegenteil: erst Rundfunk- und Energiefusion, jetzt die Bankenfusion. Erwin Teufel räumt in dieser Legislaturperiode binnen kürzester Frist vom Schreibtisch, was sich dort über Jahre hin-

weg aufgestapelt hatte ... Allerdings fiel Teufel die Bankenfusion fast schon wie eine reife Frucht in den Schoß. Weniger gemäß dem gestern gern zitierten Apostelwort, nach dem ›ein jegliches seine Zeit‹ habe. Vielmehr ist das Münchner Fusionssignal des vergangenen Jahres den hiesigen Bank-Schrebergärtnern mächtig in die Glieder gefahren. Die Politiker fürchten um die Zentralität des Landes: Es liefe Gefahr, auf immer mehr Feldern zum Juniorpartner des östlichen Nachbarn zu werden; die Manager trieb die Sorge an, im Wettbewerb nicht mehr mithalten zu können. Mit der Fusion haben sie eine Antwort gefunden.«[112]

Vor allem in Baden gab es zunächst noch Widerstände gegen die Bankenfusion, obwohl es zu keinen fusionsbedingten Kündigungen kom-

Im Vorhof von »Stuttgart 21« neben dem Hauptbahnhof in der Landeshauptstadt: Die Zentrale der Landesbank Baden-Württemberg, die aus der Verschmelzung von Südwestdeutscher Landesbank, Landeskreditbank Baden-Württemberg und Landesgirokasse entstanden ist (Januar 1999).

men und die bisherigen Standorte in Karlsruhe und Mannheim nicht benachteiligt werden sollten. Ein weiteres Problem stellte der Vorstandsvorsitzende der neuen Bank dar, da im Unterschied zu den Fusionen bei Rundfunk und Energie kein Vorstandsvorsitzender der drei fusionierten Banken bereits das Pensionsalter erreicht hatte. Das angestrebte Rotationsmodell erwies sich schnell als wenig tragfähig. Innerhalb kurzer Zeit löste sich das Problem durch das Ausscheiden von zwei früheren Vorstandsvorsitzenden.

Das Ziel dieser Fusionen war, dem Land wettbewerbsfähige Strukturen für das 21. Jahrhundert zu verschaffen, den Standort Baden-Württemberg im weltweiten Wettbewerb zu positionieren. Dazu müssen die Kräfte des Landes gebündelt werden, »muß aus dem Trennungsstrich zwischen den beiden Landesteilen ein Bindestrich werden. Wir haben immer noch«,

so Ministerpräsident Teufel 1998, »zu viele Institutionen, die im Land zwei- und dreifach vorhanden sind. Die sollten alle zusammengeführt werden und eine baden-württembergische Struktur bekommen.«[113]

Angesichts des globalen Wettbewerbs und der besonders starken Einbindung Baden-Württembergs in den Weltmarkt ist diese ›innere Landesgründung‹ notwendig und, wie die Erfolge der Fusionen zeigen, auch im Bewußtsein der meisten Entscheidungsträger vorhanden. »Die Kräfte dieses Landes – mit über 10 Millionen Einwohnern und einer Exportkraft und einem Bruttosozialprodukt, das höher ist als die Wertschöpfung in vielen selbständigen Ländern Europas – reichen aus, um wettbewerbsfähige Strukturen für den Beginn des neuen Jahrhunderts zu schaffen, wenn wir diese Kräfte bündeln.«[114]

Strafe für den Tüchtigen? Der Länderfinanzausgleich

»Durch das Gesetz ist sicherzustellen, daß die unterschiedliche Finanzkraft der Länder angemessen ausgeglichen wird.« Artikel 107, Absatz 2 des Grundgesetzes ist bis heute Grundlage des Länderfinanzausgleiches. Dabei legten die Verfassungsmütter und Verfassungsväter ebenfalls fest, daß ein Gesetz auch bestimmen kann, »daß der Bund aus seinen Mitteln leistungsschwachen Ländern Zuweisungen zur ergänzenden Deckung ihres allgemeinen Finanzbedarfs (Ergänzungszuweisungen) gewährt«.

Der Südwesten hatte von Anfang an unter dieser Bestimmung zu leiden. Zwar gehörten die wirtschaftsschwachen südlichen Landesteile Baden und Württemberg-Hohenzollern zu den Empfängerländern, aber Württemberg-Baden mußte sofort bezahlen. »Im Jahr 1949 hatte es schon begonnen. Der Württemberg-Baden zugunsten sogenannter leistungsschwacher Bundesländer auferlegte Finanzausgleich wurde auf 129 Millionen DM festgesetzt, das waren 11% des gesamten Landessteueraufkommens.«[115] Schon damals drohte Finanzminister Frank in einer Bundesratssitzung mit der Anrufung des Bundesverfassungsgerichtes.

Zum direkten Länderfinanzausgleich kam noch die Soforthilfe hinzu. Außerdem benachteiligte der Bund Württemberg-Baden bei der Verteilung von Mitteln. »Mit anderen Worten: Wir waren beim Zahlen dabei, wenn aber verteilt wurde, waren wir nicht dabei! ... Die vier Millionen Einwohner des Landes Nordwürttemberg-Nordbaden brachten die gesamten direkten und indirekten Zuschüsse für die 19 Millionen Einwohner in Bayern, Hessen und Rheinland-Pfalz und für die südwestdeutschen Länder Württemberg-Hohenzollern und Südbaden auf.«[116]

Ebenso erging es den Überschüssen des Landesarbeitsamtes Württemberg-Baden, die seit der Währungsreform 1948 auf beinahe 200 Millionen DM angewachsen waren. Diese Mittel flossen, ebenso wie die Überschüsse seit dieser Zeit, an die Bundesanstalt für Arbeit, ohne dem Land irgendwie zugute zu kommen. In jüngster Zeit kam dazu noch der Ausgleich zwischen den Krankenkassen. Die baden-württembergischen Krankenkassen müssen höhere Beiträge erheben, um die Defizite bei den Krankenkassen in anderen Bundesländern auszugleichen.

»Ungefähr im April 1951 begann die Landesregierung Württemberg-Baden gegen die krassen Benachteiligungen des Landes zu Felde zu ziehen. Sie nannte die Dinge beim Namen und demonstrierte mit aller Macht gegen den ihr zugedachten Status einer von der Bundesrepublik über das Maß mißbrauchten Melkkuh.«[117] Dieser Kampf dauert bis heute an. Dabei ging es nie um die prinzipielle Ablehnung eines Länderfinanzausgleiches, sondern um die Höhe des Ausgleichs. Württemberg-Baden beziehungsweise ab 1952 Baden-Württemberg ist das einzige Flächenland der Bundesrepublik, das immer in den Länderfinanzausgleich einbezahlt und nie etwas bekommen hat.

»Schon seit Jahren«, so Ministerpräsident Teufel am 20. Juni 2001 in seiner Regierungserklärung vor dem Stuttgarter Landtag, »übersteigen unsere jährlichen Leistungen für den Finanzausgleich unsere jährliche Nettokreditaufnahme bei weitem. Unsere Leistungen insgesamt sind höher als unser Schuldenstand (ca. 60 Milliarden, T.S.). Ohne Finanzausgleich könnten wir bereits jetzt unsere Haushalte mit einem beträchtlichen Überschuss abschließen.«[118] Dabei hatte der Südwesten vorgemacht, wie die Aufwendungen für den Länderfinanzausgleich sinnvoll reduziert werden können, nämlich durch eine Länderneugliederung. Die Nehmerländer Baden und Württemberg-Hohenzollern schlossen sich 1952 mit dem Geberland Württemberg-Baden zusammen. Trotzdem blieb das neue Bundesland Baden-Württemberg zunächst weiterhin der größte Zahler im Finanzausgleich. Die derzeitige Form des Länderfinanzausgleichs bedingt durch die völlig unterschiedliche Größe und Wirtschaftskraft der Bundesländer schwächt aber den Föderalismus insgesamt, denn der größte Zahler im Ausgleich ist inzwischen der Bund, der durch verschiedene Ergänzungszuweisungen derzeit zwei Drittel der Umverteilungssumme trägt. Damit werden aber gerade die finanzschwachen Länder für Pressionen des Bundes anfällig, das heißt sie stimmen bei entsprechenden finanziellen Zusagen des Bundes umstrittenen Gesetzesvorhaben der Bundesregierung im Bundesrat zu.

Mit der Wiedervereinigung und der Schaffung von fünf neuen, relativ kleinen und teilweise sehr wirtschaftsschwachen Bundesländern gab es zusätzliche Probleme. Zum einen müssen die neuen Bundesländer noch auf Jahre hinaus unterstützt werden, um dort annähernd vergleichbare Lebensverhältnisse zu schaffen wie im Westen. Zum andern wurde aber die Chance vertan, mit der Wiedervereinigung im Osten wie im Westen eigenständig lebensfähige Länder zu schaffen. So überrascht es auch nicht, daß es derzeit gerade fünf Geberländer (Baden-Württemberg, Bayern, Hamburg, Hessen und Nordrhein-Westfalen), aber elf Nehmerländer (Berlin, Brandenburg, Bremen, Mecklenburg-Vorpommern, Niedersachsen, Rheinland-Pfalz, Saarland, Sachsen, Sachen-Anhalt, Schleswig-Holstein und Thüringen) gibt.

Unter diesen Umständen war es auch nicht zu erwarten, daß die Nehmerländer an einer Neuordnung des Länderfinanzausgleichs ernsthaft interessiert waren, der zu einer Entlastung der Geberländer und damit zu einer Minderung ihrer Einnahmen führen würde. Anfang 1998 bestellte das Land Baden-Württemberg einen Prozeßbeauftragten für eine Klage gegen den Länderfinanzausgleich vor dem Bundesverfassungsgericht. Der Klage von Baden-Württemberg und Bayern schloß sich später noch Hessen an. Besonders heftig attackiert wurde die Übernivellierung, »die zur Folge hat, daß die ›Geberländer‹ ... nach dem Ausgleich bedeutend schlechter dastehen als die ›Nehmerländer‹. Baden-Württemberg, immer noch ein vergleichbar reiches Land, rückt auf diese Weise vom dritten auf den vorletzten Platz unter den Ländern. Es verliert durch den Ausgleich zwei Drittel seiner überdurchschnittlichen Steuereinnahmen, während umgekehrt die Steuermindereinnahmen etwa der armen Länder Bremen und Saarland zu 99 Prozent ausgeglichen werden. Auf diese Weise, so argumentiert die Stuttgarter Landesregierung, schwinde nicht nur die Neigung der ›Geberländer‹ zu schmerzhaften finanziellen Selbstbeschränkungen, sondern auch der Anreiz für die ›Nehmerländer‹, ihre Haushalte aus eigener Kraft in Grenzen zu halten.«[119]

Auch wenn Baden-Württemberg aufgrund seiner Strukturkrise in den neunziger Jahren den Spitzenplatz unter den Zahlern des Länderfinanzausgleiches an Hessen verloren hatte, mußte es an einer Veränderung ein besonderes Interesse haben. Zwischen 1970 und 1990 zahlte Baden-Württemberg mehr als 25 Milliarden DM in den Länderfinanzausgleich ein und trug damit 52,55% der gesamten Ausgleichspositionen. Je Kopf der Einwohner hatte nur Hamburg mehr zu bezahlen, während Hessen noch deutlich unter dem Südweststaat blieb und Bayern in diesem Zeitraum sogar noch 16 DM pro Einwohner Ausgleich erhalten hatte, also auch von Baden-Württemberg finanziert worden war.[120]

Durch das Urteil des Bundesverfassungsgerichtes vom 11. November 1999 sahen sich Geber- wie Nehmerländer als Sieger. Auch in der Presse widersprachen sich die Kommentare. Während die ›Badische Zeitung‹ der Meinung war: »Das Bundesverfassungsgericht hat das Anliegen von Baden-Württemberg, Bayern und Hessen im Wesentlichen abgelehnt«,[121] schrieb die ›Stuttgarter Zeitung‹: "Bei genauerem Hinsehen erweist sich das Urteil des Bundesverfassungsgerichts über die Verteilung der Steuereinnahmen als ein voller Erfolg für die klagenden Länder.«[122]

Für die ›Südwest Presse‹ saßen die »eigentlichen Gewinner der vom Gericht in groben Strichen skizzierten Reform ... weniger in Stuttgart oder München, sondern im Berliner Bundesfinanzministerium. Die Richter haben deutlich gemacht, dass die Sonderzuweisungen des Bundes an finanzklamme Länder, zuletzt mehr als 25 Milliarden Mark, zumindest auf längere Sicht hin zurückzufahren sind.«[123] Allerdings hatte sich das Gericht mit konkreten Vorgaben zurückgehalten. »Nun muss die Geldverteilung zwischen Arm und Reich durchschaubar, nachprüfbar und gerecht geregelt werden. Im Unterschied zu seinen letzten steuerpolitischen Urteilen, etwa dem Familienlastenausgleich, hat der Senat allerdings auf präzise inhaltliche Vorgaben verzichtet. Nun liegt der Ball wieder bei den Politikern. Dort gehört er auch hin.« Um die Kompromißbereitschaft unter den Politikern zu erhöhen, hatte das Gericht jedoch Fristen gesetzt, die vor allem den Geberländern zugutekamen. »Spätestens nach dem Jahr 2004 können sie die Überweisungen einstellen, wenn es nicht zum Kompromiss kommt.«[124]

Das Bundesverfassungsgericht erklärte, entgegen der Befürchtungen der Nehmerländer, den Länderfinanzausgleich nicht für verfassungswidrig und übernahm ebensowenig das baden-württembergische Argument, »daß auch die Abgabepflicht eines Landes im Finanzausgleich auf 50 Prozent seiner überdurchschnittlichen Finanzkraft beschränkt bleiben müsse«, in Analogie zu einer Entscheidung des Bundesverfassungsgerichtes von 1995 zur Vermögenssteuer.[125] Trotzdem dürfte das Urteil langfristig den Geberländern nützen. »Die von den Zuweisungen auch des Bundes verwöhnten armen Länder können sich künftig nicht mehr auf ein bequemes Leben in der ›sozialen Hängematte des Föderalismus‹ freuen. Das Gericht hat es nämlich nicht versäumt, die Grenzen der Solidarität zwischen den Ländern aufzuzeigen.«[126] Die Leitsätze des Urteils des Bundesverfassungsgerichts verpflichteten den Gesetzgeber das »Steuerverteilungs- und Ausgleichssystem durch anwendbare, allgemeine, ihn selbst bindende Maßstäbe gesetzlich zu konkretisieren und zu ergänzen«, es darüber hinaus langfristig und transparent zu gestalten.

Besonders wichtig für Baden-Württemberg war die Passage des Urteils, die sich auf die Folgen des Ausgleichs bezog. »Die Balance zwischen Eigenstaatlichkeit der Länder und bundesstaatlicher Solidargemeinschaft wäre insbesondere verfehlt, wenn die Maßstäbe des horizontalen Finanzausgleichs oder ihre Befolgung die Leistungsfähigkeit der gebenden Länder entscheidend schwächen oder zu einer Nivellierung der Länderfinanzen führen würden (...). Das Gebot, die unterschiedliche Finanzkraft der Länder nur angemessen und ohne Nivellierung auszugleichen, verbietet außerdem eine Verkehrung der Finanzkraftreihenfolge unter den Ländern im Rahmen des horizontalen Finanzausgleichs (...). Der annähernde, nicht gleichstellende Finanzausgleich hat zur Folge, daß der horizontale Finanzausgleich die Abstände zwischen allen 16 – ausgleichspflichtigen wie ausgleichsberechtigten – Ländern verringern, nicht aber aufheben oder gar ins Gegenteil verkehren darf. Eine Solidarität unter Bundesstaaten mindert Unterschiede, ebnet sie nicht ein.« Auch der Bund muß dieses Nivellierungsverbot beachten. Seine Ergänzungszuweisungen an leistungsschwache Länder »dürfen die Finanzkraftreihenfolge unter den 16 Ländern nicht verändern und sind darüber hinaus zur Gleichbehandlung aller Länder verpflichtet. Der Bund darf die Ergänzungszuweisungen insbesondere nicht dazu benutzen, leistungsschwachen Ländern eine überdurchschnittliche Finanzkraft zu verschaffen.«[127]

Zunächst brachte das Urteil keine Entlastung des baden-württembergischen Haushaltes. So lagen denn auch die Haushaltsansätze für den Länderfinanzausgleich 2000 bei 3,7 Milliarden DM[128] und 2001 sogar bei 3,75 Milliarden DM.[129] Die Ergebnisse der anstehenden Verhandlungen über die Neuordnung des Länderfinanzausgleichs müssen abgewartet werden, bevor ein endgültiges Urteil über die Folgen der Entscheidung des Bundesverfassungsgerichtes getroffen werden kann. »Wenn am Ende eines mählichen Abschmelzens von Finanztransfers eine Länderneugliederung wieder ins Blickfeld rückte, dann wäre dies ein erfreuliches Ergebnis des Karlsruher Richterspruchs. Auch die Stärkung der Finanzautonomie der Länder mit dem Ziel einer Erneuerung des Föderalismus gehört zu diesem Themenkomplex.«[130]

Langfristig hat der Föderalismus nur eine Perspektive, wenn es annähernd gleich starke Länder gibt, die nicht am Finanztropf des Bundes hängen. Kleinere Länder oder Stadtstaaten, die ihre Selbständigkeit bewahren wollen, müssen die dadurch entstehenden Mehrkosten auch selbst tragen. Es kann nicht Aufgabe des Länderfinanzausgleichs sein, überholte Strukturen zu erhalten. Baden-Württemberg ist hier 1952 beispielhaft vorangegangen und hat deshalb, auch als einziges Geberland, das seit 50 Jahren ununterbrochen in den Länderfinanzausgleich einbezahlt, ein besonderes moralisches Recht, diese Veränderungen einzufordern. Mit einer grundlegenden Länderneugliederung und der damit verbundenen Reform des Länderfinanzausgleichs würde gleichzeitig ein föderaler Wettbewerb um die besten Lösungen für Zukunftsfragen eingeleitet, der angesichts der anstehenden europäischen Integration geradezu eine Notwendigkeit darstellt, wenn die Regionen zukünftig das Rückgrat eines vereinten Europas bilden wollen.

Bildung und Forschung: Der Wettstreit um die Zukunft

Es besteht ein breiter Konsens in unserer Gesellschaft, daß wir uns zu einer Medien- und Informationsgesellschaft entwickeln. Dabei wird aber oft, worauf Ministerpräsident Teufel in seiner Regierungserklärung zur Rundfunkneuordnung und zur Medienpolitik 1997 hinwies, ein etwas falscher Akzent gesetzt. »Einmal werden die Mittler, einmal die Mittel zu sehr in den Vordergrund gestellt. Worum es aber geht, ist das Ziel, und deshalb wäre es eigentlich passender, statt von der ›Medien- und Informationsgesellschaft‹ in einem ersten Schritt von der ›Wissensgesellschaft‹ zu sprechen und in einem zweiten Schritt die ›Bildungsgesellschaft‹ anzustreben.«[131]

Bildung und Wissenschaft gehören also nicht nur wegen des Auftrages des Grundgesetzes zu den ureigenen Aufgaben eines Landes, sondern auch wegen der Tatsache, daß nur mit einer guten Bildung und Ausbildung sowie mit hervorragenden Forschungsergebnissen die Zukunft des Landes gesichert werden kann. Dies war und ist unter allen im Landtag vertretenen Parteien unumstritten; die Wege dorthin selbstverständlich nicht. Da sich dieser Prozeß in ständiger Veränderung befindet, ist ein fundiertes Urteil darüber kaum möglich. Die Schwierigkeiten gehen bereits mit der Analyse des Ist-Zustandes los.

Finanzminister Stratthaus wies in einer Debatte zum Nachtragshaushalt im Stuttgarter Landtag im Juli 2000 auf Zahlen der Kultusministerkonferenz hin. »Sie zeigen deutlich, dass die Unterrichtsversorgung in Baden-Württemberg im Ländervergleich auf einem besonders hohen Niveau steht. Bezogen auf die vergleichbaren alten Flächenländer erreicht Baden-Württemberg die beste Schüler-Lehrer-Relation.«[132] Dem

widersprach die Opposition nicht, hielt aber den Anteil der Bildungsausgaben an der gesamtwirtschaftlichen Leistung für das wichtigere Kriterium. »Da sahen die Zahlen so aus: Wir liegen mit 2,48% gegenüber dem Gesamtdurchschnitt von 2,65% unter dem Durchschnitt, und wir liegen im Vergleich zu den Flächenstaaten – man kann die Stadtstaaten nicht immer einbeziehen – auch deutlich unter dem Durchschnitt. Baden-Württemberg liegt in der Bildungspolitik eben nicht an der Spitze, sondern wir haben im Vergleich mit anderen Ländern einiges nachzuholen.«[133]

Gerade im schulischen Bereich lassen sich aber die gesellschaftlichen Veränderungen sehr deutlich erkennen. Dies gilt in besonderem Maße für den Stellenwert der Bildung allgemein und für die Bildung der Mädchen und jungen Frauen im besonderen. Leider liegen für die Schulen die Zahlen erst ab dem Schuljahr 1980/81 vor. Seitdem ist die Zahl der Schülerinnen und Schüler in den allgemeinbildenden Schulen von knapp 1,4 Millionen auf etwas weniger als 1,29 Millionen gesunken. In dieser Zeit blieb der Anteil der Schülerinnen insgesamt, aber auch in den Grund- und Hauptschulen, relativ konstant. Ihr ohnehin schon niedriger Anteil in den Sonderschulen (39,7%) sank weiter auf 36,7%. Dafür stieg der weibliche Anteil an der höheren Bildung deutlich. Stellten die Mädchen 1980/81 nicht ganz die Hälfte der Gymnasiasten (49,2%), so waren sie 20 Jahre später deutlich in der Überzahl (53,4%). Entsprechend sank ihr Anteil in den Realschulen von 53,9% auf 50,9%.[134]

Die höhere Bedeutung der Berufsausbildung für Mädchen und junge Frauen hing mit den seit den sechziger und siebziger Jahren zunehmend geänderten Lebensentwürfen zusammen. Die klassische Familie mit einem alleinverdienenden Mann und einer Frau, die sich nach kurzer Berufstätigkeit bis zur Heirat nach der Geburt des ersten Kindes dem Haushalt und der Erziehung widmet, ist einer zunehmenden Ausdifferenzierung familiären Lebens und einer Veränderung der Lebensplanung gewichen. So stieg zum Beispiel das durchschnittliche Heiratsalter zwischen 1955 und 1999 bei Männern von 29,4 auf 34,1 Jahre und bei Frauen von 26,2 auf 31,1 Jahre. Gleichzeitig sank die Zahl der Eheschließungen auf 1000 der mittleren Bevölkerung von 10,1 im Jahr 1950 auf nur 5,4 knapp 50 Jahre später. Im selben Zeitraum stiegen die Ehescheidungen auf beinahe das Dreifache, und die Alleinerziehenden stellten 2000 in Baden-Württemberg fast jede sechste Familie.[135]

Ab 1970 stieg auch der weibliche Anteil an den Erwerbstätigen im Land langsam, aber kontinuierlich an. Waren 1970 nicht einmal 40% der Erwerbstätigen (38,8%) weiblich, waren es 20

Im Frühjahr 2001 wurde Professor Dr. Walter Kasper, Bischof der Diözese Rottenburg-Stuttgart, von Johannes Paul II. zum Kardinal ernannt. (Bild vom Juni 1989 bei seiner Amtseinführung in Rottenburg).

Im Ulmer Münster fand am 28. April 2001 der Wechsel im Bischofsamt der evangelischen Landeskirche in Württemberg von Eberhard Renz auf Gerhard Maier statt.

Die ehemalige Synagoge (1823) in Sulzburg im Markgräflerland. Innenaufnahme mit Blick zur Ostseite (1995).

In vielen Städten in Baden-Württemberg errichten die jüdischen Gemeinden wieder ihre Synagogen. Hier die neue Synagoge in Freiburg (1989).

Jahre danach bereits 40,9% und ein weiteres Jahrzehnt später immerhin schon 43,4%. Gleichzeitig stiegen aber die Anforderungen an die Qualifikation der Erwerbstätigen, da in den Krisen der siebziger, achtziger und neunziger Jahre vor allem schlecht qualifizierte Arbeitsplätze weggefallen waren. Allerdings hatten zumindest unter den Arbeitern die Frauen auch noch 2001 eine deutlich geringere Qualifikation als ihre männlichen Kollegen. »Während rund drei Fünftel der Männer eine abgeschlossene Ausbildung als Facharbeiter haben bzw. vergleichbare Tätigkeiten ausüben, beträgt der entsprechende Anteil bei den Arbeiterinnen weniger als 10 Prozent. Über die Hälfte der Frauen ist dagegen mit Hilfstätigkeiten beschäftigt.«

Damit einher ging natürlich eine entsprechend geringere Entlohnung. Aber auch bei gleicher Qualifikation schneiden die Frauen nach wie vor schlechter ab. »Es bestehen ... auch innerhalb derselben Leistungsgruppen deutliche Verdienstunterschiede zwischen den Geschlechtern, die sich mit zunehmender Qualifikation verstärken. So verdienten die Hilfsarbeiterinnen 642 DM weniger als ihre Kollegen. Der entsprechende Verdienstunterschied betrug bei angelernten und Facharbeiterinnen knapp 1000 DM.«[136]

Dabei schneiden die Mädchen in den verschiedenen Schulstufen durchweg besser ab als ihre Mitschüler. So wurden im Schuljahr 1995/96 deutlich mehr Schüler als Schülerinnen nicht versetzt. Nur etwa 40% der ›Sitzenbleiber‹ waren Mädchen. Es »zeigt sich in allen Schularten, daß Mädchen das Klassenziel eher erreichen als Jungen.«[137]

Besonders gravierend fielen die Veränderungen an den baden-württembergischen Hochschulen aus. Während 1950/51 nicht einmal 23.000

Studentinnen und Studenten an Universitäten und Kunsthochschulen studierten, waren es 50 Jahre später etwa neunmal so viel, nämlich 194.000 an Universitäten, Pädagogischen Hochschulen (seit Wintersemester 1966/67), Kunsthochschulen und Fachhochschulen (seit Wintersemester 1973/74). Während 1950/51 auf sechs Studenten gerade eine Studentin kam, stellten die Studentinnen 50 Jahre später fast denselben Anteil wie ihre männlichen Kommilitonen, nämlich 43,9%. In den Kunsthochschulen lag ihr Anteil bei über 57% und an den Pädagogischen Hochschulen sogar bei fast 80%. An den Universitäten stellten sie 43,8% der Studierenden. Nur an den Fachhochschulen waren sie mit einem Anteil von etwas mehr als einem Drittel nach wie vor deutlich in der Minderheit. Allerdings hatte sich auch hier ihr Anteil seit Anfang der siebziger Jahre fast verdoppelt.[138]

Ein besonderer Durchbruch gelang den Frauen im Landesdienst. So stieg die Zahl der Landesbediensteten insgesamt von 1952 bis 2000 von knapp 98.000 auf über 255.000, wobei der heutige Stand etwa der Zahl von 1980 entspricht. Dabei wuchsen die Bereiche Bildungswesen und Wissenschaft sowie Öffentliche Sicherheit und Ordnung weit überproportional, nämlich um das Vierfache, während die Bereiche Rechtsschutz sowie Steuer- und Finanzwesen sich mehr als verdoppelten. Von den Landesbediensteten zu Beginn des Südweststaates 1952 war nicht einmal ein Viertel weiblich. Knapp fünfzig Jahre später stellen die Frauen nahezu zwei Drittel aller Landesbeschäftigten, was vor allem mit ihrem hohen Anteil am Lehrpersonal in der Schule zu tun hat.[139]

Die Regelungen (Arbeitsplatzgarantie bei Familienpause, Teilzeitarbeitsplätze etc.) des Öffentlichen Dienstes ermöglichen es am ehesten, Fa-

Die jüngste Moschee in Baden-Württemberg wurde 2001 in Konstanz errichtet.

Die größte Moschee in der Bundesrepublik Deutschland wurde am 4. März 1995 in Mannheim eingeweiht. Der Kuppelbau mit Minarett und Gebetsraum bietet mehr als 2500 Gläubigen Platz.

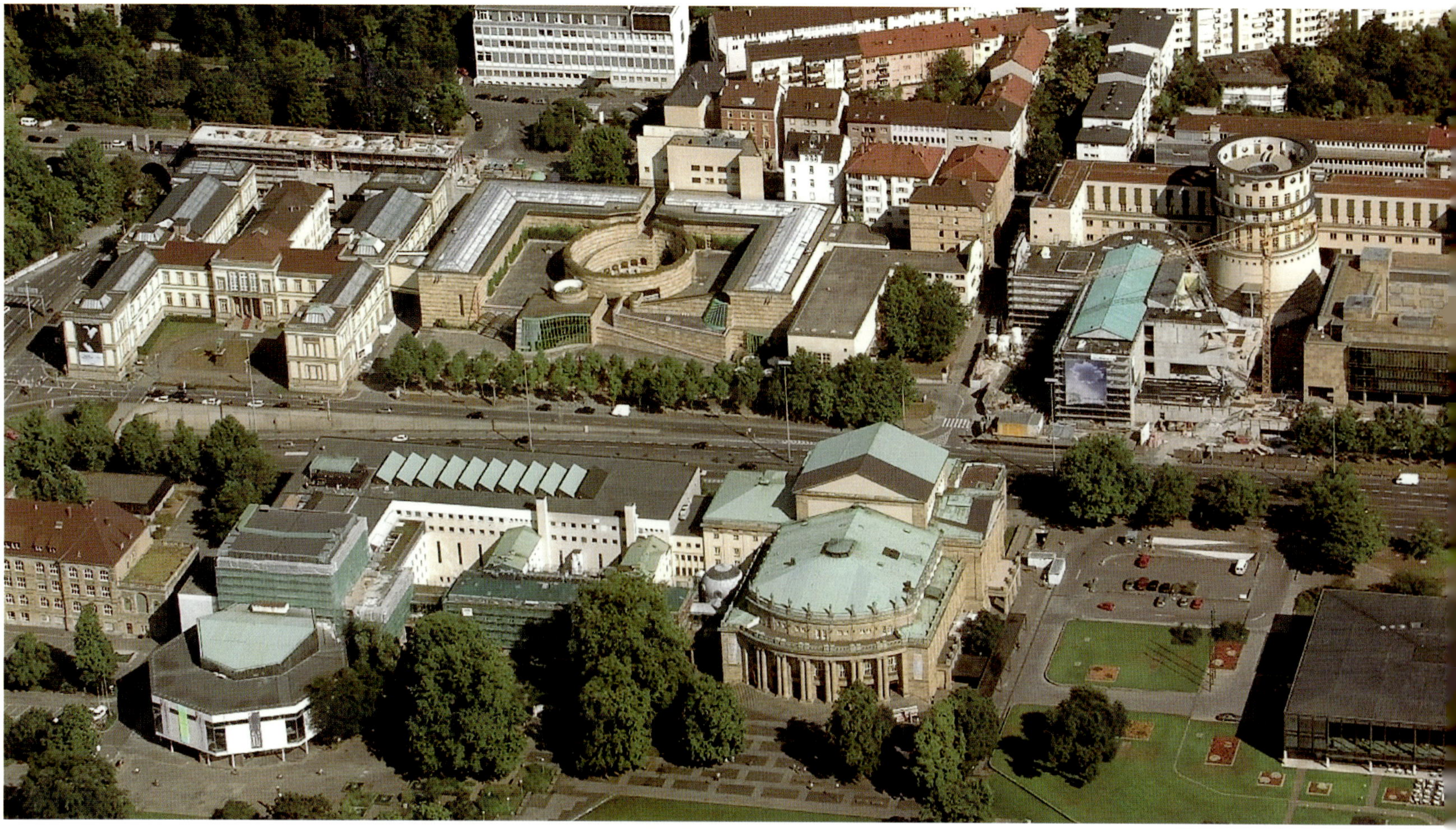

Die Stuttgarter Kulturmeile.
Links hinter dem Landtag
das Staatstheater, gegenüber:
die Württembergische Landes-
bibliothek, die Musikhoch-
schule, die Staatsgalerie.
Es ist die große städtebauliche
Zukunftsaufgabe, diese
Kulturmeile trotz der sie
zerschneidenden vielspurigen
Bundesstraße 14 zu einer
Einheit zu verschmelzen.

Direkt neben der
Musikhochschule wird das
Haus der Geschichte Baden-
Württemberg errichtet.
Hier der erste Spatenstich.

milie und Beruf zu vereinbaren. Schon in den
achtziger Jahren war die Landespolitik zunehmend auf die »Situation der Frau im Spannungsfeld von Beruf und Familie«[140] aufmerksam geworden, ohne jedoch die grundlegenden
Probleme, die von der Wirtschaft und der Bundespolitik entschieden werden, lösen zu können. Allerdings sind mit einem nahezu flächendeckenden Angebot von Kindergartenplätzen
durch die Kommunen, aber auch mit Verbesserungen in der schulischen Versorgung vor allem
im Grundschulbereich und dem Landeserzie-
hungsgeld bereits einige wichtige Verbesserungen erreicht worden.

Die gesellschaftlichen Veränderungen betreffen
die Schulen aber auch in anderen Bereichen in

In eine ehemalige Munitionsfabrik in Karlsruhe, die unter Denkmalschutz steht, zieht in den letzten Jahren des 20sten Jahrhunderts die Kunst ein: das ZKM, das Zentrum für Kunst und Medientechnologie, die Städtische Galerie Karlsruhe, die Hochschule für Gestaltung (HfG) und seit dem 4. November 1998 auch das Museum für Neue Kunst.

besonderem Maße. Die Zahl verhaltensauffälliger Kinder und Jugendlicher nimmt ebenso zu wie die Gewalt in Schulen, wobei die oft reißerische Berichterstattung die tatsächlichen Probleme maßlos übertreibt. Eine weitere große Aufgabe ist die Integration einer wachsenden Zahl ausländischer Schüler im Land. Ihre Zahl hat sich seit 1970 von über 41.000 auf mehr als 164.000 vervierfacht. Ihr Anteil beträgt inzwischen fast 13%. Seit Mitte der siebziger Jahre stellen türkische Kinder und Jugendliche den Hauptanteil der ausländischen Schüler im Land (ca. 42%).

Ein noch offenes Problem ist die Erteilung von islamischem Religionsunterricht in der Schule. Bisher fehlt dem Kultusministerium ein Partner

auf islamischer Seite. »Ein solcher Partner, dem die inhaltliche Gestaltung von islamischem Religionsunterricht obläge, muss ein von Mitgliedern einer Glaubensgemeinschaft legitimierter, verbindliche Glaubensgrundsätze formulieren-

Zu »Kultur als Standortfaktor« gehört natürlich nicht nur die Initiative zu Neuem, sondern auch die Bewahrung des Alten. Als die Markgrafen von Baden sich von Teilen ihrer Kunstschätze trennten, erwarb auch das Land wesentliche Stücke. Hier: ›Spiegel‹-Redakteur Dr. H.-U. Grimm inspiziert zur Versteigerung bestimmte Gips- und Marmorbüsten im Neuen Schloß in Baden-Baden (1995).

Der Kunstmäzen Reinhold Würth eröffnet 1995 in Künzelsau sein Museum. Hier: Reinhold Würth und Jeanne-Claude und Christo in dem von den beiden verpackten Museum.

der Vertreter sein ... Staatliche Behörden sind verfassungsrechtlich daran gehindert, diese ›Kompetenzlücke‹ zu schließen. Auf muslimischer Seite wachsen die Bemühungen, die für die Durchführung islamischen Religionsunterrichts erforderlichen Organisationsstrukturen herzustellen.«[141]

Mit der geplanten Einführung des Fremdsprachenunterrichts in der Grundschule sowie des achtjährigen Gymnasiums in Baden-Württemberg, dem Beginn der zweiten Fremdsprache in der fünften Klasse und der Ersetzung jahrgangsbezogener Stundentafeln durch sogenannte Stundenpools ab dem Jahr 2004 stehen dem Bildungsbereich im Land grundlegende Änderungen bevor, die einhergehen mit einem starken Wechsel in der Lehrerschaft. Viele Lehrerinnen und Lehrer, die beim großen Ausbau des Bildungsbereichs im Land in den sechziger und frühen siebziger Jahren eingestellt wurden, scheiden in den nächsten Jahren altershalber aus.

Den hohen und zunehmenden Stellenwert, den Bildung und Wissenschaft im Land einnehmen, zeigt auch ihr Anteil an den Ausgaben des Landes seit 1953. Während die Ausgaben für die Schulen zu Beginn des Südweststaates gerade einmal 12% des Haushaltes ausmachten, waren es im Jahr 2000 schon über 16%. Noch deutlicher wuchsen die Ausgaben für Wissenschaft und Forschung, die 1953 gerade einmal 4,5% des Landeshaushaltes umfaßten. Knapp 50 Jahre später lagen diese Ausgaben bei immerhin 11,5%. Allerdings war der Anteil der Ausgaben für Wissenschaft und Forschung am Landeshaushalt in den siebziger und achtziger Jahren teilweise deutlich höher gewesen (über 14%) und 1997/98 unter 10% abgesunken.[142]

Trotzdem stand Baden-Württemberg Mitte der neunziger Jahren nach einer Aufstellung des Wissenschaftsministeriums im Vergleich mit

Bayern, Hessen, Niedersachsen und Nordrhein-Westfalen immer noch gut da. »Werden die Wissenschaftsausgaben in bezug zu bestimmten Meßgrößen gesetzt, nimmt Baden-Württemberg in der Regel nach wie vor die erste Position ein, und zwar unabhängig davon, ob als Maßstab das Bruttoinlandprodukt, die Bevölkerungszahl oder die Zahl der Studierenden zugrunde gelegt wird. Allerdings ist nicht zu übersehen, daß der Abstand Baden-Württembergs zu Bayern in den letzten Jahren kleiner geworden ist. Ursache dafür sind die außerordentlichen Anstrengungen Bayerns in diesem Bereich, unter anderem durch die Bereitstellung eines erheblichen Teils der Privatisierungserlöse für Wissenschaft und Forschung.«[143]

Inzwischen versucht die Landesregierung durch verschiedene Maßnahmen, die Hochschulen des Landes für den immer stärker werdenden Wettbewerb zwischen den verschiedenen Standorten fit zu machen, wobei diese im Einzelfall nicht unumstritten sind. Mit der Einführung von Studiengebühren für Langzeitstudenten konnten die Hochschulen entlastet werden. Mit der Unterstützung von nichtstaatlichen Hochschulen sollen zusätzliche Ressourcen mobilisiert werden. Sie können »allein durch ihre Existenz einen bildungspolitisch erwünschten Wettbewerb zwischen den Hochschulen fördern, neue Formen für Organisation und Management einer Hochschule entwickeln und neue Modelle der Finanzierung von Hochschulaufgaben erproben«, so das Wissenschaftsministerium in einem Überblick über die Hochschulpolitik des Landes in den neunziger Jahren.[144]

Damit sind auch wesentliche Ziele für die staatlichen Hochschulen genannt. Dazu gehörte auch der 1997 mit den Universitäten abgeschlossene ›Solidarpakt‹, der einmalig in der Bundesrepublik ist. Einerseits garantierte das

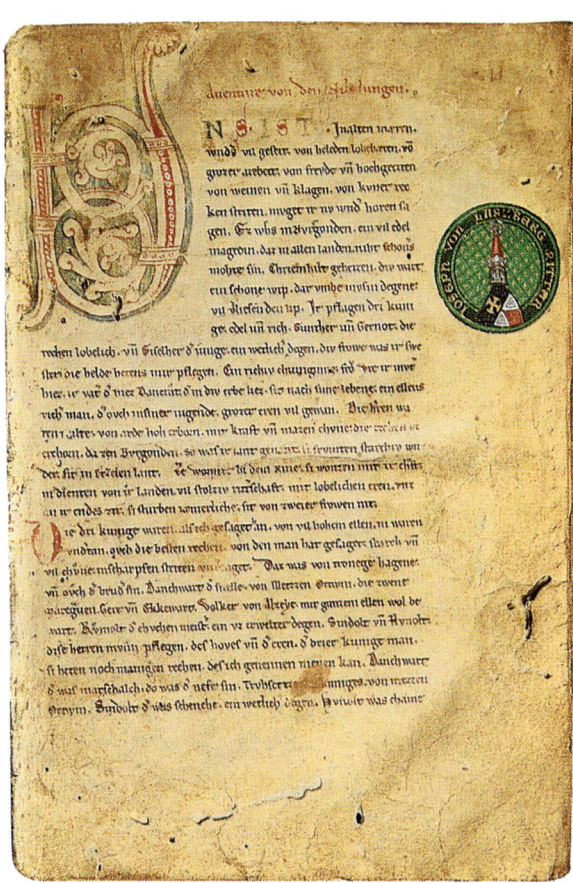

Als das Haus Fürstenberg seine auserlesene Bibliothek feilbot, erwarb das Land die unersetzliche Nibelungenhandschrift C.

Land den Universitäten auf 10 Jahre die Finanzausstattung des Haushaltes von 1997 in Höhe von 2,1 Milliarden DM. Gleichzeitig verpflichteten sich die Universitäten, in diesen 10 Jahren insgesamt 1500 Personalstellen einzusparen. Diese Einsparungen sollten außerdem dazu führen, »dass die Universitäten ihre Profile im Bildungswettbewerb schärfen und ihre Strukturen an Effizienzkriterien neu ausrichten«.[145] Mit der Einrichtung neuer Fakultäten, der angestrebten Auswahl der Studenten durch die Universitäten selbst, der Einführung von Globalhaushalten, der Einführung neuer Studienabschlüsse und verschiedener anderer Maßnahmen soll die Effizienz der Universitäten weiter gesteigert werden.

Einen besonderen Stellenwert besitzt in Baden-Württemberg schon immer die Verbindung von

Glück oder Verdienst? 1994 wurde das im Jahre 1147 gegründete Zisterzienserkloster in Maulbronn als erstes historisches Bauwerk in Baden-Württemberg offiziell in die UNESCO-Liste der Weltkulturdenkmäler aufgenommen.

Nach Maulbronn in Württemberg wurde die Insel Reichenau in Baden mit ihren drei romanischen Kirchen in Ober-, Mittel- und Unterzell 2001 ebenfalls in die Liste des UNESCO-Weltkulturerbes aufgenommen. Hier: der Schutzpatron der Insel und im Hintergrund die St. Georgs-Kirche.

wissenschaftlicher Lehre mit einem hohen Maß an Praxisorientierung. Deshalb stiegen die Ausgaben für die Fachhochschulen, einer relativ jungen Hochschulart, in den neunziger Jahren weit überdurchschnittlich, nicht zuletzt verursacht durch eine Erweiterung der Studienangebote in Bezug auf Inhalt und Kapazitäten.

Am stärksten wuchsen die Ausgaben in den neunziger Jahren für eine baden-württembergische Besonderheit, die Berufsakademien, die in den siebziger Jahren im Land ›erfunden‹ wurden. Man wollte damit der wachsenden Zahl von Abiturienten eine attraktive Ausbildung anbieten, »um die Hochschulen zu entlasten und eine uferlose Akademisierung zu verhindern. Das Bildungswesen sollte wesentlich stärker auf die Anforderungen der Berufs- und Arbeitswelt bezogen sein, es mußte bedarfsgerechter ausgebildet werden. Der beruflichen Bildung und der praktischen Berufstätigkeit sollte mehr Beachtung geschenkt werden. Und so entstand der Gedanke, das sogenannte duale Prinzip (Schule/Wirtschaft) in den tertiären Bereich der Hochschule hinein zu übertragen.«[146]

In enger Zusammenarbeit mit der Wirtschaft absolvieren die Studenten der Berufsakademien eine dreijährige Ausbildung, zur Hälfte in einem Betrieb, zur anderen Hälfte in der Akademie. Dabei zahlen die Betriebe eine ansehnliche Ausbildungsbeihilfe. 1974 nahmen die ersten Berufsakademien ihren Betrieb in Mannheim und Stuttgart auf. Nachdem die Wirtschaft zunächst zögerte, Ausbildungsplätze bereitzustellen, zeigten die Erfahrungen sehr schnell, daß hier ein zukunftsträchtiges Modell geschaffen worden war. Fast alle Unternehmen übernahmen die ersten Absolventen. »Diese Möglichkeit machte verständlicherweise die Ausbildung für die Abiturienten besonders attraktiv. Aber auch die Betriebe kamen auf ihre Kosten, weil sie schon auf die theoretische Ausbildung eine direkte Einwirkung nehmen und die Leistung der von ihnen ausgebildeten Leute beurteilen konnten.«[147]

Inzwischen gibt es Berufsakademien an zehn Standorten mit 18.000 Studienplätzen und 4.000 kooperierenden Betrieben. Auch in den neunziger Jahren erhielten rund 90% der Absolventen der Berufsakademien bereits vor Studienabschluß einen Arbeitsvertrag. 1995 wurden die Abschlüsse bundesweit mit den Fachhochschulabschlüssen gleichgestellt, und zwei Jahre später erfolgte ihre europaweite Anerkennung.[148] Die besondere Bedeutung der Berufsakademien zeigt sich auch daran, daß sie in den neunziger Jahren mit Abstand den höchsten Mittelzuwachs unter allen baden-württembergischen Hochschulen zu verzeichnen hatten, nämlich über 50%.[149]

Nach Ansicht des 1994 von der Landesregierung eingesetzten Innovationsbeirates verfügt das Land über »leistungsfähige Institutionen im Bildungssektor«. Da die Wirtschaft immer höher und besser qualifizierte Arbeitskräfte benötige, komme es »daher auf eine bedarfsgerechte Ausbildung und lebenslanges Lernen an«.[150] Baden-Württemberg ist hier auf einem guten Weg. Nach einer Untersuchung der EU sind 10,6% aller Beschäftigten im zukunftsträchtigen Hochtechnologiebereich tätig. Den höchsten Anteil innerhalb der EU wies die Region Stuttgart mit 23,3% auf, gefolgt von der Region Karlsruhe mit 21,1%. Auf dem siebten Platz befand sich Tübingen mit 18,0% und auf dem 15. Platz Freiburg mit 15,4%.[151] Alle baden-württembergischen Regionen lagen weit über dem europäischen Durchschnitt. Das Land kann also sowohl von der anstehenden europäischen Integration mit der Einführung einer gemeinsamen Währung als auch von der Globalisierung profitieren, wenn es gelingt, die dafür notwendigen Reformen und Initiativen zu realisieren. Voraussetzung dafür ist jedoch eine funktionierende Demokratie mit einem Grundkonsens in den wichtigsten gesellschaftlichen Fragen.

Auch das unverwechselbare Denkmal, die moderne Skulptur, gibt den Städten Baden-Württembergs Gestalt. Stuttgart ist ohne die Arbeiten von Professor Dr. Otto Herbert Hajek nicht mehr vorstellbar. Hier sein »Wegezeichen 1« (1998 - 1999).

Und die Konstanzer Hafeneinfahrt ist ohne die »Imperia« nicht mehr denkbar, die Peter Lenk frei nach der ersten der »Tolldreisten Geschichten« von Honoré de Balzac schuf. Im Hintergrund das Konzilsgebäude.

Rückkehr zur parteipolitischen Normalität? – Die Landtagswahl von 2001

Bei den Bundestagswahlen 1998, die in Berlin zum Machtwechsel von Helmut Kohl zu Gerhard Schröder führten, erlitten CDU und FDP auch in Baden-Württemberg deutliche Verluste von 5,5% bzw. 1,1%, während die SPD um fast 5% zulegen konnte. Allerdings nahmen die Grünen in ihrer Hochburg um 0,4% ab. Die SPD lag nur noch 2,2% hinter der CDU, und Rot-Grün, der neuen Regierungskoalition in Berlin fehlten nur noch 1,8%, um die in Stuttgart regierenden Christdemokraten und Liberalen einzuholen. Die Turbulenzen um den Machtverlust der CDU im Bund erreichten kurzzeitig auch Baden-Württemberg. Ab 1999 fing sich die Regierung wieder, und die überdurchschnittlich gute wirtschaftliche Entwicklung tat ein Übriges, um den Wechselwillen im Land weiter zu reduzieren. So schien sich eine Bestätigung der amtierenden Landesregierung bei den nächsten Landtagswahlen abzuzeichnen. Offen blieb scheinbar nur die Frage, ob Ministerpräsident Teufel noch einen Koalitionspartner benötigte oder sich wieder, wie in den siebziger und achtziger Jahren, auf eine absolute Mehrheit der CDU stützen könnte.

Mitte 2000 gelang es der SPD, mit der Urwahl der Parteivorsitzenden und damit auch der Spitzenkandidatin für die Landtagswahl 2001 große öffentliche Aufmerksamkeit zu erregen. Die junge Pforzheimer Bundestagsabgeordnete Ute Vogt setzte sich überzeugend gegen den Esslinger Bundestagsabgeordneten und Staatssekretär im Berliner Wirtschaftsministerium Siegmar Mosdorf durch. In den folgenden Monaten gelang es der SPD-Spitzenkandidatin, Medien und die eigene Anhängerschaft zu mobilisieren. »Die Landesvorsitzende der SPD gibt sich ideologiefrei und pragmatisch. Parallelen zu Bundeskanzler Gerhard Schröder sind nicht zu übersehen. Politiker könnten den Bürgern, die sie stets Menschen nennt, nicht vorschreiben, was richtig und was falsch ist, sagt die Juristin. Ihre Vision und ihre Botschaft sind der neue Politikstil. Probleme sollen von Fall zu Fall gelöst werden. Das gibt dem Gegner kaum Angriffspunkte. Viel Tralala und wenig Konzepte wirft ihr die CDU vor ... Das Wahlkampfthema ist Ute Vogt, auch wenn die SPD die Bildungspolitik ganz oben auf die Tagesordnung gesetzt hat.«[152]

Mit den Worten, neben ihr sehe Erwin Teufel alt aus, versuchte die SPD-Spitzenkandidatin, den Wahlkampf zu einer Generationenfrage zu machen. Damit stieß sie eine Frage an, die auch in Teilen der CDU diskutiert wurde. »Besonders seit der verlorenen Bundestagswahl sind es vor allem Christdemokraten, die Alter und Amtszeit des Ministerpräsidenten thematisieren – wenn auch heute hinter vorgehaltener Hand. Manch einen plagen dennoch Erinnerungen ans Wahljahr 1998, ›Unser Helmut heißt Erwin‹, sagen sie.«[153]

So entstand wenige Wochen vor dem Wahltermin der öffentliche Eindruck, verstärkt durch verschiedene Meinungsumfragen, ein Machtwechsel im Land sei möglich. Zur zusätzlichen Verunsicherung des Regierungslagers trug das Angebot einer Ampelkoalition an die FDP bei. Obwohl der stellvertretende Ministerpräsident und FDP-Spitzenkandidat Walter Döring sofort heftig dementierte, wurde in der Öffentlichkeit munter über diese Möglichkeit weiter spekuliert. Dabei ging man sogar soweit, daß dem FDP-Mann der Posten des Ministerpräsidenten angeboten werden solle, um ihn aus dem Bündnis mit der CDU zu lösen.

Teufel schien vor allem in der »modernen Mediendemokratie à la Schröder so heimisch« zu sein »wie ein Fisch in der Wüste«. Dabei erkannten nicht alle Beobachter, daß die Wahlkampfveranstaltungen des Ministerpräsidenten, die mit vollem Einsatz erst wenige Wochen vor dem Wahltag einsetzten, nicht nur gut besucht waren, sondern zumeist auch auf große Zustimmung stießen. »›Herzerfrischend altmodisch‹ hat die ›Zeit‹ seinen Politikstil genannt. Andere Medien sind weniger freundlich. Aber selbst sie müssen anerkennen, dass die Sachpolitik Teufels, der seit zehn Jahren Ministerpräsident ist und davor von 1978 an CDU-Fraktionschef im Landtag war, kaum Anlass zu Kritik bietet. ›Könnten andere Landesväter mit dieser Bilanz protzen, müssten sie normalerweise mit so breiter Brust herumlaufen, dass der Platz für zehn Bundesverdienstkreuze reichen müsste‹, hat sogar der ›Spiegel‹ bewundernd geschrieben.«[154]

Immer wieder verwies Teufel auf die landespolitischen Erfolge. Er wolle keine Umfragen gewinnen, sondern Wahlen, wurde er nicht müde zu sagen. Bei seinen Wahlkampfauftritten bilanzierte er sehr ausführlich und faktenreich die ihm wichtigen Themen, sei es nun Bildungspolitik, Langzeitstudenten, Rentenpolitik, Unternehmenssteuergewinne, den Länderfinanzausgleich oder die geringste Jugendarbeitslosigkeit in ganz Europa. »›Titel, Namen, Geld, Befrakkung sind zum Zwecke der Verpackung. Schale gilt nicht, sondern Perle, wichtig ist allein der Kerle‹, diesen Vers August Lämmles zitiert Teufel im Bad Schussenrieder Kloster. In Oberschwaben, wo ›die Dächer rot sind und schwarz gewählt wird‹, wie einer sagt, kommen der Vers und der Redner an.«[155]

Am Ende des Wahlkampfes, bei dem die kleineren Parteien, vor allem die Grünen und die FDP,

durch die Polarisierung zwischen Erwin Teufel und seiner Herausforderin Ute Vogt immer mehr in den Hintergrund traten, verbreiteten beide Volksparteien Siegeszuversicht. »Ob es nun tatsächlich der unerschütterliche Glaube ist oder doch eher die Beschwörung des schier Unmöglichen, weiß nur die SPD selbst: Jedenfalls gaben sich gestern Abend in der Liederhalle alle Redner überaus zuversichtlich, nach 48 Jahren CDU-Regierung den Wechsel zu schaffen.«[156]

Aber auch Erwin Teufel war siegessicher, trotz der schlechten Umfragen noch Anfang März, die die CDU bei unter 40% und die SPD bei 35% sahen. »Das Ende des Wahlkampfs naht – und Erwin Teufel (61) baut auf der Zielgeraden den Vorsprung der CDU aus. Trotz des anfänglich ›orkanartigen Gegenwindes‹ aus den eigenen Reihen und der allgemeinen politischen Grundströmung zugunsten der Sozialdemokraten kommt bei den Christdemokraten wieder Zuversicht auf.«[157] Dazu hatten sie auch allen Grund, wie die Analyse der Mannheimer Forschungsgruppe Wahlen unmittelbar vor dem Urnengang belegte. »Erwin Teufels Regierung kommt wohl ohne Blessuren durch den Wahltag«. Die CDU werde bescheidene Gewinne erzielen, die FDP ihr Ergebnis voraussichtlich halten. »Zusammen könnte das den Fortbestand der Koalition sichern, auch wenn die SPD auf die größten Zugewinne hoffen darf. Die Republikaner müssten um den Wiedereinzug bangen, die Grünen sich auf unter zehn Prozent einstellen.«[158]

Obwohl die wichtigste Vorhersage der Wahlforscher zutraf – kein Regierungswechsel in Stuttgart – und die SPD tatsächlich große Zugewinne erzielte, die Grünen unter zehn Prozent rutschten und die Republikaner aus dem Landtag verschwanden, löste das Wahlergebnis vom 25. März 2001 große Überraschung aus. Die CDU konnte 3,5% hinzugewinnen und stieg auf 44,8%. Sie verfehlte nur knapp die absolute Mehrheit der Sitze. Die SPD überwand ihr tiefes Tal und erreichte mit 33,3% zwar satte 8,2% Zuwachs gegenüber der Landtagswahl von 1996, befand sich aber damit wieder prozentual dort, wo sie sich bereits 1976 befunden hatte. Die FDP verfehlte ihr angestrebtes Wahlziel, ein zweistelliges Ergebnis, deutlich, aber sie wurde drittstärkste Partei im Landtag mit jetzt 8,1% (– 1,5%). Der dritte Platz konnte aber nur gewonnen werden, weil die Grünen schwere Verluste hinnehmen mußten und von 12,1% auf 7,7% zurückgingen. Allgemein begrüßt wurde das Ausscheiden der Republikaner aus dem Landtag, die nur noch 4,4% der Stimmen erreicht hatten.

Unter Kommentatoren unbestritten war der CDU-Sieg »Teufels Triumph«.[159] »Für den 61-jährigen Erwin Teufel ist dies ein Tag des persönlichen Triumphes geworden. Bis tief in die eigenen Reihen nagten die Zweifel, ob er – bei allen landespolitischen Erfolgen, die ihm niemand streitig machen konnte – noch der Richtige sei für die Zukunft. All denen, die ihn für zu alt, zu bieder, nicht medientauglich gehalten haben, hat er es nun gezeigt. Teufel hätte beinahe sogar an die glorreichen Zeiten der Südwest-CDU unter Filbinger und Späth anknüpfen können, als die Christdemokraten mit absoluter Mehrheit regierten. Und er hat diesen Sieg errungen, obwohl die Bundes-CDU außer Irritationen und Führungsstreit wenig zu seinem Wahlkampf beizutragen hatte.«[160]

Vermutlich trug Ute Vogt mit ihrem Wahlkampf nicht nur zum guten Ergebnis der SPD, sondern auch zum Sieg Erwin Teufels ganz wesentlich bei. »Die SPD hatte mit Ute Vogt einen rein personalisierten Wahlkampf geführt. Sie hatte die CDU damit überrascht, und es sah für einige Monate so aus, als könnte es eine Sensation

im Land geben. Das scheint denn auch den Wählern als Möglichkeit geschwant zu haben. Und das wollten sie nicht. Ein bisschen mehr Jugend, ein bisschen mehr Schwung – ja gern. Aber doch nicht gleich den Bewährten aus den Schuhen stoßen! Die Baden-Württemberger wissen schon, was sie an Erwin Teufel haben. Die CDU ein wenig ärgern – ja gern. Aber deshalb anstelle Erwin Teufels eine unerfahrene Sozialdemokratin? Das denn doch lieber nicht. So ist das Ergebnis der stärksten Regierungspartei in Stuttgart auch etwas durch den Schreck zu erklären, der in den letzten Wochen vielen in die Knochen gefahren sein mag. Dies und die wiederum schwächer gewordene Wahlbeteiligung führten zu diesem Ergebnis.«[161]

Zu den Verdiensten Teufels wurde auch das Verschwinden der Republikaner gezählt. »Zu den schönsten Ergebnissen der Wahl gehört freilich das Aus für die REP. Dass es die CDU geschafft hat, die Rechtsextremen aus dem Landtag zu drängen, ohne sich anzubiedern – darüber können sich alle freuen«.[162] Nach Aussagen der Republikaner hatte die CDU mit der ›Nationalstolz-Debatte‹, die von Bundesumweltminister Trittin von den Grünen ausgelöst worden war, viel Boden gewonnen, »und die ›Republikaner‹ hätten im Wahlkampf kein Thema gehabt. Die Zuwanderungsfrage sei von ihnen nicht stärker thematisiert worden, um das Image als Protestpartei abzulegen.«[163]

Besondere Aufmerksamkeit erweckte natürlich das Abschneiden der Spitzenkandidaten. Während sich der Grünen-Spitzenmann Dieter Salomon in Freiburg dem allgemeinen Abschwung seiner Partei nicht entgegenstemmen konnte, gelang dem FDP-Landesvorsitzenden Walter Döring in Schwäbisch Hall ein großer Erfolg. Gegen den Landestrend gewann er 3,4% hinzu und erzielte mit 23,1% das beste Ergebnis seiner Partei. Auch Ministerpräsident Teufel konn-

Mit der Spitzenkandidatin Ute Vogt gelang der SPD bei der Landtagswahl 2001 ein satter Zuwachs von 8,2% auf insgesamt 33,3% der Stimmen.

te sein bereits sehr gutes Ergebnis in Villingen-Schwenningen nochmals leicht überdurchschnittlich auf 54,7% steigern.

Die größte Bedeutung hatte jedoch die Auseinandersetzung im Wahlkreis Pforzheim, wo die SPD-Spitzenkandidatin Ute Vogt gegen den CDU-Staatssekretär Stefan Mappus antrat. Obwohl Vogt mehr als 13% hinzugewann, landete sie fast neun Prozent hinter Mappus, der sein Ergebnis auch weit überdurchschnittlich um 5,6% verbessert hatte. Da der Wahlkreis Pforzheim verhältnismäßig klein ist, zog Ute Vogt auch nicht über die Zweitauszählung in den Landtag ein, bei der die absolut erhaltenen Stimmen entscheiden. Da der Abstand zwischen CDU und SPD 1996 fast 17% betragen hatte und die Chancen auf ein Zweitmandat sehr gering waren, wurde spekuliert, ob Ute Vogt nicht lieber in Berlin blieb, als Oppositionsführerin in Stuttgart zu werden.[164]

Das Wahlergebnis brachte insgesamt »die Rückkehr in ein altes politisches Schema ...: Offenbar hat die SPD in den Städten wieder Fuß gefasst, während sich die CDU auf dem Land gut behauptet.«[165] In den drei größten Städten des Landes konnte die SPD überdurchschnittlich gut abschneiden. In allen vier Stuttgarter Wahlkreisen gewann die SPD deutlich über dem Landesdurchschnitt und nahm der CDU zwei Direktmandate ab. Noch deutlicher fiel das Ergebnis in Karlsruhe aus, wo beide Direktmandate von der CDU an die SPD übergingen. Die CDU konnte jeweils weniger als 1% hinzugewinnen, während die Sozialdemokraten zweistellige Zuwächse zu verzeichnen hatten, vor allem auf Kosten der Grünen.

»Die CDU verdankte ihre Zunahme auch den Wahlerfolgen in ihren Hochburgen, also in den 10 Landtagswahlkreisen mit den jeweils höchsten Stimmenanteilen der CDU. Hier legte sie um 3,9 Prozentpunkte zu. In ihren Diaspora-gebieten, das heißt in den 10 Wahlkreisen mit den schwächsten Ergebnissen erreichten die Christdemokraten lediglich 2,5 Prozentpunkte Zuwachs. Besonders erfolgreich war die CDU – wie auch bei vergangenen Wahlen – in den Wahlkreisen mit hohem Anteil katholischer Bevölkerung (52,3%); dort legte sie um 3,7 Prozentpunkte zu. Des weiteren erzielten die Christdemokraten vor allem in den ländlichen Gebieten (50,3 Prozent) überdurchschnittliche Ergebnisse.«[166] In den evangelischen Wahlkreisen konnte die CDU allerdings überdurchnittlich gewinnen. Auch die SPD legte in ihren Hochburgen sehr stark zu. In Gebieten mit hoher Bevölkerungsdichte schnitt sie ebenso besonders gut ab, wie in Wahlkreisen mit hoher Erwerbslosenquote sowie in Wahlkreisen mit einem hohen Anteil von Beschäftigten im Dienstleistungsgewerbe.

Ein allgemeiner Trend war die wiederum abnehmende Wahlbeteiligung, wobei die Wahlkreise mit hoher Wahlbeteiligung fast ausnahmslos im württembergischen Landesteil lagen. Vor allem die Wahlbeteiligung der jungen Wähler unter 35 Jahren ging weiter sehr deutlich zurück und lag deutlich unter 50%. Bei den 21- bis 24-jährigen Frauen wählten gerade noch 37%. Erst die über 60jährigen hatten eine Wahlbeteiligung von über 70%, und in dieser Altersgruppe schnitt die CDU besonders gut ab, was ganz wesentlich zu ihrem Wahlsieg beitrug. Das ›Duell‹ zwischen Ute Vogt und Erwin Teufel hatte zwar die jeweiligen Anhänger und Sympathisanten mobilisiert, aber darüber hinaus keine Wähler, vor allem keine jungen Wähler an die Urnen gebracht.

Der Zweikampf hatte aber auch eine Entwicklung gestoppt, die seit 1972 anhielt: der abnehmende Stimmenanteil der Volksparteien. Bei den Landtagswahlen von 1972 konnten CDU und SPD zusammen noch über 90% der Stimmen auf sich vereinigen. 24 Jahre später, bei der Landtagswahl 1996, waren es nicht einmal mehr zwei Drittel. Dieses Mal, im März 2001, konnten beide Volksparteien deutlich zulegen und wieder über 78% der Stimmen für sich gewinnen. Ob dies allerdings eine dauerhafte Trendumkehr darstellt muß bezweifelt werden, da sich die Parteibindungen generell lockern.

Nach den Wahlen wurde die CDU-FDP-Regierung fortgesetzt, und Erwin Teufel, der mit seinem Wahlerfolg auch alle innerparteilichen Zweifler zum Verstummen gebracht hatte, wurde erneut zum Ministerpräsidenten gewählt.

Neue Probleme sind auf Baden-Württemberg in seinem 50. ›Lebensjahr‹ inzwischen zugekommen. »Seit dem zweiten Quartal (2001, T.S.)«, so das Statistische Landesamt Baden-Württemberg in seiner Einschätzung der wirtschaftlichen Lage im Oktober, »ist das Wachstumstempo der Südwestwirtschaft wieder unter den Durchschnitt der EU-Länder zurückgefallen, an dem sie sich in den letzten wachstumsstarken Jahren orientiert hatte. Nachdem sie in dieser Zeit von der dynamisch wachsenden Weltwirtschaft profitiert hatte, spürt sie heute die Folgen des Konjunktureinbruchs in den USA mehr als andere Länder.« Allerdings ist die Konjunktur im Südwesten immer noch vergleichsweise robust und hat so dazu beigetragen, »die Wachstumsschwäche anderer Bundesländer auszugleichen. Bei einem Wirtschaftswachstum von 2 Prozent gegenüber dem Vorjahr ist sie im ersten Halbjahr gleichauf mit Hessen doppelt so stark gewachsen wie der Bundesdurchschnitt.«[167]

Zu diesen schwieriger werdenden wirtschaftlichen Aussichten kommt seit dem mörderischen Terroranschlag auf New York und Washington am 11. September 2001 die unsichere politische Lage. Angesichts der eingeleiteten Strukturreformen sind die wirtschaftlichen Aussichten für den Südwesten eher besser als im Bundesdurchschnitt. Angesichts seiner langen liberalen und demokratischen Traditionen besteht die berechtigte Hoffnung, daß der Südweststaat auch weiterhin eine offene und tolerante Gesellschaft bleibt, in der Dogmatiker und Fanatiker keinen Rückhalt finden und das friedliche Zusammenleben zwischen allen Menschen eine Selbstverständlichkeit ist. So könnte aus Baden-Württemberg, dem erfolgreichen Modell deutscher Möglichkeiten, schließlich nach seinem 50. Geburtstag ein Modell europäischer Möglichkeiten werden.

Auf dem Landesparteitag der CDU am 23. September 2000 wird Erwin Teufel zum Spitzenkandidaten für die Landtagswahl im März 2001 gekürt. Nach Auszählung der Stimmen am 25. März 2001 war klar: Unter Führung von Ministerpräsident Teufel wird die CDU/FDP-Koalition weiterregieren.

Anhang

Anmerkungen

Kapitel I

1 Zit. nach Quellen (1986), S. 247.

2 Ebd., S. 249.

3 Eschenburg (2000), S. 147.

4 Müller (1980), S. 33/4.

5 Badische Zeitung Nr. 202 v. 29./30.12.1951, S. 1.

6 Maier (1966), S. 375/6.

7 Möller (1984), S. 15.

8 Kiesinger (1989), S. 418.

9 Maier (1966), S. 377.

10 Möller (1984), S. 15.

11 Feuchte (1983), S. 168.

12 Schwäbische Zeitung Nr. 155 v. 9.8.1952, S. 13.

13 Mannheimer Morgen Nr. 200 v. 1.9.1952, S. 2.

14 Schwäbische Zeitung Nr. 155 v. 9.8.1952, S. 13.

15 Schwäbische Zeitung Nr. 259 v. 30.12.1952, S. 2.

16 Möller (1984), S. 15.

17 Stuttgarter Zeitung Nr. 2 v. 3.1.1953, S. 2.

18 Neues Vaterland Nr. 1 v. 3.1.1953, S. 1 + 2.

19 Stuttgarter Zeitung Nr. 304 v. 31.12.1952, S. 6.

20 Ebd., S. 13.

21 Schwäbisches Tagblatt Nr. 274 v. 31.12.1952, S. 8.

22 Statistisches Handbuch 1955, S. 255.

23 Feuchte (1983), S. 176.

24 Quellen (1992), S. 223.

25 Möller (1984), S. 17.

26 Ebd., S. 17/8 und Müller (1980), S. 35.

27 Maier (1966), S. 528/9.

28 Parlamentswahlen (1964), S. 10.

29 Mannheimer Morgen Nr. 59 v. 11.3.1952, S. 2.

30 Schwäbische Zeitung Nr. 50 v. 11.3.1952, S. 1.

31 Schwäbische Zeitung Nr. 209 v. 12.9.1953, S. 1.

32 Wahl (1953), S. 1* - 22* und S. 1 - 5.

33 Ebd., S. III.

34 Ebd.

35 Mannheimer Morgen Nr. 208 v. 8.9.1953, S. 1.

36 Stuttgarter Zeitung Nr. 209 v. 8.9.1953, S. 2.

37 Stuttgarter Zeitung Nr. 211 v. 10.9.1953, S. 1.

38 Mannheimer Morgen Nr. 208 v. 8.9.1953, S. 1.

39 Schwäbische Zeitung Nr. 207 v. 10.9.1953, S. 2.

40 Zit. nach Mannheimer Morgen Nr. 208 v. 8.9.1953, S. 1.

41 Möller (1978), S. 134.

42 Maier (1966), S. 528.

43 Schwäbisches Tagblatt Nr. 229 v. 2.10.1953, S. 1.

Kapitel II

1 Badische Zeitung Nr. 154a v. 2.10.1953, S. 1.

2 Badische Zeitung Nr. 154 v. 1.10.1953, S. 1.

3 Quellen (1992II), S. 117.

4 Ebd., S. 119.

5 Feuchte (1983), S. 175.

6 Möller (1984), S. 18.

7 Quellen (1992II), S. 307.

8 Feuchte (1983), S. 206.

9 Stuttgarter Zeitung Nr. 135 v. 13.6.1953, S. 3.

10 Quellen (1992II), S. 349.

11 Badische Zeitung v. 13.11.1953, S. 1.

12 Quellen (1992I), S. 94.

13 Quellen (1990), S. 35.

14 Ebd., S. 58.

15 Quellen (1992I), S. 91/92.

16 Vgl. dazu Feuchte (1983), S. 211 - 16.

17 Zit. nach Feuchte (1983), S. 219.

18 Quellen (1992II), S. 451/2.

19 Ebd., S. 452/3.

20 Ebd., S. 462.

21 Ebd., S. 464.

22 Rhein-Neckar-Zeitung Nr. 265 v. 12.11.1953,

S. 2.

23 Jahrbuch (1956), S. 297.

24 Badische Zeitung Nr. 179 v. 7./8.11.1953, S. 3.

25 Hechinger Zeitung Nr. 186 v. 14.11.1953, S. 2.

26 Vgl. zum folgenden Weinacht/Mayer (1982),
     S. 245ff.

27 Ebd., S. 247.

28 Kopf (1969), S. 144.

29 Hausenstein (1961), S. 93.

30 Badische Zeitung Nr. 153 v. 3./4.10.1953, S. 3.

31 Badische Zeitung Nr. 178 v. 6.11.1953, S. 1.

32 Fleig (1954), S. 3.

33 Baden-Württemberg (1955), S. 13.

34 Goldschmit-Jentner/Heuschele (1955), S. 5.

35 Jahrbuch (1957), S. 285 - 287.

36 Smend (1971), S. 19/20.

37 Huber (1978), S. 389.

38 Smend (1971), S. 15.

39 Ebd., S. 18.

40 Schmücker (1971), S. 3/4.

41 Zit. nach Entscheidungen (1956), S. 36.

42 Ebd., S. 47.

43 Stuttgarter Zeitung Nr. 124 v. 1.6.1956, S. 2.

44 Schwäbische Zeitung Nr. 125 v. 2.6.1956, S. 2.

45 Mannheimer Morgen Nr. 125 v. 2.6.1956, S. 2.

46 Badische Zeitung Nr. 124 v. 1.6.1956, S. 3.

47 Albiez/Glunk/Grund (1992), S. 127.

48 25 Jahre (1981), S. 9.

49 Karlsruhe (1955), Zur Einführung.

50 Mannheimer Morgen Nr. 166 v. 20.7.1956, S. 1.

51 Badische Zeitung Nr. 166 v. 20.7.1956, S. 7.

52 Stuttgarter Zeitung Nr. 165 v. 19.7.1956, S. 2.

53 Mannheimer Morgen Nr. 166 v. 20.7.1956, S. 1.

54 Kraushaar (1996), Bd. III, S. 1616.

55 Wahl (1958), S. 98.

56 Schwarz (1991), S. 436.

57 Welt am Oberrhein 3/1961, S. 144 + 148.

58 Kernkraftwerk (1968), S. 2.

59 25 Jahre (1981), S. 13.

60 Ebd., S. 5.

61 Ebd.

62 Jahrbuch (1956), S. 202.

63 Ebd., S. 359.

64 Schnabel (1995), S. 111.

65 Jahrbuch (1956), S. 276.

66 Ebd., S. 132.

67 Jahrbuch (1957), S. 142.

68 Jahrbuch (1956), S. 130.

69 Sauer (1978), S. 168.

70 Rückerl (1982), S. 141/2.

71 Ebd., S. 140.

72 Schwäbische Zeitung Nr. 232 v. 3.10.1958, S. 2.

73 Stuttgarter Zeitung Nr. 231 v. 7.10.1958, S. 3.

74 Badische Zeitung Nr. 233 v. 9.10.1958, S. 1/2.

75 Mannheimer Morgen Nr. 233 v. 9.10.1958, S. 12.

76 Schäfer (1975), S. 136.

77 Jahrbuch (1957), S. 145.

78 Streim (1994), S. 323/4.

79 Stuttgarter Zeitung Nr. 232 v. 8.10.1958, S. 2.

80 Streim (1994), S. 329.

81 Rückerl (1982), S. 319.

82 Ebd., S. 325.

83 Streim (1994), S. 325.

84 Stuttgarter Zeitung Nr. 53 v. 3.3.1956, S. 2.

85 Ebd.

86 Schwäbische Zeitung Nr. 54 v. 5.3.1956.

87 Badische Zeitung Nr. 55 v. 6.3.1956, S. 3.

88 Schwäbische Zeitung Nr. 54 v. 5.3.1956, S. 1.

89 Schwäbische Zeitung Nr. 55 v. 6.3.1956, S. 1.

90 Badische Zeitung Nr. 55 v. 6.3.1956, S. 3.

91 Stuttgarter Zeitung Nr. 55 v. 6.3.1956, S. 2.

92 Gebhard Müller (1982), S. 83.

93 Mannheimer Morgen Nr. 300 v. 31.12.1958, S. 2.

94 Schwäbische Zeitung Nr. 276 v. 1.12.1958, S. 1.

95 Stuttgarter Zeitung Nr. 276 v. 1.12.1958, S. 1.

96 Schwäbisches Tagblatt Nr. 276 v. 1.12.1958, S.1.

97 Landtag von Baden-Württemberg, 2. Wahlperiode,
     Protokolle Bd. 4, S. 3622.

98 Schnabel (1999), S. 64.

99 Kraushaar (1996), Bd. 4, S. 2482 - 2521.

100 Allemann (1956).

101 Aufbau No. 6 March 15, 2001, S. 10.

102 Determinanten (1973).

103 Bayer (1965), S. 437.

104 Determinanten (1973), S. 7.

105 Storz (1976), S. 186.

106 Zit. nach Bänsch (1985), S. 5.

107 Stuttgarter Zeitung Nr. 229 v. 4.10.1958, S. 1.

108 Schelsky (1957).

109 Lindinger (1987), S. 17.

110 Weinberg-Staber (1984), S. 40.

111 Ebd., S. 42.

112 Rettich (2000), S. 83.

113 Badische Zeitung Nr. 297 v. 24.12.1959, S. 35.

114 Schäfer (1975), S. 186.

115 Baser (1963), S. 315.

116 Storz (1976), S. 215.

117 Ebd., S. 213.

118 Augenblick 1/1957, Einführung.

Kapitel III

1 Badische Zeitung Nr. 111 v. 13.5.1960, S. 2.

2 Hohenzollerische Zeitung Nr. 111 v. 14.5.1960, S. 1.

3 Ebd.

4 Badische Zeitung Nr. 112 v. 14./15.5. 1960, S. 18.

5 Mannheimer Morgen Nr. 114 v. 17.5.1960, S. 2.

6 Wahl (1960), S. 40/41.

7 Badische Zeitung Nr. 114 v. 17.5.1960, S. 3.

8 Mannheimer Morgen Nr. 114 v. 17.5.1960, S. 2.

9 Vgl. dazu Wahl (1960).

10 Stuttgarter Zeitung Nr. 113 v. 17.5.1960, S. 3.

11 Schwäbische Zeitung Nr. 112 v. 16.5.1960, S. 1.

12 Badische Zeitung Nr. 114 v. 17.5.1960, S. 3.

13 Hohenzollerische Zeitung Nr. 114 v. 18.5.1960.

14 Storz (1976), S. 186.

15 Landtag von Baden-Württemberg, 3. Wahlperiode, 4. Sitzung v. 7.7.1960, S. 22.

16 Möller (1978), S. 169.

17 Möller (1960).

18 Mannheimer Morgen Nr. 303 v. 31.12.1960, S. 2.

19 Stuttgarter Zeitung Nr. 301 v. 30.12.1960, S. 16.

20 Möller (1978), S. 172.

21 Südwestdeutschland (1953), S. 19.

22 25 Jahre (1979), S. 237.

23 Naumann (1961), S. 27.

24 Ebd.

25 Ebd., S. 5.

26 Vgl. Seidelmann (1988).

27 50 Jahre (1966), S. 6.

28 Zit. nach Der Umbau (1962), S. 18.

29 Vom Meer (1957), S. 125.

30 Für und wider (1961), S. 26.

31 Landtag von Baden-Württemberg, 3. Wahlperiode, 95. Sitzung vom 24. Oktober 1963, S. 6428.

32 Zit. nach Kiesinger (1969), S. 163.

33 Zit. nach Seidelmann (1988), S. 450.

34 Zit. nach ebd., S. 449.

35 Zit. nach Gayer (1989), S. 195/6.

36 Treffz-Eichhöfer (1982), S. 232.

37 Schwäbisches Tagblatt Nr. 200 v. 10.9.1962, S. 10.

38 Badische Zeitung Nr. 210 v. 11.9.1962, S. 3.

39 Schwäbische Zeitung Nr. 210 v. 11.9.1962, S. 2.

40 Badische Zeitung Nr. 210 v. 11.9.1962, S. 3.

41 Begegnungen (1984), S. 286/7

42 Zit. nach Schenk (1954), S. 289.

43 Schwäbisches Tagblatt Nr. 117 v. 22.5.1965, S. 1.

44 Ebd.

45 Stuttgarter Zeitung Nr. 119 v. 24.5.1965, S. 3.

46 Mannheimer Morgen Nr. 119 v. 25.5.1965, S. 2.

47 Rettich (2000), S. 86/7.

48 Badische Zeitung Nr. 120 v. 26./27.5.1965, S. 1.

49 Lilienfeld (1984), S. 289.

50 Kiesinger (1969), S. 177 - 187.

51 Gayer (1989), S. 196.

52 Zit. nach Hahn/Hahn (2001), S. 337.

53 Walla (1994), S. 64.

54 Ebd., S. 68.

55 Müller (1962), S. 80.

56 Ebd., S. 86.

57 Walla (1994), S. 68.

58 Lage (1960), S. 16.

59 Ebd., S. 49 + 51.

60 Hermann (1989), S. 84-86.

61 Geschichte (1984), S. 498/9.

62 Müller (1962), S. 108.

63 Lage (1960), S. 39/40.

64 Walla (1994), S. 69.

65 Beer (1994), S. 31.

66 Ebd., S. 32.

67 Vgl. dazu Fremde Heimat (1995).

68 Schwarz (1975), S. 36/7.

69 Stuttgarter Zeitung Nr. 15 v. 20.1.1964, S. 14.

70 Hahn/Hahn (2001), S. 351.

71 Schnabel (1982), S. 208/9.

72 Boelcke (1992), S. 362.

73 Geschäftsbericht (1954), S. 7.

74 Geschäftsbericht (1955), S. 10/1.

75 Baden-Württemberg (1958), S. 6.

76 Ebd., S. 10.

77 Geschäftsbericht (1959), S. 9.

78 Geschäftsbericht (1960), S. 8.

79 Lange Reihen (1994), S. 292.

80 Volkswirtschaftliche Bedeutung (1972), S. 23.

81 Lange Reihen (1994), S. 94.

82 Ebd., S. 21 + 32.

83 Mannheimer Morgen Nr. 95 v. 25.4.1962, S. 12.

84 Zit. nach Hohenzollerische Zeitung Nr. 95 v. 25.4.1962, S. 1.

85 Steuer (1962), S. 14.

86 Lange Reihen (1994), S. 74.

87 Steuer (1962), S. 12.

88 Ebd., S. 13.

89 Miller/Sauer (1971), S. 223.

90 Jahrbuch (1965), S. 377 - 380.

91 Ebd., S. 12.

92 Lange Reihen (1994), S. 267.

93 Ebd., S. 271.

94 Haas (1968), S. 1.

95 Geschäftsbericht (1967), S. 9.

96 Kiesinger (1969), S. 203/4.

97 Schulz (1994), S. 349.

98 Schnabel (1977), S. 33.

99 Südwestdeutschland (1953), S. 17.

100 Ebd., S. 15.

101 Beseler/Gutschow (1988), S. 1145.

102 Ebd., S. 1110.

103 Haumann/Schadek (1992), S. 583.

104 Zehn Jahre (1962), S. 154.

105 Altenmüller/Müller (1995), S. 2.

106 Landtag von Baden-Württemberg, 3. Wahlperionde, 32. Sitzung vom 15. Juni 1961, S. 1841.

107 Ebd., S. 1847.

108 Hafner (1995), S. 68.

109 Ebd.

110 Lange Reihen (1994), S. 229.

111 Ebd., S. 227.

112 Ebd.

113 Hafner (1995), S. 68.

114 Fecker (1992), S. 121.

115 Zit. nach Everke (1988), S. 122/3.

116 Fecker (1992), S. 139.

117 Ebd., S. 132.

118 Ebd., S. 121.

Kapitel IV

1 Die Wahl zum Landtag (1964), S. 12 - 23.

2 Stuttgarter Zeitung Nr. 283 v. 9.12.1966, S. 38.

3 Hohenzollerische Zeitung Nr. 283 v. 8.12.1966, S. 1.

4 Badische Zeitung Nr. 285 v. 10./11.12.1966, S. 285.

5 Mannheimer Morgen Nr. 285 v. 10./11.12.1966, S. 1.

6 Stuttgarter Zeitung Nr. 287 v. 14.12.1966, S. 3.

7 Ebd.

8 Ebd.

9 Ebd.

10 Ebd.

11 Ebd.

12 Mannheimer Morgen Nr. 287 v. 13.12.1966, S. 2.

13 Stuttgarter Zeitung Nr. 287 v. 14.12.1966, S. 3.

14 Stuttgarter Zeitung Nr. 286 v. 13.12.1966, S. 1.

15 Badische Zeitung Nr. 288 v. 14.12. 1966, S. 1.

16 Hohenzollerische Zeitung Nr. 291 v. 17.12.1966, S. 2.

17 Badische Zeitung Nr. 289 v. 15.12.1966, S. 3.

18 Mannheimer Morgen Nr. 288 v. 14.12.1966, S. 2.

19 Mannheimer Morgen Nr. 287 v. 13.12.1966, S. 2.

20 Mannheimer Morgen Nr. 288 v. 14.12.1966, S. 2.

21 Hohenzollerische Zeitung Nr. 291 v. 17.12.1966, S. 2.

22 Fischer Chronik (1999), Spalte 409.

23 Badische Zeitung Nr. 98 v. 27./28.4.1968, S. 3.

24 Ebd.

25 Badische Zeitung Nr. 97 v. 26.4.1968, S. 4.

26 Stuttgarter Zeitung Nr. 98 v. 27.4.1968, S. 5.

27 Badische Zeitung Nr. 96 v. 25.4.1968, S. 4.

28 Ebd.

29 Rowold (1974), S. 216.

30 Ebd., S. 233.

31 Badische Zeitung Nr. 98 v. 27./28.4.1968, S. 11.

32 Geschäftsbericht (1967), S. 10.

33 Geschäftsbericht (1968), S. 13/4.

34 Statistisches Taschenbuch (1970), S. 81 - 90 und Lange Reihen (1994), S. 127.

35 Lange Reihen (1994), S. 26.

36 Statistisches Taschenbuch (1970), S. 56.

37 Schwäbisches Tagblatt Nr. 98 v. 27.4.1968.

38 Ebd.

39 Vgl. zum Wahlergebnis insgesamt Wahl (1969).

40 Stuttgarter Zeitung Nr. 99 v. 29.4.1968, S. 3.

41 Badische Zeitung Nr. 100 v. 30.4./1.5.1968, S. 3.

42 Schwäbisches Tagblatt Nr. 100 v. 30.4.1968.

43 Badische Zeitung Nr. 100 v. 30.4./1.5.1968, S. 7.

44 Wahl (1969), S. 15.

45 Schwäbisches Tagblatt Nr. 100 v. 30.4.1968.

46 Eppler (1996), S. 131.

47 Badische Zeitung Nr. 301 v. 31.12.1968, S. 3.

48 Badische Zeitung Nr. 127 v. 6./7.6.1970, S. 3.

49 Entstehung (1977), S. 214/5.

50 Ebd. S. 222.

51 Stuttgarter Zeitung Nr. 127 v. 6.6.1970, S. 32.

52 Ebd.

53 Mannheimer Morgen Nr. 127 v. 6./7.6.1970, S. 2.

54 Badische Zeitung Nr. 126 v. 5.6.1970, S. 7.

55 Badische Zeitung Nr. 127 v. 6.6.1970, S. 39.

56 Stuttgarter Zeitung Nr. 127 v. 6.6.1970, S. 32.

57 Weinacht (1992), S. 307.

58 Badische Zeitung Nr. 128 v. 8.6.1970.

59 Badische Zeitung Nr. 129 v. 9.6.1970, S. 3.

60 Badische Zeitung Nr. 128 v. 8.6.1970, S. 1.

61 Stuttgarter Zeitung Nr. 128 v. 8.6.1970, S. 4.

62 Badische Zeitung Nr. 128 v. 8.6.1970, S. 2.

63 Mannheimer Morgen Nr. 128 v. 8.6.1970, S. 2.

64 Badische Zeitung Nr. 128 v. 8.6.1970.

65 Stuttgarter Zeitung Nr. 128 v. 8.6.1970, S. 4.

66 Entstehung (1977), S. 222.

67 Weinacht (1992), S. 319.

68 Stuttgarter Zeitung Nr. 128 v. 8.6.1970, S. 1.

69 Mannheimer Morgen Nr. 123 v. 2.6.1970, S. 2.

70 Dokumentation (1972), S. 419.

71 Ebd., S. 19.

72 Ebd., S. 19/20.

73 Ebd., S. 63.

74 Ebd. S. 64.

75 Badische Zeitung Nr. 129 v. 9.6.1970, S. 3.

76 Südwest Presse Nr. 166 v. 23.7.1971, S. 6.

77 Schwäbische Zeitung Nr. 166 v. 23.7.1971, S. 10.

78 Ebd.

79 Südwest Presse Nr. 167 v. 24.7.1971, S. 2.

80 Mannheimer Morgen Nr. 167 v. 24./25.7.1971, S. 2.

81 Südwest Presse Nr. 167 v. 24.7.1971, S. 2.

82 Dokumentation (1976), S. 10.

83 Ebd., Geleitwort.

84 Zit. nach Braunbehrens u.a. (1985), S. 412.

85 Zit. nach Hahn (1981), S. 180.

86 Fischer-Chronik (1999), Sp. 410.

87 Stuttgarter Zeitung Nr. 87 v. 13.4.1968, S. 1.

88 Stuttgarter Zeitung Nr. 98 v. 27.4.1968, S. 1.

89 Ebd.

90 Baldinger (1969).

91 Nolte (1970), S. 1.

92 Braunbehrens u.a. (1985), S. 415 - 17.

93 Zit. nach Ebd., S. 472.

94 Hahn (1981), S. 190/91.

95 Braunbehrens u.a. (1985), S. 431.

96 Universität Tübingen (1977), S. 300.

97 Ebd., S. 301.

98 Baldinger (1969), S. 60.

99 Ebd., S. 22.

100 Ebd., S. 32.

101 Ebd., S. 34.

102 Nolte (1970), S. 135.

103 Zit. nach Nuissl u.a. (1973), S. 212.

104 Generalspaltung (1972).

105 Hahn (1981), S. 200.

106 Ebd., S. 217/8.

107 Ebd., S. 221/2.

108 Badische Zeitung Nr. 125 v. 3.6.1998, S. 6.

109 Hahn (1981), S. 222.

110 Badische Zeitung Nr. 125 v. 3.6.1998, S. 6.

111 Bullinger (1998), S. 142/3.

112 Hahn (1981), S. 179.

Kapitel V

 1 Klarsfeld (1969), S. 7.

 2 Die Wahl (1970), S. 26.

 3 Ebd., S. 9.

 4 Mannheimer Morgen Nr. 93 v. 22./23.4.1972, S. 2.

 5 Ebd.

 6 Schwäbisches Tagblatt Nr. 91 v. 20.4.1972.

 7 Badische Zeitung Nr. 94 v. 24.4.1972, S. 2.

 8 Stuttgarter Zeitung Nr. 92 v. 21.4.1972, S. 28.

 9 Schwäbisches Tagblatt Nr. 91 v. 20.4.1972.

10 Badische Zeitung Nr. 93 v. 22./23.4.1972, S. 19.

11 Stuttgarter Zeitung Nr. 93 v. 22.4.1972, S. 25.

12 Stuttgarter Zeitung Nr. 92 v. 21.4.1972, S. 27.

13 Schwäbische Zeitung Nr. 93 v. 22.4.1972, S. 1.

14 Badische Zeitung Nr. 93 v. 22./23.4.1972, S. 3.

15 Schwäbische Zeitung Nr. 93 v. 22.4.1972, S. 1.

16 Mannheimer Morgen Nr. 93 v. 22./23.4.1972, S. 2.

17 Zu den Zahlen vgl. Wahl (1972).

18 Mannheimer Morgen Nr. 94 v. 24.4.1972, S. 2.

19 Stuttgarter Zeitung Nr. 94 v. 24.4.1972, S. 1.

20 Schwäbisches Tagblatt Nr. 95 v. 25.4.1972.

21 Badische Zeitung Nr. 95 v. 25.4.1972, S. 3.

22 Ebd.

23 Schwäbische Zeitung Nr. 94 v. 24.4.1972, S. 1.

24 Zu den Zahlen vgl. Wahl (1973).

25 Hohensee (1996), S. 46.

26 Ebd., S. 78.

27 Lange Reihen (1994), S. 170.

28 Ebd., S. 19 - 26.

29 Meadows (1972)

30 Hohensee (1996), S. 50.

31 Stuttgarter Zeitung Nr. 238 v. 13.10.1973, S. 1.

32 Stuttgarter Zeitung Nr. 242 v. 18.10.1973, S. 1.

33 Stuttgarter Zeitung Nr. 257 v. 6.11.1973, S. 3.

34 Ebd., S. 1.

35 Stuttgarter Zeitung Nr. 267 v. 17.11.1973, S. 4.

36 Stuttgarter Zeitung Nr. 272 v. 24.11.1973, S. 1.

37 Stuttgarter Zeitung Nr. 268 v. 19.11.1973, S. 1.

38 Stuttgarter Zeitung Nr. 273 v. 26.11.1973, S. 17.

39 Hohensee (1996), S. 250.

40 Geschäftsbericht (1973), S. 11.

41 Ebd.

42 Geschäftsbericht (1974), S. 11.

43 Boelcke (1992), S. 400.

44 Geschäftsbericht (1975), S. 10.

45 Geschäftsbericht (1976), S. 9.

46 Badische Zeitung Nr. 301 v. 31.12.1973, Neujahrsbeilage, S. 7.

47 Lange Reihen (1994), S. 169.

48 Ebd.

49 Badische Zeitung Nr. 299 v. 28.12.1973.

50 Stuttgarter Zeitung Nr. 301 v. 31.12.1973, S. 2.

51 Stuttgarter Zeitung Nr. 2 v. 3.1.1974, S. 5.

52 Brandt (1999), S. 301.

53 Ebd., S. 301/2.

54 Zit. nach Gemeinsames Amtsblatt des Landes Baden-Württemberg Nr. 34/1973, S. 950.

55 Verfassungstreue (o.J.), S. 20.

56 Stuttgarter Zeitung Nr. 23 v. 29.1.1972, S. 1.

57 Verfassungstreue (o.J.), S. 8.

58 Badische Zeitung Nr. 229 v. 3.10.1973, S. 4.

59 Gemeinsames Amtsblatt des Landes Baden-Württemberg Nr. 34/1973, S. 951.

60 Brandt (1999), S. 302.

61 Zit. nach Verfassungstreue, Argumente (o.J.), S. 85 - 95.

62 Ebd., S. 9 + 11.

63 Berufsverbote (1975), S. 1.

64 Stuttgarter Zeitung Nr. 108 v. 12.5.1978, S. 1.

65 Histor (1992), S. 98.

66 Landtag von Baden-Württemberg, 11. Wahlperiode, Drucksache 11/6609 v. 12.10.1995, S. 2.

67 Dokumentation (1978).

68 Stuttgarter Zeitung Nr. 206 v. 6.9.2000, S. 6.

69 Brandt (1999), S. 302.

70 Lange Reihen (1994), S. 167.

71 Energieversorgung (1987), S. 20.

72 Haus (1996), S. 37.

73 Beller (1977), S. 276.

74 Wyhl-Urteil (1977), S. 7.

75 Ebd., S. 11.

76 Widerstand (1982), S. 15.

77 Wyhl-Urteil (1977), S. 2.

78 Zit. nach Kühl (1992), S. 279.

79 Südwest-Presse Nr. 109 v. 13.5.1978, S. 3.

80 Treffz-Eichhöfer (1982), S. 287.

81 Landtag von Baden-Württemberg, 8. Wahlperiode, 4. Sitzung v. 24.6.1980, S. 50.

82 Landtag von Baden-Württemberg, 7. Wahlperiode, 56. Sutzung v. 31.8.1978, S. 3622.

83 Landtag von Baden-Württemberg, 8. Wahlperiode, 53. Sitzung v. 13.10.1982, S. 4026.

84 Kühl (1992), S. 279.

85 Geschichte (1990), S. 193.

86 Landtag von Baden-Württemberg, 8. Wahlperiode, 53. Sitzung v. 13.10.1982, S. 4032.

87 Weinacht (1978), S. 335.

88 Ebd., S. 334/5.

89 Mannheimer Morgen Nr. 79 v. 3./4.4.1976, S. 1.

90 Schwäbische Zeitung Nr. 79 v. 3.4.1976, S. 1.

91 Ebd.

92 Stuttgarter Zeitung Nr. 79 v. 3.4.1976.

93 Ebd.

94 Ebd., S. 3.

95 Eppler (1996), S. 212.

96 Ebd., S. 214.

97 Südwest Presse Nr. 80 v. 5.4.1976, S. 1.

98 Badische Zeitung Nr. 80 v. 5.4.1976, S. 1.

99 Wahl (1976), S. 155.

100 Badische Zeitung Nr. 80 v. 5.4.1976, S. 1.

101 Stuttgarter Zeitung Nr. 80 v. 5.4.1976, S. 1.

102 Mannheimer Morgen Nr. 80 v. 5.4.1976, S. 2.

103 Südwest Presse Nr. 80 v. 5.4.1976, S. 9.

104 Südwest Presse Nr. 81 v. 6.4.1976, S. 2.

105 Schwäbische Zeitung Nr. 81 v. 6.4.1976, S. 3.

106 Eppler (1996), S. 217.

107 Stuttgarter Zeitung Nr. 80 v. 5.4.1976, S. 3.

108 Stuttgarter Zeitung Nr. 81 v. 6.4.1976, S. 1.

109 Mannheimer Morgen Nr. 82 v. 7.4.1976, S. 2.

110 Sepaintner (1992), S. 20.

111 Noelle-Neumann (1977), S. 29/30.

112 Filbinger (1977), S. V/VI.

113 Ebd., S. IX.

114 Südwest Presse Nr. 71 v. 26.3.1977, S. 1.

115 Schwäbische Zeitung Nr. 71 v. 26.3.1977, S. 13.

116 Badische Zeitung Nr. 67 v. 22.3. 1977, S. 11.

117 Filbinger (1977), S. IX.

118 Dahrendorf (1977), S. 51.

119 Badische Zeitung Nr. 57 v. 10.3. 1977, S. 1.

120 Badische Zeitung Nr. 94 v. 25.4. 1977, S. 10.

121 Sonderausgabe der Stuttgarter Zeitung v. 9.3.1977, S. 21.

122 Südwest Presse Nr. 93 v. 23.4.1977, S. 2.

123 Südkurier Nr. 202 v. 2.9.1978, S. 1.

124 BdV-Nachrichten im August 1978.

125 Südkurier v. 11.9.1978.

126 Südkurier Nr. 124 v. 16.9.1978.

127 Südkurier v. 11.9.1978.

128 Zit. nach Borst (1993), S. 13.

129 Stuttgarter Zeitung Nr. 210 v. 12.9.1986, S. 7.

130 Zit. nach Borst (1993), S. 13/4.

131 Baring (1982), S. 381.

132 Ebd., S. 382.

133 Ebd., S. 389.

134 Der Tod (1979), S. 5/6.

135 Zwangsernährung (1985), S. 49.

136 Zit. nach Stuttgarter Zeitung Nr. 85 v. 14.4.1977, S. 13.

137 Stuttgarter Zeitung Nr. 83 v. 12.4.1977, S. 1.

138 Badische Zeitung Nr. 82 v. 9.4.1977, S. 1.

139 Mannheimer Morgen Nr. 82 v. Ostern 1977, S. 2.

140 Schwäbische Zeitung Nr. 84 v. 13.4.1977, S. 1.

141 Dokumentation (1977), S. 37*.

142 Ebd., S. 83*.

143 Stuttgarter Zeitung Nr. 244 v. 21.10.1977, S. 1.

144 Ebd.

145 Mannheimer Morgen Nr. 244 v. 21.10.1977, S. 2.

146 Stuttgarter Zeitung Nr. 245 v. 22.10.1977, S. 1.

147 Lübbe (1978), S. 25.

148 Genscher (1999), S. 173.

149 Schwäbische Zeitung Nr. 243 v. 20.10.1977, S. 1.

150 Badische Zeitung Nr. 247 v. 25.10.1977, S. 2.

151 Badische Zeitung Nr. 250 v. 28.10.1977, S. 3.

152 Treffz-Eichhöfer (1982), S. 288.

153 Ebd., S. 287.

154 Hahn (1981), S. 265/6.

155 Ebd., S. 265.

156 Hochhuth (1978).

157 Zit. nach Südwest Presse Nr. 180 v. 8.8.1978, S. 7.

158 Zit. nach Stuttgarter Zeitung Nr. 178 v. 5.8.1978, S. 2.

159 Zit. nach Südwest Presse Nr. 180 v. 8.8.1978, S. 7.

160 Zit. nach Stuttgarter Zeitung Nr. 178 v. 5.8.1978, S. 2.

161 Ebd.

162 Schwäbische Zeitung Nr. 179 v. 7.8.1978, S. 1.

163 Schwäbische Zeitung Nr. 180 v. 8.8.1978, S. 5.

164 Ebd., S. 1.

165 Badische Zeitung Nr. 180 v. 8.8.1978, S. 1.

166 Filbinger (1987), S. 70.

167 Jäger (1980), S. 174/5.

168 Filbinger (1972), S. 67.

169 Brandt (1999), S. 141.

170 Stuttgarter Zeitung Nr. 180 v. 8.8.1978, S. 4.

171 Mannheimer Morgen Nr. 191 v. 23.8.1978, S. 2.

172 Südwest Presse Nr. 188 v. 17.8.1978, S. 1.

173 Schwäbische Zeitung Nr. 188 v. 17.8.1978, S. 1.

Kapitel VI

 1 Schwäbische Zeitung Nr. 64 v. 15.3.1980, S. 1.

 2 Eppler (1996), S. 222.

 3 Badische Zeitung Nr. 64 v. 15./16.3.1980, S. 3.

 4 Stuttgarter Zeitung Nr. 63 v. 14.3.1980, S. 24.

 5 Schwäbische Zeitung Nr. 63 v. 14.3.1980, S. 2.

 6 Stuttgarter Zeitung Nr. 64 v. 15.3.1980, S. 7.

 7 Ebd., S. 1.

 8 Ebd.

 9 Südwest Presse Nr. 64 v. 15.3.1980, S. 2.

10 Hasenclever (1982), S. 15.

11 Ebd., S. 13.

12 Ebd., S. 48.

13 Hermann/Schwegler-Rohmeis (1989), S. 11.

14 Wahl (1979), S. 19.

15 Hasenclever (1982), S. 60.

16 Stuttgarter Zeitung Nr. 65 v. 17.3.1980, S. 1.

17 Badische Zeitung Nr. 65 v. 17.3.1980, S. 1.

18 Badische Zeitung Nr. 65 v. 17.3.1980, S. 1.

19 Wahl (1980).

20 Schwäbische Zeitung Nr. 65 v. 17.3.1980, S. 1.

21 Hasenclever (1982), S. 84.

22 Südwest Presse Nr. 65 v. 17.3.1980, S. 1.

23 Badische Zeitung Nr. 66 v. 18.3.1980, S. 1.

24 Südwest Presse Nr. 66 v. 18.3.1980, S. 1.

25 Eppler (1996), S. 220/1.

26 Ebd., S. 227.

27 Ebd., S. 224.

28 Mannheimer Morgen Nr. 65 v. 17.3.1980, S. 2.

29 Schmidt (1999), S. 232.

30 Genscher (1999), S. 414.

31 Ebd., S. 415.

32 Schwäbische Zeitung Nr. 289 v. 14.12.1979, S. 1.

33 Stuttgarter Zeitung Nr. 289 v. 14.12.1979, S. 1.

34 Südwest Presse Nr. 289 v. 14.12.1979, S. 1.

35 Kleßmann/Wagner (1993), S. 232.

36 Stuttgarter Zeitung Nr. 99 v. 30.4.1981, S. 6.

37 Stuttgarter Zeitung Nr. 101 v. 4.5.1981, S. 3

38 Mannheimer Morgen Nr. 101 v. 4.5.1981, S. 2.

39 Genscher (1999), S. 457/8.

40 Wahl (1981), S. 140/1 und Wahl (1983), S. 144/5.

41 Stuttgarter Zeitung Nr. 201 v. 1.9.1983, S. 1.

42 Ebd.

43 Schwäbische Zeitung Nr. 201 v. 1.9.1983, S. 1.

44 Südwest Presse Nr. 102 v. 1.9.1983, S. 1.

45 Stuttgarter Zeitung Nr. 204 v. 5.9.1983, S. 3.

46 Stuttgarter Zeitung Nr. 246 v. 24.10.1983, S. 1.

47 Stuttgarter Zeitung Nr. 289 v. 14.12.1985, S. 1.

48 Stuttgarter Zeitung Nr. 293 v. 20.12.1983, S. 1.

49 Schwäbische Zeitung Nr. 294 v. 21.12.1983, S. 3.

50 Südwest Presse Nr. 146 v. 27.6.1984, S. 5.

51 Stuttgarter Zeitung Nr. 131 v. 7.6.1984, S. 6.

52 Badische Zeitung Nr. 146 v. 27.6.1984, S. 6.

53 Vgl. dazu Nick/Scheub/Then (1993).

54 Genscher (1999), S. 580.

55 Heilbronner Stimme Nr. 214 v. 15.9.2001, S. 14.

56 Nick/Scheub/Then (1993), S. 6.

57 Engelhardt-Schwarz (1998), S. 57.

58 Jetzt erst recht (1993), S. 202.

59 Lange Reihen (1994), S. 292.

60 Jetzt erst recht (1993), S. 204.

61 Engelhardt-Schwarz (1998), S. 72.

62 Kampf (1989), S. 96.

63 Ebd., S. 98.

64 Noé (1970), S. 314.

65 Ebd., S. 317.

66 Ebd., S. 319.

67 Ebd., S. 315.

68 Engelhardt/Schwarz (1998), S. 83.

69 Geschäftsbericht (1981), S. 19.

70 Geschäftsbericht (1982), S. 23.

71 Geschäftsbericht (1984), S. 23.

72 Geschäftsbericht (1983), S. 23.

73 Lange Reihen (1994), S. 83.

74 Mannheimer Morgen Nr. 202 v. 2.9.1983, S. 2.

75 Ebd.

76 Mannheimer Morgen Nr. 71 v. 24./25.3.1984, S. 2.

77 Ebd.

78 Mannheimer Morgen Nr. 72 v. 26.3.1984, S. 1.

79 Wahl (1984), S. 21-41.

80 Südwest Presse Nr. 66 v. 18.3. 1980, S. 1.

81 Mannheimer Morgen Nr. 112 v. 15.5.1984, S. 5.

82 Schwäbische Zeitung Nr. 113 v. 16.5.1984, S. 1.

83 Mannheimer Morgen Nr. 112 v. 15.5.1984, S. 5.

84 Badische Zeitung Nr. 145 v. 26.6.1984, S. 4.

85 Mannheimer Morgen Nr. 146 v. 27.6.1984, S. 2.

86 Südwest Presse Nr. 146 v. 27.6.1984, S. 1.

87 Stuttgarter Zeitung Nr. 151 v. 3.7.1984, S. 3.

88 ... denn 35 ist das Ziel (1985), S. 209.

89 Geschäftsbericht (1984), S. 23.

90 Engelhardt/Schwarz (1998), S. 144.

91 Angaben des Statistischen Landesamtes Baden-Württemberg im Internet.

92 Lange Reihen (1994), S. 74 und Statistisches Taschenbuch (2000), S. 80.

93 So der Untertitel des Buches von Späth (1985).

94 Stuttgarter Zeitung Nr. 99 v. 30.4.1981, S. 1.

95 Badische Zeitung Nr. 99 v. 30.4./1.5.1981, S. 6.

96 Schwäbische Zeitung Nr. 99 v. 30.4.1981, S. 17.

97 Stuttgarter Zeitung Nr. 288 v. 13.12.1985, S. 1.

98 Badische Zeitung Nr. 287 v. 12.12.1985, S. 3.

99 Mannheimer Morgen Nr. 255 v. 5.11.1986, S. 2.

100 Bausch (1992), S. 604.

101 Regierungserklärung (1989), S. 5.

102 Regierungserklärung (1988), S. 19/20.

103 Rettich (2000), S. 183.

104 Kunstkonzeption (1990), S. 16.

105 Ebd., S. 11.

106 Schwäbische Zeitung Nr. 288 v. 14.12.1989, S. 1.

107 Stuttgarter Zeitung Nr. 258 v. 8.11.1989, S. 29.

108 Rettich (2000), S. 187.

109 Mannheimer Morgen Nr. 289 v. 15.12.1989, S. 44.

110 Rettich (2000), S. 185.

111 Badische Zeitung Nr. 259 v. 9.11.1989, S. 8.

112 Regierungserklärung (1989), S. 24.

113 Reichelt (1992), S. 139.

114 Stuttgarter Zeitung Nr. 256 v. 6.11.1986, S. 2.

115 Stuttgarter Zeitung Nr. 291 v. 17.12.1983, S. 7.

116 Badische Zeitung Nr. 291 v. 17./18. 12.1983, S. 1.

117 Badische Zeitung Nr. 242 v. 20.10.1986, S. 1.

118 Landtag von Baden-Württemberg, 12. Wahlperiode, Drucksache 12/703 v. 27.11.96, S. 21/2.

119 Ebd., S. 21.

120 Lange Reihen (1994), S. 146.

121 Statistisches Taschenbuch (2000), S. 121/2.

122 Hildebrand (2001), S. 50.

123 Lindner/Recknagel (1988), S. 9.

124 Ebd., S. 23.

125 Ebd., S. 27.

126 Umgang (1987), S. 9.

127 Landtag von Baden-Württemberg, 9. Wahlperiode, 49. Sitzung vom 28. Mai 1986, S. 3922.

128 Ebd., S. 3925.

129 Ebd., S. 3929.

130 Ebd., S. 3946.

131 Lindner/Recknagel (1988), S. 115.

132 10 Jahre (1996), S. 8.

133 Heimbrecht/Molck (1987).

134 Stuttgarter Zeitung Nr. 114 v. 19.5.1987, S. 1.

135 Stuttgarter Zeitung Nr. 77 v. 2.4.1987, S. 5.

136 Stuttgarter Zeitung Nr. 147 v. 1.7.1987, S. 5.

137 Schwäbische Zeitung Nr. 115 v. 20.5.1987, S. 1.

138 Schwäbische Zeitung Nr. 114 v. 19.5.1987, S. 3.

139 Badische Zeitung Nr. 242 v. 20.10.1986, S. 1.

140 Stuttgarter Zeitung Nr. 261 v. 11.11.1989, S. 1.

141 Badische Zeitung Nr. 261 v. 11./12.11.1989, S. 4.

142 Südwest Presse Nr. 261 v. 11.11.1989, S. 2.

143 Schwäbische Zeitung Nr. 261 v. 11.11.1989, S. 17.

144 Südwest Presse Nr. 261 v. 11.11.1989, S. 2.

145 Veit (1994), S. 7/8.

146 Südwest Presse Nr. 300 v. 30.12.1989, S. 25.

147 Stuttgarter Zeitung Nr. 25 v. 31.1.1990, S. 7.

148 Stuttgarter Zeitung Nr. 26 v. 1.2.1990, S. 3.

149 Stuttgarter Zeitung Nr. 23 v. 29.1.1990, S. 6.

150 Badische Zeitung Nr. 28 v. 3./4.2.1990, S. 3.

151 Mannheimer Morgen Nr. 28 v. 3./4.2.1990, S. 2.

152 Ebd., S. 1.

153 Mannheimer Morgen Nr. 25 v. 31.1.1990, S. 2.

154 Stuttgarter Zeitung Nr. 34 v. 10.2.1990, S. 13.

155 Badische Zeitung Nr. 32 v. 8.2.1990, S. 13.

156 Badische Zeitung Nr. 32 v. 8.2.1990, S. 7.

157 Veit (1994), S. 17/8.

158 Ebd., S. 16.

159 Hauswirth (1993), S. 255.

160 Geschäftsbericht (1990), S. 19.

161 Fischer-Chronik (1999), Tafel X.

162 Rommel (1999), S. 392.

163 Schwäbische Zeitung Nr. 67 v. 21.3.1988, S. 1.

164 Badische Zeitung Nr. 67 v. 21.3.1988, S. 1.

165 Schwäbische Zeitung Nr. 67 v. 21.3.1988, S. 1.

166 Schwäbische Zeitung Nr. 11 v. 14.1.1991, S. 3.

167 Ebd.

168 Born/Bertsch (1992), S. 41 - 48.

169 Stuttgarter Zeitung Nr. 9 v. 11.1.1991, S. 3.

170 Schwäbische Zeitung Nr. 9 v. 11.1.1991, S. 1.

171 Zit. nach Mannheimer Morgen Nr. 11
    v. 14.1.1991, S. 2.

172 Badische Zeitung Nr. 12 v. 15.1.1991, S. 4.

173 Schwäbische Zeitung Nr. 11 v. 14.1.1991, S. 1.

174 Rommel (1999), S. 360/1.

175 Südwest Presse Nr. 12 v. 15.1.1991, S. 2.

176 Badische Zeitung Nr. 11 v. 14.1.1991, S. 1.

177 Badische Zeitung Nr. 12 v. 15.1.1991, S. 4.

178 Mannheimer Morgen Nr. 11 v. 14.1.1991, S. 2.

179 Ebd.

180 Balle/Seifert (1993), S. 7/8.

181 Stuttgarter Zeitung Nr. 11 v. 14.1.1991, S. 1.

182 Schwäbische Zeitung Nr. 12 v. 15.1.1991, S. 1 + 3.

183 Mannheimer Morgen Nr. 19 v. 23.1.1991, S. 2.

Kapitel VII

1 Wahl (1992).

2 Stuttgarter Zeitung Nr. 80 v. 4.4.1992, S. 6.

3 Mannheimer Morgen Nr. 79 v. 3.4.1992.

4 Ebd., S. 2.

5 Mannheimer Morgen Nr. 81 v. 6.4.1992, S. 1.

6 Stuttgarter Zeitung Nr. 81 v. 6.4.1992, S. 1.

7 Wahl (1992), S. 25.

8 Badische Zeitung Nr. 82 v. 7.4.1992, S. 4.

9 Mielke (1990), S. 24.

10 Badische Zeitung Nr. 80 v. 4.4.1992, S. 4.

11 Ebd.

12 Südwest Presse Nr. 81 v. 6.4.1992, S. 1.

13 Mannheimer Morgen Nr. 82 v. 7.4.1992, S. 15.

14 Südwest Presse Nr. 82 v. 7.4.1992, S. 7.

15 Ebd., S. 2.

16 Schwäbische Zeitung Nr. 83 v. 8.4.1992, S. 1.

17 Mannheimer Morgen Nr. 83 v. 8.4.1992, S. 1.

18 Staatsanzeiger Nr. 43/4 v. 27.5.1992.

19 Schwäbische Zeitung Nr. 81 v. 6.4.1992, S. 1.

20 Staatsanzeiger Nr. 7 v. 27.1.1993.

21 Geschäftsbericht (1993), S. 12.

22 Geschäftsbericht (1992), S. 13.

23 Ebd., S. 13/4.

24 Ebd., S. 13.

25 Statistisches Landesamt Baden-Württemberg,
   Internet.

26 Ebd.

27 Ebd.

28 Lange Reihen (1994), S. 75.

29 Landtag von Baden-Württemberg, 11. Wahlperiode,
   30. Sitzung v. 22. September 1993, S. 2322.

30 Ebd.

31 Ebd., S. 2333.

32 Ebd., S. 2323.

33 Lange Reihen (1994), S. 271.

34 Statistisches Taschenbuch (1998), S. 191 und Statistisches Taschenbuch (2000), S. 191.

35 Schwäbische Zeitung Nr. 289 v. 14.12.1995,
   S. 18.

36 Mannheimer Morgen Nr. 281 v. 5.12.1995,
   S. 10.

37 Landtag von Baden-Württemberg, 11. Wahlperiode,
   30. Sitzung v. 22. September 1993, S. 2323.

38 Ebd., S. 2325.

39 Region Stuttgart (1999), S. 1.

40 Poker (1997), S. 397.

41 Badische Zeitung Nr. 243 v. 20.10.1994, S. 9.

42 Schwäbische Zeitung Nr. 243 v. 20.10.1994, S. 1.

43 Südwest Presse Nr. 219 v. 22.9.1993, S. 2.

44 Staatsanzeiger Nr. 99/100 v. 18.12.1995, S. 1.

45 Stuttgarter Zeitung Nr. 301 v. 30.12.1995, S. 8.

46 Schwäbische Zeitung Nr. 300 v. 29.12.1995, S. 6.

47 Statistisches Landesamt Baden-Württemberg, Internet.

48 Region (1999), S. 9.

49 Statistisches Landesamt Baden-Württemberg, Internet.

50 Landtag von Baden-Württemberg, 11. Wahlperiode, 30. Sitzung v. 22. September 1993, S. 2323.

51 Badische Zeitung Nr. 89 v. 18.4.1997, S. 16.

52 Schwäbische Zeitung Nr. 218 v. 21.9.1993, S. 3.

53 Stuttgarter Zeitung Nr. 301 v. 30.12.1995, S. 3.

54 Südwest Presse Nr. 72 v. 26.3.1996, S. 4.

55 Südwest Presse Nr. 300 v. 29.12.1995, S. 5.

56 Badische Zeitung Nr. 68 v. 21.3.1996, S. 4.

57 Südwest Presse Nr. 70 v. 23.3.1996, S. 2.

58 Ebd.

59 Mannheimer Morgen Nr. 69 v. 22.3.1996, S. 5.

60 Südwest Presse Nr. 72 v. 26.3.1996, S. 4.

61 Ebd., S. 1.

62 Schwäbische Zeitung Nr. 71 v. 25.3.1996, S. 1.

63 Wahl (1996), S. 44.

64 Ebd., S. 40.

65 Ebd., S. 36.

66 Stuttgarter Zeitung Nr. 71 v. 25.3.1996, S. 3.

67 Badische Zeitung Nr. 71 v. 25.3.1996, S. 3.

68 Stuttgarter Zeitung Nr. 71 v. 25.3.1996, S. 3.

69 Mannheimer Morgen Nr. 71 v. 25.3.1996, S. 2.

70 Badische Zeitung Nr. 72 v. 26.3.1996, S. 2.

71 Badische Zeitung Nr. 71 v. 25.3.1996, S. 3.

72 Südwest Presse Nr. 71 v. 25.3.1996, S. 3.

73 Mannheimer Morgen Nr. 72 v. 26.3.1996, S. 17.

74 Mannheimer Morgen Nr. 71 v. 25.3.1996.

75 Stuttgarter Zeitung Nr. 71 v. 25.3.1996, S. 3.

76 Ebd., S. 4.

77 Ebd., S. 1.

78 Badische Zeitung Nr. 71 v. 25.3.1996, S. 1.

79 Schwäbische Zeitung Nr. 71 v. 25.3.1996, S. 1.

80 Statistisches Landesamt Baden-Württemberg, Internet.

81 Staatsanzeiger Nr. 25 v. 17.7.1996.

82 Südwest Presse Nr. 71 v. 25.3.1996, S. 1.

83 Schwäbische Zeitung Nr. 72 v. 26.3.1996, S. 1.

84 Teufel (1995), S. 141/2.

85 Bausch (1992), S. 607/8.

86 Stuttgarter Zeitung Nr. 230 v. 4.10.1996, S. 9.

87 Stuttgarter Zeitung Nr. 85 v. 14.4.1997, S. 6.

88 Stuttgarter Zeitung Nr. 87 v. 16.4.1997, S. 1.

89 Ebd., S. 16.

90 Schwäbische Zeitung Nr. 87 v. 16.4.1997, S. 1.

91 Badische Zeitung Nr. 87 v. 16.4.1997, S. 4.

92 Ebd.

93 »Südwestrundfunk und neue Medien – Baden-Württemberg strahlt Zukunft aus«. Regierungserklärung von Herrn Ministerpräsident Erwin Teufel zur Rundfunkneuordnung und zur Medienpolitik am 23. April 1997, Internet.

94 Stuttgarter Zeitung Nr. 192 v. 21.8.1997, S. 1.

95 Badische Zeitung Nr. 191 v. 20.8.1997, S. 4.

96 Südwest Presse Nr. 192 v. 21.8.1997, S. 4.

97 Stuttgarter Zeitung Nr. 191 v. 20.8.1997, S. 11.

98 Stuttgarter Zeitung Nr. 193 v. 22.8.1997, S. 13.

99 Südwest Presse Nr. 274 v. 26.11.1999, S. 4.

100 Südwest Presse Nr. 271 v. 23.11.1999, S. 7.

101 Badische Zeitung Nr. 274 v. 26.11.1999, S. 1.

102 Mannheimer Morgen Nr. 272 v. 24.11.1999, S. 2.

103 Schwäbische Zeitung Nr. 274 v. 26.11.1999, S. 6.

104 Ebd.

105 Boelcke (1996), S. 183.

106 Ebd.

107 Badische Zeitung Nr. 15 v. 20.1.1998, S. 8.

108 Boelcke (1996), S. 196.

109 Badische Zeitung Nr. 15 v. 20.1.1998, S. 8.

110 Mannheimer Morgen Nr. 15 v. 20.1.1998, S. 2.

111 Badische Zeitung Nr. 15 v. 20.1.1998, S. 8.

112 Südwest Presse Nr. 15 v. 20.1.1998, S. 1.

113 Stuttgarter Zeitung Nr. 23 v. 29.1.1998, S. 10.

114 Regierungserklärung zur Bankenfusion am 4. Februar 1998, Internet.

115 Maier (1966), S. 328.

116 Ebd., S. 331.

117 Ebd., S. 333.

118 Landtag von Baden-Württemberg, 13. Wahlperiode, 4. Sitzung v. 20. Juni 2001, S. 51.

119 Stuttgarter Zeitung Nr. 25 v. 31.1.1998, S. 7.

120 Hidien (1999), S. 536 - 38.

121 Badische Zeitung Nr. 262 v. 12.11.1999, S. 4.

122 Stuttgarter Zeitung Nr. 262 v. 12.11.1999, S. 1.

123 Südwest Presse Nr. 262 v. 12.11.1999, S. 2.

124 Mannheimer Morgen Nr. 262 v. 12.11.1999, S. 2.

125 Stuttgarter Zeitung Nr. 25 v. 31.1.1998, S. 7.

126 Schwäbische Zeitung Nr. 262 v. 12.11.1999, S. 1.

127 BVerfG, 2 BvF 2/98 vom 11.11.1999, Absatz-Nr. (1 - 347), http://www.bverfg.de/, S. 1, 52, 53.

128 Landtag von Baden-Württemberg, 12. Wahlperiode, Drucksache 12/5461 v. 17.8.2000, S. 2.

129 Landtag von Baden-Württemberg, 13. Wahlperiode, Drucksache 13/139 v. 31.7.2001, S. 2.

130 Südwest Presse Nr. 262 v. 12.11.1999, S. 2.

131 Südwestrundfunk und neue Medien – Baden-Württemberg strahlt Zukunft aus. Regierungserklärung von Herrn Ministerpräsident Erwin Teufel zur Rundfunkneuordnung und zur Medienpolitik am 23. April 1977, Internet, S. 13.

132 Landtag von Baden-Württemberg, 12. Wahlperiode, 91. Sitzung v. 19. Juli 2000, S. 7169.

133 Ebd., S. 7176.

134 Statistisches Landesamt Baden-Württemberg, Internet.

135 Angaben aus Statistisches Taschenbuch (2001).

136 Statistisches Landesamt Baden-Württemberg, Pressemitteilung vom 18. Oktober 2001, Internet.

137 Landtag von Baden-Württemberg, 12. Wahlperiode, Drucksache 12/2734 v. 8.4.1998, S. 5.

138 Statistisches Landesamt Baden-Württemberg, Internet.

139 Ebd.

140 Situation (1985).

141 Landtag von Baden-Württemberg, 12. Wahlperiode, Drucksache 12/4327 v. 12.8.1999, S. 3.

142 Statistisches Landesamt Baden-Württemberg, Internet.

143 Landtag von Baden-Württemberg, 12. Wahlperiode, Drucksache 12/2620 v. 13.3.1998, S. 14.

144 Jahrzehnt (2000), S. 109.

145 Ebd., S. 77.

146 Osswald (1988), S. 9.

147 Hahn (1981), S. 240.

148 Jahrzehnt (2000), S. 107.

149 Ebd., S. 75.

150 Feststellungen und Empfehlungen des Innovationsbeirates, Internet.

151 Beschäftigung im Hochtechnologiebereich, Thema 9 - 1/1999, eurostat, Internet.

152 Stuttgarter Zeitung v. 20.3.2001, S. 6.

153 Stuttgarter Zeitung v. 21.3.2001, S. 4.

154 Ebd.

155 Ebd.

156 Stuttgarter Zeitung v. 23.3.2001, S. 8.

157 Schwäbische Zeitung v. 22.3.2001, S. 13.

158 Mannheimer Morgen v. 23.3.2001, S. 28.

159 So gleichlautend Mannheimer Morgen v. 26.3.2001 und Heilbronner Stimme v. 26.3.2001.

160 Stuttgarter Zeitung v. 26.3.2001.

161 Badische Zeitung v. 26.3.2001.

162 Südwest Presse v. 26.3.2001.

163 Schwäbische Zeitung v. 26.3.2001.

164 Alle Wahlangaben stammen vom Statistischen Landesamt Baden-Württemberg, Internet, da die Druckfassung der Wahlergebnisse noch nicht vorliegt.

165 Badische Zeitung v. 26.3.2001.

166 Statistisches Landesamt Baden-Württemberg, Internet.

167 Ebd.

Literatur

Albiez, Robert/Glunk, Karl/Grund, Reinhold (Hrsg.): Der überspielte Volkswille. Die Badener im südwestdeutschen Neugliederungsgeschehen (1945-1970). Fakten und Dokumente, 2. Auflage, Baden-Baden 1992.

Allemann, Fritz René: Bonn ist nicht Weimar, Köln 1956.

Altenmüller, Reinhard/Müller, Tilman: Wohnungspolitik und privater Wohnungsbau im Wandel der Zeit; in: Wiederaufbau nach Kriegsende zwischen Freiburg und Wertheim, Sonderveröffentlichung, Beilage zum Staatsanzeiger für Baden-Württemberg am 4. September 1995, S. 2 - 6.

Baden-Württemberg. Ein Buch vom neuen Bundesland; hrsg. zur Landesausstellung Stuttgart, 1. Juli bis 2. Oktober 1955, Stuttgart 1955.

Baden-Württemberg – ein einheitliches, ausgeglichenes und leistungsfähiges Bundesland. Eine Darstellung der Landesregierung, Stuttgart 1958.

Bänsch, Dieter (Hrsg.): Die fünfziger Jahre. Beiträge zu Politik und Kultur, Tübingen 1985.

Baldinger, Kurt: Die Universität zwischen Revolution und Reform. Jahresbericht über das Rektoratsjahr 1968/69 der Ruprecht-Karl-Universität, Heidelberg 1969.

Balle, Theo/Seifert, Ansgar (Hrsg.): Fordern und Fördern. Bildungspolitik der achtziger Jahre in Baden-Württemberg, Stuttgart 1993.

Baring, Arnulf: Machtwechsel. Die Ära Brandt-Scheel, Stuttgart 1982.

Baser, Friedrich: Musikheimat Baden-Württemberg. Tausend Jahre Musikentwicklung, Freiburg i.Br. 1963.

Bausch, Hans: Presse und Rundfunk; in: Meinrad Schaab (Hrsg.): 40 Jahre Baden-Württemberg. Aufbau und Gestaltung 1952-1992, Stuttgart 1992, S. 591 - 608.

Bayer, Erich (Hrsg.): Wörterbuch zur Geschichte. Begriffe und Fachausdrücke, 2. überarbeitete Auflage, Stuttgart 1965.

Begegnungen mit Kurt Georg Kiesinger. Festgabe zum 80. Geburtstag, hrsg. v. Dieter Oberndörfer, Stuttgart 1984.

Beller, Ulrich: Bürgerproteste am Beispiel Wyhl und die Volkshochschule Wyhler Wald; in: Heiko Haumann (Hrsg.): Vom Hotzenwald bis Wyhl. Demokratische Traditionen in Baden, Köln 1977, S. 269 - 290.

Berufsverbote in Baden-Württemberg. Hexenprozesse des 20. Jahrhunderts? Hrsg. vom Koordinierungsausschuss der Bürgerinitiativen gegen Berusfverbote in Baden-Württemberg, Stuttgart 1975.

Beseler, Hartwig/Gutschow, Niels: Kriegsschicksale deutscher Architektur. Verluste – Schäden – Wiederaufbau. Eine Dokumentation für das Gebiet der Bundesrepublik Deutschland, Band II: Süd, Neumünster 1988.

Boelcke, Willi A.: Die gewerbliche Wirtschaft, Förderpolitik und Leistungen; in: Meinrad Schaab (Hrsg.): 40 Jahre Baden-Württemberg. Aufbau und Gestaltung 1952 - 1992, Stuttgart 1992, S. 355 - 412.

Boelcke, Willi A.: 125 Jahre Baden-Württembergische Bank. Auch eine Geschichte des guten Geldes, Stuttgart 1996.

Born, Martin/Bertsch, Benno: Die Maultaschen-Connection. Die außerparlamentarische Wirtschaftspolitik der CDU in Baden-Württemberg, Göttingen 1992.

Borst, Otto: Identität und Integration; in: Meinrad Schaab (Hrsg.): 40 Jahre Baden-Württemberg. Versuch einer historischen Bilanz (1952 - 1992). Colloquium am 2. Juli 1992 in Freiburg i.Br., Stuttgart 1993, S. 1 - 33.

Brandt, Willy: Erinnerungen, Berlin 1999.

Braunbehrens, Burkhart/Buselmeier, Michael/Hildebrandt, Dietrich/Stather, Wolfgang/Steffens, Gerd/Steffens, Guido/Rendtorff, Rolf: Sozialistische Avantgarde und antiautoritärer Massenprotest. Studentenbewegung in Heidelberg; in: Karin Buselmeier/Dietrich Harth/Christian Jansen (Hrsg.): Auch eine Geschichte der Universität Heidelberg, Mannheim 1985, S. 411 - 488.

Bullinger, Martin: Die Studentenbewegung von 1968 und die Universität; in: Freiburger Universitätsblätter Heft 142/1998, S. 141 - 145.

Dahrendorf, Ralf: Kalifornien der Bundesrepublik? in: Theodor Eschenburg/Ulrich Frank-Planitz: Republik im Stauferland. Baden-Württemberg nach 25 Jahren, Stuttgart 1977, S. 49 - 61.

Denkschrift über die Errichtung von wissenschaftlichen Hochschulen in Baden-Württemberg, 3. Landtag von Baden-Württemberg, Beilage 2990 (1963).

... denn 35 ist das Ziel. Der Kampf um kürzere Arbeitszeit in der Metallindustrie 1983/84, Frankfurt 1985.

Determinanten der westdeutschen Restauration 1945 -

1949. Autorenkollektiv: Ernst-Ulrich Huster, Gerhard Kraiker, Burkhard Scherer, Friedrich-Karl Schlotmann, Marianne Welteke, 2. Auflage, Frankfurt 1973.

Dokumentation über die Verwaltungsreform in Baden-Württemberg; hrsg. vom Staatsministerium Baden-Württemberg, Stuttgart 1972.

Dokumentation über die Verwaltungsreform in Baden-Württemberg, Band II; hrsg. vom Staatsministerium Baden-Württemberg, Stuttgart 1976.

Dokumentation zu den Ereignissen und Entscheidungen im Zusammenhang mit der Entführung von Hanns Martin Schleyer und der Lufthansa-Maschine »Landshut«; hrsg. vom Presse- und Informationsamt der Bundesregierung, 2. Auflage, Bonn 1977.

Dokumentation. Berufsverbot und Kirchliche Inquisition Anno 1977 - 78. Chronik des Berufsverbotsfalls Anton Brenner, Tübingen, 2. Auflage, 1978.

Energieversorgung und -verbrauch 1973 bis 1983; hrsg. vom Statistischen Landesamt Baden-Württemberg 1987.

Engelhardt-Schwarz, Uta: »... denn nichts ist stärker als unsere Solidarität ...« IG Metall Verwaltungsstelle Karlsruhe. Von 1945 bis heute, Karlsruhe 1998.

Entscheidungen des Bundesverfassungsgerichts; hrsg. von den Mitgliedern des Bundesverfassungsgerichts, 5. Band, Tübingen 1956, S. 34 - 56.

Die Entstehung des Bundeslandes Baden-Württemberg. Eine Dokumentation; bearbeitet von Paul Sauer; hrsg. vom Landtag von Baden-Württemberg in Verbindung mit dem Hauptstaatsarchiv Stuttgart, Ulm 1977.

Eppler, Erhard: Komplettes Stückwerk. Erfahrungen aus fünfzig Jahren Politik, Frankfurt 1996.

Eschenburg, Theodor: Letzten Endes meine ich doch. Erinnerungen 1933 - 1999, Berlin 2000.

Everke, Gerhard: Baugeschichte und Schicksal des Karlsruher Ständehauses; in: Udo Theobald (Hrsg.): Das badische Ständehaus in Karlsruhe. Eine Dokumentation über das erste deutsche Parlamentsgebäude, Karlsruhe 1988, S. 81 - 126.

Fecker, Herbert: Stuttgart. Die Schlösser und ihre Gärten. Das Werden der Schlösser und Gärten von der gräflichen Residenz bis zur Internationalen Gartenbauausstellung, Stuttgart 1992.

Feuchte, Paul: Verfassungsgeschichte von Baden-Württemberg, Stuttgart 1983.

Filbinger, Hans: Entscheidung zur Freiheit, Stuttgart 1972.

Filbinger, Hans: Vom Sinn dieser Ausstellung. Vorwort; in: Die Zeit der Staufer. Geschichte – Kunst – Kultur. Katalog der Ausstellung, Band I Katalog, Württembergisches Landesmuseum, Stuttgart 1977, S. V - X.

Filbinger, Hans: Die geschmähte Generation, München 1987.

Die Fischer Chronik Deutschland 1949 - 1999. Ereignisse – Personen – Daten, Frankfurt 1999.

Fleig, Paul: Die badische CDU am Scheideweg, o.O., o.J. (1954).

Fremde Heimat. Das Lager Schlotwiese nach 1945. Der Katalog zur Ausstellung. Haus der Geschichte Baden-Württemberg und Institut für donauschwäbische Geschichte und Landeskunde; hrsg. v. Mathias Beer und Paula Lutum-Lenger, Stuttgart und Tübingen 1995.

25 Jahre Bodensee-Wasserversorgung. Entstehung, Bau und Betrieb; hrsg. vom Zweckverband Bodensee-Wasserversorgung, Stuttgart 1979.

25 Jahre Kernforschungszentrum Karlsruhe 1956 - 1981, Karlsruhe o.J. (1981).

50 Jahre Südwestdeutscher Kanalverein für Rhein, Neckar und Donau e.V. Stuttgart, Stuttgart o.J. (1966).

50 Jahre Lehrerfortbildung in Weingarten 1949 - 1999. Dokumentation zur Ausstellung; hrsg. von der Pädagogischen Hochschule Weingarten, Forschungsstelle für Schulgeschichte, Bergatreute 2000.

Für und wider den Hochrhein-Ausbau. Ein heiß umstrittenes Projekt im Spiegel gegenteiliger Ansicht - Baldige grundsätzliche Entscheidung notwendig; in: Baden-Württemberg 10/1961, Heft 3, S. 22 - 26.

Fuhr, Eckhard: Geschichte der Deutschen 1949 - 1990. Eine Chronik zu Politik, Wirtschaft und Kultur, Frankfurt 1990.

Gayer, Kurt: Kurt Georg Kiesinger. Ministerpräsident von 1958 - 1966; in: ders./Heinz Krämer/Georg F. Kempter: Die Villa Reitzenstein und ihre Herren. Die Geschichte des baden-württembergischen Regierungssitzes, Stuttgart, 2.Aufl., 1989, S. 187 - 206.

Generalspaltung. Von der Studentenbewegung zu den Sekten und Zirkeln. Das vollständige Protokoll einer Debatte, exemplarisch geführt nach dem Ende des Heidelberger SDS. 21./22. November 1970; hrsg. von Julian von Eckardt/Irmi Lehmann/Sarma Marla, Heidelberg 1972.

Genscher, Hans-Dietrich: Erinnerungen, Berlin 1999.

Geschäftsbericht über das 83. Geschäftsjahr 1954; Württembergische Bank Stuttgart.

Geschäftsbericht über das 84. Geschäftsjahr 1955; Württembergische Bank Stuttgart.

Geschäftsbericht über das 88. Geschäftsjahr 1959; Württembergische Bank Stuttgart.

Geschäftsbericht über das 89. Geschäftsjahr 1960; Württembergische Bank Stuttgart.

Geschäftsbericht über das 96. Geschäftsjahr 1967; Württembergische Bank Stuttgart.

Geschäftsbericht über das 97. Geschäftsjahr 1968; Württembergische Bank Stuttgart.

Geschäftsbericht über das 102. Geschäftsjahr 1973; Württembergische Bank Stuttgart.

Geschäftsbericht über das 103. Geschäftsjahr 1974; Württembergische Bank Stuttgart.

Geschäftsbericht über das 104. Geschäftsjahr 1975; Württembergische Bank Stuttgart.

Geschäftsbericht über das 105. Geschäftsjahr 1976; Württembergische Bank Stuttgart.

Geschäftsbericht über das 110. Geschäftsjahr 1981; Baden-Württembergische Bank.

Geschäftsbericht über das 111. Geschäftsjahr 1982; Baden-Württembergische Bank.

Geschäftsbericht über das 112. Geschäftsjahr 1983; Baden-Württembergische Bank.

Geschäftsbericht über das 113. Geschäftsjahr 1984; Baden-Württembergische Bank.

Geschäftsbericht 1990. Über das 119. Geschäftsjahr; Baden-Württembergische Bank.

Geschäftsbericht 1992. Über das 121. Geschäftsjahr; Baden-Württembergische Bank.

Geschäftsbericht 1993. Über das 122. Geschäftsjahr; Baden-Württembergische Bank.

Geschichte der Stadt Schwäbisch Gmünd; hrsg. v. Stadtarchiv Schwäbisch Gmünd, Stuttgart 1984.

Goldschmit-Jentner, Rudolf K./Heuschele, Otto: Heimat Baden-Württemberg. Das große Heimatbuch von Main und Neckar zum Bodensee, Heidelberg 1955.

Haas, Hermann: Fünfzehn Jahre ständiges Wirtschaftswachstum in Baden-Württemberg 1952 - 1967, Auszug aus dem Landesadreßbuch Baden-Württemberg, Ausgabe 1968.

Hafner, Thomas: Städtebauliche Entwicklung von 1945 bis 1970; in: Wiederaufbau nach Kriegsende zwischen Freiburg und Wertheim, Sonderveröffentlichung, Beilage zum Staatsanzeiger für Baden-Württemberg am 4. September 1995, S. 64 - 68.

Hahn, Eva/Hahn, Hans Henning: Flucht und Vertreibung; in: Etienne Francois/Hagen Schulze (Hrsg.): Deutsche Erinnerungsorte I, München 2001, S. 335 - 351.

Hahn, Wilhelm: Ich stehe dazu. Erinnerungen eines Kultusministers, Stuttgart 1981.

Hasenclever, Wolf-Dieter und Connie: Grüne Zeiten. Politik für eine lebenswerte Zukunft, München 1982.

Haumann, Heiko/Schadek, Hans (Hrsg.): Geschichte der Stadt Freiburg im Breisgau, Band 3: Von der badischen Herrschaft bis zur Gegenwart, Stuttgart 1992.

Haus, Alexia K.: 75 Jahre Badenwerk AG 1921 - 1996. Die Chronik; in: Die elektrisierte Gesellschaft. Ausstellung des Badischen Landesmuseums in Zusammenarbeit mit dem Badenwerk aus Anlaß des 75jährigen Bestehens, Karlsruhe 1996, S. 23 - 42.

Hausenstein, Wilhelm: Pariser Erinnerungen. Aus fünf Jahren diplomatischen Dienstes 1950 - 1955, München 1961.

Hauswirth, Dieter: Regierung und Verwaltung des Landes Sachsen; in: Siegfried Gerlach: Sachsen. Eine politische Landeskunde, Stuttgart 1993, S. 251 - 258.

Heimbrecht, Jörg/Molck, Jochen: Rheinalarm. Die genehmigte Vergiftung, Köln 1987.

Hermann, Armin: Wissenschaftlich-technologische Impulse; in: Otto Borst (Hrsg.): Wege in die Welt. Die Industrie im deutschen Südwesten seit Ausgang des 18. Jahrhunderts, Stuttgart 1989, S. 71 - 88.

Hermann, Winne/Schwegler-Rohmeis, Wolfgang: Grüner Weg durch schwarzes Land. 10 Jahre Grüne in Baden-Württemberg, Stuttgart 1989.

Hess, Gerhard: Die Universität Konstanz – Reform als ständige Aufgabe, Konstanz 1968.

Hidien, Jürgen W.: Handbuch Länderfinanzausgleich, Baden-Baden 1999.

Hildebrand, Ernst E.: Neuartige Waldschäden: Legende oder Realität? Ausmaß und mögliche Ursachen; in: Der Bürger im Staat 51/2001, Heft 1, S. 46 - 50.

Histor, Manfred: Willy Brandts vergessene Opfer. Geschichte und Statistik der politisch motivierten Berufsverbote in Westdeutschland 1971 - 1988, Freiburg, 2. Auflage, 1992.

Hochhuth, Rolf: Eine Liebe in Deutschland, Reinbek bei Hamburg 1978.

Hohensee, Jens: Der erste Ölpreisschock 1973/74. Die politischen und gesellschaftlichen Auswirkungen der arabischen Erdölpolitik auf die Bundesrepublik Deutschland und Westeuropa, Stuttgart 1996.

Huber, Ernst-Rudolf (Hrsg.): Dokumente zur deutschen Verfassungsgeschichte, Band 1: Deutsche Verfassungsdokumente 1803-1850, Dritte neubearbeitete und vermehrte Auflage, Stuttgart 1978.

Jäger, Wolfgang: Der Sturz des baden-württembergischen Ministerpräsidenten Hans Filbinger 1978 – Dokumentation und Analyse; in: Heinz Hürten/Wolfgang Jäger/Hugo Ott: Hans Filbinger – Der »Fall« und die Fakten. Eine historische und politologische Analyse, Mainz 1980, S. 103 - 175.

Jahrbuch der öffentlichen Meinung 1947-1955; hrsg. von Elisabeth Noelle und Erich Peter Neumann, 2. durchgesehene Auflage, Allensbach am Bodensee 1956.

Jahrbuch der öffentlichen Meinung 1957; hrsg. von Elisabeth Noelle und Erich Peter Neumann, Allensbach am Bodensee 1957.

Jahrbuch der öffentlichen Meinung 1958 - 1964; hrsg.

von Elisabeth Noelle und Erich Peter Neumann, Allensbach 1965.

Ein Jahrzehnt im Blick: Die baden-württembergische Hochschulpolitik 1990 bis 2000; hrsg. vom Minister für Wissenschaft, Forschung und Kunst von Baden-Württemberg, Klaus von Trotha, Stuttgart 2000.

Jetzt erst recht! Dokumente zur Geschichte der Arbeiterbewegung in Mannheim 1945-1990; hrsg. von der Industriegewerkschaft Metall, Verwaltungsstelle Mannheim, eingeleitet und bearbeitet von Josef Kaiser, Mannheim 1993.

Kampf um soziale Gerechtigkeit, Mitbestimmung, Demokratie und Frieden. Die Geschichte der Industriegewerkschaft Metall seit 1945. Ein Bericht in Wort und Bild, Köln 1989.

Karlsruhe bewirbt sich um den Atom-Meiler, hrsg. von der Stadt Karlsruhe, Dezernat für Wirtschaftsförderung, Karlsruhe o.J. (1955).

Das Kernkraftwerk Obrigheim o.O., o.J. (1968) = Sonderdruck aus ›atomwirtschaft‹, Jahrgang 13, Nr. 12, Dezember 1968, S. 593 - 638.

Kiesinger, Kurt Georg: Stationen 1949 - 1969, Tübingen 1969.

Kiesinger, Kurt Georg: Dunkle und helle Jahre. Erinnerungen 1904 - 1958; hrsg. von Reinhard Schmoeckel, Stuttgart 1989.

Klarsfeld, Beate: Die Geschichte des PG 2 633 930 Kiesinger. Dokumentation mit einem Vorwort von Heinrich Böll, Darmstadt 1969.

Kleßmann, Christoph/Wagner, Georg (Hrsg.): Das gespaltene Land. Leben in Deutschland 1945 - 1990. Texte und Dokumente zur Sozialgeschichte, München 1993.

Kopf, Hermann: In Memoriam Leo Wohleb; in: Humanist und Politiker. Leo Wohleb. Der letzte Staatspräsident des Landes Baden. Gedenkschrift zu seinem 80. Geburtstag am 2. September 1968; hrsg. von Hans Maier und Paul-Ludwig Weinacht in Verbindung mit Maria Wohleb, Karl S. Bader, Hermann Kopf und Otto B. Roegele, Heidelberg 1969, S. 139 - 145.

Kraushaar, Wolfgang: Die Protest-Chronik 1949 - 1959. Eine illustrierte Geschichte von Bewegung, Widerstand und Utopie. Band III: 1957 - 1959, Hamburg 1996.

Kraushaar, Wolfgang: Die Protest-Chronik 1949 - 1959. Eine illustrierte Geschichte von Bewegung, Widerstand und Utopie. Band IV: Registerband, Hamburg 1996.

Kühl, Ulfried: Umweltschutz, Versorgung und Entsorgung; in: Meinrad Schaab (Hrsg.): 40 Jahre Baden-Württemberg. Aufbau und Gestaltung 1952 - 1992, Stuttgart 1992, S. 277 - 329.

Kunstkonzeption des Landes Baden-Württemberg, Stuttgart 1990.

Zur Lage der Vertriebenen, Flüchtlinge und Kriegsgeschädigten in Baden-Württemberg im Weltflüchtlingsjahr; hrsg. vom Ministerium für Vertriebene, Flüchtlinge und Kriegsgeschädigte Baden-Württemberg, Stuttgart 1960.

Lange Reihen zur demographischen, wirtschaftlichen und gesellschaftlichen Entwicklung 1950 bis 1993; hrsg. vom Statistischen Landesamt Baden-Württemberg, Stuttgart 1994.

Lilienfeld, Georg von: Besuch bei John F. Kennedy; in: Begegnungen mit Kurt Georg Kiesinger. Festgabe zum 80. Geburtstag; hrsg. v. Dieter Oberndörfer, Stuttgart 1984, S. 288 - 296.

Lindinger, Herbert (Hrsg.): Hochschule für Gestaltung Ulm. Die Moral der Gegenstände, Berlin 1987.

Lindner, Gerhard/Recknagel, Ekkehard: Tschernobyl. Auswirkungen auf die Bodensee-Region, Sigmaringen 1988.

Lübbe, Hermann: Endstation Terror. Rückblick auf lange Märsche, Stuttgart 1978.

Maier, Reinhold: Erinnerungen 1948 - 1953, Tübingen 1966.

Meadows, Dennis/Meadows, Donella/Zahn, Erich/Milling, Peter: Die Grenzen des Wachstums. Bericht des Club of Rome zur Lage der Menschheit, Stuttgart 1972.

Vom Meer zum Bodensee. Der Hochrhein als Großschifffahrtsweg. Unter Mitwirkung der Verbände zur Förderung der Hochrhein-Bodensee-Wasserstraße hrsg. von Karl August Walther, Olten und Freiburg 1957.

Mielke, Gerd: Strohfeuer oder Schwelbrand? Zur Diskussion um die Anhänger der neuen Rechtsparteien. Eine Analyse der Wähler der Republikaner bei der Europawahl und der Kommunalwahl 1989 in Freiburg, Freiburg 1990.

Miller, Max/Sauer, Paul: Die württembergische Geschichte von der Reichsgründung bis heute, Stuttgart 1971.

Möller, Alex: Antwort auf die Regierungserklärung der kleinen Koalition der Verlierer, Stuttgart o.J. (1960).

Möller, Alex: Genosse Generaldirektor, München 1978.

Möller, Alex: Politische Einflüsse auf die Entstehung der Landesverfassung; in: Alexander Hollerbach (Hrsg.): 30 Jahre Verfassung von Baden-Württemberg, München 1984, S. 8-21.

Müller, Erwin: Die Heimatvertriebenen in Baden-Württemberg, Berlin 1962.

Gebhard Müller blickt zurück. Der ehemalige Staatspräsident von Württemberg-Hohenzollern, Ministerpräsident von Baden-Württemberg und Präsident des Bundesverfassungsgerichts im Gespräch mit dem Intendanten des Süddeutschen Rundfunks Stuttgart, Hans Bausch, am 16. Mai 1980 (gesendet am 4. September 1980), Stuttgart 1980.

Gebhard Müller im Gespräch mit Peter Kustermann; in: Zeugen des Jahrhunderts. Porträts aus Politik und Politischer Wissenschaft. Nach einer Sendereihe des ZDF herausgegeben und mit einem Vorwort versehen von Karl B. Schnelting, Frankfurt 1982, S. 55 - 90.

Naumann: Die Reinhaltung des Bodensees, eine Lebensfrage für Südwest, mit einer Einleitung von Oberbürgermeister Dr. Arnulf Klett, Stuttgart 1961.

Nick, Volker/Scheub, Volker/Then, Christof: Mutlangen 1983 - 1987: Die Stationierung der Pershing II und die Kampagne Ziviler Ungehorsam bis zur Abrüstung, Tübingen 1993.

Noé, Claus: Gebändigter Klassenkampf. Tarifautonomie in der Bundesrepublik Deutschland. Der Konflikt zwischen Gesamtmetall und IG Metall vom Frühjahr 1963, Berlin 1970.

Noelle-Neumann, Elisabeth: Badener und Württemberger; in: Theodor Eschenburg/Ulrich Frank-Planitz (Hrsg.): Republik im Stauferland. Baden-Württemberg nach 25 Jahren, Stuttgart 1977, S. 29 - 31.

Nolte, Ernst (Hrsg.): Deutsche Universitäten 1969. Berichte und Analysen, Marburg, 3. erweiterte Auflage, 1970.

Nüske, Gerd Friedrich: Schulen und Schulfrage; in: Max Gögler/Gregor Richter in Verbindung mit Gebhard Müller (Hrsg.): Das Land Württemberg-Hohenzollern 1945 - 1952. Darstellungen und Erinnerungen, Sigmaringen 1982, S. 293 -303.

Nuissl, Ekkehard/Rendtorff, Rolf/Webler, Wolff-Dietrich: Scheitert die Hochschulreform? Heidelberg zum Exempel, Reinbek bei Hamburg 1973.

Osswald, Richard: Die Berufsakademie Baden-Württemberg. Eine Idee und ihre Verwirklichung, Stuttgart 1988.

Die Parlamentswahlen in Baden-Württemberg seit 1952. Ergebnisse im Land, in den Regierungsbezirken, in den Landtags- und Bundestagswahlkreisen, in den Stadt- und Landkreisen sowie in den Gemeinden; hrsg. vom Statistischen Landesamt Baden-Württemberg 1964.

Poker, Heinz H.: Chronik der Stadt Stuttgart 1994 - 1996, Stuttgart 1997.

Quellen zur Entstehung der Verfassung von Baden-Württemberg. Erster Teil: Gründung des Landes und Überleitungsgesetz; bearbeitet von Paul Feuchte, Stuttgart 1986.

Quellen zur Entstehung der Verfassung von Baden-Württemberg. Vierter Teil: November 1952 bis Januar 1953; bearbeitet von Paul Feuchte, Stuttgart 1990.

Quellen zur Entstehung der Verfassung von Baden-Württemberg. Siebter Teil: Juni 1953; bearbeitet von Paul Feuchte, Stuttgart 1992. (1992I)

Quellen zur Entstehung der Verfassung von Baden-Württemberg. Achter Teil: Juni bis November 1953; bearbeitet von Paul Feuchte, Stuttgart 1992. (1992II)

Regierungserklärung der Landesregierung. Legislaturperiode 1988-1992. Rede von Ministerpräsident Lothar Späth am 9. Juni 1988 im Landtag von Baden-Württemberg, Stuttgart 1988.

Regierungserklärung von Ministerpräsident Lothar Späth zur Kunstkonzeption vor dem Landtag Baden-Württemberg am 13. Dezember 1989, Stuttgart 1990.

Region Stuttgart: Baden-Württembergs Motor für die Wirtschaft; erstellt vom Statistischen Landesamt Baden-Württemberg, hrsg. von der Industrie- und Handelskammer Stuttgart, Stuttgart 1999.

Reichelt, Günther: Wach sein für morgen. 40 Jahre Bürger für Natur- und Umweltschutz in Baden-Württemberg, Stuttgart 1992.

Rettich, Hannes: Zwischen Kunst und Politik. Erinnerungen eines musischen Bürokraten, Stuttgart 2000.

Rommel, Manfred: Trotz allem heiter. Erinnerungen, Stuttgart, 7. Auflage 1999.

Rowold, Manfred: Im Schatten der Macht. Zur Oppositionsrolle der nicht- etablierten Parteien in der Bundesrepublik, Düsseldorf 1974.

Rückerl, Adalbert: NS-Verbrechen vor Gericht. Versuch einer Vergangenheitsbewältigung, Heidelberg 1982.

Sauer, Paul: Demokratischer Neubeginn in Not und Elend. Das Land Württemberg-Baden von 1945 bis 1952, Ulm 1978.

Schäfer, Walter Erich: Bühne eines Lebens. Erinnerungen, Stuttgart 1975.

Schelsky, Helmut: Die skeptische Generation. Eine Soziologie der deutschen Jugend, Düsseldorf 1957.

Schenk, Fritz: Über Ziele und Arbeit des Deutsch-Französischen Instituts; in: Deutschland-Frankreich. Ludwigsburger Beiträge zum Problem der deutsch-französischen Beziehungen; hrsg. vom Deutsch-Französischen Institut Ludwigsburg, Stuttgart 1954, S. 281 - 289.

Schmidt, Helmut: Menschen und Mächte, Berlin 1999.

Schmücker, Kurt: Ansprache aus Anlaß der Schlüsselübergabe für das neue Amtsgebäude am 6. Mai 1969; in: Das Bundesverfassungsgericht 1951 - 1971, 2. völlig neubearbeitete und erweiterte Auflage, Karlsruhe 1971, S. 1 - 14.

Schnabel, Thomas: Kommunalpolitik in einer zerstörten Stadt. Parteien und Wahlen in Heilbronn a.N. von 1945 - 1948, (unveröff.) Magisterarbeit, Freiburg 1977.

Schnabel, Thomas: »Warum geht es in Schwaben besser?« Württemberg in der Weltwirtschaftskrise 1928 - 1933; in: ders. (Hrsg.): Die Machtergreifung in Südwestdeutschland. Das Ende der Weimarer Republik in Baden und Württemberg 1928 - 1933, Stuttgart 1982, S. 184 - 218.

Schnabel, Thomas: 1945-1957: Mit Gott für Volk und Vaterland; in: Mit Gott für Volk und Vaterland. Die Württembergische Landeskirche zwischen Krieg und Frieden 1903-1957; hrsg. vom Haus der Geschichte Baden-Württemberg und dem Landeskirchlichen Museum Ludwigsburg, Stuttgart 1995, S. 105 - 126.

Schnabel, Thomas: Kriegsgefangene, Heimkehrer und Wiedereingliederung in Südwestdeutschland; in: Lothar Burchardt/Sylvia Schraut/Thomas Grosser/Thomas Schnabel: Flucht, Vertreibung, Gefangenschaft und Wiedereingliederung 1945 - 1955, Konstanz 1999, S. 64 - 88.

Schönhoven, Klaus: Die deutschen Gewerkschaften, Frankfurt 1987.

Schulz, Günther: Wiederaufbau in Deutschland. Die Wohnungsbaupolitik in den Westzonen und der Bundesrepublik von 1945 bis 1957, Düsseldorf 1994.

Schwarz, Hans-Peter: Adenauer. Der Staatsmann: 1952 - 1967, Stuttgart 1991.

Schwarz, Sepp (Hrsg.): Drei Jahrzehnte. Die Heimatvertriebenen in Baden-Württemberg. Berichte – Dokumente – Bilder, Stuttgart 1975.

Seidelmann, Wolf-Ingo: Der Neckar-Donau-Kanal. 200 Jahre Planung für eine Wasserstraße quer über die Alb, St. Katharinen 1988.

Sepaintner, Fred: Landtagswahlen und politische Grundströmungen; in: Meinrad Schaab (Hrsg.): 40 Jahre Baden-Württemberg. Aufbau und Gestaltung 1952 - 1992, Stuttgart 1992, S. 15 - 42.

Die Situation der Frau in Baden-Württemberg. Eine Repräsentativuntersuchung unter Frauen, ihren Partnern und Kindern über die Situation der Frau im Spannungsfeld von Beruf und Familie; im Auftrag des Ministeriums für Arbeit, Gesundheit, Familie und Sozialordnung Baden-Württemberg erstellt vom Institut für Demoskopie Allensbach, Stuttgart 1995.

Smend, Rudolf: Festvortrag zur Feier des zehnjährigen Bestehens des Bundesverfassungsgerichts am 26. Januar 1962; in: Das Bundesverfassungsgericht 1951 - 1971, 2. völlig neubearbeitete und erweiterte Auflage, Karlsruhe 1971, S. 15 - 29.

Späth, Lothar: Wende in die Zukunft. Die Bundesrepublik auf dem Weg in die Informationsgesellschaft, Reinbek bei Hamburg 1985.

Statistisches Handbuch Baden-Württemberg, 1. Ausgabe 1955; hrsg. vom Statistischen Landesamt Baden-Württemberg, Stuttgart 1955.

Statistisches Taschenbuch Baden-Württemberg 1970; hrsg. vom Statistischen Landesamt Baden-Württemberg, Stuttgart 1970.

Statistisches Taschenbuch Baden-Württemberg 1998; hrsg. vom Statistischen Landesamt Baden-Württemberg, Stuttgart 1998.

Statistisches Taschenbuch Baden-Württemberg 2000; hrsg. vom Statistischen Landesamt Baden-Württemberg, Stuttgart 2000.

Statistisches Taschenbuch Baden-Württemberg 2001; hrsg. vom Statistischen Landesamt Baden-Württemberg, Stuttgart 2001.

Steuer, Günther: Gesunde Struktur bei wachsender Intensität; in: Beiträge zur Landeskunde Nr. 2/3, 1962, S. 10 - 15.

Storz, Gerhard: Zwischen Amt und Neigung. Ein Lebensbericht aus der Zeit nach 1945, Stuttgart 1976.

Streim, Alfred: Der Umgang mit der Vergangenheit am Beispiel der Zentralen Stelle der Landesjustizverwaltungen zur Aufklärung nationalsozialistischer Verbrechen in Ludwigsburg; in: Formen des Widerstandes im Südwesten 1933 - 1945. Scheitern und Nachwirken; hrsg. von der Landeszentrale für politische Bildung Baden-Württemberg und dem Haus der Geschichte Baden-Württemberg durch Thomas Schnabel unter Mitarbeit von Angelika Hauser-Hauswirth, Ulm 1994, S. 320 - 333.

Südwestdeutschland baut auf, Sonderbeilage zum Staatsanzeiger für Baden-Württemberg Nr. 67/68 vom 2. September 1953, S. 1 - 19.

Erwin Teufel im Gespräch mit Sibylle Krause-Burger und Ulrich Wildermuth: Wovon Demokratie lebt, Stuttgart 1995.

Der Tod Ulrike Meinhofs. Bericht der Internationalen Untersuchungskommission, 2. überarbeitete Auflage, Tübingen 1979.

Treffz-Eichhöfer, Friedrich: Graswurzel-Demokratie. Vom Werden und Wachsen des Südweststaats Baden-Württemberg, Stuttgart 1982.

Der Umbau des Rheinfalls von Schaffhausen. Zur Frage der Industrialisierung, Schiffahrt und Stromerzeugung an Hochrhein und Bodensee, bearb. von Justinus Bendermacher, Neuß 1962.

Umgang mit Gefahr. Reaktionen auf Tschernobyl. Tübinger Korrespondenzblatt Nr. 32 vom November 1987.

Die Universität Konstanz. Bericht des Gründungsausschusses, o.O. 1965.

Die Universität Tübingen von 1477 bis 1977 in Bildern und Dokumenten; gesammelt, bearbeitet und herausgegeben im Auftrag des Universitätspräsidenten und des Senats der Eberhard-Karls-Universität Tübingen von Hansmartin Decker-Hauff und Wilfried Setzler, Tübingen 1977.

Veit, Brigitte: Einmal Dresden und zurück. 3 Jahre im Exil – unter redlichen Menschen. Ein Bericht, Dresden/Stuttgart 1994.

Verfassungstreue im Öffentlichen Dienst; hrsg. vom Innenministerium Baden-Württemberg o.J..

Verfassungstreue im Öffentlichen Dienst. Argumente, Dokumente; hrsg. vom Innenministerium Baden-Württemberg o.J..

Die volkswirtschaftliche Bedeutung der Beschäftigung ausländischer Arbeitnehmer in Baden-Württemberg. Gutachten im Auftrag des Arbeits- und Sozialministeriums Baden-Württemberg von Siegfried Bullinger, Peter Huber, Horst Köhler, Alfred E. Ott, Adolf Wagner, Tübingen 1972.

Die Wahl zum zweiten Bundestag der Bundesrepublik Deutschland am 6. September 1953. Die Ergebnisse der Wahl in den Regierungsbezirken, Stadt- und Landkreisen und Gemeinden des Landes Baden-Württemberg mit einer kurzen textlichen Darstellung. Ferner die wichtigsten Ergebnisse der repräsentativen Sonderauszählung über die Wahlbeteiligung und Stimmabgabe nach Alter und Geschlecht; hrsg. vom Statistischen Landesamt Baden-Württemberg, Stuttgart 1953.

Die Wahl zum dritten Bundestag der Bundesrepublik Deutschland am 15. September 1957. Wahlergebnisse in den Regierungsbezirken, Wahlkreisen, Stadt- und Landkreisen und Gemeinden des Landes Baden-Württemberg mit einer textlichen Darstellung. Ferner die wichtigsten Ergebnisse der repräsentativen Sonderauszählung über die Wahlbeteiligung und Stimmabgabe nach Alter und Geschlecht; hrsg. vom Statistischen Landesamt Baden-Württemberg, Stuttgart 1958.

Die Wahl zum sechsten Deutschen Bundestag am 28. September 1969. Endgültiges Ergebnis der Wahl in den Wahlkreisen, Regierungsbezirken, Stadt- und Landkreisen sowie Gemeinden des Landes Baden-Württemberg mit einer textlichen Darstellung; hrsg. vom Statistischen Landesamt Baden-Württemberg, Stuttgart 1970.

Wahl zum neunten Deutschen Bundestag am 5. Oktober 1980. Endgültiges Ergebnis der Wahl in den Wahlkreisen, in den Stadt- und Landkreisen sowie in den Gemeinden Baden-Württembergs; hrsg. vom Statistischen Landesamt Baden-Württemberg, Stuttgart 1981.

Wahl zum zehnten Deutschen Bundestag am 6. März 1983. Endgültiges Ergebnis der Wahl in den Wahlkreisen, in den Stadt- und Landkreisen sowie in den Gemeinden Baden-Württembergs; hrsg. vom Statistischen Landesamt Baden-Württemberg, Stuttgart 1983.

Die Wahl zum Landtag von Baden-Württemberg am 15. Mai 1960. Endgültige Ergebnisse der Wahl in den Regierungsbezirken, Wahlkreisen sowie Gemeinden des Landes Baden-Württemberg mit einer textlichen Darstellung; hrsg. vom Statistischen Landesamt Baden-Württemberg, Stuttgart 1960.

Die Wahl zum Landtag von Baden-Württemberg am 26. April 1964. Endgültige Ergebnisse der Wahl in den Regierungsbezirken, Wahlkreisen sowie Gemeinden des Landes Baden-Württemberg mit einer textlichen Darstellung;

hrsg. vom Statistischen Landesamt Baden-Württemberg, Stuttgart 1964.

Die Wahl zum Landtag von Baden-Württemberg am 28. April 1968. Endgültiges Ergebnis der Wahl in den Wahlkreisen u. Regierungsbezirken, in den Stadt- und Landkreisen sowie in den Gemeinden; hrsg. vom Statistischen Landesamt Baden-Württemberg, Stuttgart 1969.

Wahl zum Landtag von Baden-Württemberg am 23. April 1972. Endgültiges Ergebnis der Wahl in den Wahlkreisen und Regierungsbezirken, in den Stadt- und Landkreisen sowie in den Gemeinden; hrsg. vom Statistischen Landesamt Baden-Württemberg, Stuttgart 1972.

Wahl zum Landtag von Baden-Württemberg am 4. April 1976. Endgültiges Ergebnis der Wahl in den Wahlkreisen und Regierungsbezirken, in den Stadt- und Landkreisen sowie in den Gemeinden; hrsg. vom Statistischen Landesamt Baden-Württemberg 1976.

Wahl zum Landtag von Baden-Württemberg am 16. März 1980. Endgültiges Ergebnis der Wahl in den Wahlkreisen und Regierungsbezirken, in den Stadt- und Landkreisen sowie in den Gemeinden; hrsg. vom Statistischen Landesamt Baden-Württemberg, Stuttgart 1980.

Wahl zum Landtag von Baden-Württemberg am 25. März 1984. Endgültiges Ergebnis der Wahl in den Wahlkreisen und Regierungsbezirken, in den Stadt- und Landkreisen sowie in den Gemeinden; hrsg. vom Statistischen Landesamt Baden-Württemberg, Stuttgart 1984.

Wahl zum Landtag von Baden-Württemberg am 5. April 1992. Endgültiges Ergebnis der Wahl in den Wahlkreisen und Regierungsbezirken, in den Stadt- und Landkreisen sowie in den Gemeinden; hrsg. vom Statistischen Landesamt Baden-Württemberg, Stuttgart 1992.

Wahl zum Landtag von Baden-Württemberg am 24. März 1996. Endgültiges Ergebnis der Wahl in den Wahlkreisen und Regierungsbezirken, in den Stadt- und Landkreisen sowie in den Gemeinden Baden-Württembergs; hrsg. vom Statistischen Landesamt Baden-Württemberg, Stuttgart 1996.

Wahl zum Europäischen Parlament am 10. Juni 1979. Endgültige Ergebnisse in den Stadt- und Landkreisen sowie in den Gemeinden; hrsg. vom Statistischen Landesamt Baden-Württemberg, Stuttgart 1979.

Walla, Wolfgang: Ost-West-Wanderung seit dem Zweiten Weltkrieg. Flüchtlinge, Vertriebene und Übersiedler im Spiegel der Statistik; in: Mathias Beer (Hrsg.): Zur Integration der Flüchtlinge und Vertriebenen im deutschen Südwesten nach 1945. Ergebnisse der Tagung vom 11. und 12. November 1993 in Tübingen, Sigmaringen 1994, S. 61 - 75.

Weinacht, Herbert A.: Die CDU in Landtag und Regierung: alleinige Regierungsverantwortung; in: Paul-Ludwig Weinacht: Die CDU in Baden-Württemberg und ihre Geschichte, Stuttgart 1978, S. 329 - 342.

Weinacht, Paul-Ludwig/Mayer, Tilman: Ursprung und Entfaltung christlicher Demokratie in Südbaden. Eine Chronik 1945-1981; hrsg. vom Bezirksverband der CDU Südbaden, Freiburg i.Br. 1982.

Weinacht, Paul-Ludwig: Die gebundenen Greife. Analyse der Würdigung der »Badenerbewegung« (1952 - 1970); in: Robert Albiez/Karl Glunk/Reinhold Grund (Hrsg.): Der überspielte Volkswille. Die Badener im südwestdeutschen Neugliederungsgeschehen (1945 - 1970). Fakten und Dokumente, Baden-Baden, 2. Auflage, 1992, S. 300 - 322.

Weinberg-Staber. Margit: Schöne Ziele, schnöde Wirklichkeit. Die Hochschule für Gestaltung Ulm; in: du 5/1984, S. 40 - 43 + 110.

Wenke, Hans: Die Universitätsgründung in Konstanz – Die Verwirklichung der Initiative K.G. Kiesingers; in: Führung und Bildung in der heutigen Welt; hrsg. zum 60. Geburtstag von Ministerpräsident Kurt Georg Kiesinger, Stuttgart 1964, S. 350 - 357.

Wyhl. Der Widerstand geht weiter. Der Bürgerprotest gegen das Kernkraftwerk von 1976 bis zum Mannheimer Prozeß. Im Anhang: Mannheimer Urteil und erste Stellungnahmen. Für die Badisch-Elsässischen Bürgerinitiativen herausgegeben von Christoph Büchele, Irmgard Schneider und Bernd Nössler mit Unterstützung des BUND, Freiburg 1982.

Wyhl-Urteil; hrsg. von den badisch-elsässischen Bürgerinitiativen, Freiburg 1977.

Zehn Jahre Baden-Württemberg, Sonderheft, Statistische Monatshefte Baden-Württemberg, X. Jahrgang, Heft 4/5 von April/Mai 1962.

Zehn Jahre nach Tschernobyl. Radioaktivität in Baden-Württemberg. Jahresbericht 1995; hrsg. von der Landesanstalt für Umweltschutz Baden-Württemberg, Karlsruhe 1996.

Von der Zwangsernährung zur ›Koma-Lösung‹. Methoden des Staatsschutzes gegen die Gefangenen im kollektiven Hungerstreik 1984/85. Die ›saubere Linie‹, erprobt am Gefangenen aus der RAF, Knut Folkerts – Berichte, Analysen, Dokumente –, Hannover 1985.

Bildnachweis

Baden-Württembergische Bank AG 76

Deutsche Presseagentur 53, 127, 136, 137, 141, 144, 145, 160, 168, 176 (unten), 200, 212, 214, 217, 219 (unten), 234, 235, 236, 238, 275, 276 (Foto: Michael Jung), 277 (rechtes Foto von Rolf Haid), 287 (unten), 288 (oben), 289, 292 (Foto oben: Bernd Weißbrod. Foto unten: Norbert Försterling)

Graffiti, Stuttgart, 202, 221, 223, 243, 247, 249, 254, 256, 257, 262, 266, 278, 285 (oben), 290, 293 (unten), 298

Otto Herbert Hajek, Stuttgart, 293 (oben)

Haus der Geschichte Baden-Württemberg 15, 31, 34, 56, 65 (unten), 95, 105 (oben), 128, 138, 156 (Fotografin: Sabrina Müller), 176 (oben), 185, 194, 195, 208, 288 (Foto unten: Karin Müller), 291, 296

Haus der Geschichte Baden-Württemberg. Sammlung Geiges 21, 29 (links), 47

Haus der Geschichte Baden-Württemberg. Sammlung Holder 51, 104 (unten rechts), 171

Haus der Geschichte Baden-Württemberg. Sammlung Kilian 17, 18, 20, 22, 23, 28, 29 (rechts), 30, 36, 37, 38, 39, 40, 45, 46, 58, 60, 64, 65 (oben), 70, 71, 72, 74, 77, 81, 82, 83, 84, 85, 86 (unten), 88 (links), 89, 91, 92, 93, 98, 104 (oben und unten links), 106, 107, 110 (unten), 111, 112, 113, 117, 119, 122 (unten), 124, 133, 140 (oben), 151, 159, 175, 182, 183, 186, 187, 207, 213, 219 (oben), 226, 227, 228, 229, 230, 231, 232, 273

Haus der Geschichte Baden-Württemberg. Sammlung Weishaupt 88 (rechts)

Landesbildstelle Baden, Karlsruhe, 286

Landesbildstelle Württemberg, Stuttgart, 14

Rathaus Weinsberg 96

Stadtarchiv Freiburg im Breisgau 41, 42

Stadtarchiv Heilbronn 24

Stadtarchiv Konstanz 25 (mit Genehmigung der Fastnachtsgesellschaft Niederburg, Konstanz, bzw. der Elefantengesellschaft, Konstanz), 86 (oben), 90, 120, 121, 140 (unten), 287 (oben)

Stadtarchiv Ulm 32, 55, 69, 100, 101, 102, 105 (unten), 122 (oben), 149, 164, 165, 166, 204 (Foto Wolfgang Adler), 206, 215, 252, 268, 269, 285 (unten)

Klaus Staeck, Heidelberg, 161

Stuttgarter Zeitung 19 (Karikatur von Fritz Meinhard)

Verein der Verfolgten des Naziregimes Stuttgart 54